国家哲学社会科学成果文库

NATIONAL ACHIEVEMENTS LIBRARY
OF PHILOSOPHY AND SOCIAL SCIENCES

变革中的20世纪希伯来文学

钟志清　著

中国社会科学出版社

作者简介

钟志清 　中国社会科学院外国文学研究所研究员。1991 年毕业于北京师范大学中文系，获硕士学位，同年进入中国社会科学院外国文学研究所工作。2005年在以色列本—古里安大学希伯来文学系获博士学位，是第一位在以色列获希伯来文学专业博士学位的中国学者。曾为以色列特拉维夫大学（1995－1997）、英国学术院（2008）、美国哈佛燕京学社（2011－2012）访问学者。

　　主要代表作有：专著《当代以色列作家研究》（人民文学出版社 2006 年版）、《"把手指放在伤口上"：阅读希伯来文学与文化》（中央编译出版社 2010 年版）；译著《现代希伯来小说史》（商务印书馆 2009 年版）、《我的米海尔》（译林出版社 1998、2007、2012 年版；台湾皇冠文化出版有限公司 2004 年版）、《黑匣子》（上海译文出版社 2004 年版；人民文学出版社 2011 年版）、《爱与黑暗的故事》（译林出版社2007、2013 年版；台湾缪思出版 2012 年版）、《地下室里的黑豹》（译林出版社2012 年版）等。

《国家哲学社会科学成果文库》
出版说明

为充分发挥哲学社会科学研究优秀成果和优秀人才的示范带动作用，促进我国哲学社会科学繁荣发展，全国哲学社会科学规划领导小组决定自2010年始，设立《国家哲学社会科学成果文库》，每年评审一次。入选成果经过了同行专家严格评审，代表当前相关领域学术研究的前沿水平，体现我国哲学社会科学界的学术创造力，按照"统一标识、统一封面、统一版式、统一标准"的总体要求组织出版。

全国哲学社会科学规划办公室
2011 年 3 月

目　　录

引言 …………………………………………………………………（1）
　　一　现代希伯来文学的起源与流变 ……………………………（2）
　　二　研究现状、研究设想与内容 ………………………………（6）

第一章　从流散地到巴勒斯坦：20 世纪希伯来文学中心的转移 ………（15）
　　一　现实主义小说的开创者门德勒 ……………………………（20）
　　二　阿哈德·哈阿姆与《哈施洛阿赫》杂志 ……………………（23）
　　三　希伯来民族主义诗人——比阿里克 ………………………（33）
　　四　车尔尼霍夫斯基及其诗歌 …………………………………（64）
　　五　浪漫主义小说家别尔季切夫斯基 …………………………（70）

第二章　希伯来语复兴与早期巴勒斯坦希伯来文学 ………………（81）
　　一　关于希伯来语的复兴问题 …………………………………（82）
　　二　斯米兰斯基与早期犹太移民小说 …………………………（100）
　　三　布伦纳与现代希伯来文学思想 ……………………………（105）
　　四　早期现代希伯来语诗人 ……………………………………（119）

第三章　第一代现代希伯来女作家和诗人 …………………………（127）
　　一　关于现代希伯来女性文学的起源问题 ……………………（127）
　　二　早期巴勒斯坦地区的希伯来女作家 ………………………（132）

　　三　跻身 20 世纪初期经典作家之列的唯一女性

　　　　——黛沃拉·巴伦 ……………………………………（138）

　　四　现代希伯来女性诗歌的诞生 ………………………………（148）

第四章　阿格农及其创作实践 …………………………………（157）

　　一　早期巴勒斯坦生涯和奠基之作:《阿古诺特》与

　　　　《迷途知返》 ………………………………………………（158）

　　二　德国十年:《她在盛年之际》 ………………………………（170）

　　三　归故乡:30 年代的长篇小说 ………………………………（178）

第五章　1948 前后 ………………………………………………（205）

　　一　希伯来语本土作家及其特质 ………………………………（205）

　　二　犹太复国主义思想教育中的重要理念 ……………………（208）

　　三　本土作家的创作与犹太复国主义叙事话语 ………………（213）

　　四　以色列本土文学的奠基者——伊兹哈尔 …………………（218）

　　五　摩西·沙米尔和新希伯来主人公 …………………………（240）

　　六　他们是另类人——本土作家笔下的新移民 ………………（252）

　　七　大屠杀与英雄主义文学 ……………………………………（255）

　　八　希伯来语新诗 ………………………………………………（270）

第六章　60 年代之后 ……………………………………………（278）

　　一　新浪潮作家与新生代作家 …………………………………（278）

　　二　典型而冲突的以色列特色:奥兹的创作 …………………（283）

　　三　塞法尔迪作家约书亚 ………………………………………（316）

　　四　阿佩费尔德笔下旧式犹太人的世界 ………………………（344）

　　五　希伯来语诗歌的革新 ………………………………………（359）

　　六　大卫·格罗斯曼及其传承 …………………………………（368）

　　七　从边缘走向主流:新一代女性文学创作 …………………（380）

结　　语 ……………………………………………………（388）

主要参考文献 ………………………………………………（390）

索　　引 ……………………………………………………（405）

后　　记 ……………………………………………………（419）

Contents

Introduction ·· (1)

   1   The Origins and Developments of Modern Hebrew Literature ······ (2)

   2   Aims, Methodology and Contents of the Research ·············· (6)

Chapter 1   From the Diaspora to the Land of Israel: The Transfer of

           the Hebrew Centers in the Twentieth Century ············ (15)

   1   The First Modern Hebrew Realist: Mendele Mokher Seforim ······ (20)

   2   Ahad Ha'am and the Early Hebrew Magazine *Hashiloah* ········· (23)

   3   The Hebrew National Poet: H. N. Bialik ······················ (33)

   4   S. Tchernichowsky And His Poetry ·························· (64)

   5   A Romantic Novelist: M. Y. Berdyczewsky ···················· (70)

Chapter 2   The Revival of the Hebrew Language and the Early

           Modern Hebrew Literature in Palestine ·················· (81)

   1   On the Revival of the Hebrew Language ······················ (82)

   2   M. Smilansky and the Early Jewish Immigrant Novels ·········· (100)

   3   Y. H. Brenner and Modern Hebrew Literary Thought ············ (105)

   4   The Early Modern Hebrew Poets ···························· (119)

Chapter 3   The First Generation Hebrew Women Writers

           and Poetess ·· (127)

1   The Origins of Modern Hebrew Women Literature ·············· (127)

2   The Early Hebrew Women Writers in Palestine ················ (132)

3   The Only Woman Classic Writer in the 20th Century:
    Devorah Baron ··································· (138)

4   The Emergence of Modern Hebrew Women Poetry ·············· (148)

Chapter 4   S. Y. Agnon And His Writings ···················· (157)

1   The Early Career in Palestine and His First Writings: "Agunot",
    "And the Crooked Shall be Made Straight" ····················· (158)

2   Ten Years in Germany: "In The Prime of Her Life" ············ (170)

3   Returning to the Homeland: Novels in the 1930s ·············· (178)

Chapter 5   Pre – and – Post 1948 ··························· (205)

1   The Native Generation Writers and Their Characteristics ········ (205)

2   Major Ideologies in Zionist Education ····················· (208)

3   The Writings of the Sabras and the Zionist Narrative ··········· (213)

4   The Founder of the Native – Born Israeli Literature:
    S. Yizhar ······································· (218)

5   Moshe Shamir and His New Hebrew Characters ················ (240)

6   They Are Different People: New Immigrants in the
    Sabras' Writings ·································· (252)

7   Heroism in Holocaust Literature ························· (255)

8   New Hebrew Poetry ································· (270)

Chapter 6   The 1960s and After ·························· (278)

1   The New Wave Writers and the New Generation Writers ········ (278)

2   The Typical and Conflicting Israeli Characteristics:
    The Writings of Amos Oz ····························· (283)

3   A Sephardic Writer: A. B. Yehoshua ····················· (316)

4   Aharon Appelfeld and His Old Jews' World ················· (344)

5　The Innovation of Hebrew Poetry ·················· (359)

6　David Grossman and His Literary Heritage ·············· (368)

7　From the Margins to the Mainstream:

New Women's Writings ························· (380)

Conclusion ····································· (388)

Bibliography ································· (390)

Index ··· (406)

Postscript ····································· (419)

引 言

现代希伯来文学是世界文学中的一个独特现象。自公元前 135 年巴尔－科赫巴（Bar－Kohbar）领导的犹太人反对罗马人的起义失败后，犹太人离开巴勒斯坦地区，开始了近两千年的流亡生涯，希伯来文学与文化中心不再像其他民族的文学中心那样继续固定在某一特定的疆域中，而是随着犹太民族一起在流散地迁移、辗转。直到 20 世纪 20 年代，巴勒斯坦才成为创作与出版希伯来文学的中心。而今，中国学界和普通读者谁也不会怀疑以色列作为犹太国家理所当然地成为大家所公认的希伯来文学乃至文化中心。那里的多数人讲希伯来语，大学用希伯来语授课，作家用希伯来语创作，希伯来语杂志和出版物成为人们日常生活中的主要阅读对象。

需要注意的是，以色列现代希伯来语文学与文化中心的源头是在欧洲流散地。而且，早在 1948 年以色列建国之前，或者说当欧洲犹太文明在大屠杀中遭到大规模破坏之前，希伯来文化中心就从流散地欧洲迁往以色列地（Land of Israel），即巴勒斯坦。在迁徙原因上，基本上存在着两个学派之争。以美国学者阿诺德·班德（Arnold Band）为代表的一派学者认为，如果要探讨希伯来文化中心转移到以色列这一问题，就不能忽略第一次世界大战之后希伯来文学创作在欧洲，尤其是在俄国、波兰、德国等地日渐衰弱的事实以及导致其衰落的政治环境。[①] 而以佐哈尔·沙维特（Zohar Shavit）为代表的以色列学者则从犹太复国主义历史发展的角度考察，认为坐落在巴勒斯坦地区的特拉维夫在 20 世纪 20 年代就已经具备了成为

---

① Arnold Band, *Studies in Modern Jewish Literature*, Philadelphia：The Jewish Publication Society, 2003, pp. 143 – 144.

希伯来文化中心的条件，许多参与文学活动的人士开始移居巴勒斯坦。[1]
希伯来文学中心在 20 世纪初期从流散地逐渐转向巴勒斯坦，既是希伯来
文化在欧洲衰落的结果，也是犹太复国主义者把政治和文化理念付诸实践
的一个标志，此乃犹太民族现代历史上一个特殊的文化现象。要探讨这一
问题，有必要追溯现代希伯来文学在欧洲的产生，及其在 19 世纪末期和
20 世纪初期的发展情形。

一 现代希伯来文学的起源与流变

一般说来，学术界把 18 世纪 80 年代初视作现代希伯来文学的起点。
但在现代希伯来文学起源问题上，存在着三种观点，[2] 文学史家和批评家
拉豪威尔（F. Lachover）认为，意大利希伯来语诗人、道德家、神秘主义
者摩西·哈伊姆·卢扎托（Moses Hayyim Luzzatto，1707 - 1747）开创了现
代希伯来文学的先河。卢扎托不仅是希伯来语语言大师，而且是《塔木
德》学者、逻辑学家和诗人。他在 17 岁时就创作了诗剧《参孙的故事》
（Ma'aseh Shimshon，1724），其代表作《赞正义》（La - yesharim Tehilla，
1743）是一部带有讽喻色彩的三幕剧，在文体上进行大胆尝试，风格典
雅，叙述生动，景物描写优美。批评家们认为它受到意大利剧作家瓜里尼
（Battista Guarini，1538 - 1612）剧作的影响，在犹太世界里首次传出了走
出"隔都"（Ghetto，指犹太人居住的隔离区）的声音，把"希伯来文学
历史引入一个新时期"，[3] 对荷兰的门德斯（David Franco Mendes，1713 -
1792）以及其他作家产生了很大影响。

而文学批评史学家约瑟夫·克劳斯纳（Joseph Klausner，1874 - 1958）
则把德国诗人、圣经学学者和柏林希伯来启蒙运动先驱者之一纳弗塔利·

---

① Zohar Shavit, "The Rise of the Literary Center in Palestine", in *The Great Transition*: *The Recovery of the Lost Centers of Modern Hebrew Literature*, eds., Glenda Abramson, Tudor Parfitt, Totowa: Rowman & Allanheld Publishers, 1985, p. 128.

② Moshe Pelli, *In Search of Genre*: *Hebrew Enlightenment and Modernity*, Lanham: University Press of America, 2005, pp. 12 - 13, p. 13, n. 5.

③ Nahum Slouschz, *The Renascence of Hebrew Literature* (*1743 - 1885*), Philadelphia: The Jewish Publication Society of America, 1909, p. 23.

赫茨·维塞利（Naphtali Herz Wessely，1725－1805）当作第一位现代希伯来语诗人。维塞利是犹太哲学家、启蒙运动领袖摩西·门德尔松（Moses Mendelssohn，1729－1786）的好友，积极为门德尔松创办的杂志撰写文章，其精致的希伯来语措辞与史诗般的风格使之成为那代人当中最有才华的作家。他竭力主张世俗教育，于1782年在德国用希伯来语为奥地利犹太人撰写的现代犹太教育理论小册子《谈和平与真理》（Divre：Shalom ve－Emet），号召奥地利的犹太人和政府合作，虽遭到正统派犹太人的反对，但后来被意大利犹太社区采纳。许多文学批评家把《谈和平与真理》的问世当作现代希伯来文学的起点。

第三种观点以沙培拉（H. N. Shapira）为代表。他认为，创办于1873年的希伯来语刊物《采集者》（Hame' asef，一译《文摘》）[①] 的作家和编辑乃现代希伯来文学的先驱者。《采集者》上发表了诗歌、文学评论，以及同自然科学、《圣经》和犹太历史相关的文章，撰稿人中包括《圣经》学者、语法学家、批评家以及著名诗人等。从办刊宗旨上看，《采集者》具有双重目标，一是在犹太人中间传播启蒙；二是要提高希伯来语，更确切地说，提高文学鉴赏力，发展流畅的文风。[②]

其实，几位文学批评家在现代希伯来文学起源问题上的观点并没形成太大的矛盾。每种文学现象从初露端倪到趋于成熟需经历漫长的积累与孕育过程。意大利语诗人和德国作家维塞利均在现代希伯来文学形成时期对希伯来语作家和读者产生了很大影响。卢扎托在早年的作品中，把希伯来语诗歌界定为（书写）"美好和娱悦的艺术"，而"美好"当然指的是"真实"和"合理"的东西。[③] 他的《赞正义》曾经在诗人去世之后的1780年和1799年柏林犹太启蒙运动高峰之际在柏林得以再版，而后又在

---

① 《采集者》的出版年代为1873—1897年、1808—1811年。有人将其称为犹太启蒙运动中的第一份希伯来语杂志，但早在18世纪50年代，门德尔松等就出版了一份希伯来语期刊《布道者》（Kohelet Musar），那份杂志只出版了两期便停刊了。但是把《采集者》当作第一份希伯来语文学期刊却是一个不争的事实。

② 约瑟夫·克劳斯纳：《近代希伯来文学简史》，陆培勇译，上海三联书店1991年版，第4页。

③ Simon Halkin, Modern Hebrew Literature：Trends and Values，New York：Schocken Books, 1970, p. 42.

1820 年到 1860 年的加利西亚犹太启蒙运动时期得以再版，① 剧本中某些带有寓意的名字，如"真理"、"激情"和"正义"等展示出新的带有启蒙思想的文学精神。不过，卢扎托虽然是第一位受到"隔都"之外人文主义思潮启迪的现代犹太作家，在某种意义上堪称"现代希伯来文学之父"，但严格地说，他还不是启蒙思想家，他只是属于启蒙运动前期的作家。② 其接受意大利文艺复兴创作的影响，革新犹太文学创作应该说是自发的行动。说到底，卢扎托还是一位宗教作家，甚至要充当弥赛亚的角色，③ 就像文学史家克劳斯纳所说，即使在戏剧创作中也显示出他是个犹太教神秘主义者，更何况卢扎托从未想开拓一个新时代。④

现代希伯来文学兴起于德国的说法则更为恰当一些。当然这并不等于说承认克劳斯纳所说维塞利《谈和平与真理》的问世标志着现代希伯来文学的出现，至多可以说这本小册子在奠定新希伯来文学思想方面起到某种先行者的作用，或者可以用克劳斯纳的话说，维塞利是一位"为新生活、新教育和新希伯来风格而战的"人。⑤ 维塞利确实提出了思变的渴望，并且在创作中流露出革新倾向，但是在他的许多作品中，表现出非常传统的犹太教价值。大家知道，创建现代希伯来文学的思想基础来自犹太启蒙运动，犹太启蒙运动是一场源于德国的思想文化运动，具备自由思想的犹太启蒙者的活动中心是在柏林，启蒙思想家倡导改革，创办了希伯来语杂志《采集者》，他们尽管主张同化，但是热爱《圣经》和希伯来语，并把希伯来语当作通往现代世界的桥梁。早期的现代希伯来文学作品多以复兴古代（即圣经时期）和中世纪的希伯来语文献为宗旨，加进今人的介绍、评注和翻译。如，启蒙思想家出版了大量的希伯来语《圣经》评注（如

---

① 加利西亚，旧地区名。在今波兰东南境，属维斯瓦河上游谷地，富农林和石油资源。居民西部为波兰人，东部为路得尼亚人，历史上长期为俄、奥争夺目标。1795 年第三次瓜分波兰时，西加利西亚被奥地利占据，1867 年东部亦被占据。第一次世界大战后，奥匈帝国瓦解，加利西亚归还波兰。

② Nathaniel Kravitz, *3000 Years of Hebrew Literature*: *from the Earliest Time through the 20ᵗʰ Century*, Chicago: Swallow Press, 1972, p. 429.

③ Slouschz, *The Renascence of Hebrew Literature* (1743 – 1885), p. 27.

④ 参见 Arnold J. Band, *Studies in Modern Jewish Literature*, 2003, p. 258。

⑤ Moshe Pelli, *In Search of Genre*, p. 39。克劳斯纳认为可以把维塞利称为启蒙时代的新人，但是许多学者认为这种说法不合适。

1785 年的《诗篇》评注；1790 年的《箴言》评注；以及 1807 年的《摩西五经》评注），把《圣经》重新翻译成德语；再版中世纪的希伯来语哲学著作等。

在用希伯来语传播世俗知识的过程中，需要新文学来表达现代思想意识，希伯来文学创作逐渐不再拘泥于表达一种宗教情怀，慢慢地成为表现当代世俗生活的载体。《采集者》这本杂志的编辑中不乏德国希伯来启蒙运动中的重要人物，杂志本身不仅成为联结作家和诗人的纽带，且成为现代希伯来作家的活动中心与阵地，登载了大量的文学作品、翻译评论，文艺争鸣等，并引进了新的欧洲文学形式，对现代希伯来文学的发展起到了推动作用。

现代希伯来文学是犹太启蒙运动的产物，从 1781 年到 1881 年的一百年间，一向被希伯来文学评论家视为现代希伯来文学启蒙阶段，或者是"启蒙文学"时期。这时期的希伯来语文学相继表现出支持启蒙主张，向往犹太世俗生活，并在传统与现实世界之间、在固守民族信仰和同化之间徘徊不定的复杂心态。这一百年通常被分为三个阶段。1781—1830 年为理性主义阶段，在这一阶段，希伯来语作家拥护启蒙和犹太生活世俗化的主张；1830—1850 年为浪漫主义阶段，在这一阶段，希伯来语作家试图使新的世俗理念与传统的犹太教精神统一起来；1850—1880 年为现实主义阶段，在这一阶段，希伯来语作家对犹太人在"隔都"的生活具有一种超乎寻常的意识，开始抨击犹太传统。[①] 这种按照年代划分文学发展进程的做法有时难免有失公允，在某一特定历史时期，也许有一或两种文学思潮主导那个时代的文学，但每一种文学思潮不可能随着年代的终结而戛然而止，因此我本人不太赞同用某一特定术语概括某一特定时期文学特征的做法，但退一步说，启蒙时期 100 年间的希伯来文学至少涵盖了理性主义、浪漫主义和现实主义成分，而这三种文学思潮在任何时期都不可能相互排斥。

现代希伯来文学具有不同于其他文学的独特之处。多数文学均把自己的家园作为基地，即使四处传播，但家园基地保持不变，故而在某一特定

[①]　Simon Halkin, *Modern Hebrew Literature: Trends and Values*, p. 34.

的地理位置上表现出一种恒定的延续性。现代希伯来文学却恰恰相反，它在产生之际没有真正的固定地理位置，总是处于一种游离不定的漂泊状态中。

1782 年之后的三四十年间，德国的启蒙运动造就了现代希伯来文学的诞生，从 1820 年到 1860 年随着加利西亚启蒙运动的兴起，希伯来文学中心从德国转移到了加利西亚，在 1881 年之前又逐渐东进到俄国。从 19 世纪 90 年代到俄国十月革命时期，现代希伯来文学创作在欧洲形成了一个小高峰。这种在地理位置上由西而东的转移被称作现代希伯来文学历史上一次地理大迁徙。这样的迁徙还有两次，一次是从东欧，尤其伴随着 1881 年发生在俄国的集体屠杀而出现的俄国犹太人移居美国的活动，希伯来文学由东向西的发展；另一次则是第二次世界大战前夕希伯来文学从东欧南下到巴勒斯坦。[①]

本书探讨的正是在 19 世纪与 20 世纪之交转移到巴勒斯坦，在巴勒斯坦衍生发展，处于不断变革之中的近百年希伯来文学。

二 研究现状、研究设想与内容

现代希伯来文学研究的大本营无疑在以色列。从希伯来文学总体研究角度看，多数学者注重将文本研究与文化研究结合起来。耶路撒冷希伯来大学格尔绍恩·谢克德（Gershon Shaked）和丹·米兰（Dan Miron）曾在小说与诗歌研究领域各霸一方。谢克德的五卷本希伯来文版《现代希伯来文学》（1880—1980）精辟论证了现代希伯来文学，尤其是 20 世纪希伯来文学在不同社会语境下的兴起、演变、思潮走势、流派特征及其相互影响、作家作品等，堪称经典；丹·米兰的现代希伯来新诗研究高屋建瓴，敏锐地把握住现代希伯来诗歌发展的辩证过程，既论及现代希伯来诗歌两百年间所拥有的民族使命感，也关注集中描写个人感受并回避集体意识的

---

① David Patterson, "Moving Centers in Modern Hebrew Literature", in *The Great Transition: The Recovery of the Lost Centers of Modern Hebrew Literature*, eds., Glenda Abramson and Todor Parfitt, Totowa: Rowwman & Allanheld, 1985, p. 4.

诗歌，如女性诗歌，诗人与民族身份问题，并对现代希伯来诗歌中的代表人物比阿里克（Hayim Nachman Bialik，1873－1934）、格林伯格（Uri Zvi Greenberg，1896－1981）和纳坦·扎赫（Natan Zach，1930－）等进行了专门研究。谢克德的传人、以色列学者施瓦茨（Yigal Schwartz）、丹·拉奥（Dan Laor）、努力特·格尔茨（Nurit Gertz），以及英国学者格兰达·阿布拉姆森（Glenda Abramson）、美国学者罗伯特·阿尔特（Robert Alter）等，从主题学、文类学、社会历史批评、文化原型批评、女权主义批评等角度对现代希伯来文学进行考察，就其广泛性、精细性和深入性而言，令人叹为观止。他们就阿佩费尔德（Aharon Appelfeld，1932－）、阿格农（Shmuel Yoseph Agnon，1888－1970）等作家所作的专题研究也代表着当今现代希伯来文学研究的最高成就。

国内的现代希伯来文学研究（包括译介）委实处于起步阶段，成果多发表于1992年中以建交之后。目前只有80多部希伯来文学作品、两部希伯来文学史翻译成中文。90年代徐新、高秋福等前辈在译介希伯来文学之际，发表了相应的论文与介绍性文章；还有一些专门从事英语文学研究的学者撰写的译序也具有较高的学术含量。但如今，这些学者纷纷回归自己的本行，本来就不成态势的中国现代希伯来文学研究就更显得门庭寥落了。而笔者的《当代以色列作家研究》（人民文学出版社2006年版）中包含了以色列的少数民族文学研究，不能算严格意义上的"纯种的"希伯来文学著述。

本书是笔者2006年立项的国家社科基金项目"变革中的20世纪希伯来文学"的结项成果。这一项基础研究，立足中国本土和中国学术界的需要，试图填补国内外国文学研究的一项空白。同时，能对国内中东政治、犹太文化与宗教研究成果有所补充，能在国内犹太学界尚无问津的希伯来语复兴与犹太民族国家建立、犹太女性对犹太文明的贡献、大流散与以色列文化交锋等领域起到启蒙作用。在方法论上主要表现为：

首先，20世纪希伯来文学强烈地依附于近代犹太历史与犹太体验，深受政治、民族、宗教、社会、历史、文化传统（主要指传统犹太文化和西方现代文化）等外部因素的影响。因此本书抓住19世纪末到20世纪初期影响犹太历史的重大事件，包括1881年俄国发生的针对犹太人的集体屠杀，始于 1882 年的犹太人移居巴勒斯坦的几次浪潮，犹太复国主义和犹太民族主义的兴起，希伯来语复兴与犹太民族建立之关联，大屠杀，1948年以色列建国，数次中东战争，论证这些事件对希伯来文学事业的冲击，讨论文学与意识形态和社会语境之间的相互作用与影响过程，以及在这些外在因素影响下希伯来文学本身发生的变革。

其次，文学是一项个体运思活动，文学作品乃是作家经历、情感、智慧与才华的结晶，因此本书抓住 19 世纪以来不同时期的重点作家和作品、文学思想、文学现象与思潮，以论题引领思想，揭示文学本身的内在规律与变革，既从宏观上向学界展示 20 世纪希伯来文学的总体脉络，又深入挖掘了某些细部，表现中国学者的独特视角。

再次，充分发挥资料占有上的独特优势。笔者曾在以色列大学的希伯来文学系攻读的博士学位，在研究的同时，也在从事并指导中国的希伯来文学翻译工作，既熟悉相关的中文译作，又在执行项目期间三次到以色列、一次到英国搜集外文资料，并与以色列希伯来语作家拥有广泛的联系。确保了项目所使用资料的准确、翔实、新颖和前沿性。

全书共分引言、正文与结语。引言论述了现代希伯来文学在欧洲的起源；现代希伯来文学的研究现状、目的与设想。正文共六章：第一章追述了 19 世纪与 20 世纪之交希伯来文学在敖德萨、柏林和华沙等地的概貌及其转移到巴勒斯坦的原因与过程。文学中心的迁移与居住国的政治经济环境与社会精英的文化活动密不可分，因此本章的切入点便放在考察这些文化精英的经历、创作与对新文学发展的贡献上。敖德萨的门德勒（Mende-le Mokher Sefolim，1835 - 1917）是 20 世纪许多希伯来语大作家所信奉的现代希伯来文学鼻祖式的人物，他对现代希伯来文学的最大贡献之一首先在于革新希伯来文体，并创造出一种现代语言形式。比阿里克则是一位以创作艺术而立足于世的真正意义上的诗人、小说家、学者和政论文作者，一向有希伯来文学史上第一位民族诗人之称，在现代希伯来语诗人中最有影响力。无论比阿里克居住在敖德萨、德国还是居住在巴勒斯坦，那些地方都成了当时的希伯来文学中心，而他本人基本上一直是希伯来文学中心的旗手。车尔尼霍夫斯基（Shaul Tchernichowsky，1875 - 1943）也是在 20世纪初期在敖德萨与柏林两个希伯来文化中心之间辗转、最终去往耶路撒冷的一位重要的希伯来语诗人。

在某个特定的历史时期，期刊不但是作家们发表见解进行交流的阵地，而且对作家和读者具有某种启蒙和导航作用，有时在客观上会决定着特定时期的文学进程乃至历史进程的发展。基于这种考虑，笔者对阿哈德·哈阿姆（Ahad Ha'am, 1856－1927）的关注，有别于中国学界，未把他放到以赫茨尔为代表的政治犹太复国主义的对立面上，探讨其"文化复国主义"学说，而是把焦点置于他花费六年时间主持《哈施洛阿赫》（*Hashiloah*）的编辑工作，在发表关于文化复国主义的主张的同时一并带动了现代希伯来文学的发展。曾和阿哈德·哈阿姆就文学教育与审美功能进行过激烈争论的别尔季切夫斯基（Micha Yosef Berdyczewski, 1865－1921）是现代希伯来文学史上最为重要的浪漫主义作家，既是同时代一部分年轻人标榜的对象，也对后来一些希伯来文学大家，如阿摩司·奥兹（Amos Oz, 1939－）等人的创作产生了深远的影响。

第二章探讨希伯来语复兴与早期巴勒斯坦文学。巴勒斯坦地区最早使用希伯来语进行创作实践活动，始于19世纪末期。与文学生产活动关系更为密切的最重要变革，莫过于希伯来语在巴勒斯坦变成一门鲜活的日常交流语言、文学创作语言和未来以色列国家的语言。希伯来语是犹太民族或以色列民族所使用的语言，已经有约三千年的历史。但自公元2世纪始，犹太人开始散居世界各地，希伯来语逐渐失去了作为日常交际语言的功能，只用于宗教圣殿与祈祷等神圣活动中。希伯来语书面语的复兴发轫于18世纪中后期的犹太启蒙运动。与书面改良语形成鲜明对照的是，复兴希伯来语口语的理念是随着犹太民族主义与犹太复国主义思想的崛起而萌芽、成型，又在散居世界各地的犹太人移民巴勒斯坦建立现代犹太民族国家——以色列的历史进程中逐步得以实施。巴勒斯坦犹太人需要用希伯来语进行沟通不仅是交流的需要，而且也是犹太复国主义政治理念的需要。在即将建立于巴勒斯坦的犹太民族国家内使用并规范希伯来语，既可以保证对古代圣经时期犹太民族辉煌历史的延续，保存民族文化，又可以淡化犹太人在大流散期间的耻辱过去，有助于新希伯来人塑造一种新的身份。

摩西·斯米兰斯基（Moshe Smilansky, 1874－1953）是第一位忠实地、

几近逼真地描写早期犹太移民在巴勒斯坦定居的小说家,① 与当时或其后的许多希伯来语作家一样, 斯米兰斯基细致入微地描绘了巴勒斯坦的乡村风光和居住在那里的人。既包括犹太移民的日常生活、饮食起居、宗教习俗、习练口语的过程, 也包括与逐渐对犹太移民产生敌意的多年生活在那里的阿拉伯居民的关系, 在希伯来文学史上赢得了一席之地。

布伦纳 (Joseph Haim Brenner, 1881 - 1920) 是 20 世纪初期巴勒斯坦地区希伯来文坛的中心人物, 最富有影响力的希伯来语作家、翻译家、编辑和文学批评家。用谢克德的话说, 他在同时代人中的影响, 与门德勒和比阿里克在同代人中的影响一样巨大。布伦纳呼唤一种现实主义文学, 强调文学应该像镜子一样反映现实生活, 揭露社会矛盾, 展现人的内在生活及其在特定时期和特定环境下的各种关系和特质中的本质,② 而不能将生活理想化。但是, 另一方面, 布伦纳又强调, 由于巴勒斯坦的环境处于变化之中, 因而尚未有一种固定的文学形式和人物, 进而到目前为止尚未有一种描绘巴勒斯坦生活的类型。③

20 世纪 20 年代是现代希伯来语诗歌的一个重要的变革阶段。格林伯格、史龙斯基 (Avraham Shlonsky, 1900 - 1973) 等巴勒斯坦诗人的创作思想中, 均体现出借助诗歌革命来延续与复兴希伯来诗歌传统的特征。

第三章首先从希伯来文化史角度, 论及犹太女子自 19 世纪犹太启蒙运动下半叶开始跻身于文学创作之列, 无异于一场革命。这是因为, 古代希伯来文化传统是以男性为主导、男性占中心地位的文化传统, 犹太女子被排斥在接受知性教育的大门之外。希伯来语是男人们祈祷和学习宗教的语言, 不具备学习犹太宗教圣典权利的犹太女性逐渐丧失了使用希伯来语的能力。但是到了犹太启蒙运动后期, 犹太女子逐渐接受了世俗教育和外来文明, 并借此对家庭成员发生影响, 进而影响到整个犹太近代文明史的发展进程。本章重点分析的女作家黛沃拉·巴伦 (Deborah Baron, 1887 - 1956) 便是在这种文化背景下接受了犹太传统教育和世俗教育, 她精通多

---

① Eisig Silberschlag, *From Renaissance to Renaissance*, vol. 2, New York: Ktav Publishing House, 1977, pp. 9 - 10.

② Nurit Govrin, *Alienation and Regeneration*, Tel Aviv: MOD Books, 1989, pp. 120 - 121.

③ Ibid. , p. 121.

种语言，把契诃夫（Anton Chekhov）、杰克·伦敦（Jack London）和福楼拜（Gustave Flaubert）的作品翻译成希伯来语，是希伯来文学史上第一位职业女作家，把情感、温柔带入古老、干巴巴的希伯来语中，使之更富有活力。希伯来女性主义文学创作在巴勒斯坦地区不仅主要涉猎小说创作领域，而且涉及诗歌创作领域。

国内以往对犹太民族复兴历史的研究偏重于犹太男性知识分子，而于犹太女性对于犹太民族复兴的贡献则少有提及。或许正是因为犹太女子一直被排斥在传统的宗教教育之外，处于犹太民族的政治、宗教和社会生活的边缘，她们才得以与非犹太教文化发生更多的接触，并将非犹太文化带入犹太人的生活，悄悄地改变着许多东西。本章借鉴了国际最新的犹太女性研究成果，涉及犹太女性对于犹太民族的文化更新的意义，会对国内犹太文化史研究具有一定启示作用。

第四章探讨阿格农及其创作实践。在 20 世纪希伯来文学形成与发展过程中，与布伦纳同样占据着中心地位的另一位作家便是希伯来文学史上第一位、迄今也是唯一的诺贝尔文学奖得主阿格农，因此在学术界形成了布伦纳学派与阿格农学派之说，近年来也有学者开始关注这两个学派之间的论争。阿格农吸收了门德勒和别尔季切夫斯基传承下来且由布伦纳等人革新了的文学传统，并融合了犹太传统和欧洲传统的主题和结构，创造了新型的希伯来语小说，成功地反映了从 20 世纪初期到 20 世纪 70 年代犹太社会与文化变革的深广程度。① 他本人也被当作，至少是被象征性地当作 20 世纪希伯来语文学的杰出代表。

阿格农在巴勒斯坦发表的第一个希伯来语短篇小说《阿古诺特》（"Agunot"）触及弃妇主题和上帝缺失的主题，并试图切近希伯来文学传统的范式，与后来的《迷途知返》（"Vehaya He'akov Lemishor"）一道，奠定了阿格农在希伯来文学创作领域的重要地位。接下来的德国十年，阿格农结识了一批颇具影响的犹太知识分子，其中包括犹太神秘主义学者格肖姆·肖勒姆（Gershom Scholem, 1897 – 1982）、犹太哲学家马丁·布伯（Martin Buber, 1878 – 1965）、犹太出版家萨尔曼·绍尔肯（Salman Schocken, 1877 –

---

① 格尔绍恩·谢克德：《现代希伯来小说史》，钟志清译，商务印书馆 2009 年版，第 105 页。

1959），这种交流象征着东西方犹太文化之间的一种跨义化交叉。他在德国期间创作的最著名小说《她在盛年之际》（*Bidmi Yameyah*，1992）从女性的视角来揣摩女性的感受，表达女性的心声，其目的显然不是要单纯描述主人公的个人遭际，而是在关注具有集体主义色彩的犹太世界的变革，对日后的奥兹具有非同寻常的意义。阿格农第二次回到巴勒斯坦后，创作了反映东欧犹太社会巨变和巴勒斯坦犹太移民生活情形的长篇小说。

30 年代末，希伯来文学的作家成员发生了本质的变化，第一代希伯来语本土作家，学界通称本土作家，开始登上舞台，并成为 1948 年以色列建国前后的 40 年代和 50 年代文坛上的主力军。第五章讨论的便是本土以色列作家的创作。本土作家指出生在巴勒斯坦，或虽然出生在流散地，但自幼来到巴勒斯坦，在犹太复国主义教育体制下成长起来的作家。第一代希伯来语本土作家人生经历中的共同标志是大屠杀、1948 年以色列国家的建立和以色列"独立战争"，① 即第一次中东战争。为把握本土作家的精神特质，本章对形成这种特质产生决定性影响的犹太复国主义思想教育中的核心问题，如否定流亡、以弱对强、马萨达神话等问题进行专门阐述。伊兹哈尔（Yizhar Smilansky，1916－2006）是最重要的本土文学作家，正是他的创作标志着希伯来文学从犹太文学到以色列文学的变革。他的短篇小说《爱弗雷姆回归苜蓿》（"Efhraim hozer La－Aspeset"）的问世标志着本土文学的起点。

由于犹太复国主义历史极其复杂，以色列"独立战争"文学在再现犹太人英雄主义神话的同时，又在解构着那个神话；在证实本土以色列人作为战士的新身份的同时，又没有回避战士—英雄内心的孤寂、悲凉与冲突，揭示了其内在的矛盾；在很大程度上，怀疑并解构着正统的犹太复国主义叙事话语。此类带有意识形态颠覆性的文学，尽管在"独立战争"文学中显得边缘，但对日后以色列主流文学中的反犹太复国主义霸权与道德意识的形成，尤其是塑造新建以色列国家的集体记忆产生了深远的影响。伊兹哈尔发表于"独立战争"后的两个短篇小说《俘虏》（"Hashavui"）

---

① 以色列所说的"独立战争"即第一次中东战争，1948 年 5 月，阿拉伯联盟在以色列建国后的第二天对以宣战，战争历时 15 个月。阿拉伯联盟初战告捷，但以色列取得了最后胜利并占领了巴勒斯坦地区的大部分领土，百万巴勒斯坦人流离失所，沦为难民。

和《赫伯特黑扎》（"Khirbet Khizeh"）便是这类文学作品中的经典之作。与伊兹哈尔一样，20 世纪四五十年代的另一位重要作家摩西·沙米尔（Moshe Shamir，1921－2004）也从自己的生活经历中撷取创作素材和人物形象，创作出希伯来文学史上"战斗着的本土以色列人"形象，这些身为拓荒者的世俗人，或者说追求自我实现的革命者，与格尼辛（Uri Nissan Gnessin，1879－1913）和布伦纳小说中出现的没有归属的犹太知识分子截然不同。

本章还探讨了以色列建国之初的大屠杀和英雄主义，意在审视文学如何在重铸民族历史与民族创伤记忆的过程中发挥着作用。能够促使国内学术界较全面地了解以色列在塑造民族记忆方式时表现出的意识形态多元化特征。在国内首次运用"武装反抗的英雄主义"与"争取生存的英雄主义"的概念。此外，探讨了以色列诗歌的革新问题。

第六章探讨新浪潮作家与新生代作家。在以色列，战争爆发时期，或执政党权力的交替时期，往往是意识形态转型的关键时期，无疑会给文学创作带来冲击，导致其发生质的变革。

1956 年的第二次中东战争，即以色列人所说的"西奈战争"，其后的"艾赫曼审判"、拉翁事件①、对本－古里安的反叛、"六日战争"②、"赎罪日战争"③、黎巴嫩战争、20 世纪 70 年代末期的政治动乱等历史事件，在

---

① 拉翁事件：1954 年，以色列国防部和情报部门试图在埃及制造打击英美的事端，并嫁祸于埃及人，破坏埃及与西方大国的关系。结果计划败露，导致埃及破获了一个由以色列情报机构负责的犹太地下组织，并将其一些领导人绞死。此事使以色列在国际政坛极其被动。究竟是谁下达的行动命令问题在以色列引起轰动。以色列政府授权举行调查，连下野的以色列总理本－古里安也出面干预，最后导致国防部长拉翁引咎辞职。1960 年，一位军官在证词中暗示其长官伪造了相关文件，拉翁要求为自己洗清罪责，但已经复出的本－古里安拒绝接受这一结论，并请求免去拉翁的劳工联盟总书记一职。本－古里安本人虽然在清除异己的斗争中取胜，但威信大降，成为人们眼中的独裁者。

② 指第三次中东战争，又称"六·五战争"，或"六日战争"，1967 年 6 月 5 日，以色列为削弱阿拉伯联盟的力量，解除边境危机，相继空袭埃及、约旦和叙利亚，而后又发起地面攻击，阿拉伯国家奋起反击。战争共持续 6 天，以色列占领了埃及的西奈半岛，约旦河西岸，耶路撒冷老城和叙利亚的戈兰高地，数十万阿拉伯平民逃离家园而沦为难民。

③ 指第四次中东战争，1973 年 10 月 6 日，埃及、叙利亚等国家在犹太人斋戒日那天向以色列发动战争，试图收复在 1967 年"六日战争"中丧失的领土。埃及、叙利亚赢得了整个阿拉伯世界的支持，赢得了战争初期的胜利，但以色列最终在美国的支持下反败为胜。这场战争给阿以双方均带来惨重的损失。

不同年龄段的以色列人心目中引起不同寻常的反响，促使以色列人重新思考流亡、大屠杀、以色列建国等犹太历史体验，以及占领吞并阿拉伯领土、以色列的政治体制、新老两代人的冲突等问题。导致从 50 年代末到 70 年代末的希伯来文学创作也发生了相应的变革，从第一代以色列作家注重在战争、复国、重建家园等重大背景中烘托人物性格向探索人物内在的心灵世界和内在生活空间转移，出现了现代希伯来文学史上的"新浪潮"作家。

新生代作家是借用中国当代文学批评中的术语界定第三代以色列作家，但在希伯来文学语境下，新生代作家的内涵与外延均不等同于它在中国文学评论中的意义，并非特指 60 年代以后出生，90 年代走上文坛的一批作家。希伯来文学中的新生代作家虽然多出生于 20 世纪 60 年代，但部分人生于 50 年代，甚至 40 年代末期，在 20 世纪 80 年代即开始文学创作生涯，以色列评论界通常将其称作中青年作家。

这两批作家无论在文学主题和文学表现手法上均达到了前所未有的水平。本章选取了新浪潮三杰奥兹、约书亚（Abraham B. Yehoshua，1936 - ）和阿佩费尔德，新生代作家格罗斯曼（David Grossman，1954 - ）、世界级诗人耶胡达·阿米亥（Yehuda Amichai，1924 - 2000）、最富有革新意识的女诗人瓦莱赫（Yona Wallach，1944 - 1985），论证其不同寻常的特殊身份、人文关怀意识和文学创作特征。

结语中重新强调 20 世纪希伯来文学的确是全球化语境下世界文学之林中的一个独特现象。它从欧洲一种没有固定栖居地、缺乏现代书写语言的流散文学，发展到亚洲巴勒斯坦地区的一种拥有固定的活动场域与成熟的现代语言表达方式的文学，从无法脱离以《圣经》为代表的犹太经典文献桎梏的文学，发展到极富有现代意识的文学，在语言、人物、生活场景、文学理念等方面实现了全方位的革新，负载着犹太民族的近代体验，折射出自犹太启蒙运动以来犹太人的心路历程与历史变革，演绎出犹太民族共同体的共性与个性特征，同时也在某种程度上讲述着与犹太民族命运休戚相关的他者的故事。

第一章

从流散地到巴勒斯坦：
20 世纪希伯来文学中心的转移

从 19 世纪 90 年代到 20 世纪 20 年代，希伯来文学中心并不是在巴勒斯坦，而是在黑海岸边的城市敖德萨。在某种程度上，当时的敖德萨可说是俄国的耶路撒冷，那里遍布着希伯来语出版社、学校和杂志社。许多希伯来语作家和诗人都居住在那个地方，他们当中有被誉为现代希伯来文学第一人的门德勒，主张犹太人精神复兴的阿哈德·哈阿姆，开创了现代希伯来诗歌的海姆·纳赫曼·比阿里克和沙乌尔·车尔尼霍夫斯基，以及后来的雅考夫·拉宾诺维茨（Yaacov Rabinowitz，1875 – 1948）、施罗莫·载迈赫（Shlomo Zemach，1886 – 1975）、耶胡达·卡尔尼（Yehuda Karni，1884 – 1948）等。

但是俄国社会历史的演进在悄然改变着现代希伯来文学的版图。1881 年，俄国沙皇亚历山大二世遭到暗杀，被捕的嫌疑人中有一位犹太妇女，于是犹太人便成为主要的怀疑对象，一些人遭到杀戮，一些人被迫改宗，一些人被迫离开俄国。20 世纪 20 年代俄国十月革命后，学希伯来语与犹太复国主义运动一并成为非法，希伯来文学在欧洲开始骤然衰落。一些卓有成就的希伯来语作家辗转来到了德国。20 年代初期，比阿里克、阿格农、车尔尼霍夫斯基和几位年轻的犹太学者，如布伯和雅考夫·克拉斯金（Yaacov Klatzkin，1882 – 1942）等，居住在德国，德国一度取代俄国，短期成为希伯来文学的中心。

在当时的历史条件下，犹太启蒙主义者试图超越民族偏见而实现与欧洲文明同化的梦想化作了泡影。刚刚兴起的犹太民族主义，或者说早期的犹太复国主义返回巴勒斯坦先祖家园的主张反而被许多犹太人所接受，于是从 1882 年起，犹太人便开始了第一次大规模的向巴勒斯坦的移民运动，史称"第一次阿利亚"。此次移民运动，从俄国蔓延到东欧其他国家，一直延续到 1904 年，约有 2.5 万犹太人移居巴勒斯坦。1904 年到 1913 年，第二次移民浪潮，亦称"第二次阿利亚"开始，约 4 万年轻的犹太拓荒者，在社会主义和"回归土地"理念的影响下，从俄国抵达巴勒斯坦。这一群体的首领如大卫·本 - 古里安（David Ben - Gurion，1886 - 1973）、伯尔·卡茨尼尔森（Berl Katznelson，1887 - 1944）乃奥斯曼巴勒斯坦犹太居民的社会和文化体制，如贸易联盟和各式各样农业定居社会组织（基布兹、莫沙夫等）的奠基人。1919 年到 1923 年，有近 3.5 万年轻的拓荒者从波兰、立陶宛和苏维埃俄国移居巴勒斯坦，这是犹太历史上的第三次移民运动。他们建立了劳工运动中的大多数机构。在这几次移民运动中，几位重要的希伯来语作家斯米兰斯基、布伦纳、阿格农、伊扎克·申哈尔（Yitzhak Shenhar，1902 - 1957）、以色列·扎黑（Israel Zarchi，1909 - 1947）以及海姆·哈扎兹（Haim Hazaz，1898 - 1973）等相继来到了巴勒斯坦，在那里创办期刊，从事文学活动。逐渐，希伯来文学在巴勒斯坦地区重新安顿下来，从一种漂泊不定的实体，转化为拥有自己民族中心的固定文化表达。

　　1922 年，十月革命后的苏联关闭了犹太社区的一些公共机构，希伯来语被当成中产阶级的语言。这不仅意味着希伯来文学创作在俄国的终止，而且意味着希伯来图书市场在俄国的关闭。比阿里克和许多犹太精英相继移居德国柏林，与原定居或旅居德国的文化人或思想家聚集在一起，在柏林形成犹太知识界圈子，这批知识界人士中包括文学家比阿里克、车尔尼霍夫斯基、格林伯格、阿格农，以及思想家布伯、肖勒姆、雅伯廷斯基（Ze'ev Jabotinsky，1880 - 1940）等人。许多希伯来语和意第绪语刊物和出版社如同雨后春笋，出现在柏林。但这一切转瞬即逝，一些希伯来文学先驱者很快便离开德国，去往巴勒斯坦，但此次希伯来文学精英迁徙的原因此前他们离开俄国的原因不尽相同。前者是为了躲避政治迫害，后者则是为了摆脱经济窘境。由于德国出现通货膨胀，马克下跌，资助人无法继续资助这些作家们的生计和出版事业。借用西蒙·拉维多维奇一个形象的说法，是德国的财政部长把比阿里克流放到了以色列地，即巴勒斯坦。[①] 这次迁移，标志着希伯来文化在欧洲已经进入了没落时期。反之，多数人住在正在崛起的希伯来文化中心特拉维夫，把那里变成真正的犹太民族文化的家园。

　　希伯来文学在波兰的华沙虽然不像在敖德萨和柏林那样繁荣，但是也非常值得关注，在相当一段时间内，敖德萨和华沙可谓资源共享，敖德萨出版的文学刊物可以在华沙赢得读者，反之亦然。20 世纪初期波兰希伯来文学堪称进入了黄金时代。那里不但承办《黎明》（*Hashahar*）、《一代》（*Ha - Dor*）以及《观察者》（*Ha - sofeh*）等多种具有影响的希伯来文学杂志，还孕育出佩雷茨（Issac Leib Peretz. , 1852 - 1915）、大卫·弗里希曼（David Frichmann, 1859 - 1922）等现代希伯来文学史上的优秀作家。第一次世界大战前夕，波兰就吸引着佩雷茨、弗里希曼、比阿里克、费赫曼（Yaakov Fichman, 1881 - 1958）、斯坦伯格（Yaakov Steinberg, 1887 - 1947）等作家和诗人。俄国十月革命后，一些俄国犹太作家或出版家为躲避政治迫害，便到邻国波兰居住，甚至把自己的出版社和杂志从俄国搬到波兰的华沙。但是，对这些杂志和出版社来说，华沙不过是退而求其次的一种暂时留宿，其最理想的栖居处仍然是巴勒斯坦。文化机构的搬迁并未能把华沙强化为希伯来文化中心，反而，由于失去了俄国的希伯来语读者，波兰的希伯来文化出版事业也变得艰难起来。[②] 如果说流散地自 20 世纪 20 年代，确切地说自德国的一批文化精英移居巴勒斯坦始，就没有真正的希伯来文化和文学中心了；[③] 那么只有波兰，依然拥有独立的希伯来语教育机构。一批批年轻的犹太复国主义者依然在那里使用希伯来语，并在 20 世纪 20 年代依然创办希伯来语杂志。但是，这些人也已经意识到这里的希伯来文学中心将不会充满生机。随着一批希伯来语作家从波兰移居巴勒斯坦，波兰的希伯来文化便衰落了。

---

　　① 参见 Arnod Band, *Studies in Modern Jewish Literature*, p. 151。

　　② Hannan Hever, *Producing the Modern Hebrew Canon*, New York & London: New York University Press, 2002, p. 68.

　　③ Gershon Shaked, "The Great Transition", See Glenda Abramson, 1985, p. 121.

　　佩雷茨和大卫·弗里希曼是 19 世纪末期到 20 世纪初期活跃在波兰文坛的作家，与德国希伯来语作家别尔季切夫斯基同属于希伯来文学中的浪漫主义流派。佩雷茨对于希伯来文学的主要贡献不在于他本人创作出了风格出色的散文，而在于他为希伯来文学和意第绪文学引进了财富。① 佩雷茨尽管出生在波兰一个正统派犹太教教徒之家，但自幼学习过德语、俄语、法语和波兰语、希伯来语和意第绪语等多种语言，为日后接受欧洲文学传统打下了基础。他从 1874 年开始用波兰语发表诗歌，第二年便开始用希伯来语和意第绪语发表小说。后来在故乡研习法律，1889 年在华沙永久居住，成为希伯来语和意第绪语小说创作的中心人物。他参加各种各样的文学活动，尝试着使用各种题材进行创作。首先应该说明的是，佩雷茨是一位优秀的意第绪语大师，曾经与门德勒、沙洛姆·阿莱海姆（Sholem Aleichem，1859 – 1916）一并被视为三位意第绪语文学巨匠。采用双语创作使佩雷茨能够从充满日常生活活力的意第绪语创作中汲取营养，有助于丰富其希伯来语创作的表达方式。同时，热衷于欧洲文学传统使之发展了书信体小说和游记等文学样式，也把欧洲文学中的叙事与用词技巧引进到希伯来文学创作中。在佩雷茨的创作中，给人留下最为深刻印象的是书信、小品文等文类的作品，以及富有感伤色彩的小说。

　　与佩雷茨相似，弗里希曼之所以在希伯来文坛占据一席之地也不是因为他创作出了文学经典，而是因为他较早地以西欧人的文学评判标准来评论希伯来文学，也可以说是希伯来文学早期的西欧派评论家之一。在他之前，希伯来文学一直受欧洲文学的影响。② 弗里希曼之所以用西欧人的标准评判希伯来文学，与他的学术背景和人生经历有关。弗里希曼出生在波兰的洛兹，在他成长的年代，洛兹正是犹太文化、波兰文化、德国文化的交汇点，他既接受了希伯来古典教育，又接受了现代人文教育，后来到德国布雷斯劳学习哲学和艺术史，把德国当成自己的精神故乡。1895 年，他回到华沙，从事翻译与编辑工作，相继把乔治·艾略特（George Eliot）、

---

① 谢克德：《现代希伯来小说史》，第 35 页。
② 同上书，第 33 页。

普希金（Alexander Pushkin）、拜伦（George Gordon Byron）和尼采（Friedrich Nietzsche）的作品翻译成希伯来文，从 1901 年开始编辑希伯来文周刊《一代》，其高超的编辑质量吸引了当时的一批优秀作家，培植出为艺术而艺术的理念。后来，弗里希曼曾经在德国和俄国等地从事文学活动，并于 1919 年重新回到华沙，编辑文学季刊《划时代》（Hatkufah），并且给从俄国迁到波兰的出版社做编辑，这一时期可以说是他事业发展的巅峰时期。他不仅从事创作，而且把王尔德（Oscar Wilde）、泰戈尔（Rabindranath Tagore）、法朗士（Anatole France）、舒马赫（F. Schumacher）、格林兄弟（Grimm Brothers）等大量作家的作品翻译成希伯来语，这些做法在希伯来文化传播历史上意义重大，向犹太读者敞开了西方文学和非犹太文化之门。用谢克德的话说，在强调歌德所说的美好品位方面，弗里希曼堪称他那代人的仲裁者。①

当然，在敖德萨、柏林、华沙等希伯来语作家、出版物和文化机构相对集中的城市之外，也有着一些优秀的希伯来语作家。在 20 世纪初年，这些作家有的移居到了巴勒斯坦，我们将会在后文中加以提及，也有的先去美国后转道巴勒斯坦，如伊扎克·多夫·伯克维茨（Yizhak Dov Berkowitz, 1885－1967），或者从巴勒斯坦转道美国，如莱尤文·瓦兰洛德（Reuven Wallenrod, 1899－1966），有的则死于流散地，如莫代海·兹埃夫·费尔伯格（Mordechai Ze'ev Feierberg, 1874－1899）、格尼辛和大卫·弗格尔（David Vogel, 1891－1944）等。

费尔伯格是一位典型的浪漫主义文学的传人，他主要接受犹太民族教育，基本上未曾受到西方文学的影响。但他在作品中表现出人物在寻找信仰中对传统的背弃，如在《去往何方》（Le'an）中，他笔下的犹太人物会在犹太人最为虔敬的节日之一——"赎罪日"上熄灭蜡烛，象征着与传统的决裂。格尼辛也是同时代作家中一位举足轻重的人物，他虽然没有读过詹姆斯·乔伊斯（James Joyce）或弗吉尼亚·伍尔夫（Woolf, Viginia）的意识流小说，但却在小说中明显显示出意识流小说的倾向。通过人物的心理活动历程，来反映外部世界。同时，他还尝试着在文学风格和文学语

---

① 谢克德：《现代希伯来小说史》，第 33 页。

言上进行革新，不再延续门德勒、比阿里克的文学传统，喜欢使用错综复杂的母题，复杂晦涩的语言，传达情节之外的意义，虽然遭到了比阿里克的反对与批评，但影响了同代和后世作家。

大卫·弗格尔是希伯来文学现代主义作家群中的一位代表人物。这派人物的主要特征便是，他们接受欧洲文学传统的影响，甚于接受希伯来文学传统的影响；其作品中的非犹太因素甚于犹太因素；鲜少使用犹太人或巴勒斯坦题材；深受西方现代主义作家和弗洛伊德学说的影响；喜欢分析甚于喜欢情节，扩展了叙述人的权威性。①

一　现实主义小说的开创者门德勒

门德勒原名阿布拉莫维茨，1835 年生于白俄罗斯，他的许多具有代表性的希伯来语作品，如脍炙人口的《什姆和亚法特在火车上》（"Shem va‑Yefet Ba'agalah"）、《便雅悯三世的旅行》（*Masa' ot Binyamin Hashilishi*）等都写于 19 世纪八九十年代，当时他已经居住在敖德萨。只有《乞丐书》（*Sefer Ha‑Kbtsanim*）发表于 1909 年到 1912 年之间，根据发表于 1888 年的意第绪语版《瘸子非什卡》（*Fishke der Krumer*）翻译而成。之所以在本书开卷之时便提到他，是因为他是 20 世纪许多希伯来语大作家所信奉的现代希伯来文学鼻祖式的人物，希伯来现实主义文学的奠基人，素有希伯来小说之父之称。②

门德勒对现代希伯来文学的最大贡献之一首先在于革新希伯来语文体。早在犹太启蒙运动时期，犹太启蒙思想家所倡导的是圣经希伯来语，并有意识地避免使用密西拿希伯来语和中世纪希伯来语。圣经希伯来语尽管优美典雅，简约纯正，但它毕竟是一门古老的语言，词汇量小，表意范围有限，只适用于与《圣经》相关的内容，大量出现在哲学、科学、地理、历史等书籍中的现代词汇根本无法在《圣经》语言里找到相应的表达方式。正如第一位希伯来语小说家亚伯拉罕·玛普（Abraham Mapu，

---

① 谢克德：《现代希伯来小说史》，第 143—145 页。
② Robert Alter, ed., *Modern Hebrew Literature*, New York：Behrman House, 1975, p. 15.

1808 – 1867）所说，希伯来语可以用来创作以圣经时代为背景的长篇小说《锡安之恋》（*Ahavot Tzion*），但是无法描写反映当代生活的小说。可见，犹太民族的现代化和现代希伯来文学的现代化进程均需要一种与之相匹配的现代化语言。①

真正对启蒙时期的希伯来语进行改良并创造出一种现代语言形式的人便是门德勒，就像后来的希伯来语民族诗人比阿里克所说，"正是他把希伯来语的可塑性融进意第绪语文学中，并把意第绪语的奇特有趣融进希伯来语之中"。② 对于 20 世纪的作家们来说，门德勒无论资历还是年龄都很老。门德勒是俄国犹太启蒙运动的倡导者之一，从 19 世纪 60 年代起就开始用希伯来语写作，当时，创作《锡安之恋》的第一位希伯来语小说家亚历山大·玛普依然健在，但门德勒并不喜欢以玛普为代表的那种古老庄重的希伯来语文体，认为语言太造作，读者面太有限。后来门德勒改用意第绪语创作，并很快赢得了意第绪语文学之父的称号。意第绪语与希伯来语不同，它非常独立于古代经典文献之外，更为接近日常生活，充满了丰富多彩和滑稽可笑的习语，这些习语主要来自民间日常生活会话，也许正是意第绪语这种来自会话的活力为门德勒日后革新犹太启蒙运动以来的希伯来语奠定了坚实的基础。

1881 年，门德勒应邀到敖德萨的一所犹太学校担任校长，感受到当地的犹太复国主义气氛，于是从 1886 年开始，门德勒又重新使用希伯来语创作，并把自己撰写的意第绪语文学作品翻译成希伯来语。当其他作家囿于圣经希伯来语的局限不能自如地表达自己想要表达的思想时，门德勒却创立了别具一格的希伯来语。他把圣经希伯来语和密西拿希伯来语结合起来，并借用了阿拉米语、祈祷书、中世纪希伯来语文学和民间文学的表达方式，以及意第绪语文学的口语特征，创立了一种鲜活的希伯来语文体。

但是，门德勒创立新的语言文体只是出于文学创作和文学表达的需要，他本人对复兴希伯来语根本不感兴趣，也不奢望希伯来语有朝一日会成为一

---

① Eduard Yechezkel Kutscher, *A History of Hebrew Language*, ed., Raphael Kutscher, Jerusalem: Magness Press, 1982, p. 186.

② Bialik, *Davarim she Be –, aL – Peh*, vol. 2, Tel Aviv: Dvir, 1935, pp. 211 –213.

种民族的通用语，甚至在作品中嘲弄那些一门心思要讲希伯来语的人。从这个意义上说，门德勒革新语言的目的在于实现早期犹太启蒙思想家的理想，即实现与欧洲文明的进一步同化，与犹太民族主义和犹太复国主义理念几乎没有干系。不过，他所创立的希伯来语却通过文学创作影响了几代人，客观上奠定了犹太复国主义的文化基础。门德勒从文体上解决了希伯来文学创作中的问题，决定了希伯来文学历史的进程。著名犹太历史学家和希伯来语语言学家约瑟夫·克劳斯纳曾经把门德勒与主张犹太文化复兴复国主义的阿哈德·哈阿姆放到同等重要的位置，将他们尊奉为"我们的教育家和老师"、鞭策年轻人的"大师"。①

熟悉希伯来文化传统的门德勒喜欢借用古代文学样本表现当代犹太人的生存境况，开创了现代希伯来小说的现实主义先河。由于他具有非凡的驾驭语言的功力，寥寥数语，便营造出既令人感到可笑又感到伤悲的场面，达到一种强烈的幽默、讽刺甚至动情的效果。希伯来文学评论家谢克德在分析门德勒的短篇小说《什姆和亚法特在火车上》时指出，英文开篇使用的短语——"忙忙乱乱"——在希伯来语中得到更为丰满更为复杂的表现。其开端与布局模式曾经在《出埃及记》第 32 章第 18 – 20 节中出现过，人们造金牛后，摩西和约书亚来到以色列人的帐篷，约书亚对摩西说："在营里有争战的声音"，接着他继续说（门德勒在希伯来语中所采用的结构因素以着重形式出现）："这不是人打胜仗的声音，也不是人打败仗的声音，我所听见的，乃是人歌唱的声音。"（在门德勒的创作中，开篇字面翻译为："这不是他们被火驱逐的声音，也不是他们躲避窃贼的声音，而是犹太人在火车站聚集的声音。"）②

用类似闹哄哄、乱糟糟、有时夹杂着哭泣等词语来形容乡野犹太人，身份卑微的犹太商人，或者犹太乞丐，在门德勒的长篇小说《乞丐书》中也比比皆是。"二人（指门德勒和走街串巷的小贩阿尔塔）都赶着马车，披着祈祷巾，佩带着经匣，半路上，他们停下来聊天，争吵。"这在某种程度上形成了一种固定的模式，不只是对某个犹太人个体进行反讽，而是

---

① Becker & Toren, *Joseph Klausner*, *Hayish ve Palo*, Tel Aviv, Jerusalem：Massada, 1947, p. 232.

② 谢克德：《现代希伯来小说史》，第 22 页。

具有某种文化内涵。作为理想主义者，门德勒在犹太启蒙运动之后已经意识到犹太民族的自身缺陷，意识到犹太社会中无法修复的弊端，并且对这种弊端予以辛辣的讽刺。

也是在《什姆和亚法特在火车上》，门德勒描写了犹太人乱成一团，你推我搡，在火车上进行抢座大战，而相形之下，异邦人（Gentile）"则拿着行李在站前走廊上来回溜达，等铃声响了一会儿，甚至等铃都响了三遍时，才慢悠悠地登上火车，每个人都走向自己预先定好的座位"。这种对比，其实是不动声色地对犹太人自身的某些弱点进行无言的批评。百余年后，犹太人可能不会为上火车抢座而挤成一团，但是当你置身以色列，会在许多时候感受到那种喧闹与躁动，那时，你不免会惊诧于门德勒的神来之笔了。

门德勒能够纯熟地运用犹太传统，尤其是塔木德传统，与此同时又从塞万提斯（Cervantes Saavedra）、果戈理（Niklai Gogol）、狄更斯（Charles Dickens）等作家的创作中汲取营养，可以说是成功地融合了犹太传统文学与欧洲文学传统。门德勒革新希伯来语，把现代希伯来现代小说从宗教精神的附属品变成一门艺术，对 19 世纪和 20 世纪之交的一代希伯来语诗人与作家的成长以及后来的几代以色列作家均产生了深远的影响。

二 阿哈德·哈阿姆与《哈施洛阿赫》杂志

阿哈德·哈阿姆是阿舍·兹维·金斯伯格（Asher Zvi Ginsberg）的笔名，其希伯来语含义是"民族中的一员"。阿哈德·哈阿姆是 19 世纪 90 年代到 20 世纪初年欧洲非常富有影响力的希伯来语随笔作家，但是他创作的随笔基本上都是政论随笔，在文学和政治领域均担当着重要角色。他的希伯来语清晰而对称，为现代希伯来散文创造了一种新的范式。[1] 他对以赫茨尔（Theodor Herzl，1860 - 1904）为代表的政治犹太复国主义颇为不满，认为对于已经忘记了自己所有传统的西方犹太人来说，政治犹太复国主义可能是件好事，建立国家的理念可以引导他们逐渐把精力奉献给自己的民族，但它忽略了犹太文化、犹太语言等基本问题。对于散居世界各

---

[1] Robert Alter, *Modern Hebrew Literature*, p. 87.

地的犹太人来说，文化复兴乃头等大事，而返回锡安①应该是复兴犹太文化与价值的一部分，这种文化犹太复国主义理念对巴勒斯坦犹太社区的奠基人乃至整个犹太世界都产生了深远的影响。② 如果说赫茨尔是那一代犹太人的领袖，那么阿哈德·哈阿姆则是犹太人的导师，是与犹太复国主义先驱者赫茨尔在声誉和影响上并驾齐驱的人物。

（一）阿哈德·哈阿姆与《哈施洛阿赫》的创办

阿哈德·哈阿姆 1856 年生于乌克兰基辅附近的斯克维拉小镇，家境殷实，祖父和父亲都是虔诚的哈西德派教徒。哈阿姆自幼接受的便是正统而严格的犹太教育，15 岁时便熟悉了犹太经典《塔木德》，赢得了《塔木德》学神童的称号。17 岁时按照家人的安排完婚，娶了一位哈西德派拉比的孤女。尽管家教严苛，但天资聪颖的哈阿姆在学习传统文化之时竟悄悄地对世俗文学萌生了兴趣。他逐渐掌握了俄语和德语，并借助这两种语言阅读了大量文学作品。而后，他集中阅读历史、文学、哲学和社会学方面的著述，通过阅读德文翻译作品，受到英国伦理学家和经验哲学家思想的影响。③ 22 岁时，他到当时犹太启蒙思想家在欧洲的两个重要活动中心华沙和敖德萨旅行，曾经试图在俄国或德国的大学读书，但这些学校都没有满足他的愿望，最后他决定自学。1884 年他与家人来到敖德萨，成为平斯克（Leon Pinsker，1821 – 1891）领导的热爱锡安者运动组织④中的活跃分子，开始活跃在敖德萨的公共舞台上。尽管此后他曾经在故乡、华沙、柏林等地逗留，并在人生的最后 20 年内主要居住在伦敦和特拉维夫，但他最重要的文学活动是在敖德萨，尤其是 19 世纪 90 年代和 20 世纪初期的敖德萨希伯来文学活动中心进行的。他在那里参与编辑备受尊敬的著名

---

① 锡安，得名于耶路撒冷老城南部的锡安山，一般指耶路撒冷，有时也用来专指以色列地，即巴勒斯坦。

② 参见沃尔特·拉克《犹太复国主义史》，徐方、阎瑞松译，上海三联书店 1992 年版，第 204—205 页。

③ Ali Mohamed Abd El – Rahman Attia, *The Hebrew Periodical HA – SHILOAH (1896 – 1919): Its Role in the Development of Modern Hebrew Literature*, Jerusalem: Magnes Press, 1991, p. 47.

④ 热爱锡安者运动组织，Hovevei Zion，由犹太医生平斯克等人创建于 19 世纪 80 年代初，以在巴勒斯坦建立农业定居点作为主要目的。

希伯来语期刊《哈施洛阿赫》，撰写并发表论犹太复国主义、犹太文化，以及相关问题的文章。①

中国学界对阿哈德·哈阿姆的关注，往往多把他放到以赫茨尔为代表的政治犹太复国主义的对立面上，探讨其"文化复国主义"学说，近年一两篇论文也曾经提到他重视希伯来语在复兴犹太民族文化中的作用，但很少注意到哈阿姆以希伯来语作为工具，花费六年时间主持文学杂志《哈施洛阿赫》的编辑工作，在发表关于文化犹太复国主义的主张的同时一并带动了现代希伯来文学的发展。

"哈施洛阿赫"希伯来语的含义为"缓流"，原本是耶路撒冷附近一条小河的名称，出自《以赛亚书》。② 阿哈德·哈阿姆将其用作杂志名称。按照希伯来文学批评家谢克德的说法，《哈施洛阿赫》这份杂志在第一次世界大战之前是俄国一家主要的文学月刊，从 1897 年到 1926 年在克拉科夫、华沙、敖德萨和耶路撒冷等地发行。由于阿哈德·哈阿姆的支持，在选择稿件和文学观上均体现出犹太理念。③

在某个特定的历史时期，期刊不但是作家们发表见解、进行交流的阵地，而且对作家和读者具有某种启蒙和导航作用，有时在客观上会决定着特定时期文学进程乃至历史进程的发展。早在 18 世纪中叶，犹太启蒙运动的奠基人门德尔松就在德国创办了一份希伯来语周刊《布道者》，目的在于提高犹太人的文化水准，培养他们阅读纯希伯来语的品位。1873 年，门德尔松的门徒们又在柏林创办了第一份具有影响的希伯来语月刊《采集者》（1783—1797，1808—1811），成为犹太启蒙时期文化与文学运动的喉舌。后来，奥地利、波兰、俄国也开始有了希伯来语杂志，19 世纪下半叶，维也纳的《黎明》、创办于东普鲁士主要发行于俄国和波兰的《信使》（Ha - Maggid）、维尔纳的《卡梅尔》（Ha - Karmel）、敖德萨的《倡导》（Ha - Meilis）都引起了不同程度的反响。尤其是佩雷斯·斯莫伦斯金创办的《黎明》杂志，在俄国拥有广泛的读者，许多犹太知识分子就是从

---

① Robert Alter, *Modern Hebrew Literature*, p. 87.
② 《圣经·以赛亚书》第 8 章第 6 节。
③ 谢克德:《现代希伯来小说史》，第 308 页。

那上面的文章中接受犹太民族主义思想的启迪的，但是由于斯莫伦斯金对门德尔松的文化主张持批评态度，因此遭到了许多希伯来语读者，尤其是犹太启蒙思想家的反对。

在那一时期，希伯来语尚未成为活生生的生活语言，读者面依然很窄。以敖德萨的《倡导》为例，在 19 世纪 60 年代由亚历山大·杰德鲍姆（Alexander Zederbaum，1816－1893）和阿龙·戈尔登布鲁姆（Aaron Gold-enblum，1827－1913）创办后的最初两年其发行量不到一千份，不但不盈利，反而赔本；后来刊物迁到了圣彼得堡，但也没有运转起来；直到 70 年代末聘用诗人犹大·莱夫·戈登（Juda Leib Gordon，1830－1892）任副主编，靠所谓名人效应使发行量上升到了两千册，但戈登辞职后，杂志的发行量便滑落下来。[①] 到 19 世纪 20 世纪之交，欧洲希伯来文学期刊的状况似乎非常艰难，《倡导》的主编已经去世，《倡导》杂志逐渐走下坡路，其他杂志也影响不大。犹太知识分子显然意识到杂志对培养作家和读者的重要，现代希伯来语文学与意第绪语文学大师门德勒和犹太历史学家西蒙·杜伯诺（Simon Dubnow，1860－1941）便提议创办一家新的文学月刊。解决资金当然是个非常重要的问题，于是一位名叫维索斯基（Wis-sosky）的著名茶叶商、俄国热爱锡安者运动的支持者担当了这份即将创办的杂志的捐助人。维索斯基曾经受阿哈德·哈阿姆的影响，在 1894 年资助希伯来语犹太教百科全书的出版，对哈阿姆比较熟悉。于是提出资助办杂志的一些必要条件，包括要由哈阿姆做编辑，杂志必须在华沙出版等。但是，维索斯基又对哈阿姆的宗教观点有些放心不下，于是致信给他，希望他做编辑时，要把犹太文化与传统和启蒙运动联系起来。

（二）《哈施洛阿赫》的办刊宗旨

正如前文所示，19 世纪 90 年代的阿哈德·哈阿姆已经是犹太文化事务中一位赫赫有名的人物了。早在 1889 年，他便在《倡导》杂志上发表了那篇著名的文章《不是这条路》（"Ze Ha－derech"），阿哈德·哈阿姆

---

① Ali Mohamed Abd El－Rahman Attia, *The Hebrew Periodical HA－SHILOAH（1896－1919）*, pp. 27－28.

在文章中抨击热爱锡安运动者成员把移居巴勒斯坦并在那里建立犹太社区当成解决犹太问题基本途径的主张，认为多少年来，犹太人陷于贫穷与退化中，靠信仰与希望来支撑自己。而他们这一代人看到了影响深远的新思想的诞生，它将我们的信仰与希望从天上带到人间，将其转化为富有生命力的积极力量，使我们的土地怀有希望，使我们的人民具有信仰的支柱。由于受到斯宾塞（Herbert Spencer）学说的影响，阿哈德·哈阿姆解释说，只有"当时机成熟时"思想才会产生，而在犹太人的内心深处，是可以感受到这种民族性的。他认为，民族运动的首要目的是带来一场复兴，使人对民族生活怀有深厚的情感，翘首期盼民族的康乐。进而同后来的政治犹太复国主义要犹太人移居巴勒斯坦的主张大相径庭。他之所以在这篇文章中使用阿哈德·哈阿姆这一笔名，是要表明自己不是作家，而且也不想成为作家，而是以民族一员的身份发表对自己所论及的问题的看法，对民族事务感兴趣。这篇文章成为时年建立的，以改善希伯来语教育、传播希伯来语文化为基本宗旨，并对定居巴勒斯坦感兴趣的"摩西之子"群体（1889—1897）的行动纲领。阿哈德·哈阿姆也因此成了年轻人的精神领袖与追随对象。

　　办刊物正是阿哈德·哈阿姆的一个夙愿，这是因为阿哈德·哈阿姆圈子中的文化复国主义者们把期刊视为自然的政治工具。① 《倡导》杂志的主编杰德鲍姆去世后，阿哈德·哈阿姆曾经毛遂自荐，想去编辑这份杂志，这些想法曾经得到敖德萨犹太社区的支持，但因为他们想把刊物搬到敖德萨，所以没有成功。而当年，阿哈德·哈阿姆正在波兰的阿希亚萨夫出版公司任职。维索斯基的提议无异于天赐良机，阿哈德·哈阿姆想借助维索斯基的财力创办一家全新的杂志。需要指出的是，当时俄国的出版审查非常严格，在出版地点、出版内容等方面都具有严格的限制。阿哈德·哈阿姆收到的出版规则中包括：不得批评基督教和天主教，不得攻击《圣经》。不得刊登反对帝国和君主制的文章，不得包括社会主义或共产主义思想，不得违背道德规范，等等。编辑既要应对审查，又要积极组织名家

---

　　① Steven J. Zipperstein, *Elusive Prophet*：*Ahad Ha' am and the Origins of Zionism*，Berkeley/Los Angels：University of California Press, 1993, p. 105.

写稿，还要想方设法扩大发行，确实比较艰难。

在编辑宣言中，阿哈德·哈阿姆把《哈施洛阿赫》的编辑内容确定为四个方面：其一是关于犹太学方面的文章，这类文章对犹太生活和古往今来犹太人精神发展历程中的一些重要现象加以阐释，或者对犹太教和犹太生活与历史中的模糊之处加以阐明。其二是时事评论文章，这类文章将对当代各个国家的思想、道德、经济、政治状况加以讨论。力图按照事物的本来面目进行解释，分析论证，得出结论，并指出改善的方式。其三是批评类文章，对人的精神以及与真善美相关的人的精神劳动成果加以评判。不仅包括新书评价，也包括对人类生活及其发展进程产生影响或将要产生影响的一切思想与行动。其四是纯文学作品，如小说、诗歌等。① 从这篇宣言上看，《哈施洛阿赫》的办刊宗旨是要对犹太文化传统与犹太思想加以阐释，针砭时弊，评判人类精神成果，是一份理性刊物。而在这份刊物中，真正的文学作品占据的位置相对来说比较薄弱，版面控制得十分严格，如果不是考虑到读者的需要，阿哈德·哈阿姆甚至都不愿意开设纯文学栏目。他所推重的文学作品，无疑应该具有鲜明的载道色彩。小说应该传播思想，提升宗教价值，甚至迎合 19 世纪俄国文学批评家别林斯基把文学变成社会工具的观点，号召希伯来语作家用文学创作服务于民族事业。② 但是另一方面，阿哈德·哈阿姆又不愿意把刊物办成某个营垒的喉舌，拒绝刊登对某人进行人身攻击或者大肆赞美的稿件，尽量海纳百川，请各方读者供稿。但是从 1897 年开始，《哈施洛阿赫》杂志开始刊登文化复国主义者的主张。

阿哈德·哈阿姆希望把《哈施洛阿赫》办成一份独具特色的希伯来语刊物。他希望向欧洲刊物的最高标准看齐，强调采用欧式的表达方式③，但是要表现与犹太传统相关的内容，"断然拒绝发表任何没有明显犹太内容的材料"。④ 与之相关，他也希望现代希伯来文学要以犹太传统和犹太文化为

---

① Ali Mohamed Abd El – Rahman Attia, *The Hebrew Periodical HA – SHILOAH* (1896 – 1919), p. 54.

② David Aberbach, *Bialik*, London: Peter Halban Publishers LTD, 1988, p. 50.

③ Steven J. Zipperstein, *Elusive Prophet: Ahad Ha' am and the Origins of Zionism*, Berkeley/Los Angels: University of California Press, 1993, p. 116.

④ Ibid. , p. 118.

基础，同时对欧洲文化兼收并蓄，要求文学应具有教育功用。这样一来，阿哈德·哈阿姆把文学视为表现某一特定民族意识与身份的工具，忽略了文学反映普遍人性的普世作用。同时，他过于强调文学的教育作用，客观上忽略了文学的审美功能，即使在发表门德勒的小说《泪谷》（"Be - Emek ha - bakha"）时，看重的也是作品中对犹太村庄异常生活的描写。在发表中世纪诗人伊本·加比罗尔（Ibn Gabirol，1021 - 1058）的诗作时，重视的是诗歌本身的教化意义，忽略其对现实生活的反映，因此造成的浪漫主义作家别尔季切夫斯基为代表的许多年轻作家对其编辑思想提出质疑。

（三）围绕办刊宗旨的争议

别尔季切夫斯基比阿哈德·哈阿姆年轻 10 岁，长于小说和随笔创作，是一位多产的希伯来语作家。尽管别尔季切夫斯基与阿哈德·哈阿姆都试图创造一种新型的现代希伯来文学，但因各自因循的途径不同，其争论的焦点在于新型的希伯来文学究竟是以犹太文化为基础，还是以带有普遍性的人文主义文化为基础。究竟是应该强调文学的民族思想价值，还是应该注重个人情感与文学的审美功能。在争论中，别尔季切夫斯基呼唤文学要表达个人情感，要拥有较高的审美价值，希望创造一种以带有普遍性的人文主义知识和文化为基础，同时表现犹太文化特点的文学。

在别尔季切夫斯基看来，阿哈德·哈阿姆在《哈施洛阿赫》杂志上只讨论犹太问题的编辑方针使青年人感到局限性很大，束缚了他们的思想与精神，致使他们在内心深处与外在文化之间形成巨大隔阂。而一味植根于犹太文化、摒弃其他文学中所拥有的人文成分来建构的希伯来文学，势必造成民族主义与人文主义的分离。况且，正在复兴的希伯来语在别尔季切夫斯基眼中缺乏一些概念和习惯用语，而缺少这些概念与习惯用语，希伯来文学就不可能成为具有活力的带有普遍性的文学。因此，别尔季切夫斯基竭力主张把欧洲哲学与审美价值引入犹太文化，反对阿哈德·哈阿姆一味强调犹太信仰的主张。但与此同时，别尔季切夫斯基又承认自己受到阿哈德·哈阿姆创作风格与哲学思想的影响。

别尔季切夫斯基与阿哈德·哈阿姆围绕《哈施洛阿赫》的办刊宗旨，以及希伯来文学的功用问题进行了激烈论争。别尔季切夫斯基主张，《哈施洛阿赫》杂志不应该只发表表达思想的文章，而且应发表小说、诗歌和文学批评，内容不应该只局限于犹太体验上。① 年轻人是一代新人，具有新思想和新情感，不可能一味奉行延续了数千年的文化和传统。

阿哈德·哈阿姆所制定的编辑方针也让作家们深感受到制约，他们宁愿给不用经过任何审查就可以发表其作品的《倡导》等杂志写文章，也不愿意把自己的稿件交给一位严苛的编辑任意修改，甚至枪毙，所以阿哈德·哈阿姆在组稿上遇到了意想不到的困难。由于阿哈德·哈阿姆把主要精力用在按照自己的理想来编辑杂志上，自己为杂志写稿的时间相对较少，这对当时的犹太思想界不能不说是个损失。此外，迎合读者需要也是件非常困难的事情。阿哈德·哈阿姆主管杂志期间，政治犹太复国主义在人们当中拥有广泛的市场，阿哈德·哈阿姆虽然不愿在自己的刊物上大肆宣传文化犹太复国主义思想，也没有公开对 1897 年的犹太复国主义大会纲领和赫茨尔本人进行抨击，但是确实登载了某些对政治犹太复国主义运动所做的客观批评。因此招致那些支持犹太复国主义主张人士的不满，举例说来，当 1897 年阿哈德·哈阿姆对赫茨尔展开攻击后，杂志发行量骤然从 1100 多份下降到 500 多份。就连华沙阿希亚萨夫的编辑也难免要批评阿哈德·哈阿姆对民族运动所持有的抵触态度，并将其视为造成杂志发行量下滑的原因之一。

由于阿哈德·哈阿姆在编辑杂志期间，辗转于柏林、敖德萨等地，而出版公司总部设在华沙，印刷又在柏林和克拉科夫等地进行，给管理带来诸多不便，加上杂志的编辑宗旨使读者和资助人逐渐对其失去兴趣，进而影响到杂志的发行量。而阿哈德·哈阿姆又拒绝刊登广告，杂志因而逐渐陷入困境。1902 年，阿哈德·哈阿姆向阿希亚萨夫出版公司提交辞呈，同意由克劳斯纳来接替他的编辑职务。但依旧关注杂志的办刊宗旨，并亲自为杂志撰稿。阿哈德·哈阿姆于 1908 年移居伦敦，1922 年移居巴勒斯坦。

尽管困难重重，但《哈施洛阿赫》杂志在学术界和文学界还是享有盛名，备受学者和作家们的关注，它的主要读者大致包括犹太启蒙主义者和

---

① Arnold Band, "The Ahad Ha'am – Berdyczewski Polarity," in *Studies in Modern Jewish Literature*, Philadephia: The Jewish Publication Society, 2003, p. 281.

犹太中产阶级人士。《哈施洛阿赫》是最早运用欧洲新闻业方法创办的希伯来语期刊，为希伯来文学的发展进程作出了贡献。[①] 此外，由于阿哈德·哈阿姆是希伯来语复兴的倡导者之一，他把修改稿件当成使希伯来语免遭污染的一个途径。在学术文章、时评、文学批评和纯文学作品几个领域，都拥有很好的作者与文章。著名作家门德勒曾每月为杂志写一篇书评，同时把自己早年的一些意第绪语小说翻译成希伯来语发表，使同其他几部分内容相比稍微逊色的纯文学创作的质量得以提升。一些年轻作家，如费尔伯格，不但把杂志当成发表作品的阵地，而且当成提高自己文学功力的校园。此外，为这份杂志撰稿的名人还有诗人比阿里克、车尔尼霍夫斯基，作家弗里希曼等。

（四）《哈施洛阿赫》与现代希伯来文学

1902年，阿哈德·哈阿姆不再继续担任《哈施洛阿赫》的编辑工作，犹太历史学家、希伯来语言学家、后来的希伯来文学家约瑟夫·克劳斯纳开始主管这份杂志。克劳斯纳1874年出生于立陶宛，由于立陶宛的反犹太主义不断加剧，他和家人一起搬到敖德萨，在那里接受教育，后来又在德国获得了博士学位。能够接替阿哈德·哈阿姆做《哈施洛阿赫》的编辑，对克劳斯纳来说乃是一种莫大的荣幸。他专门为此搬到华沙，为的是能更好地同总部保持联系。编辑更换之后，《哈施洛阿赫》从出版方针到作品内容再到思想风格都发生了一系列改变。

克劳斯纳本人尽管非常尊重阿哈德·哈阿姆，认为在所有的犹太作家和学者中，阿哈德·哈阿姆是他唯一的老师，也像阿哈德·哈阿姆一样并不赞同政治犹太复国主义。但是与阿哈德·哈阿姆相比，克劳斯纳更重视文学作品的审美功能，而不是教育功能，因此他更为重视一向被阿哈德·哈阿姆视为不太具备育人价值的诗歌创作；更强调作品的普遍性精神，而不是纯粹的犹太民族精神，希望杂志能够囊括非犹太问题的探讨。这种思想在他著名的著作《犹太教与人文主义》中得到了更为详尽的阐述。按照

---

① Ali Mohamed Abd El - Rahman Attia, *The Hebrew Periodical HA - SHILOAH* (*1896 - 1919*), p. 182.

克劳斯纳的观点，有必要实现希伯来文学现代化以吸引更多的读者。希伯来语文学之所以没有广泛的读者，原因之一在于一些自幼学习并掌握了希伯来语的青年并不阅读希伯来文学作品，他们不阅读希伯来语文学的原因在于希伯来文学对他们缺乏吸引力。的确，他们需要用希伯来语阅读同犹太教相关的东西，但是并不希望犹太教陷于贫穷与困苦之中。他们希望犹太教不只是人文主义的附庸，而是人文主义的组成部分，一种用新知识来滋养其思想与心灵的犹太教。只有这样犹太教才不会和他的心灵分离。①

克劳斯纳接替阿哈德·哈阿姆掌管《哈施洛阿赫》杂志，象征着办刊理念从文化向文学的转变。② 他更加重视年轻人在新希伯来语言和文学的现代化方面，以及在把犹太生活与普遍的人类文化统一起来方面的独特贡献，于是试图协调以阿哈德·哈阿姆为代表的老一代希伯来语作家和以别尔季切夫斯基为统帅的新思潮作家，创作一种同现实生活密切相关的文学。但是要实现克劳斯纳的这种编辑思想也绝非一件易事。由于杂志所持有的反对政治犹太复国主义的立场，与当时众多犹太知识分子的阅读期待形成抵触，读者和作家们并不满意克劳斯纳的编辑工作。按照比阿里克的说法，大家抱怨杂志中的文章缺乏生活气息，内容单调，反映的生活面狭窄，与当下生活联系不大。这里我们很清楚地看到，读者抱怨杂志中缺少的内容，并不是克劳斯纳忽略不计的问题，而是他已经设定但没能达到的编辑目标。尽管如此，相当一批新一代读者逐渐喜欢上了这份杂志，尤其是在与其他一些新创办的文学月刊，如《时代》（Hazman）等相比较的过程中，认同了《哈施洛阿赫》编辑的精品意识。即使是《哈施洛阿赫》的反对者，也尊重其声名。作者们以在这份杂志上发表作品为荣。

从 1907 年到 1919 年，《哈施洛阿赫》在敖德萨编辑、印刷并出版。克劳斯纳掌管杂志期间，《哈施洛阿赫》的发行量曾经上扬，在 1907 年达到三千多册。即使在第二次世界大战期间也拥有两千多订户。

一本好的杂志不仅能够在读者中产生广泛的影响，而且会在某一特定

---

① "Yahadut ve‑enoshiut"（"Judaism and Humanity"）, *Ha‑Shiloah*, vol. 9, pp. 336–337.

② Benjamin Harshav, *Language in Time of Revolution*, Berkeley, Los Angeles, London: University of California Press, 1993, p. 66.

时期成为凝聚作家、培养文学新人的摇篮，为他们提供崭露头角的平台。克劳斯纳本人在《哈施洛阿赫》工作期间，发表了上百篇文章，甚至把自己的主要时间与兴趣都投放到希伯来文学领域，成为一名著名的希伯来文学史家。1919 年克劳斯纳移居耶路撒冷后，很快成为以色列希伯来大学最早的希伯来文学教授之一，这一点还得益于在《哈施洛阿赫》的编辑工作，因此他对阿哈德·哈阿姆终生心存感激。与阿哈德·哈阿姆相比，克劳斯纳更加重视选用青年作者的作品，真正发掘了一些文学天才，其中包括希伯来文学思想家、诗歌巨匠海姆·纳赫曼·比阿里克。《哈施洛阿赫》在欧洲一共出版了 36 期，而比阿里克一人在上面就发表了 41 首诗歌、4 个短篇小说、7 篇文学评论文章，可以说是《哈施洛阿赫》最为重要的撰稿人之一。[①]同时。从 1904 年开始，比阿里克受克劳斯纳的邀请，协助他编辑《哈施洛阿赫》中的纯文学作品。杂志从华沙迁到敖德萨，并且成为希伯来文学中心的喉舌性刊物，也是在比阿里克的恳切建议之下逐步实施的。

三　希伯来民族主义诗人——比阿里克

如果说阿哈德·哈阿姆的立身之本主要在于他的哲学与社会思想，其次在于他的文学活动的话，那么他的好友比阿里克则是一位以艺术创作而立足于世的真正意义上的诗人、小说家、学者和政论文作者，一向有现代希伯来文学史上第一位民族诗人之称，在现代希伯来语诗人中最有影响力。比阿里克同时又是一位商人、编辑、出版家、教育家和翻译，也是他那个时代最富影响力的文化人之一。自 1904 年发表《在屠城》（"Be - Ir ha - Haregah"）之后，比阿里克一直处于希伯来文学创作的中心位置。纵观比阿里克一生，其文学活动地点主要在当时的俄国（以敖德萨为主）、德国和巴勒斯坦。更有意思的是，比阿里克身在敖德萨的 20 年间，敖德萨乃为希伯来文学中心；当他在 20 年代初期移居德国后，德国成了希伯来文学中心；当他 1924 年移居特拉维夫后，巴勒斯坦又成了希伯来文学中心，而比阿里克基本上一直是希伯来文学中心的旗手。

---

① Ali Mohamed Abd El - Rahman Attia, *The Hebrew Periodical HA - SHILOAH* (1896 - 1919), p. 139.

　　比阿里克于 1873 年 1 月 11 日出生在乌克兰的一个小村庄，父亲约瑟夫·伊扎克·比阿里克是一位木材商。比阿里克五岁那年，父亲生意失败，举家迁往父亲家人的所在地，沃里尼亚（Volhynia）首都日托米尔（Zhitomir），在那里开了一家小酒店。父亲性格沉静而超然，当喝得醉醺醺的人们在小酒店里出入时，他竟然在那里潜心于《密西拿》的研读。母亲迪娜·普利瓦的性格则截然相反，非常情绪化。比阿里克继承了父亲性格中善于冥想和母亲性格中热情奔放的成分，甚至在日后的诗歌创作中也流露出这种鲜明对照的特征。19 世纪 70 年代，日托米尔小镇的经济状况非常萧条。比阿里克七岁那年，父亲再度因生意没有起色而一蹶不振，不久便撒手人寰。少年丧父给比阿里克的心灵深处造成重大冲击，强烈地影响到他的性格生成和日后的文学创作。无奈，母亲因为不能独立抚养孩子，便把比阿里克和姐姐送给爷爷奶奶，自己投奔亲戚去了。实际上，比阿里克等于相继失去了双亲，因此"孤儿情结"构成他日后作品中反复出现的一个母题。

　　比阿里克所生存的时代，正是希伯来语日渐成为犹太民族复兴中重要工具的年代。几乎与同时代的欧洲希伯来语作家一样，比阿里克在童年时代便开始攻读《摩西五经》、《塔木德》、《光辉之书》和祈祷书。终日沉浸在祈祷与研修中的年迈祖父对比阿里克十分严格，使之在 13 岁时就可以在犹太会堂对人们提出的律法问题对答如流。17 岁那年，比阿里克离家到沃洛津的一个经学院继续攻读《塔木德》。因此说犹太传统教育构成了比阿里克作为希伯来语诗人的一个重要背景。

　　当时，沃洛津的犹太社区非常落后和原始，迷信思想盛行，同时还是主张虔修与神秘主义教义的哈西德教派的活动中心。比阿里克创作中的某些突出特点与哈西德思想具有一种渊源关系，即把自然界的喜悦当成精神悟性之源。①

　　在哈西德主义风行之时，兴起于西欧的犹太启蒙运动思想在 19 世纪前叶开始在俄国犹太社区悄悄传播起来。俄国犹太人与西欧犹太人不同，他们多居住在贫困地区，相对来说比较贫穷，受教育程度偏低。只是到了俄国农

---

①　David Aberbach, *Bialik*, London: Peter Halban Publishers LTD, 1988, p. 25.

奴制改革之后的 19 世纪 60 年代，俄国犹太人的情况才开始改观，逐渐接受世俗教育。希伯来语出版物也开始增多。19 世纪 80 年代，针对俄国犹太人的一系列屠杀与迫害事件刺激了犹太民族主义情绪的增长，而希伯来语的复兴又成为犹太民族复兴进程中的一个重要环节。比阿里克开始对阿哈德·哈阿姆所写的政论随笔着迷，加入秘密的犹太复国主义社团，同时撰写诗歌和文章，表达强烈的民族情绪，并于 1891 年在《倡导》杂志上发表第一篇希伯来语文章，论及在以色列地建立犹太人精神中心的思想，[①] 显然与阿哈德·哈阿姆的文化复国主义理念如出一辙。与此同时，比阿里克还受到俄国浪漫主义文学的吸引，非常喜欢莱蒙托夫和普希金的诗歌，以及果戈理、屠格涅夫（Ivan Turgenev）和托尔斯泰（Lev Tolstoy）的小说。

　　1891 年，由于经学院的课程远远满足不了比阿里克的精神需求，于是他萌生了前往当时的希伯来文学中心敖德萨，然后去德国攻读学位的念头。在敖德萨这座大城市中，比阿里克这个来自乡野的孩子就像一只迷途的羔羊，感到失落与孤单，然而也正是在那里，他见到了自己的偶像阿哈德·哈阿姆和热爱锡安运动的领袖人物之一利连布鲁姆（Lilienblum），以及未来的朋友与合作伙伴拉夫尼茨基（H. Rawnitzky），并与现代希伯来文学语言奠基人门德勒过从甚密。思想家阿哈德·哈阿姆与作家门德勒是对比阿里克一生产生极其重大影响的两个人物。前者是他的思想引路人，后者是他的艺术榜样。尽管他们见面不多，但比阿里克对阿哈德·哈阿姆一向深怀敬畏，曾把阿哈德·哈阿姆视为对他一生影响最大的人。[②] 阿哈德·哈阿姆雄辩的论述风格，精深的欧洲文学与哲学、犹太历史与文学修养深深吸引着比阿里克。阿哈德·哈阿姆作为文化犹太复国主义领袖试图把传统犹太教转变为民族主义力量，把犹太复国主义政治运动与复兴希伯来语和在巴勒斯坦复兴犹太文化精神结合起来的主张，令比阿里克将其视为一个伟大的医师，认为借此可以救治流散地犹太人的信仰危机。比阿里克与门德勒的交流则不仅仅限于通过文本阅读，而是可以不断见面，甚至一起工作。比阿里克和门德勒一起把《瘸子非什卡》从意第绪语翻译成希

① David Aberbach, *Bialik*, p. 3.
② BialiK, *Devarim she – Be' al Peh* (Speeches), vol. 2, Tel Aviv: Dvir, 1935, p. 191.

伯来语，他把自己当成门德勒的弟子，把门德勒尊为现代希伯来小说风格的奠基人，这种师生关系一直保持到十月革命之后的 1917 年门德勒撒手人寰之际。比阿里克创作中的语言风格，尤其得益于门德勒的影响。

也是在敖德萨期间，比阿里克开始接触德国诗人莱辛（Gotthold E-phraim Lessing）、席勒（Friedrich von Schiller）和歌德（Johann Wolfgang Von Goethe）的作品，并且把海涅（Heinrich Heine）的诗歌翻译成意第绪语。几个月后，比阿里克在敖德萨发表了著名的抒情诗《致飞鸟》（"El Ha‐Tzipor"，1892），表达了对锡安的强烈渴望，对那些已经返回锡安的人表现出崇拜之情："你是否从我锡安的兄弟，从而今已经切近的兄弟们那里给我带来友好的问候？啊，快乐的兄弟！幸福的兄弟！他们是否猜到我在这里要忍受的巨大伤痛？"这首诗的发表，使年仅 19 岁的比阿里克给敖德萨文坛留下了深刻印象，被视为最有发展前途的诗人。但当时，他并没有想移居巴勒斯坦。后来，祖父病危的消息使他不得不离开敖德萨，重新回到日托米尔（1892—1900），不久比阿里克与木材商的女儿曼娅·埃弗巴克结婚，期间，比阿里克曾经连续四年为岳父照管森林。比阿里克只能在安息日时回家，孤单的生活激发了他的创造力，撰写了许多诗歌，呼唤犹太人的民族复兴。生意破产后，他做起了老师。

1897 年，西奥多·赫茨尔在巴塞尔召集了第一次犹太复国主义大会，俄国犹太人代表团的人数几乎占全体与会代表的三分之一，犹太复国主义成了全球性的政治运动。时势造英雄，可以说没有犹太复国主义运动，就不可能有作为民族主义诗人的比阿里克。1897 年堪称比阿里克创作的分水岭。尽管比阿里克在观念上更为支持阿哈德·哈阿姆，而不是赫茨尔，但与主张通过耐心教育治愈犹太人僵硬的头脑，并唤醒其真正民族情感的阿哈德·哈阿姆不同的是，比阿里克对犹太人是否真正能够改变其情绪萎靡之症并把自己当成一个民族而表示怀疑。在发表于 1897 年的诗歌《百姓诚然是草》（"Akhen hatzir ha‐am"）中，他借用《圣经·以赛亚书》中第 40 章中的典故，把犹太人比作"枯草"，但是却别有用意。《以赛亚书》中写道："草必枯干，花必凋残，因为耶和华的气吹在其上；百姓诚然是草。草必枯干，花必凋残；唯有我们，神的话必远立定！"先知以赛亚传递的信息是人如草芥会死，但上帝的话永存。而比阿里克写此诗时，正值犹太复国主义者们纷纷在各地组织代表团，可普通犹太人却对犹太复国主义事业无动于衷，甚至抱以挖苦嘲讽。对此，比阿里克深感愤懑，指责犹太人精神退缩，唯利是图，将其比作"枯草"。比阿里克在这首诗中尽管没有使用《圣经》中先知预言的范式，如"耶和华说"、"耶和华晓谕"等，但显然是再创造地模仿了《圣经》预言中的词法与声调，为民族复兴的前景忧心忡忡。这首诗标志着比阿里克诗歌创作中的一个新的起点，就像丹·米兰所说："尽管诗人并没有公开使用'上帝对我说'，'上帝如是说'等先知惯用的说法，然而他采用了至高无上的权威者的口气和一种不容怀疑的势不可挡的语言：比阿里克正在为自己披上先知的外衣，以前他从来没有这样过。"① 从此，他逐渐被视为犹太民族主义运动中的诗人——先知，一位现代的以赛亚。②

1900 年，比阿里克携妻子回到敖德萨，先后做过教师、商人，并在1901 年与朋友们一起创建了莫里阿出版公司，主要以出版学校教材为主。同年在华沙出版了第一本诗集。后来，正如前文所说，他协助克劳斯纳编辑《哈施洛阿赫》月刊。1900 年，比阿里克担任出版公司经理，从 1911 年开始在出版图书时融入犹太文学的内容。1915 年，俄国政府命令停止出版希伯来语书籍。但比阿里克在接下来的几年里撰写了一些给人留下深刻印象的诗歌、随笔和小说。1917 年十月革命后，犹太人赢得了公民权，希伯来语出版物也得到解禁。比阿里克放弃移居巴勒斯坦的想法，继续留在敖德萨。但是，从 1918 年到 1920 年，俄国发生了一系列屠杀事件，数万犹太人丧生。犹太复国主义运动遭到遏制，俄国犹太人创办的文化机构遭到清洗。1921 年，比阿里克和一批希伯来语作家通过高尔基（Maksim Gorky）的帮助，得以离开俄国。

19 世纪 90 年代，犹太人大约占据敖德萨这座城市总人口的三分之一。他们在那里建立了两类学校。在现代社区里，孩子们在学校里接受世俗语言和课程教育。许多老师都是启蒙主义者，学校大多由支持犹太教育改革

---

① Dan Miron, *H. N. Bialik and the Prophetic Mode in Modern Hebrew Poetry*, New York: Syracuse University Press, 2000, pp. 2 – 3.

② David Aberbach, *Bialik*, p. 5.

的俄国当局管理。与此同时，一部分传统犹太人却建立了自己的学校，在那里执著地传授犹太传统文化，但是即使在这些学校里，也不怎么看重希伯来语言。当时敖德萨的犹太人基本上使用希伯来语、意第绪语和俄语三种语言进行创作。这三种语言的出版物可以满足不同层次读者的需要。敖德萨也是孕育俄国犹太人现代思想的摇篮，一些犹太启蒙主义者到那里之后曾经从事希伯来语教学工作；一些犹太知识分子逐渐意识到犹太启蒙运动的弊端。

　　佩雷茨·斯莫伦斯金曾经在小说《伪善者的狂欢》中，表现出对犹太传统与犹太习俗的蔑视。外科医生平斯克在那里撰写《自我解放》一书，试图唤醒犹太人的民族意识，在那一代人当中影响很大。里连布鲁姆的主张在某种程度上与平斯克如出一辙，认为以色列地应当成为犹太人的故乡，他在阿哈德·哈阿姆的圈子里十分活跃，也是阿哈德·哈阿姆之外最为著名的宣传鼓动家。里连布鲁姆还喜欢把一些年轻的犹太启蒙主义者、教师和犹太复国主义者招集到公园或路边，激励大家发表不同的见解。初出茅庐的比阿里克在一位拉比的引荐下曾经携带自己的诗作前去拜访里连布鲁姆，他在 1892 年发表的那首表达向往锡安的诗歌《致飞鸟》可以说形象地道出了平斯克和里连布鲁姆对大流散的看法，给里连布鲁姆留下了极其深刻的印象。在里连布鲁姆的引荐下，比阿里克见到了自己的精神导师阿哈德·哈阿姆。尽管《致飞鸟》是一首言志诗，里面蕴含着为民族解放而斗争的思想，正好符合阿哈德·哈阿姆关于文学需要表达意识形态观念的办刊宗旨，但因为该诗长达 28 节，对于《哈施洛阿赫》来说可能过长，也许更为重要的是，比阿里克坚持表达性格中抒情与感伤的因素与阿哈德·哈阿姆的理性主义发生抵触，[①] 所以阿哈德·哈阿姆便将其推荐给正在主编《果园》（*Hapardes*）的友人拉夫尼斯基。后者立即识别出比阿里克《致飞鸟》中所表现出的流亡与渴望主题，受到他所喜爱的中世纪西班牙黄金时代希伯来语诗歌的影响。[②] 共同的志趣与品位使二人结下终生

---

①　S. Daniel Breslauer, *The Hebrew Poetry of Hayyim Nahman Bialik* (*1873—1934*) *and a Modern Jewish Theology*, New York: The Edwin Mellen Press, 1992, p. 17.

②　Sara Feinstein, *Sunshine, Blossoms and Blood: H. N. Bialik in His Time*, Lanham: University of A-merica, 2005, p. 92.

的友谊。比阿里克与拉夫尼斯基一道，为儿童们编辑简体《圣经》读本，并出版了《犹太传说书》（*Sefer ha – agada*）等犹太经典文献。

（一）早期抒情诗

　　生活经历与社会语境因素是比阿里克诗歌创作的一个重要源泉。自幼丧父，又遭到生母抛弃的孤儿情结或弃儿情结在比阿里克 19 世纪 90 年代创作的早期诗歌中占据了重要的位置，读者甚至可以通过阅读这些诗歌了解到作家的经历与感受。《秋日》（"Be – Yom Stav"，1897）便是一首具有代表性的诗歌，在这首诗中，比阿里克首次表达了七岁那年与母亲的分离给自己心灵带来的强大撞击。思恋女性也成为他许多诗歌中的一个吟咏主题。

　　《爱之歌》（"Manginah le – Ahavah"）写于 1893 年比阿里克订婚之际，最初写给他的恋人，表达一个刚刚步入成人之列的青年男子对婚姻的恐惧。而在后来给未婚妻的诗中，他试图追求一种柏拉图式的精神恋爱。"坐在我身边的你，那么圣洁。做我的上帝和天使吧，我朝你祈祷，朝你膜拜。"[①]

　　重返敖德萨后的最初几年，比阿里克并未积极投身于阿哈德·哈阿姆的文化犹太复国主义事业之中，反而致力于抒情诗的创作。但是，在比阿里克的诗歌中，很少见到格调欢快的诗行。发表于 1902 年的诗《黄昏时分》（"Dimdumei Ha – Hamah"）勾勒出一对伴侣的孤独、痛苦的心境。

　　　　黄昏时分，
　　　　请来到我窗前，
　　　　依在我身旁。
　　　　用你的双臂搂住我的脖颈，
　　　　你的头贴住我的头，
　　　　把我紧紧拥抱。
　　　　这样紧紧地联结在一起，

---

① 《她给我写了一封短信》，"Mikhtav Katan Li Katva"，1896 – 1897。

> 默默地举目远望，
> 看着那美丽的万道霞光。
> 我们任凭自己的一切幻想自由驰骋，
> 遨游在光的海洋。

　　诗人把诗歌的背景置于黄昏，先入为主地营造出一种孤寂凄凉之感。伴侣紧紧相拥在一起是为了默默地举目远眺，任幻想在光的海洋中驰骋，任幻想飞入云天，思想在一种默默的压抑中自由驰骋往往喻示主人公在现实生活中的某种不称意。

> 那些演员的海岛，
> 是我们在梦中见过的崇高境界；
> 它使我们在天下各地都成了陌生人，
> 使我们的人生变成一座地狱。

　　而更令人感到痛惜的则是，在我们期盼已久的海岛，召唤我们的星辰本来应该是一个理想中的所在，犹如人们企盼的家园，但当抵达那里之后，才发现，

> 我们被遗弃在海岛上，
> 没有朋友，
> 就像在荒漠中的两朵花，
> 就像两个人被世人遗忘，
> 在异域的土地上，
> 永远地寻觅某种失去的东西。

　　显然，这样的描写手法造成很强的象征意蕴，它既可喻指具体的一对伴侣被周围的环境抛弃，来到自己心目中的某种理想所在，但等待他们的依然是被新的环境抛弃，进而显示出诗人的心灵孤独。另一方面，这对伴侣可被视为一个民族的象征，在孤独中流亡与漂泊。

1903年，比阿里克因为接受克劳斯纳的邀请，担任《哈施洛阿赫》的文学编辑，因此决定前往刊物的所在地华沙。妻子曼娅本来只同意他在华沙住两个星期，但比阿里克在那里待了至少一年，曼娅为此耿耿于怀。1905年比阿里克回到敖德萨之后，不仅身体状况不好，而且夫妻生活也变得紧张起来。比阿里克作短诗《用你的羽翼遮护我》（"Hakhnisini tahat kenefekh"），设置了暮色熹微的浪漫背景，向妻子娓娓表达自己对她的依恋之情，意在请求她的谅解。

> 用你的羽翼遮护我，
> 做我的母亲和姐妹。
> 你的胸脯给我庇护，
> 为我丢弃了的祝祷筑巢。
> 黄昏之光柔和地洒下，
> 用温柔抚慰我的痛楚。
> 爱，每个男人都在呼唤。
> 什么是爱？
> 我白白地探求。

（二）《在屠城》与"愤怒之诗"

"愤怒之诗"一词出自1906年比阿里克出版的同名诗集《愤怒之诗》（Mi‐shirei Ha‐za'am），该集收入了《在屠城》、《关于屠杀》和《我知道在一个雾蒙蒙的夜晚》三首诗。这三首诗贯穿着一个中心主题，即对俄国犹太人所遭受的暴行进行回应。前两首诗是针对1903年基什尼奥夫惨案而作，后一首则根据1905年《锡安长老议定书》出笼之后俄国南部，包括敖德萨发生的针对犹太人的暴行写成。这些诗作不仅反映出20世纪初期俄国犹太人缺乏安全保障的生存体验，而且流露出他们对流亡时期自身生存状况的怨怒与愤懑之情。此类"金刚怒目式"的作品，不仅在比阿里克诗歌创作中十分独特，而且对当代犹太意识的形成产生了巨大影响。

基什尼奥夫惨案指1903年4月6日至7日发生在沙皇俄国省城比萨拉

比亚首都基什尼奥夫（今摩尔多瓦的首都基希讷乌）的反犹太人的暴行。
20 世纪初期，大约有 5 万犹太人居住在基什尼奥夫，约占整个城市人口的
一半。事情的起因是同年 4 月 6 日，人们在离基什尼奥夫四十五英里的地
方发生了一个基督教男孩的尸体，还在一家犹太医院里发现了一个女孩尸
体，后来得知这个男孩是被一个亲戚所害，女孩则是服毒自尽。但是当时
的一份带有反犹色彩的俄文报纸却称犹太人是杀害两个孩子的凶手。另一
份报纸则称犹太人之所以杀害这个男孩，是要用他的鲜血来准备逾越节期
间吃的无酵饼，以此煽动起当地人们的仇犹心理。整个惨案持续三天之
久，大约有近五十名犹太人被杀，约百人受重伤，伤者约数百人，数以千
计的房屋和商号遭到毁坏。敖德萨的居民最初以为此事只是谣传，但后来
一些难民逃到阿哈德·哈阿姆的贝塞塔俱乐部，叙述所发生的一切。敖德
萨的犹太社区愕然。尽管俄国有出版禁令，可是关于"基什尼奥夫暴行"
的消息还是很快被西方记者达维特捅到了 1903 年 4 月 28 日的《纽约时
报》上：

> 暴民们在长老们（priest）的率领下，高喊"杀死犹太人的口
> 号"，冲向整座城市。犹太人根本没有意识到危险，像羔羊一样遭到
> 屠宰。死者百二十余人，伤者约五百人。有关该屠杀的恐怖惨状令人
> 难以形容。嗜血成性的暴民疯狂地将孩子的身体撕裂。警察对此充耳
> 不闻。日落时分，街道上遍是死者和伤者。[1]

而后《伦敦时报》也发表了相关报道。在伦敦、美国，乃至俄国内部
均出现了抗议之声，同年 10 月，费城的犹太出版协会出版了达维特的著
作《在辖区内：俄国反犹主义迫害的真实故事》。敖德萨的知识分子没有
保持沉默，比阿里克本人立即创作了《关于屠杀》（'Al Ha – Shehitah'）
一诗，对受难者的遭遇深表愤慨。这首诗只有三十多行，主要抒发诗人对
屠杀的感受，甚至质疑天国之中是否存在着上帝：

---

[1] "Jewish Massacre Denounced", *New York Times*, April 28, 1903, p. 6.

上苍啊，求你怜悯我！
如果你那里有上帝，
而接近他的通道
我还没找到，
请你代我祈祷吧。
因为我心已死；
我的双唇说不出祈祷的话；
力量消失，希望已逝：
多久，多久？到底还有多久？

　　这首自由体诗歌的希伯来语第一句为"Shamaim biqshu rahamim alai"翻译成英文后大同小异，"Heaven, beg mercy for me! "这里的中文引文主要依据的是高秋福先生的译本。① 诗歌一开始就表现出一种呼天抢地的痛苦，具有犹太学背景的学者不免会联想到这句诗出自《塔木德》中的一个典故：一位沉溺女色的拉比埃里泽·本·多尔迪亚曾经在山间呼唤"天地啊，求你怜悯我！"但上苍和大地回应说，它们自己也需要怜悯。拉比乞求天地怜悯是因为他犯下了罪愆，而诗人乞求怜悯则是因为思想的杂乱，他不知道上帝是否存在，如果上帝真的存在，为什么不怜悯基什尼奥夫的受难百姓？

　　后来，犹太历史学家杜伯诺打算出版一份关于惨案的详尽的史实报告，比阿里克奉敖德萨犹太历史委员会之命前去基什尼奥夫采访那里的幸存者。当地一所希伯来语学校里的老师和一些读者主动帮助他收集资料，并带他去了受难者的墓地。围绕基什尼奥夫的屠杀事件，比阿里克曾经写下大量日志，但是一直没有公开发表。完成在基什尼奥夫的调查任务后，他在返程途中借道住进岳父家里，完成了长诗《在屠城》，将其发表在1904年7月《时代》季刊上，进而奠定了比阿里克犹太民族诗人的身份。

---

① 《百年心声》，高秋福译，人民文学出版社1998年版，第10—11页。

《在屠城》一诗共三百多行。它以一个旁观者的口吻，描写屠杀发生之后的城市惨象，以及因各种所见所闻而引起的心灵冲突。《在屠城》开篇，写一位不知名的说话人向一位被称作"人"或"人子"的听者讲话，敦促他前去屠城，并引领他穿过满目疮痍的城市，废墟和凝固了的黑色血迹：

> 起身前去屠城啊
> 迂回来到它的院落
> 用你的手，用你的眼睛
> 触摸篱笆、树木、石头和墙泥
> 斑驳的血块，死者干涸的脑浆。
> 从那里进入废墟
> ……

乍看之下，《在屠城》起句使用的是祈使句，这一句法令熟悉希伯来书写传统的人联想到《圣经》中上帝对其选民发出命令。"起身"或者"起来"，即希伯来文词汇"库姆"（kum），外加行动方式的句式在《圣经》中别具一格。这一句式最早见于《圣经·创世记》第 12 章第 1 节，上帝命令亚伯拉罕起身前去迦南："起来，去吧，去吧，离开本地，本族，父家，往我所要指示你的地去。"[①] 在《圣经·以西结书》中，上帝召唤"人子"时沿用的也是这种句式，"人子啊，你起身"，[②] "我差你往悖逆的国人以色列人那里去"；[③] 类似的表达在《圣经·约拿书》中也有所体现，上帝对约拿说："起来，向尼尼微大城去。"[④] 这几位接受上帝命令之人要么是犹太人先祖，要么是先知，他们皆具备与众不同的超凡特质，才能接受上帝召唤，前去履行上帝的使命。以此类推，自幼深受犹太经典文化影响的比阿里克接受犹太社区领袖委派前去屠城也是在完

---

① 《圣经·创世记》第 12 章第 1 节。
② 《圣经·以西结书》第 2 章第 1 节。
③ 《圣经·以西结书》第 2 章第 3 节。
④ 《圣经·约拿书》第 1 章第 2 节。

成一种使命,从某种意义上是在充当民族先知这一角色。比阿里克本人与《圣经》时期的先知在某种程度上起到了同样的作用。借用阿兰·民茨的说法,这首诗建立了一种先知(或预言)—诗人的范式,上帝命令这个先知在犹太灾难之后去见证、指责,并安抚那里的百姓,这便是诗歌中先知的中心使命。他必须见证屠杀,见证旁观者的表现和幸存者的痛苦。[①] 更进一步说,比阿里克需要做的是见证浩劫及其余响,书写民族历史,重建民族记忆。

在接下来的表达中,比阿里克再次套用《创世记》第13章"你举目向东西南北观看,凡你所看见的一切地,我都要赐给你和你的后裔,直到永远";《申命记》第三章"你且上毗斯迦山顶去,向东、西、南、北举目观望,因为你必不能过这约旦河";以及《以赛亚书》第49章中"你举目向四方观看,他们都聚集来到你这里"的范式,[②] 对浩劫之后"进入废墟"时的现实惨象与受难者无法治愈的精神创伤从视觉、触觉、嗅觉、听觉等方面进行了全方位的描写,用你的手摸摸,用你的眼睛看看"树木、石头和墙泥,斑驳的血块,死者干涸的脑浆"。在《圣经》中,命令举目四望者乃至高无上的上帝耶和华,接受命令者分别为犹太先祖亚伯兰(即后来的亚伯拉罕)、民族领袖摩西和先知以赛亚,他们某种程度上是在上帝引领下在民族创建之初瞻望民族前景。而在《在屠城》中,接受命令者则是身份徘徊于民族先知与世俗诗人之间的比阿里克,其目的更多的在于了解民族时下的生存惨状,意识到民族自身的问题。

具体地说,有形诗人在无形上帝的引领下穿越废墟,领略一幕幕劫后场景。展现在读者眼前的是众多令人惨不忍睹的意象:"破碎的炉床"、"坍塌的墙壁"、"烧焦的石块"、"一堆堆手稿"。随着诗人走向顶楼、地窖、牛棚、墓地、犹太会堂等地,这一幕幕带有血腥气的惨象不断地重现:在院落,犹太人和他的狗身首异处,尸体横七竖八;在顶楼上,受难者的肚子被劈开,里面填进羽毛,头颅被敲碎,脑浆迸裂,婴儿偎在被长

---

① Alan Mintz, *Hurban*: *Response to Catastrophe in Hebrew Literature*, New York: Columbia University Press, 1984, pp. 142 – 143.

② 《圣经·创世记》第14章第15节,《圣经·申命记》第3章第27节,《圣经·以赛亚书》第49章第18节。

矛刺死的母亲那冰冷而没有乳汁的胸脯上长眠；在地窖里，女子曾遭到强暴与屠杀，而男子们没有救助……

比这些描写更为细微的乃是通过身体器官的感觉来感受屠杀与恐怖。比如鼻子闻到槐花的清香气息中飘散着血腥，手可以触摸到死者凝固的血块和干涸的脑浆。在这里，比阿里克采取与历史真实本身拉开距离，借助想象和虚构的手法，通过宏观场面和具体细节来描写浩劫之后的惨状。在春花绽放、阳光明媚的怡人景致中写人类相残的暴行，唤起读者对恐怖的认知，这在希伯来文学描写浩劫的历史上，即使是后来的大屠杀文学中也是非常少见的。

"进入废墟"的描述往往令熟悉《神曲》的人联想到维吉尔带领但丁游历地狱与炼狱的情形，甚至与维吉尔带领但丁游历九重地狱历经一幕比一幕恐惧的景象相似，"人间地狱"在某种程度上可被称为比阿里克对劫后场景所作的意味深长的隐喻性描绘。

仿拓《圣经》中的词语、语法、句法等修辞手段构成《在屠城》与《圣经》的又一个重要关联。在三百多行的诗歌中，直接引用或间接引用《创世记》、《民数记》、《申命记》、《耶利米书》、《诗篇》、《约伯记》中的修辞的约占 30 处，①用以强化语言张力，渲染恐怖气氛，酝酿悲怆气氛，甚至引发出一种"金刚怒目式"的抗议。"上千把金色阳光利剑，直刺他的身体。"显然复写的是《箴言》中"直刺他的肝"。②而在这样一个阳光灿烂的春日，上帝将春天与屠杀者一起召唤。诗人既对上帝深怀敬畏，充当上帝的先知，抒发受难者的悲怆，同时对上帝的沉默表示怨怒。在诗人笔下，只有上帝才能默默忍受因生之痛苦、死之恐怖而带来的沉默。

回顾希伯来文学中的哀歌传统，人类犯下罪愆往往是上帝动怒的原因。公元前 586 年，巴比伦王尼布甲尼撒二世率军进兵耶路撒冷，围困城池，火烧圣殿，拆毁城墙，屠杀犹太首领，掳掠犹太百姓，酿成了耸人听

---

① 犹太学者罗斯基斯在编纂《灾难文学》一书时，曾经就《在屠城》一诗的用典进行了细致标示。参见：David G. Roskies, ed., *The Literature of Destruction*: *Jewish Responses to Catastrophe*, Philadelphia: Jewish Publication Society, 1989, pp. 160 – 168。

② 《箴言》第 7 章第 23 节。

闻的"巴比伦之囚"（The Babylonian Captives）事件。素有"哭泣先知"之
称的犹太先知耶利米作《哀歌》记载耶路撒冷陷落后"少年人和老年人都
在街上躺卧，我的处女和壮丁都在刀下"[1] 的惨景，抒发亡国之哀伤、痛悔
与悲悼。除此之外，《哀歌》还反映出"活人因自己的罪受罚"[2] 的因果相
报思想。一些学者在阅读《圣经·哀歌》时得出结论：上帝的愤怒乃是对
犯下罪愆的人做出惩罚。[3] 而另一些学者则争论说，相对于神学意义而言，
《哀歌》主要反映的是人类的苦难，[4] 抑或说是因人对上帝的背逆而造成的
人类悲剧，甚至是因遭受上帝弃绝而呼天抢地。在现代世界里，比阿里克笔
下的灾难意象以及受难者的遭际显然折射出的是犹太人在流亡时期经历的苦
难，诗人对上帝为何对这种苦难漠然置之的追问，当然不乏诗人对上帝是否
存在这一神学理念的疑惑，但对于深受犹太教影响的比阿里克来说，则更多
地表现出对流亡中的东欧犹太人本身带有的劣根性的不满，这种劣根性主要
表现在无为主义、在政治上无知、面对迫害唯利是图，以及利用宗教传统等
方面。[5] 上帝本身在比阿里克的诗歌中没有出现，但只有像比阿里克这样富
有先知使命的诗人才转达出对上帝这一正式放弃权利者的终极抗议。[6]

　　为躲避俄国的出版审查，比阿里克未在诗歌中直接披露基什尼奥夫的
名称，只是出于一种道德义务，以一种游历"见证人"的身份，描写他所
目睹的一切，向世界告知他"体验"的暴行，[7] 因此读者在诗歌开篇，并
不知道罹难的究竟是哪座城市，只能从总体上意识到犹太世界的某些物质
文明遭到了破坏，体验到犹太居民所遭遇的无法修补、无法治愈的创伤。
在现实生活中，比阿里克被派遣到基什尼奥夫，详细考察基什尼奥夫浩劫
之后的遗迹，从幸存者那里搜集第一手资料，把自己的见闻与随想随时向

---

①　《圣经·哀歌》第 2 章第 21 节，这里沿用的是耶利米是《哀歌》作者的传统说法。

②　《圣经·哀歌》第 3 章第 39 节。

③　Westermann, *Lamentations*, p. 224; See also, Renkema, *Lamentations*, pp. 64 – 65.

④　M. S. Moore, "Human Suffering in Lamentations," in *RB 90* (1983), pp. 534 – 555.

⑤　参见 Mintz, *Hurban*, p. 143。

⑥　David Roskies, *Against the Apocalypse*: *Responses to Catastrophe in Modern Jewish Culture*, Cambridge,
Massachusetts, and London, England: Harvard University Press, 1984, p. 91.

⑦　Arnold Band, "Two Travelogues: Bialik's 'In the City of Slaughter' and Levi's 'If This Is a
Man'," in *Prooftexts*: *A Journal of Jewish Literary History*, 25, 1 – 2 (Winter – Spring 2005), p. 121.

犹太世界通报，并发表了《在屠城》这首长诗，表明诗人对灾难的反应，抑或说是诗人自己在执行赴基什尼奥夫使命时的反应，这样一来，容易使评论家把基什尼奥夫当作屠城的原型。而诗中"人子"目之所及，一部分是比阿里克亲眼所见，一部分则是由他根据别人的叙述想象而成，因此在某种程度上，犹太人在基什尼奥夫所经历的暴行被浓缩为犹太民族灾难的象征。

正如前文所示，比阿里克并非亲历了基什尼奥夫的浩劫，因此他的诗歌显然不能等同于历史，或者借用文学史家罗斯吉斯的说法，是"伪报告文学"（pseudo‐reportage）。① 更何况，他对惨案的描写并未以史实为依据已经为当代学者所证实。② 从这个意义上说，他完成先知的使命不是依靠见证历史与记录历史，而主要是凭借文学描写，以文学手法唤起叙述同胞对历史的反思，乃至试图提出医治民族痼疾的一方良药。认清了这个问题，我们暂时不必过多拘泥于诗歌内容本身究竟几分真实几分源自文学想象的讨论，而是应该透过文本阅读，了解诗人和文本负载的深意。

在《关于屠杀》中，比阿里克曾经提出了重要的"复仇"理念；而在《在屠城》中，他主要将愤怒与谴责之情融入诗歌的字里行间。尽管写出了"人子"的哭泣，但并非圣经传统意义中的那种悲悼与悲天悯人。回顾《圣经》传统，悲悼乃祈祷者释放愤怒、悲痛与哀伤的一种基本形式。人们一度通过悲悼而相信一向公正的上帝乃历史的主人，但如今信赖之中伴随着不公正苦难而生的怨艾。悲悼一方面是对不公正的抗议，同时也是对正义的寻求，往往通过展示受难者的遭遇或者祈求上帝主持公正而得以实现。③ 比阿里克诗歌中的愤怒意识不仅体现在对《圣经》传统的突破，也体现在对女子遭受凌辱、男子软弱无能等现代犹太体验的认知上。

我们在前文中曾经提到地窖中犹太女子遭到强暴这段细节描写。从总

---

① David G. Roskies, *Against the Apocalypse: Responses to Catastrophe in Modern Jewish Literature*, 1984, p. 91.

② Iris Milner, "'In the City of Slaughter': The Hidden Voice of the Pogrom Victims," in *Prooftexts* 25, 1–2（Winter–Spring 2005）: pp. 60–72.

③ Richard A. Hughes, *Cain's Lament*, New York: Peter Lang, 2001, p. 145.

体上看，这段描写采用的是叙事诗手法，无论在形式上还是内容上，在《在屠城》中都比较引人注目。从内容上看，它可以分为三个方面。其一，写犹太女子惨遭异教徒蹂躏，女儿在母亲的面前，母亲在女儿的面前遭到轮奸。诗人把手持血淋淋的斧头、迫使贞洁的犹太女子们屈服的施暴者，比作野兽和猪猡，对欺凌自己姐妹的刽子手表现出强烈的憎恨。这种对令人发指暴行的直接描写虽然在犹太文学传统中并不多见，但是我们在其他民族反映战争题材的作品中则不难看到。如清人王秀楚的《扬州十日记》，既直接描写清军奸淫掳掠、刀砍火烧的种种暴行，也对极少数妇女"曲尽媚态"以及其他奴颜婢膝者表示鄙视，对夫妻之间生死与共、兄弟之间患难相依的美德表示赞赏；中国的抗战小说，如周而复的《长城万里图》和李尔重的《战争与人》中，或描写侵略者对手无缚鸡之力的中国女子的肉体摧残，或表现受难者以死相拼、宁死不肯受辱的反抗，或表现旁观者的悲怨和愤怒。

但是，《在屠城》中给人带来莫大震撼的不只来自受难女子遭受的苦难，更来自旁观者未曾出手相助。这便是《在屠城》一诗中关于女子遭强暴这段描写的第二方面内容。这些旁观者便是她们的丈夫、新郎和兄弟。他们蜷缩在黑暗的角落里，"偷看"自己的妻子、新娘和姐妹那"受折磨的躯体在野兽般的喘息下挣扎"，"他们没有奋起，动也不动：他们没有既没有眼球迸裂，也没有一头撞墙，也许，也许，每位旁观者在心中祈祷，奇迹发生吧，啊上帝，今天饶过我吧！"如果说比阿里克通过对施暴者的诅咒抒发了对受难女子的同情的话，那么对于旁观者男子的怯懦与苟且偷生则表现出一种鄙视。当然，在战时遭遇暴行之际是以卵击石、牺牲自己还是保全性命以保存实力，是一种充满悖论的复杂的文化现象，也是难以从犹太教和伦理学角度对犹太浩劫文学，尤其是后来的大屠杀文学加以释解的一个原因。由此引发出本段叙事诗中的第三部分内容，即诗人直抒胸臆，抒发自己对男子目睹女子遭轮奸没有相助一事的个人看法。这里需要指出的是，这一节诗的内容是比阿里克根据在基什尼奥夫采访受难者的一段真实经历写成的。一位名叫丽芙卡·西弗的女子详细地向比阿里克讲述了自己和另外一个年轻女子当着丈夫和邻居的面遭到强奸的惨痛经历："我丈夫目睹这一切（指丽芙卡遭受轮奸），阁楼上的犹太人也目睹了这一切。我丈夫给他们银表和链子。他们觉得链子是金的，当他们仔细察看时，他跳到了地上。"在她眼中，丈夫一样也是受害者。[①]

与之相对，比阿里克对于这些面对妻子受辱而没有作为的犹太人，不仅感到震惊，而且义愤填膺。他在诗中写道，这些偷看妻子姐妹遭轮奸的犹太男子的人生遭到了污染，其人生世界已经失去光彩。"他们的男子岂能忍受，岂能忍受这样的束缚？他们从洞穴中爬出，逃到上帝的栖居处。他们谢上帝，谢他甜美的祝福。祭司的后裔冲到拉比的住所：告诉我，啊拉比，告诉我，我的妻子是否可以与我同住？"按照常理，这些犹太男子应该承担起保护女子的责任，但他们的袖手旁观造成女子心灵深处无法弥补的伤痛。更有甚者，浩劫之后，他们首先做的不是抚慰受伤害的妻子，而是追问拉比权威，这种追问中实际上暗示出，当目睹妻子遭到蹂躏之后，依据犹太律法是否还能够与之共同生活。在拉比文献中确实针对战争期间的强奸问题做过阐述，但是比阿里克在这里使用这种问询的方式既衬托出男子的冷酷与怯懦，又是把女子当成民族灾难的象征。就像霍洛维茨所指出的，在《在屠城》中，受难者身份不明，表现为没有明显特征的群体，但是女性体验却十分清晰。女子遭到轮奸不仅是基什尼奥夫暴行的象征，而且象征着施暴者把犹太人女性化，把一个民族当成无力反抗的女性。从这个意义上说，犹太女子遭到凌辱与犹太男人的苟且偷生不是两个毫不相关的事件，女子体验与男人体验融为一体，成为整个民族体验的组成部分。[②] 在建构民族体验的过程中，女人遭受迫害构成暴行的一个中心环节，堪称近代犹太人命运的一个象征，而男人没有履行保护者或者防卫者的责任则留给人们一些更为意味深长的东西，使人禁不住要追问诗人设置这样一个诗歌意象的原因。

我们从《在屠城》一诗接下来的描写中可以看到，在厕所、茅房、猪

---

① Dan Laor, "Kishinev Revisited: A Place in Jewish Historical Memory," in *Prooftexts* 25, 1 – 2（Winter – Spring 2005）, p. 30. See also, Michael Gluzman, "Pogrom and Gerder: On Bialik's *Unheimlich*," in *Prooftexts* 25（2005）, pp. 45 – 47.

② Sara R. Horowitz, "The Rhetoric of Embodied Memory in 'In the City of Slaughter'," in *Prooftexts* 25, 1 – 2（Winter – Spring 2005）, p. 73.

栏里，哈斯蒙尼王朝的后人们双膝发抖躺在那里，马加比的儿子们缩成一团藏身。圣徒的子孙，巨狮的后裔，"像狗一样死去"。马加比家族在公元前168年领导的马加比起义，与强大的塞琉古王朝进行了艰苦的斗争，于公元前165年收复圣殿。由这一家族创建的哈斯蒙尼王朝执政时期是犹太历史上的一个辉煌时期，不仅扩大了国家版图，也积累了大量的财富，曾经一度促进了犹太化进程。马加比家族和哈斯蒙尼王朝无疑代表着犹太人文化中的勇武阳刚之气与英雄主义精神，而其后人的种种怯懦的表现，无疑被诗人视为一种耻辱。他们在遭遇外侮时未能像男人那样奋起反抗，而是苟且偷生，被诗人视为当代犹太民族的痼疾。

在某种程度上，这种痼疾与20世纪上半叶伊舒夫时期和1948年以色列建国之后的反大流散教育具有某种因果关联。笔者曾经在《当代以色列作家研究》中述及反大流散教育的一个原因，即在犹太复国主义者看来，散居各地的犹太人代表着犹太文化中的负面，他们对命运逆来顺受，被动、软弱、无力，无法适应犹太人在20世纪的生存需要。

需要特别指出的是，这首长诗的缘起与基什尼奥夫绝非没有关联，但不能单纯地将其解释为对某一特定历史事件的反映，该诗最初的题目叫做"尼米罗夫的负担"，尼米罗夫是一座乌克兰小城，1648年切米尼基带领哥萨克进行集体迫害时在这座小城里屠杀了数以千计的犹太人。比阿里克使用这个标题，一方面是为了逃避审查，另一方面也表明遭到屠戮代表着犹太人历史上的一种带有普遍色彩的命运。用谢克德的话说："基什尼奥夫只是另一个尼米罗夫：这两个事件只是一种已经拥有漫长过去，并将拥有漫长未来的历史范式的冰山双子角。20世纪初年就像为20世纪40年代做一场小规模的彩排。"①

《在屠城》对当代犹太意识的形成产生了深远的影响。从历史上看，基什尼奥夫的犹太人在1903年的集体迫害中是进行过自我防御的，丽芙卡等遭到轮奸的女性曾经向比阿里克表明，她并不恨自己的丈夫，因为丈夫也是受害者。正如阿兰·民茨曾经写道的那样，《在屠城》一诗

① Gershon Shaked, "Bialik Here and Now," in *The Shadows Within*, Philadelphia · New York · Jerusalem, 1987, p. 128.

的历史真实性与比阿里克所发挥的高度想象力相比处于一种从属地位。①
诗人这样做，显然并不排除利用暴行及其后果来警示东欧的犹太人，应
当变革其日渐恶化的政治环境，改变原有的生存观念。格鲁兹曼曾经说
过，惨案发生之后，受到震撼的俄国知识分子几乎马上号召从根本上变
革犹太文化价值。阿哈德·哈阿姆在惨案发生之前，反对采用暴力，但
在惨案发生后，却发表一封公开信，谴责犹太人的被动与胆怯："五百
万人把自己置于他人的掌控之下，伸出喉咙任人宰割，求饶，不做任何
努力依靠自己的力量来保护他们的财产、荣誉和生命……用你们的力量
来保护自己。"哈阿德·哈阿姆不仅谴责俄国政府剥夺了犹太人基本的
生存权利，而且指出犹太人不进行自我防御乃是造成他们悲惨境况的一
个重要原因。② 在基什尼奥夫惨案中，就伤亡数目来说，可能比不上世
界上其他民族在某一侵袭事件中的伤亡人数，当然也比不上犹太人后来
在巴勒斯坦经历的"三六事件"，或者在欧洲经历的大屠杀，但正是因
为比阿里克发表了《在屠城》一诗，基什尼奥夫惨案才没有像许多民族
的创伤那样被尘封在记忆深处，而是成为犹太民族记忆中的一个组成部
分，警醒犹太人从刚刚发生的历史事件中获得某种领悟，进而改变了犹
太人对于暴力、殉难、牺牲和维护做人尊严等问题的看法。就像大卫·
罗斯基斯所指出的："我们应该看到比阿里克在访问基什尼奥夫前后的
创造力，看到一个人在犹太历史的紧急关头怎样通过改变暴力诗学来激
发行动。"③ 比阿里克已经拥有的民族诗人身份为他提供了变革民族信仰
和犹太复国主义叙事话语的可能性。从这个意义上，比阿里克对犹太人
在基什尼奥夫惨案中做出没有抵抗的假设，恐怕也是为了服务于张扬其
犹太复国主义信仰、否定大流散犹太人生活方式的初衷了。

　　《在屠城》发表后，很快就被后来的犹太复国主义领袖雅伯廷斯基翻
译成俄语，使得该诗在犹太世界那些囿于语言水平而不能完全理解诗中深
意的犹太人中间得到广泛的流传，即使俄国著名作家高尔基读了之后，也

---

① Alan Mintz, *Hurban: Response to Catastrophe in Hebrew Literature*, New York: Columbia University Press, 1984, p. 131.

② Michael Gluzman, "Pogrom and Gender: on Bialik's Unheimlich," p. 39.

③ David Roskies, *Against the Apocalypse: Responses to Catastrophe in Modern Jewish Culture*, p. 86.

不免惊叹比阿里克的文学天才，禁不住热泪盈眶，甚至认为比阿里克的诗歌对俄国人民也至关重要。[①] 由于诗人在创作过程中，没有像犹太文学传统，或者前面提到的《关于屠杀》中那样悲天悯人，而更多地表现为一种愤怒，不仅谴责屠杀本身，而且鞭挞犹太人的不抵抗主义行为，进而动摇了犹太文化传统中对灾难的反映方式。尽管基什尼奥夫的屠杀本身是非犹太人发起的，但是从事件发生的结果上看则暴露出犹太民族本身的某种劣根性。犹太军团的创建者雅伯廷斯基曾经说过，在犹太人居住区确实从那首诗开始形成马加比起义倾向，俄国各地出现了自我防卫的组织，应对两年后的屠杀浪潮，巴勒斯坦的守望者运动，以及 1918 年为圣地而战的犹太军团都是比阿里克的子孙。[②]

比阿里克自 1904 年发表《在屠城》之后，进入其创作的一个旺盛时期。他一方面延续 1903 年以前的创作，继续写风格恬静、表达自我的抒情诗，但同时又写金刚怒目式的诗歌，表达外部世界的狂暴和内心的躁动。从 20 世纪犹太历史的发展进程来看，基什尼奥夫屠杀对犹太人来说只是恐惧的开始，接下来他们又经历了 1905 年 10 月俄国的暴行，1919—1921 年乌克兰的集体屠杀，当然还有三四十年代的大屠杀。比阿里克在敖德萨期间，正处于敖德萨的多事之秋，1905 年 6 月 14 日到 15 日，俄国军舰上的水手在敖德萨哗变，敖德萨遭到袭击，这次事件不仅意味着俄国革命的开端，而且意味着敖德萨人民的生命受到了威胁。一天晚上，革命者在港口袭击了炼油厂，整个港口变成一片火海。比阿里克与作家费赫曼在那里站了一夜，目睹了这场大火。一个月后，便写出了长诗《火之古卷》（"Megilat ha‑Esh"）。

构成《火之古卷》中心背景的不是敖德萨港口的大火，而是公元 70 年耶路撒冷第二圣殿被毁时的大火。应该说，刺激诗人构思《火之古卷》的一个诱因便是 1905 年敖德萨海港的大火，就像比阿里克后来所说，"终日的炮火与枪击在我心中卷起了波澜"。但还有一些不便公开的私人原因，那便是在创作《火之古卷》时，诗人正同俄国犹太艺术家伊拉·扬过从甚

① Sara Feinstein, *Sunshine, Blossoms and Blood：H. N. Bialik in His Time*, Lanham：University of A‑merica, 2005, p. 137.

② Joyce Moss, ed., *World Literature and Its Times*, Detroit：Thomson ＊ Gale, 2004, p. 206.

密。他曾经在给扬的书信中写道："自你走后，我便提不起精神，我无法
完成诗作，我想我会发疯。"① 这种因与心仪女子分离而造成的痛苦与悲悯
之情在诗中具体地表现为失落与毁灭之感，令人联想起当代希伯来语女作
家茨鲁娅·沙莱夫（Zeruya, Shalev）的《爱情生活》（Hayei Ahavah），在
男女主人公濒临绝望的情爱中间穿插着的圣殿被毁意象。在某种意义上，
这首诗把历史传说与个人经历紧密地结合在了一起，就像雅各布森所说，
在重述过去神话的过程中，比阿里克反映了当代问题："比阿里克选择以
圣殿毁灭为背景的神话，表明欧洲犹太人在物质和文化上的退化与古代的
民族悲剧具有相似性。"②

　　《火之古卷》一共包括八节。诗歌的第一节，便描绘出圣殿被烧毁时
的那场大火：

> 火海终夜翻腾，
> 火舌跳到了圣殿山。
> 星星从烧焦的天空中流泻而下
> 落到地上飘落的火花中。
> 上帝是否踢开他的御座
> 粉碎他的王冠？
> 他令人敬畏而平静地
> 坐在火海中央的御座上。
> 他的长袍冒着红光
> 他的脚蹬是灼热的焦炭。
> 腾跃，跳动的火舌为之加冕，
> 在四周跳起疯狂的舞步。

这里，诗人使用了希伯来语诗人和作家经常使用的圣殿被毁意象。坐在火

① David Aberbach, *Bialik*, p. 78.
② David C. Jacobson, "Creative Restoration of Legends in Bialik's 'Megilat ha - Esh', " in *Prooftexts* 5 (1985), pp. 191 - 199.

舌中央的令人敬畏的上帝确实不乏一种威严，在谴责人间的欲望。令人不禁联想到希伯来文化中的某些渊源。但是对这场大火的细节描写显然也来自作家童年时期的某种记忆。① 比阿里克七岁那年父亲去世后，曾经在故乡目睹了一场大火："那是我看见的第一场大火。以后看到的火，即使比它还大，也没有留给我如此的印象。那天半夜，似乎整个世界都毁灭了。火照亮了一切——我看到平原、田野、教堂——我听到哭声——全是一场游戏，一场娱乐。记得这一场景让我感到快乐，但是也有对上帝的恐惧。当我描写《火之古卷》开头时，我想起干枯的树木在烈火中剧烈地燃烧。一切都毁灭了，只留下一堆堆焦炭。"② 比阿里克在经历这场大火时，他的父亲已经去世，父亲是一位非常威严的长者，与诗中描绘的上帝有几分相似，令诗人既感到恐惧，又不禁肃然起敬。

诗的第二节描写的是第二天早晨大火之后的余烬，场面荒凉而凄惨，同样保存着对童年时代火后废墟的记忆。一切都烧毁了，即使连昼夜蜷伏在圣坛旁边的狮子亚勒伊勒之火也熄灭了，只留下一绺燃烧的鬃毛，在晨光中颤抖地闪耀。第三节在第二节的基础上，写晨星从蔚蓝色的壮观天空中下瞰废墟，独自在圣殿山的上空伤心地闪烁。晨星上方出现了一个年轻的天使，他目光忧伤，羽翼纯洁，俯视着余烬。诗人在形容晨星和天使时，均采用了与"忧伤"有关的词语，可以理解成对遭到火劫的人间与生灵的同情与怜悯。天使心中充满着恐惧，他非常忧虑，唯恐上帝的最后余火被完全扑灭。天使迅速飞下来捡起余火，将它带向孤岛，放在陡峭的悬崖上。天使轻声地向上苍说："怜悯与救赎的上帝！别让你最后的余火永远地熄灭。"显然，"余火"，或者说"一绺燃烧的卷发"是一个非常重要的意象，该典故见于《圣经·以赛亚书》第29章，后来在《次经·马加比书》中出现了圣殿被毁后保存在神龛中的火种。它那闪烁的余火是一种永恒的光，在某种程度上代表着《托拉》（犹太律法书）那富有喻义的光。③ 保存火种，一方面是象征着保存某种民族的传统与精神。这种精神即使一度遭到

---

① David Aberbach, *Bialik*, p. 78.

② Ibid. , pp. 78 – 79.

③ Sara Feinstein, *Sunshine, Blossoms and Blood：H. N. Bialik in His Time*, Lanham：University of A-merica, 2005, p. 136.

毁灭性的打击，但余息尚存，仍然可以得到延续。换句话说，象征着一个几乎遭到毁灭的民族仍然保存着一丝希望。而另一方面，也可以象征着与心爱的女子分离之后依然埋藏在心底的那种带有浪漫色彩的希望。

第四节和第五节沿用了《巴比伦塔木德》中的一个典故，敌人出于某种不道德的目的从耶路撒冷的囚房中选择了 200 个年轻的男子和 200 个年轻的女子，这些青年男女得知自己即将受辱的命运，便问："如果我们跳进海里淹死，我们在来世能否拥有一席之地"，这样问的原因在于自杀行动违背犹太律法，这一点我们在后面的大屠杀文学中再做详细讨论。他们当中年纪最大的人复述《诗篇》第 68 章第 22 节中的话，"我要使民众从巴珊而归，使他们从深海而回"。"从巴珊而归"指从巴珊的狮口里而归，"从深海而回"是指淹死者从深海而回，不甘屈服的姑娘们闻听此言，便跳进了大海，小伙子们也一样跳进了大海。① 比阿里克把古代反映民族灾难与个人灾难的传说加以改写，描绘这些即将受辱的青年男女的眸子里依然闪动着锡安山的光，头发上依然凝结着年轻人的露珠。当这些青年男女被剥光衣服带到一个荒岛上之后，青年男子和青年女子被敌人分开。男子当中有两个在身材和力量上难分伯仲。他们一个身材修长，眼睛明亮，凝望着天国，仿佛在寻找那里是否有生命之星。另一个一脸怒色，凝视着大地，仿佛在追寻灵魂中失去了什么。诗人并没有明确表露两个人中究竟谁是真正的领头人，但把他们都写成是青年人中的精英，分别代表着希望与愤怒或者说绝望，这种截然对立的两极在某种程度上也表现出诗人在精神探索过程中的某种内在冲突。青年们来到了毁灭之河，除代表希望的青年男子外，所有的人都喝了毁灭之河里的河水。青年女子出现在河对面的悬崖上，也就是天使安放火种的悬崖，她们闭着眼睛前行。除代表希望的青年男子外，其他的人都随女孩子一起跳入河中，被河水吞没。代表着愤怒的青年当然也以毁灭告终，只有代表希望的青年男子一个人留在了悬崖边上，他倒在地上悲戚。

在第六节中，存活下来的年轻人把目光转向天国，他看到了唯一存活下来的年轻女子，后者被视为"他生活中的灯"，"心中的天使"，他向她

---

① *Gittin 57b.*

讲述起自己的故事。这故事一部分源于诗人的真实经历，一部分出自想象。他在叙述中首先谈及自己童年时代的情感经历，既看到了女子的美，又热爱天国。沦为孤儿后，他有一天被一个在山中漂泊的老人找到。老人可怜他，并且收留了他，教给他做人的方式，使之敬奉上帝，不受欲念的困扰，凝望天国。由于受到老人的影响，他曾经摆脱美貌女子的诱惑，决定去耶路撒冷把头发献给上帝。在这一节中，集中表现了诗人在灵与肉、理想与现实之间的挣扎。

第七节写青年男子寻找到了天使留下的火种。他本来是要向天国高擎起火种，然而再次看到了下面的美女。这次他没有能够抗拒诱惑，随美人潜入水中。圣火灭了，晨星消失了。而在最后一节中，青年在异国的土地上漂泊，把圣火藏在心头。诗歌以天使试图拯救圣火作结，给读者留下意味深长的探讨话题。

总体上看，《火之古卷》探讨的是生与死、爱与欲等问题。在《火之古卷》中，毁灭的状态被构想成生命之死。虽死犹生的死者与行尸走肉般的生者之间充满悖论的二元对立得到了完美的表现。将青年男女分离开来的界限阻隔了延续与繁殖。这样一来，流亡实际上是一种没有结果、没有希望的状态。这种人生中的死亡状态或导致结束彻底死亡的反叛，或为重新找到生命之火而进行探索。①

前文已经指出，收入《愤怒之诗》诗集中的《在屠城》、《关于屠杀》和《我知道在一个雾蒙蒙的夜晚》三篇诗均是针对犹太人的暴力及其反响而作的。但值得注意的是，在《我知道在一个雾蒙蒙的夜晚》中，诗人并没有直接描写暴行，也没有像在《火之古卷》中那样借古喻今，而是先借用比喻手法表达自己的愤怒之情，"我知道在一个雾蒙蒙的夜晚，我会像星斗一样消失。没有星星知道我会被埋在何处，但我的狂怒将会随我升腾，犹如爆发的火山……"而后笔锋由怒转悲，使用一个没有间断的长句子，一气呵成。"如果你的悲痛也仍然留存在世界宽阔的心中，给它注入生命，苍天和大地、星辰与禾草因此会啜饮它的痛苦……天空中的日光将

---

① Shaked, *The Shadows Within*：*Essays on the Modern Jewish Writers*, Philadelphia・New York・Jerusalem：Jewish Pubication Society, 1987, p. 131.

会在你的悲痛中颤抖，太阳会成为无辜鲜血化作的污渍，世界额头上的该隐记号，折断的上帝手臂失灵的标记，星辰与星辰低语：看这可怕的谎言！看这令人生畏的悲痛！而后复仇之神，会带着受伤的心灵起来怒吼——持剑直冲向前。"表明整个世界会把屠杀其百姓这一事件当作奇耻大辱。前面引用的长句子中所略去的主要内容除诗人对悲痛死而复生、见证者会把受难者的苦痛代代相传的预言之外，还表达了诗人的一种怨怒之情："太阳会在你屠杀者的头顶发出公正的欺骗之光"，"沾有你鲜血的虚伪旗帜，嘲弄着上苍，将会在你刽子手的头顶飘扬"，"上帝的伪造印章，镂刻在旗帜上，将会撕裂太阳的眼睛"，这怨怒显然发自对现实生活中某种谎言的不满，诗人曾经在 1905 年 11 月给朋友的信中写道，犹太居住区外的报纸对这里所发生事件的报道根本与现实无关。① 从这个意义上说，现实生活中一些令人不快的事件使其诗歌在怨怒中融进了悲观情调。

（三）随笔、小说与晚年生涯

　　1906 年可以说是比阿里克创作生涯的转折时期。从 1906 年到 1911年，比阿里克进入人生的低谷时期，他曾经在给友人的书信中说自己萌生了自杀之念，比阿里克在这一时期创作的许多诗歌都流露出了一种绝望之情，甚至表达了一种求死的愿望。这种悲观当然来自对环境感到失望，对人生感到无奈，对信仰感到迷茫。具体地说，1903 年以来犹太世界发生的一些巨变，如 1903 年的基什尼奥夫惨案、1905 年以来的一系列集体迫害、犹太复国主义先驱者赫茨尔在 1904 的英年早逝等，使比阿里克和许多犹太知识分子深感看不到希望。阿哈德·哈阿姆从敖德萨搬往伦敦后，比阿里克失去了一位精神导师；因成名而造成的莫大心理压力与负担；忧郁童年带来的无法释怀的忧伤；代表敖德萨犹太复国主义者首次参加 1907 年第八届犹太复国主义大会而产生的某种失望；1909 年第一次访问巴勒斯坦之后对巴勒斯坦地区贫穷的认知等原因，使他无法正常运笔。从 1911 年直到 1934 年去世，比阿里克只写了十几首诗。

　　也是从 1906 年开始，比阿里克不仅花费大量时间与友人拉夫尼斯基

---

① David Aberbach, *Bialik*, p. 68.

一起编纂《犹太传说书》,并开始撰写论述希伯来文学和犹太文化的文章。1911年诗歌创作基本中断后,比阿里克主要致力于编辑与翻译工作,并创作了系列有价值的论说随笔,比如写于1915年的《语言中的曝露与隐藏》("Giluy Ve – Khisuy be – Lashon")、1916年的《律法与传说》("Halakhah ve – Aggadah")等。

比阿里克生存的年代,希伯来语虽然处在复兴时期,但是尚未成为一门真正的民族语言。作为文化犹太复国主义先驱阿哈德·哈阿姆的追随者,比阿里克对希伯来语怀有挚爱,也力主复兴希伯来语言,研究希伯来语词根、其原始意义及发展。但是,《语言中的曝露与隐藏》谈论的却不是犹太人的民族语言希伯来语,而是带有普遍性的总体语言和诗歌艺术。在这篇文章中,比阿里克不再是犹太民族文化的代言人,而是一个非常带有个人色彩的诗人,充满内在的矛盾与二重性,用扎利·古里维奇(Zali Gurevitch)的话说,是从自身放逐出去。这一放逐在语言内部进行,与"民族"、"历史"或者"犹太神话"相距并不遥远。[①]阅读这篇文章对于理解比阿里克的诗歌作品很有帮助。

相比之下,《律法与传说》谈及的则是犹太传统及其传承,以及现代希伯来文学创作的问题。在比阿里克看来,"律法"与"传说"是犹太传统的两个方面。前者神情严峻,迂腐,苛刻,顽固,代表着正义;后者则面带微笑,通融,宽厚,圆通,代表着怜悯。前者是则是,非则非;后者则可以似是而非。前者与外壳、肉体、行动相关,后者则与内核、灵魂和意图相关。一方面是僵化的奉行、责任、屈从,另一方面则是永恒的更新、自由、任意行使意志。如果把这样的人生之道用于文学领域,则进一步体现出一种对立。一方面是散文的枯燥,一种正规而沉重的风格,一个阴郁而单调的用语:理性乃最高元首;另一方面则是诗歌的活力,一种充满生命与多样化的风格,一种闪烁着斑斓色彩的用语:情感乃最高元首。[②]

比阿里克尽管承认"律法"与"传说"具有诸多互为相对的属性,但认定"律法"与"传说"是相互依存的,是一张盾牌的两面。"传说"

---

① Zali Gurevitch, *Revealment and Concealment*, Jerusalem: Ibis Editions, 2000, p. 115.

② Ibid. , pp. 45 – 46.

给我们空气，让我们呼吸，"律法"给我们大地，让我们站立。具体到当时的文学创作领域，忽略"律法"或者说犹太传统中的某些约定俗成的东西是十分危险的，"律法"与"传说"对文学创作具有同等重要的作用。由此看来，比阿里克反对当代社会里一门心思地为艺术而艺术，把艺术视为超乎生活的创作倾向。而一个真正的艺术家并非靠吮吸拇指或者从他人餐桌上掠夺面包屑来攫取灵感，而是从民族灵魂深处或民族生活的神秘性中汲取灵感。尽管比阿里克承认艺术家本人的生活积累与体验也可以弥补素材本身的欠缺，但是这个命题依据的还是艺术源于生活的主张。

比阿里克强调"律法"中的一些强悍因素与属性，认为艺术家们至少应该将其放在与"传说"同等重要的位置上，甚至更为重要的位置上。一个重要的原因是，社会生活处于激烈的变革之中，只有"律法"中的"责任"等因素才能支撑固有的犹太文化属性，同时，它也是文学艺术获得生命力的源泉。就像比阿里克在《律法与传说》一文中最后所讲的那样："我们呼唤民族主义、复兴、语言、文学、创作、希伯来语教育、希伯来思想、希伯来劳动者；所有这些都以某种蛛丝般的爱悬在那里，这爱指的是爱土地，爱语言，爱文学。可是这种悬在空中的爱有什么价值？""让我们学会在现实生活中要求多做少说，在文学领域多一些'律法'，少些'传说'。"

俄国革命后，一批年轻的俄国犹太青年来到了柏林，他们当中有教师、出版人员和社会活动家，他们曾经接受过良好的犹太传统教育，梦想在柏林的大学里接受世俗教育。这些人熟悉犹太启蒙文学，经常聚集在咖啡馆、俱乐部高谈阔论，主张复兴希伯来语和现代希伯来文学，丰富了德国犹太社区的精神生活，把德国变成了 20 世纪希伯来文化的中心。

从 1921 年到 1924 年，比阿里克主要居住在德国，并在德国创办了自己的出版社德维尔（Dvir），主要致力于出版工作。尽管比阿里克在犹太世界有先知之称，周围云集着一批崇拜者，但从敖德萨来到柏林的他同样面临着从传统犹太世界向现代世界和西方价值转换的问题。异国城市令其感到陌生，而他周围的人们则是一群漂泊者，不知道明天会发生什么，在精神面临危机的时刻，他带着某种强烈的情感追忆旧时岁月。[1] 在德国期

---

① David Aberbach, *Bialik*, pp. 90 – 91.

间，完成了自己的中篇小说《重生》（"Hafiah"）。比阿里克一生只创作了五篇小说，其中《重生》最富有代表性，也非常优美。《重生》以比阿里克的童年生活为基础，堪称比阿里克的传奇自传。比阿里克从20世纪初期就开始阶段性地写这篇作品，并在1908年和1919年发表了其中两个重要的片段。

既然是以童年经历为基础的自传性小说，那么小说肯定不乏回忆录色彩。编织在童年马赛克图案上面的不只是对人之初时代所生活的小村庄的直观感受，有少儿时代对上帝的懵懂猜测，更有对家庭中的亲情关系，以及与犹太小学里师生交往的细致传神的描写。小主人公出生于东欧一个传统的犹太人之家，在小说开始时，他只有五岁，热爱自然，但是符合天性的自然风光显然要被乏味的神圣教育所代替。小主人公的父亲生性暴躁，这个不期而至的第八个孩子显然唤不起他的爱意，因而对他严厉有加，母亲对他也关怀不足，上学后犹太小学里的老师动辄对他加以呵斥，同学们也经常对他加以嘲笑。小主人公身上流露出的这种孤独与边缘感，反衬出已经成年的作家的焦虑。

前文已经说过，比阿里克1909年3月第一次踏上巴勒斯坦的土地，那是一次失望之旅，与他在《致飞鸟》中对犹太人心目中的圣地的感受迥然不同。当时，许多欧洲犹太人生活在集体屠杀的阴影之下，到那里寻求新的避难所。如果说1881年俄国南部的集体屠杀导致了犹太历史上第一次移民运动的话，那么1903年的基什尼奥夫惨案则是第二次犹太移民运动的催化剂。通过各种方式了解到惨案的犹太人，尤其是那些受到了比阿里克《在屠城》一诗影响的犹太人，意识到自我防御的重要性，成立了"卫士"（Ha‐Shomer）和"拓荒者"（He‐halutz）等自我抵抗组织。希望在巴勒斯坦地区开垦贫瘠的土地，建立新的家园，结束犹太人受迫害的流亡历史。比阿里克与友人拉夫尼斯基乘坐的船只在特拉维夫‐雅法靠岸时，人们早已经在那里等候他们的民族诗人，等待者中包括当时的工运领袖、后来的以色列总理大卫·本‐古里安。在友人本‐锡安家里，他们在持花欢迎的作家人群中见到了一位初出茅庐的青年作家，即未来的诺贝尔文学奖得主阿格农。比阿里克已经读过阿格农的小说《阿古诺特》，而此次会面，是现代希伯来语诗歌和希伯来语小说两位大师终生友谊的开端。

与阿哈德·哈阿姆一样，比阿里克不仅对雅法老城犹太居住区内的落后和原始景象感到失望，甚至对整个旅途感到失望。雅法城里犹太人的生活情形与精神面貌与流散地的情况几乎别无二致。最让人感到沮丧的是，除了小孩子在玩耍时嘴里蹦一些希伯来语词汇外，没有人能讲希伯来语。所到之处，人们总是采用各种各样的欢迎仪式，没有任何时间使之在《圣经》中所描写的自然风光中静静地思索，令他感到不堪谄媚之苦。尤其是大家，包括本－古里安在内，都期待这位民族诗人创作出激励流散地犹太人移民巴勒斯坦的诗歌，这令他勃然大怒，他强调诗歌不能应景而作，而是应该表达发自诗人的肺腑之情。① 比阿里克这位民族诗人的态度也让那些对他怀有期冀的巴勒斯坦犹太人感到失望，因此众人在他返回敖德萨之际竟然不再到港口送别。

　　15 年后，也就是 1924 年 3 月，比阿里克偕夫人从德国来到特拉维夫，与 1909 年的情况完全不同的是，比阿里克不再反感热情的欢迎之音，很快便融入特拉维夫城市的新生活之中。此时，当年云集在敖德萨文坛的许多诗人和作家也来到了特拉维夫，在那里重新构成了一个新的希伯来文学圈子。比阿里克首先拜访了先于自己到达那里的精神导师阿哈德·哈阿姆以及友人拉夫尼斯基，并重新和拉夫尼斯基一起编纂《犹太传说书》，而比阿里克那坐落在在阿伦比和比阿里克街交界处的欧式住房变成人们参拜的场所。星期五晚上，住在特拉维夫的许多重要的犹太艺术家和作家聚集到比阿里克之家。小学生们在光明节那天前来为他点燃九枝烛台。那一刻比阿里克心中充满了自豪与温暖。他已经接受了公众人物这一身份，这在很大程度影响了他的创作生涯。他只在巴勒斯坦居住了几个月，便回到柏林处理出版社事宜，而后又应邀多次在欧洲和美洲等地旅行。由于健康状况不断恶化，他听从医生建议，曾经把住所搬到罗马特甘。

　　在特拉维夫期间，比阿里克的文学成就主要有短篇小说《三或四个传说》（1930），这篇小说触及个人、宇宙、心理和政治等诸多问题，试图缓和犹太人和阿拉伯人之间的冲突。与此同时，他完成了一生中最为重要

---

① Sara Feinstein, *Sunshine, Blossoms and Blood: H. N. Bialik in His Time*, Lanham: University of America, 2005, p. 151.

的带有自传色彩的诗歌，如《我的父亲》（"Avi"）、《别离》（"Peri-dah"）、《孀居》（"Almenut"）、《孤儿时代》（"Yatmut"）、《守丧》（"Shiv' ah"）。在这些诗歌中，比阿里克不再关注带有集体主义色彩的民族的苦痛，而是沉醉在个人创作中。在离开敖德萨之后，他又重新恢复了诗人的感觉，达到了自己文学创作的一个新高峰。

在《我的父亲》和《守丧》中，比阿里克主要回忆了自己那亲切、虔诚的父亲，自己偎在父亲膝下听他背诵赞美诗中的诗篇，以致父亲的英年早逝带给他心灵深处的永远的痛，犹太人在失去亲人之后的守丧传统等。《孀居》集中描写了寡居的母亲。她心情沉重地坐在那里，不知道该如何抚养自己的三个孩子。他把母亲被迫放弃孩子的做法与《圣经》中犹太先祖亚伯拉罕之妻撒拉的使女夏甲把儿子以实马利丢进沙漠的做法建立一种类比关系。母亲的眼泪与亲吻让他感到恐惧与愤怒。他能够原谅母亲，但不肯原谅把母亲变为牺牲品的上帝。《别离》主要写诗人向令他铭心刻骨的童年时代告别，甚至向艺术与人生告别。再次在母子关系与上帝命亚伯拉罕携子走向祭坛之间建立一种类比关系。《孤儿时代》是他晚年诗作中最为重要的一首长诗，表达自己的孤儿体验，令读者深受感动与震撼。

从 1925 年到 1934 年，比阿里克一直是巴勒斯坦地区文化与政治的代言人。首先需要肯定的是，比阿里克在敖德萨期间，曾经是希伯来语的坚决倡导者。当拉夫尼斯基约比阿里克写希伯来语诗歌时，比阿里克回应说："我即使不把用意第绪语写作当成一种有罪或者没有价值的事情，也认为自己没理由用意第绪语写作。"[1] 但是在 20 世纪 20 年代，当语言之争在巴勒斯坦地区甚嚣尘上之际，比阿里克不同于本－耶胡达等人主张在巴勒斯坦只讲希伯来语的做法，他感到有责任在公众面前讲希伯来语，但是并不想废除意第绪语等流散地犹太人的民族语言，并对使用意第绪语进行创作的戏剧家赫什贝恩（Peretz Hirschbein）和小说家阿胥（Sholem Asch）的作品给予了高度赞赏，并且把希伯来语和意第绪语当成互为依存、不可分割的两门语言，而现代希伯来语大师是在意第绪语的口语方言中认可了

---

① Sara Feinstein, *Sunshine*, *Blossoms and Blood*: *H. N. Bialik in His Time*, Lanham：University of A-merica, p. 250.

希伯来语的使用方式。① 这种做法遭到一些力主把希伯米语当成犹太民族语言的作家们的反对，他们当中有约瑟夫·克劳斯纳、史龙斯基、费赫曼等。在那些人看来，支持希伯来语就等于支持犹太复国主义，反之，如果你欣赏或承认意第绪语作家的作品，即使你本人坚决支持犹太复国主义，也被视作背叛了他们的事业。② 希伯来作家协会资助出版的一份杂志《作品》（*Ketuvim*）曾经连篇累牍谴责鼓励使用意第绪语进行创作的作家和公众人物，大家虽然没有直接给已经被披上民族诗人光环的作协主席比阿里克扣上反对犹太复国主义的帽子，但是已把他当成攻击对象。

四　车尔尼霍夫斯基及其诗歌

沙乌尔·车尔尼霍夫斯基也是在 20 世纪初期辗转于敖德萨与柏林两个希伯来文化中心之间，最终去往耶路撒冷的一位重要的希伯来语诗人。严格地说，是敖德萨的希伯来语文化氛围与犹太复国主义运动孕育出他的早期诗作。

车尔尼霍夫斯基 1875 年出生于乌克兰和克里米亚半岛交界处的一个小村庄。其家人尽管不是非常严格的正统犹太教徒，但恪守宗教信仰与习俗。父亲是个店主，为人天真，既非狂热的宗教信徒，也不离经叛道。母亲天资聪颖，喜欢交际，酷爱诗歌与自然，可以说是一个现代女性。车尔尼霍夫斯基自幼接受的教育与其他希伯来语作家接受的教育相比，可以说比较开明。他从五岁起跟随母亲的一个妹妹、俄国最早的女读书人之一用俄语读书，七岁时开始跟随父亲学习希伯来语和犹太传统文化，后来又与村子里的孩子们一起跟随私人教师读书。车尔尼霍夫斯基九岁那年，有两位从外地来的老师，开始教他们要热爱希伯来语言、希伯来文学和以色列。后来，由于当地没有男子学校，他便被父母送到女子学校，像犹太启蒙运动时期的犹太女子那样学习俄语、德语、现代科学知识、历史和地理，并通

---

① Sara Feinstein, *Sunshine, Blossoms and Blood: H. N. Bialik in His Time*, Lanham: University of America, p. 243.

② Ibid.

过俄语译作如饥似渴地阅读《伊利亚特》（*Iliad*）、《奥德赛》（*Odyssey*）、《鲁宾逊漂流记》、《麦克白》等世界文学名著和希伯来语诗歌及小说，从那时起他开始迷恋希腊文化。12 岁时便开始练笔，从事诗歌创作。

车尔尼霍夫斯基 15 岁那年，离开故乡，到敖德萨读商业学校。但是他在商科上长进不大，却被敖德萨的希伯来文学环境和犹太复国主义运动深深吸引。在敖德萨，他结识了犹太历史学家，日后《哈施洛阿赫》杂志的编辑约瑟夫·克劳斯纳。尽管学界对克劳斯纳是否影响到车尔尼霍夫斯基内在思想的形成抱怀疑态度，但承认克劳斯纳曾经指导车尔尼霍夫斯基阅读文学作品，引导他接触文学界人士，鼓励他从事诗歌创作，并且把他的诗歌推荐给杂志，可以说克劳斯纳是车尔尼霍夫斯基走向文坛的引路人。[①]

车尔尼霍夫斯基的诗歌《我的理想》（1893）在《时钟》杂志上发表后，得到了当时一些评论家的重视，他们在当时重要的文学周刊《倡导》杂志上发表评论，对其表示赞誉。在敖德萨期间，车尔尼霍夫斯基掌握了英语、法语、德语、希腊语等多种语言，并翻译了雪莱、拜伦的诗歌。1898 年车尔尼霍夫斯基的第一部诗集《幻想与旋律》（*Hezyonot Ve - Manginot Alef*）在华沙问世。但是评论界对于这位新诗人的出现似乎并未做好心理准备，文学评论家、比阿里克的合作伙伴拉夫尼茨基攻击车尔尼霍夫斯基的诗歌语言贫乏，主题贫乏。但另一位评论家帕泊纳（Paperna）在指出车尔尼霍夫斯基的诗歌具有用韵错误外，肯定他在风格上具有独创性。总体上看，车尔尼霍夫斯基在敖德萨的九年时光，充分接受了云集在那里的一批希伯来文豪的影响。同时，他在诗歌主题、语言和形式上，注重模仿西方诗歌，对传统的希伯来语诗歌进行革新。这也是他日后被视为叛逆诗人的原因之一。

1899 年到 1903 年，车尔尼霍夫斯基到海德堡攻读医学。在那里不仅结识了自己未来的夫人，而且前去旁听德国哲学和诗歌等课程，还写下了一生中最好的一些抒情诗。后来，他到瑞士洛桑谋职，在那里还过了一段艰难岁月，1906 年回到乌克兰，但由于没有俄国的学位，他很难找到工

---

① 参见 Eisig Silberschlag, *Saul Tschernichowsky*: *Poet of Revolt*, Ithaca: Comell University Press, 1968, p. 10。

作，不得不四处行医，1910 年到 1914 年在彼得堡定居。第一次世界大战期间，车尔尼霍夫斯基从军，在明斯克一家医院做军医，这时候他的医术得到了承认。1917 年到 1919 年，车尔尼霍夫斯基在俄国红十字会的某部门担任负责人，并且把解剖学方面的教材翻译成希伯来文，为即将在巴勒斯坦建立希伯来大学做筹备工作。1919 年到 1922 年，俄国犹太人的生计已经十分艰难，他来到了自己熟悉的敖德萨。在艰难的岁月里，他写下了大量的十四行诗，其中包括《致太阳》（"La‐Shemesh"）、《艾尔卡的婚礼》（"Hatuna shel Elka"），以及《扫罗的爱情诗》（"Shir Aa‐ahva Asher Al‐Shaul"）。1922 年，车尔尼霍夫斯基离开敖德萨，先在伊斯坦布尔逗留数月，而后转道柏林，在那里一直住到 1931 年移居巴勒斯坦之际，融入了那里的文学中心。

车尔尼霍夫斯基的身份充满着悖论。在敖德萨，他是一位功成名就的希伯来语诗人，其声名仅次于比阿里克。作为在德国获得医学学位的医生，他不仅在自己的祖国难以求职，在德国同样也找不到工作，因此在 20世纪初年他弃医从文。但他不像自己中世纪的前辈，或者中国的鲁迅、郭沫若那样能够得到读者的认同。

《致太阳》创作于 1919 年晚夏，1921 年春季发表于耶路撒冷，在现代希伯来诗歌历史上具有革新意义，曾在以色列被誉为现代希伯来文学的经典之作。① 这是一组赞美太阳神阿波罗的诗歌。在这组诗里，诗人通过赞美太阳，永恒的能源，把自己的诸多体验与身份融合在了一起。②

在讨论这组十四行诗之前，有必要提醒大家，车尔尼霍夫斯基非常重视希腊古典哲学和文学，这一方面是出于个人志趣，他在年轻时代就喜欢荷马史诗《伊利亚特》、《奥德赛》，迷恋以希腊文化为代表的古典美，甚至为现实生活中的一个希腊姑娘写诗；另一方面则是由于时代风尚，19 世纪末期，源于希腊哲学理念的尼采思想由于受到希伯来浪漫主义作家别尔季切夫斯基等人的彰显，在新一代希伯来语作家和诗人中影响很大，进而

---

① Arnold Band, "To the Sun", in Alan Mintz, *Reading Hebrew Literature*, ed., Hanover, NH: Brandeis University Press, 2003, p. 81.

② Ibid., p. 83.

激发了他们对古希腊文学的兴趣。需要指出的是,车尔尼霍夫斯基在创作中并不是借用柏拉图、亚里士多德等人的哲学思想,而是借鉴同自己的创作艺术相关的表达方式、人物和母题,扩展希伯来文学的领域。以前的希伯来语诗人,虽然不同程度地借鉴过希腊哲学思想,如中世纪希伯来语诗人犹大·哈列维(Judah Halevi,1075-1141),或者把希腊神话中的人物当成自己诗歌的主人公,如犹太启蒙运动时期的诗人摩西·哈伊姆·卢扎托,但是从未有人像车尔尼霍夫斯基那样引用丰富的希腊文学的原始资料。[①] 早在1901年。车尔尼霍夫斯基就发表了抒情诗《在阿波罗神像前》("Lenokhah Pesel Apollo"),表达了他对阿波罗神的崇拜。如果用犹太文化传统标准衡量,犹太人只能崇拜一个上帝耶和华,崇拜偶像无异于离经叛道,从这个意义上说,它反映出诗人对传统犹太信仰的排斥。

《致太阳》这组十四行诗一共有十五首。在形式上比较突出的是,每首诗的最后一句均被设定为下一首诗的第一句,但是由于是置于另外一种语境中,所以两个一模一样的句子在意义上却非常不同。第十五首诗则是由每首诗的首句构成,进而使整个诗歌系列浑然一体,显示出诗人出色的创作才能,在整个希伯来诗歌史上具有开创意义。多数文学批评家都承认诗人采用十四行诗这种古典诗歌形式,表达的是对战后文化变革的意义进行内在探索,也是他对战后欧洲的一种逻辑反应,即求助于和谐与美的世界,寻找安慰,并控制古典形式。[②] 这组长诗发表之际,正值第一次世界大战结束不久,俄国已经发生了十月革命,希伯来文学出版物和希伯来语学校均被宣布为不合法,希伯来文化在俄国肯定没有未来。而这组诗歌便是在世界动荡与个人彷徨之时所做的精神宣言。

阿诺德·班德认为,尽管诗歌自称是对太阳的礼赞,实质上则是诗人在表达自我,就像华兹华斯的《序曲》,在对精神的发展进行沉思。[③] 诗人首先采用第一人称,称自己之于太阳神,如同风信子、锦葵和野花(见第一首十四行诗和第二首十四行诗),而太阳神则用光来滋养他。但这种

---

① Eisig Silberschlag, *Saul Tschernichowsky*, p. 41.

② Glenda Abramson, *Hebrew Writing of the First World War*, Portland:Vallentine Mitchell, 2008, p. 123.

③ Arnold Band, "To the Sun", in Alan Mintz, *Reading Hebrew Literature*, p. 83.

定位本身具有矛盾色彩，他虽然对太阳神非常尊崇，但是其诗人的灵魂仍然感到饥渴，梦想仍然没有实现，诗人陷于困惑之中"我转向这条路，又转向那条路，我困惑了：我是什么，我是谁……我是来到了边界？还是已经跨过了边界？"（十四行诗第二首）于是在迷茫中追问："我的父亲是否把我欺骗，没有遵守诺言？"诗人虽然没有直接说出这个诺言是什么，但显然它与个人实现有关。接下来诗人写道："我的父亲就是我的太阳"，这里父亲形象既是具体的，可以将其理解为真正的父亲；又是抽象的，指的是自己所崇拜的对象。诗人把父亲和太阳等同起来，则具有把现实（诗人个人的成长经历）与想象（人神关系）结合起来的双重含义。

　　而后，诗人对自己与太阳—父亲的关系做了具体而细致的描述，"他"用暖雨、山雾等自然世界中的芳华来滋养他，用色彩、光影等奇妙的细部来充实他。而大自然的这些神秘韵律只能通过诗人这种具有纯真心灵的人方可表达出来。班德教授在对这首诗进行细读时指出，车尔尼霍夫斯基是一位外科医生，这种训练有助于他用科学的方法来观察自然，用精确的术语来描述现象，乃至对每种花，每棵树和每块石头的希伯来文名字的精确说法都十分着迷。① 车尔尼霍夫斯基对自然现象的观察就像一位外科医生观察人体器官一样，非常细致入微，从而保证了用词的准确与精到。

　　车尔尼霍夫斯基同时又是一位富有历史感的诗人，他对历史的把握首先从宏观着眼，大处落墨，纵横数千年，"我探索数千年的伤悲，一个又一个民族的歌令我着迷"。从古代埃及到德鲁伊特再到中国，而这些民族具有代表性与神秘感的文化象征，如埃及人的象形文字、德鲁伊特人的铭文、中国人的护符等，表现出了对自然的普遍敬畏。其中蕴含着一种绝望，即惧怕那具有神秘感的居于生灵内心深处的火星将会熄灭。光明与黑暗、确定与疑虑在车尔尼霍夫斯基的内心深处产生剧烈冲突。"笼罩在光明之中的灵魂之音，笼罩在奇异黑暗中的漫游者的声音，在我内心深处撞击，因为我并非那么圣化……"而后，他这种冲突的焦点置于刚刚过去的历史之上，并用一个带有比喻色彩的诗句"正如我站在生者和正在死去的人当中"，把童记忆拉到刚刚发生过的战争上，引发出这组诗歌中最为著

---

① Arnold Band, "To the Sun", in Alan Mintz, *Reading Hebrew Literature*, p. 85.

名的第七首十四行诗,"正如我站在死者与正在死去的人们当中,(多么可怕的职业!)手握一把锋利的手术刀,一些人会喜极而泣,另一些人会严厉地诅咒我,我摄取了正在死去的陌生人瞳孔中的最后的光"。这首诗中的描写显然与诗人本人在第一次世界大战中,以及十月革命之后俄国内战中的战时医生经历有关,也体现出诗人对人和太阳神关系的思索。战场上炮声隆隆,战火纷飞,但太阳神的光映在垂死之人的眼帘中,映在火光闪烁的燃烧和尖叫声中,映在呼唤灾难与毁灭的火光中,这种荣誉与辉煌令诗人感到震惊。他开始追问自己的身份问题,"我是不是来得过早,还是创造我的那块岩石来得过晚?"

如果说诗人在第一到第七首十四行诗中主要探讨的是自己与太阳之间的关系,那么从第八首十四行诗起,他对自己的位置又进行了充满想象的再思考。"众神在我周围,滋育万物。星星是我的众神,我着迷地向它们祈祷……"在这一部分诗歌中,诗人与太阳的关系还是一种哺育与被哺育、滋养与被滋养的关系。万物化作一种虔诚的声音,崇拜太阳。他在第九首、第十首十四行诗中连续提到了犹太传统中的神,或者说民族英雄摩西。"在何珥山巅,居住着远古之神,在光云中生辉,一位擎律法之火的巨人。"根据诗人的描写,在他面前,巴比伦神话中幼发拉底河的迦勒拜尔和埃及神话中尼罗河的斯芬克斯黯然失色,他一扫希腊神话中宙斯的傲气,斯拉夫神话中的雷神仓皇而逃,等等。但是远古的辉煌成了过去,年轻一代渴望新神的出现。而这种渴望依然受到渴望太阳神这一信念的影响。但这位新神显然不是犹太文化传统中的上帝,并非能够与他人共享,而是与诗歌创作相关。至此,诗人在诗歌创作的迷狂状态与自然的最初迹象之间建立了某种类比关系。而这种感受是神秘的,与自然和人文历史相关。①

此外,值得一提的是,车尔尼霍夫斯基还写了许多表达犹太复国主义思想的诗歌。从他的生平经历中,我们看到,车尔尼霍夫斯基最初抵达敖德萨时期,那里的犹太复国主义运动日盛,他显然投入到当时的时代潮流之中。创作了《在光明节之夜》、《高举锡安的旗帜》等体现着民族主义

---

① Arnold Band "To the Sun", in Alan Mintz, *Reading Hebrew Literature*, p. 87.

思想的诗歌。他的犹太复国主义诗歌激情澎湃，富有感染力，曾经被许多希伯来年轻人唱诵，这一点我们在阿摩司·奥兹的长篇小说《爱与黑暗的故事》（*Sipur Al Ahavah Ve - Hoshech*）中可以看到相关描写：小主人公的父亲经常朗诵车尔尼霍夫斯基的诗歌，而小主人公也经常在晚上默诵他的诗句"血与火的旋律！登上高山，征服溪谷，不论你看到什么——拿获！"他是继比阿里克之后又一位富有影响的希伯来语民族诗人。

五　浪漫主义小说家别尔季切夫斯基

　　说到 20 世纪初期德国的希伯来文学，绝对不能忽略的重要人物便是曾经和阿哈德·哈阿姆就文学教育与审美功能进行过激烈论争的米哈·约瑟夫·别尔季切夫斯基。别尔季切夫斯基是现代希伯来文学史上最为重要的浪漫主义作家，既是同时代一部分年轻人标榜的对象，也对后来一些希伯来文学大家，如阿摩司·奥兹等人的创作产生了深远的影响。他的出现，改变了现代希伯来文学的风貌。

　　著名希伯来语作家和文学批评家布伦纳曾经在 1912 年的一篇文论中，论及犹太启蒙运动以来两个重要的现代希伯来文学流派，也可以说是思想学派。其中一派作家集中描绘"民族困境"，其中包括门德勒的小说、阿哈德·哈阿姆的文章、比阿里克的诗歌。与这些民族主义作家相对的另一派别便是 20 世纪第二个十年以来，希伯来文学中出现了强烈的个人主义倾向，集中描写当代青年人复杂的内心世界，别尔季切夫斯基便是这类作家中的先锋。[①] 如果说门德勒是处在启蒙时代与新文学之间交界点上的一位带有改良色彩的作家的话，那么别尔季切夫斯基则是一位打破犹太启蒙时期文学传统的作家。用著名希伯来语小说家阿摩司·奥兹的话说，身为作家，别尔季切夫斯基显然至少与他那个时代的希伯来文学主流相去甚远。他没有沿着已经踏出的路径行走，他甚至住在远离中心、远离他那代希伯来文学之都的城市。他没有住在敖德萨，也没有住在华沙，他甚至没

---

①　Avner Hotzman, "M. Y. Berdichevsky's Literary World," in M. Y. Berdichevsky, *Miriam and Other Stories*, London：The Toby Press, 2004, p. 4.

有到过巴勒斯坦，他漂到了柏林和布雷斯劳，与其他地方相比，那里的希伯来文学创作堪称更为孤独的事业。①

需要向中国读者交代的是，阿摩司·奥兹所言的在柏林等地希伯来文学是一项更为孤独的事业，指的是 20 世纪 20 年代之前，也可以说，当别尔季切夫斯基健在时，德国并不是希伯来文学中心。但当比阿里克移居到那里之后，情况大有改观，德国曾经短期成为希伯来文学中心。

别尔季切夫斯基其实并不是德国人，他在 1865 年出生于乌克兰西部波多利亚一个小镇上的书香门第，其家族接连几代人中都有人成为拉比或学者。但是到了别尔季切夫斯基这一代，却发生了逆转。别尔季切夫斯基的童年是不幸的，自幼丧母，又经历过两次婚变。别尔季切夫斯基 12 岁那年，母亲病逝，父亲很快就娶了另外一个女子，继母自己也带来了几个孩子。17 岁时，他与一个心爱的女子结婚，但是由于他对犹太启蒙思想情有独钟，偷偷阅读犹太启蒙运动以来的世俗文学作品，令岳父非常不满，被迫与妻子离婚，这一经历后来成为他的小说《在河那边》（"Melever Lanahar"）中的素材。后来，别尔季切夫斯基再度结婚，但妻子及其家人希望他从事贸易，而他自己则热衷于读书、写作等知性工作，因此这段婚姻仍然以失败告终。直至 1900 年才娶了与他共度一生，并且在事业上对他鼎力相助的拉海尔·拉姆伯格。

别尔季切夫斯基的故乡乃是哈西德思想盛行的地方。他虽然自幼接受犹太传统教育，曾经是一个优秀的《塔木德》学生，精通犹太神秘主义和哈西德派教义，20 岁那年到比阿里克等人就学的立陶宛最为著名的沃洛津经学院就读，但是由于接受了欧洲文明的价值观念，他对犹太教和犹太传统爱恨参半。在他看来，这是他那一代年轻人所拥有的共同特征。在经学院读书的 1886 年到 1887 年，别尔季切夫斯基开始了文学创作。他描述经学院的生活，并给希伯来语杂志写文章、报道和文学评论，并于 1889 年发表了第一个短篇小说。

经学院只是别尔季切夫斯基人生中的一个跳板，1890 年，他到柏林求

① Amos Oz, *Under this Blazing Light*, trans. Nicholas de Lange, Cambridge: Cambridge University Press, 1995, p. 41.

学，并于 1897 年（一说 1896 年）获得了博士学位。在德国读书期间，别尔季切夫斯基在思想上经历了艰难的探索时期。他系统地阅读了西方哲学和欧洲文学作品，进而想抛弃犹太传统。而后他接触到了德国哲学和尼采的思想，进而反对一切传统，其富有革新意识的思想开始成型。最后，他试图把欧洲现代价值观念与传统的犹太思想结合起来，[①] 与当时许多接受过犹太启蒙思想和欧洲文明教育的犹太青年不谋而合，成为一代青年的领袖，并与阿哈德·哈阿姆开始了长期的争端。这一点前文已经做了较为细致的交代。

别尔季切夫斯基的大部分文学作品是在德国写就的。尤其是在 1899 年到 1900 年之间，他进入了创作高产时期，相继出版了 9 部作品，包括短篇小说集和文集，在现代希伯来文学史上奠定了声誉。第一次世界大战前夕，别尔季切夫斯基对希伯来文学创作感到绝望，于是花费大量时间与经历研究犹太历史与传说，改用德语进行创作。第一次世界大战结束后又重操希伯来语创作的旧业，完成了一些短篇小说和最重要的一部长篇小说《米丽亚姆》（*Miliam*）。1920 年，他在乌克兰的父亲与家人在集体屠杀中惨遭不幸，别尔季切夫斯基闻听此事，健康状况开始恶化，1921 年又听到了作家布伦纳在巴勒斯坦雅法老城遇难的消息，情绪愈加不振，同年 11 月死于心脏病。

别尔季切夫斯基在现代希伯来文学创作领域是一个备受争议的人物。比阿里克尽管承认他具有犹太画家般的才智，但是认为他那污浊不堪的语言，放荡不羁的技巧，令人感到耻辱。比阿里克甚至拒绝发表他的作品，不过名家的这种回应反而对奠定别尔季切夫斯基在现代希伯来文学领域开拓者的地位具有某种推波助澜的作用。而对于另一位希伯来文学小说家和文学批评家布伦纳来说，别尔季切夫斯基则是现代希伯来文学史上第一位表达犹太人文关怀的作家。希伯来文学批评家谢克德认为，布伦纳的说法至今仍然具有借鉴意义。布伦纳认为，别尔季切夫斯基的创作直抒胸臆。使用大量的象征来表达激情澎湃的主题，没有对客观现实做出错误的粉

---

① Avner Hotzman, "M. Y. Berdichevsky's Literary World," in M. Y. Berdichevsky, *Miriam and Other Stories*, London: The Toby Press, 2004, p. 5.

饰。他采用自白的方式，用支离破碎、简要晦涩、印象主义风格写作，小说不像门德勒等人的作品那样或者直接表现现实，或者直接对现实作出判断。反之，它努力表达主体，表达作家或者主人公的生存处境。[1]

前文提到，在对待犹太民族文化与外来文化的问题上，别尔季切夫斯基表现出一种矛盾。这种矛盾影响到其文学思想的形成。他一方面既追随小仲马（Fils Dumas）、拜伦、普希金、安徒生（H. C. Andersen）等作家的早期浪漫主义风格，又追随现代表现形式，主要是梅特林克（Maurice Maeterlinck）、法朗士的象征主义。其创作呈现出欧洲浪漫主义文学的多种特征：洋溢着诗情画意的用语，充满象征与神话；负载着世界苦难的诗人形象；思念遥远过去的纯洁与完美。主人公为浪漫主义的悲观厌世情绪所打动。他们在观察人类境况时同情弱者，意识到世界的孤独与疏远。此外，他们强调具有特色的民族主题。他们也颂扬抗拒社会习俗的强烈反叛意识，比如，别尔季切夫斯基受尼采学说启迪塑造的普罗米修斯式的英雄，既反叛上帝，也反叛人类。另一方面，他虽然反叛犹太传统，但又从犹太传说与故事中汲取素材，探索犹太文化深处，利用犹太神话在可以看见的现实和隐匿着的神秘宇宙之间建造一条通道。在小说的字里行间中流露出钟情古老传说和神话的浪漫设想，自始至终试图把神话人物、情势和古老的母题引入犹太惯用法当中。因为他致力于神话和无意识，故而反对门德勒和比阿里克所实践的"模仿"风格。尽管他声明个人在希伯来文学中至关重要，但是他也意识到个人受环境和文化遗产的束缚，并对这一观念表示赞同。[2]

总体上看，别尔季切夫斯基的作品可以分为两类：一类作品带有强烈的自传因素，这些自传作品不仅是了解其个人思想的重要资源，也能从中窥视出整个犹太世界的精神危机；另一类作品则着力于描写犹太社区生活，揭示东欧犹太人在 19 世纪末期和 20 世纪初期的总体命运。严格地说，这两类作品之间有着交叠与重合之处，但是每类作品的侧重点都有所不同。

---

[1]　谢克德：《现代希伯来小说史》，第 40—41 页。

[2]　同上书，第 42 页。

　　《在河那边》是别尔季切夫斯基写于 1899 年的一篇小说，在某种程度上可以视作作家第一次婚姻生活的翻本。主人公纳撒内尔身上具有青年时代别尔季切夫斯基的影子，他意识到本民族宗教信仰上的诸多弊端，但是又难以摆脱那个世界，陷入某种举步维艰的两难境地。具体地说，他终日在年轻漂亮的妻子和离经叛道的思想之间举棋不定，备受熬煎。如果他想继续留在妻子身边，就必须束缚自己的思想；如果不再约束自己反传统的思想，就必须离开岳父的家，就必须离开自己心爱的女人。但无论做何种选择，都是前途未卜。最后，由于无法放弃他因为受启蒙观念影响而形成的新思想，不愿意欺骗自己的灵魂，他决定离开岳父的家，离开自己心爱的妻子，离开了犹太社区。他走过了那条具有象征色彩的河流，走向了另外一个世界。在努里特·高夫林（Nurit Govrin）教授看来，那个世界对主人公充满了诱惑，既让他诅咒，又让他眼中含泪。① 其实，别尔季切夫斯基并非对犹太传统进行全盘否定，只是希望在这个传统的文化网络中允许个人空间的存在，因此他的作品更多地表现出个人在传统与现代世界中挣扎的困境。

　　另一篇发表于 1900 年前后的小说《两个营地》（*Mahanayim*）可以视为《在河那边》的一个延续。如果说《在河那边》以主人公纳撒内尔的离家出走而结束作品的话，那它不过是给带有作家传记成分的故事情节本身画了一个逗号，到了《两个营地》中，主人公米海尔纳撒内尔向前走了一步。米海尔来到一座大城市，标志着别尔季切夫斯基人生探索的又一个里程，但这种探索最终仍旧以失败告终。根据别尔季切夫斯基的描述，米海尔在大城市的两年间，追求知识，读书，思考，学习科学和生活之道，但是生活只是从远处触及他的灵魂。

　　在这篇小说中，作者再度让主人公米海尔找到了他所心仪的女性赫德维格。米海尔认为，与赫德维格在一起，他可以实现自由的理想，可以抛弃他所归属的上一代人，成为一个新人，开始一种文明的生活，回到卢梭（Jean-Jacques Rousseau）笔下所描绘的自然生活状态之中。女性本身在这里发挥了犹太启蒙运动时期一些读书女子的作用，可以引导

---

①　Nurit Govrin, *Alienation and Regeneration*, p. 35.

男人走向带有世俗色彩的文明世界。但是，米海尔在现实生活中所经历的一切却与愿望相悖。他曾经拜访并与之发生了性关系的女人却是赫德维格的母亲，后者在没有婚约的情况下就和自己的犹太情人生下了赫德维格。米海尔险些犯下乱伦之罪，他感到万念俱灰，把自己称作"遭受诅咒的犹太人"。

这之中蕴含着一个道理，赫德维格不合常规的身世暗示着一种与生俱来的原罪。这种罪愆不仅使她无法履行引导米海尔走向文明世界的使命，而且也会给自己的人生造成不幸。她很可能重蹈母亲命运的覆辙，做别人的情妇。这篇小说同样反映出别尔季切夫斯基本人的心路历程：犹太青年虽然离开了传统的犹太村落，来到西方国家，置身于学术的殿堂，但是最后竟然发现，凭借掌握的现代知识无法实现内心深处的愿望，等待他们的仍然还是失败。

别尔季切夫斯基的另一类作品，即收入《米丽亚姆与其他短篇小说》集中的作品，包括短篇小说《夏与冬》、《纯红的母牛》、《在山谷中》、《你应造所房子》、《隐秘雷中》和长篇小说《米丽亚姆》，这些作品的问世标志着别尔季切夫斯基已经不再继续致力于自传小说的描写，而是集中写传统犹太世界里的人物与社区。[①]

《纯红的母牛》（"Para Aduma"）不仅是个小说集，而且也是别尔季切夫斯基全部创作中最富有代表意义的作品之一。别尔季切夫斯基在写作《纯红的母牛》时，正在经历着人生多产时期，他开始把主要经历从文学创作转向编纂犹太经典文献上。而对于整个犹太民族历史来说，此时也面临着一种危机，犹太复国主义领袖赫茨尔英年早逝，犹太复国主义运动困难重重，俄国等地相继发生屠犹事件。这些历史事件使得别尔季切夫斯基对犹太民族复兴的前景感到悲观，甚至绝望。《纯红的母牛》则具体地表现了他在这一时期的思想变化。

小说最初发表于1906年，它表面上讲的是一头漂亮的小动物——纯红的母牛不幸为人刀俎的故事，实际上是在讲述大流散中东欧犹太社区的历史事实和一些贫穷犹太人的现实生活情形，以便在历史、现在与未来之

---

① Avner Hotzman, "M. Y. Berdichevsky's Literary World," p. 11.

间建立起某种关联。这种比喻关系在作品的开篇就已经交代出来：这头纯红的母牛的故事发生在不久以前，它曾经住在霍兰附近一个有拉比居住的小镇上。熟悉犹太文化背景的读者一下子便会意识到作家交代小镇上有拉比存在这一事实的用意，说明小镇上居住着犹太居民，这些居民应该在拉比的指导下遵守犹太律法。作家声明这个故事即使不是自己亲眼所见，也是亲耳从值得信赖的人那里听到的，有意强调了作品的真实性。之所以讲述这个让人心绪不宁、最好埋藏起来的故事，是为了让读者了解过去。继之，便是别尔季切夫斯基所特有的诗意化的议论："我们这一代人将会死去，下一代人将不会了解他们的前辈，不知道他们在大流散中是怎样生活的——如果有人读书，并想了解真实的生活情形，那么就让他了解吧，让他既了解日光也了解阴影。让我们了解我们尽管是犹太人，但我们也不过是'血肉之躯'……"[1] 这段话，几乎可以视为整篇小说的箴言，让我们再次领略到别尔季切夫斯基是一位重视文化传承的作家，他曾经在发表于1903 年的一篇文章中强调，要把与现在有关的文化传统带到当代语境中，进行新的创造。[2] 那么当代社会中的某些事件，无疑也可以给后人以警示。

小说在描写小红牛被杀事件之前进行了大量的铺垫，这些铺垫可以向读者表明别尔季切夫斯基已经敏锐地意识到东欧犹太村庄的犹太人的价值观念已经发生了变化，他们不再像古典时期犹太人那样热爱自然与生灵，而是沾染了现实生活中的功利色彩，为达到个人私欲而不择手段，甚至滥杀无辜。这种罪恶，一方面是由于外部世界的贫穷所致，另一方面则是由于人本身的道德沦落使然。

小说中第一个着墨较多的人物便是达西亚小镇上一个准仪式屠宰师，仪式屠宰（一种说法为"礼定屠宰"）是犹太教饮食法中的一个概念。根据《圣经·利未记》第十一章和《申命记》第十四章记载，犹太人只能吃洁净的食品，在动物中只能吃"凡蹄分两瓣、倒嚼的走兽"，包括牛、绵羊、山羊、鹿、羚羊、袍子、野山羊、麋鹿、黄羊、青羊。明确规定，

---

[1]　"The Red Heifer," in *Miriam and Other Stories*, M. Y. Berdichevsky, London：The Toby Press, 2004，p. 31.

[2]　Alan Mintz, *Reading Hebrew Literature*, p. 8.

"猪，因为是分蹄却不倒嚼，就与你们不洁净。这些兽的肉你们不可以吃，死的也不可以摸"。而且，按照犹太饮食法，这些可食动物必须无病，无疾，无畸形，必须经过仪式屠宰，方可食用，否则还是不合乎饮食标准。屠宰动物的人必须经过专门培训，经过考试，才能获得资格。作品中所说的准仪式屠宰师最终并没有获得屠宰师资格，于是便选择了一种与屠宰比较接近的职业，在犹太人居住的大街上开了一家肉铺，当起了屠夫。为不使读者造成误读，作家声明说，从宗教立场和社会阶层上看，仪式屠宰师与屠夫两种职业实质上相去甚远。前者以宗教礼法作为信仰的界碑，后者则没有任何法定界限，只单纯地把动物肉身当作屠戮的对象。前者注重精神活动，后者则注重物质利益。

这种类比关系的确立不仅在修辞上造成某种反讽，而且暗示出当今的犹太人对传统的背叛。这种背叛首先体现在小说中的人物不遵守宗教律法，也不遵守犹太教的饮食规则。具体到屠夫本人，他把宗教事宜看得微不足道，不太讲究犹太律法；这一特征也表现在其他屠夫身上，那些人也不怎么遵守律法，有时漫不经心地把不符合犹太教教规的不洁净的肉食当成洁净的食物。原因在于，不洁净的食物比洁净的食物便宜一半，而城中的犹太人比其他村民们更为贪吃猪肉。

别尔季切夫斯基把悖教与贪欲赋形于此篇小说中的诸多屠夫身上，并把他们放到一个特定的历史环境中，即犹太人处于经济状况极度贫困的生存境遇下，通常买不起肉，无异于也增加了屠夫们生计的艰难。由于悖教，他们丧失了起码的道德准则；由于贪欲，他们为达到个人目的而不择手段；由于贫困，他们被迫想方设法寻求生存。凡此种种，酿成了纯红的母牛的悲剧命运。

"纯红的母牛"（Para Aduma）这个词曾经出现在《圣经·民数记》第十九章一至十节，上帝耶和华晓谕摩西、亚伦说：

> "你要吩咐以色列的人，把一只没有残疾、未曾负轭、纯红的母牛牵到你这里来，交给祭司以利亚撒，他必牵到营外，人就把牛宰在他面前。祭司以利亚撒要用指头蘸这牛的血，向会幕前面弹七次。人要在他眼前把这母牛焚烧，牛的皮、肉、血、粪都要焚烧。祭司要把

香柏木、牛膝草、朱红色线都丢在烧牛的火中。祭司必不洁净到晚上，要洗衣服，用水洗身，然后可以进营；烧牛的人必不洁净到晚上，也要洗衣服，用水洗身。必有一个洁净的人，收起母牛的灰，存在营外洁净的地方，为以色列会众调做除污秽的水。这本是除罪的。收起母牛灰的人，必不洁净到晚上，要洗衣服。这要给以色列人和寄居在他们中间的外人，作为永远的定例。"

由此看出，《圣经》中"纯红的母牛"在犹太信仰和祭祀活动中占据着重要的位置，或者说，占据着类似逾越节仪式中的"唯一的小山羊"那样的中心位置。[1] 同样，母牛的皮、肉、血、粪会被烧成灰烬，而这些灰烬既在纯化仪式中占据着中心作用，又给接触过它的人带来某种不洁。那些人必须进行净身。[2]

作家别尔季切夫斯基大概为《圣经》中"纯红的母牛"所具有的奇异的神秘权威性着迷。在他创作于 20 世纪初期的文本中，"纯红的母牛"已经成为带有世俗色彩的作品主人公，它的职能已经从宗教转向经济，由祭祀用品转为主人家的牛奶来源，但是它仍然没有失去权威色彩。根据作品中的描写：达西亚的居民鲁文养的奶牛在城里是最棒的。他养的一头通红的荷兰奶牛，皮毛漂亮，身体饱满，声音悦耳，令当地居民大开眼界。当她与其他奶牛吃完草回来时，像公主一样高昂着头；其他的奶牛对她十分尊敬。主人因为她而赢得了荣誉，有人甚至想出高于豪门家奶牛一倍的价钱购买她。几乎整座城市都为她感到骄傲。"风流灵巧招人怨"，一些心怀嫉妒的女子曾经想施用巫术为其断奶，但是没能达到目的。

但是文本叙事视角就此发生转折。像"纯红的母牛"这样一个融上帝恩宠于一身、深受众人礼赞的造物竟然成了阶下囚：一个雨夜，"纯红的母牛"被城里的屠夫们偷走，横遭凌虐，屠宰，分尸，她的内脏被掏出来放在煤火上烘烤，被屠夫们当场吃掉。屠宰红牛的地窖血流成河，外面暴雨如注。家犬将残存的血迹吸干。作家在描写"纯红的母牛"遭人屠杀这

---

[1]　William Cutter, "The Red Heifer," in Alan Mintz, *Reading Hebrew Literature*, p. 32.

[2]　Anne Golomb Hoffman, "The Red Heifer," in Alan Mintz, *Reading Hebrew Literature*, p. 43.

一事件时，曾经多处展开议论与对比，凸现屠宰事件本身的残忍与非人道。红牛没有在不能生育之际经历仪式屠宰，成为人们安息日餐桌上的佳肴，或者像远古代的红牛那样成为祭祀礼品；却在盛年之际死于人们的贪婪、残暴与肮脏中。既不符合作家心目中的自然之道，也不符合作家心目中犹太人的为人之道。无道又无法。导致母牛夭亡的直接原因或许是天性平和的主人在遭遇旱灾时没有与屠夫们同流合污。更有甚者，令红牛毙命的是混杂在屠夫中的一个仪式屠宰师，他本来应该是宗教律法的执行者，宗教精神的捍卫者，而却心甘情愿地与屠夫们混迹在一起，直接与带有原始色彩的血肉世界建立直接关联，进而打破了洁与不洁、法与不法的界限。从这个意义上说，作家至少证明了现代东欧犹太社会的堕落与颓废。这也是别尔季切夫斯基道德哲学中的一个核心环节，即几乎所有研究别尔季切夫斯基的希伯来语学者都要提到尼采那句名言，"重估一切价值"。按照霍茨曼的说法，这种对价值的重新评估，便是指别尔季切夫斯基要求暴露犹太人的"另一面"，即压抑了他们世世代代的世俗的、致命的本能。当这些遭到遏制的力量在他虚构的文学世界里寻找出路时，通常通过反对既定的社会与道德水准的犯罪与罪孽等非法渠道表现出来。[①]

作家把在屠宰现场便将红牛内脏放到火上烹食，而后开怀畅饮的饕餮之徒比作巴力的祭司，那些祭司因为拜巴力而犯下背叛上帝的罪愆，而遭到以色列王耶户的杀戮。犯罪，牺牲与毁灭，这样的类比暗示出 19 世纪 80 年代这些当代屠夫们的暴力行径也必然要遭到惩罚，这些暴力行径也是招致民族灾难的一个祸根。而在小说结尾，这种暗示已经化作现实，屠夫们遭遇到来自上帝与人间的双重审判与惩罚。别尔季切夫斯基尽管反对阿哈德·哈阿姆一味强调文学的教育功用的狭义做法，但同时也主张，小说、诗歌等文学类型作用于个体人的内在生活，因此能够使个体犹太人的性格发生变化。[②] 从这个意义上看，《纯红的奶牛》在讽刺乃至批评犹太世界的弱点时亦表达了要对这个世界进行改良的愿望 。

别尔季切夫斯基是一位继往开来的作家。他在这个短篇中的许多描

① Avner Holtzman, "The Red Heifer," in Alan Mintz, *Reading Hebrew Literature*, pp. 52 – 53.

② Arnold Band, *Studies in Modern Jewish Literature*, p. 282.

写，沿用了犹太古代文献中的许多典故，我们在前文中曾不同程度地对这些典故予以分析。而他自己那发自内心深处的表达也转换成了新的文学传统，为青年一代作家所仿效。他对希伯来文学的影响，尤其是对于 20 世纪初期巴勒斯坦地区希伯来语作家的影响，远远胜于比阿里克、门德勒或者阿哈德·哈阿姆。尽管他从来没有移居以色列，但是由于布伦纳对他十分崇拜，因此所有受到布伦纳影响的作家，包括阿格农和奥兹等大作家，都会从别尔季切夫斯基的小说中汲取营养。如果说当代读者，或者说熟悉犹太现代历史的读者，可能会把屠杀母牛的场景与犹太人在 20 世纪所经历的某些灾难建立一种间接联系的话，那么当代作家可能会从别尔季切夫斯基的创作中汲取某种营养。中国读者则很容易透过血水与雨水，联想到莫言《红高粱家族》中刘罗汉被活活剥皮的场景。这种互文关系表明希伯来民族与中华民族作家在描写灾难时实质上形成某种交汇。

第二章

希伯来语复兴与早期巴勒斯坦希伯来文学

当希伯来文学在流散地日渐衰落、生活在欧洲各国的希伯来文化的创建者与生产者纷纷移居巴勒斯坦之时，巴勒斯坦的希伯来语文化也在一种复杂的社会背景中缓慢地发展着。这种发展当然离不开外来世界的冲击与刺激。

早在19世纪80年代大规模犹太移民运动开始之前，巴勒斯坦地区就居住着一批犹太人。1699年和1700年，波多利亚的拉比犹大·哈哈西德·哈列维（Judah He – Hasid Ha – Levi）便携千余名弟子到耶路撒冷定居，但当弥赛亚梦想破灭之后，他们当中一些人重返故乡，另一些人则皈依了基督教。19世纪初期，约70名维尔纳高恩弟子在1809年抵达萨法德，1812年又到了耶路撒冷。这些人虽然在奥斯曼土耳其的统治下遭到歧视，但是他们不只靠救济为生，而是寻找有尊严的生活来源。后来他们逐渐创建了具有公共机构特征的生活方式，这些公共机构在某种程度上可说是基布兹（Kibbutz）① 的雏形。1870年，雅法老城附近成立了一所名为"以色列的希望"的农业学校，以色列第一任总理大卫·本 – 古里安甚至把这一年视为以色列国家元年。② 与此同时，城市居民点也在悄然建立。

正如前文所述，从19世纪80年代到20世纪20年代，犹太历史上一共发生了三次移民浪潮，犹太民族主义运动和犹太复国主义运动此时一并

---

① 20世纪20年代犹太人在巴勒斯坦地区建立的一种集体农庄，在以色列国家的创建过程中扮演着重要角色。大家在那里一起劳动，财产共有。

② 此话出自本 – 古里安在那所农业学校所做的一次演讲，"以色列并非建立于1948年"，"以色列起源于此"。参见 *The Alliance Review*，Spring，1969，p. 32。

兴起并高涨。1917 年发表的《贝尔福宣言》，主张在巴勒斯坦地区建立一个犹太民族家园，阿拉伯人和犹太人冲突日甚。凡此种种，均对希伯来文学创作与发展产生着冲击与影响。

巴勒斯坦地区最早使用希伯来语进行创作实践活动，始于 19 世纪末期。除埃里泽·本 - 耶胡达（Eliezer Ben - Yehuda，1858 - 1922）外，另一位从事希伯来语创作实践的先驱者是耶海尔·米海尔·品纳斯（Yehiel Michael Pines，1843 - 1913），品纳斯 1878 年来到巴勒斯坦，与自己的女婿大卫·耶林（David Yellin，1864 - 1941）一起出版了一部奥斯曼律法。又与本 - 耶胡达一起创办了"复兴以色列"协会，目的在于把希伯来语变成一种现实生活中的语言。而他的另一位姻亲泽夫·贾维茨（Zev Jawitz，1847 - 1924）从 1887 年起在巴勒斯坦居住了十年，在那里写下了诗歌和散文，叙述犹太人过去的不幸经历，描绘巴勒斯坦的自然风光，也许在某种程度上成为巴勒斯坦希伯来现实主义文学的开拓者。

犹太移民运动兴起以来，一批作家和诗人相继来到巴勒斯坦，融入了文学先驱者的行列。早期的巴勒斯坦文学，与犹太启蒙运动时期的文学十分相像，融合了各种文学传统与非文学传统的影响，作家们塑造人物与情节，也是服务于文以载道之目的。他们创造的文学不但能证实犹太复国主义先驱者的价值与理想，而且在某种程度上创造了这种价值与理想。他们有时会忽略现实的客观世界，代之创造出某种幻想的世界。①

至于与文学创作活动关系密切的最重要变革，莫过于希伯来语在巴勒斯坦变成一门鲜活的日常交流语言、文学创作语言和未来以色列国家的语言。

一　关于希伯来语的复兴问题

（一）希伯来语是否死去？

"希伯来语是否死去"乃犹太历史学家与语言学家颇为关注的话题。语言学家习惯上将希伯来语言的发展历史划分为几个阶段，即圣经希伯来

---

① 谢克德：《现代希伯来小说史》，第 86—87 页。

语、密西拿希伯来语、中古希伯来语和现代希伯来语。圣经希伯来语即《希伯来语圣经》和其他一些早期以色列人碑文所使用的语言，也是古代以色列人在公元前 12 世纪到公元前 1 世纪所讲的语言。最早的希伯来语言见于《圣经》诗歌（包括《摩西五经》和早期先知书）中所使用的古体圣经希伯来语，《士师记》第五篇的《底波拉之歌》被考证为最早的希伯来语文本，约成书于公元前 12 世纪。成书于公元前 10 世纪到公元前 6 世纪（第一圣殿时期到"巴比伦之囚"时期）的《圣经》经文一般被界定为标准的圣经希伯来语。这两个时期的希伯来语一般称做圣经希伯来语的"黄金时期"。约成书于公元前 500 年至公元前 150 年（第二圣殿时期）的《历代志》以及后来的一些著述一般被当作后期希伯来语。这一阶段的希伯来语被称做圣经希伯来语的"白银时期"。在这一期间，阿拉米语逐渐取代了希伯来语而成为古代犹太民族的日常交流语言。

密西拿希伯来语又叫早期拉比希伯来语，主要创建于公元 1 世纪到 4 世纪，是第二圣殿被毁后到编纂《塔木德》时期人们在耶路撒冷所讲的语言，但是作为书面语言使用了更长的时间。使用密西拿希伯来语的文献，除《密西拿》著述之外，还有系列《密德拉希》著述（指拉比们对《圣经》的评注）、《托塞夫塔》（犹太教口传律法的口传评注汇编）等。密西拿希伯来语与圣经希伯来语的区别之一在于它借鉴了阿拉米语和希腊语，这也是后来人们为什么认为圣经希伯来语是最为纯化的希伯来语的原因之一。同圣经希伯来语相比，密西拿希伯来语词汇量扩大了许多，加进了商业、手工业方面的词汇，比圣经希伯来语更具有实用性。而在犹地亚沙漠发现的《死海古卷》（约公元前 2 世纪至公元 1 世纪所作）被视为连接圣经希伯来语和后来密西拿希伯来语的一个纽带，《死海古卷》所采用的语言形式包括圣经希伯来语、阿拉米语和密西拿希伯来语。

古代希伯来语从犹太民族的通用语到面临改进、流失，甚至消亡的压力，无疑与古代犹太历史密切相关。发生在公元前 586 年的"巴比伦之囚"事件使犹太人第一次失去了独立的国家，开始流落异乡，尽管此次流亡只持续了半个世纪，犹太人便得到波斯国王居鲁士的特许，回到耶路撒冷，重建家园，但自"巴比伦之囚"开始的被征服与流亡命运改变了犹太人的语言发展进程。尤其随着公元前 332 年马其顿国王亚历山大东征，中东地区沦为希腊人的统治辖区；公元前 63 年，罗马将军进兵耶路撒冷，犹太人的家园沦为罗马行省的组成部分，公元 66 年第一次犹太战争爆发，70 年第二圣殿被毁，135 年巴尔 – 科赫巴起义失败，犹太人再度踏上流亡之路等。经过这一系列历史性的变迁，犹太人不得不接受并使用其他民族语言，先是当时在中东占主导地位的阿拉米语，而后是希腊语和拉丁语。从此，希伯来语的语言交际属性逐渐弱化，仪式目的不断增强。

"中古希伯来语"，或"中世纪希伯来语"是学术界通用的一个术语。在中世纪，希伯来语已经不再用于口头交流，但是吸收了希腊语、波斯语、西班牙语和阿拉伯语中的许多词汇。生活在使用拉丁语的基督教国家的犹太人，多把希伯来语作为唯一的书面语言；生活在阿拉伯世界的犹太人，往往因为希伯来语与阿拉伯语在语言体系上十分接近，喜欢使用阿拉伯语进行创作。由于受到阿拉伯文学，尤其是阿拉伯诗歌的影响，[①] 一些犹太拉比和学者也开始用古代希伯来语开始进行诗歌创作。在公元 3 世纪到 5 世纪，其至出现了一种新型的宗教诗歌形式——赞美诗（Piyyutim）。此类诗歌主要采用圣经希伯来语，并且加进了密西拿希伯来语和阿拉米语的表达方式。到公元 10 世纪到 13 世纪，希伯来语诗歌创作在西班牙和意大利达到了繁荣阶段。伊本·加比罗尔、犹大·哈列维等诗人甚至用希伯来语反映世俗生活，其诗歌主题与诗歌形式受到阿拉伯诗歌的影响。他们主要使用的依然是圣经希伯来语，并且试图在创作中颂扬圣经希伯来语的美感，在这方面有些类似阿拉伯语诗人对《古兰经》的赞美。[②] 与此同时，一些宗教领袖使用希伯来语创作赞美诗，或者用希伯来语对《圣经》、《塔木德》和《密德拉希》进行宗教诠释。

同时，用希伯来语阅读却是一代代犹太人延续下来的传统。而且，出于宗教信仰的需要，犹太人依旧希望用希伯来语阅读和唱颂《圣经》和《塔木德》，用希伯来语进行祈祷，在犹太会堂用希伯来语举行各种宗教仪式。因此依然需要人们发音正确，尽管在不同的犹太社区发音习惯并不一

---

① 参见 Joseph Shimon，*Reading Hebrew*：*The Language and the Psychology of Reading It*，Mahwah，N. J. ：Lawrence Erlbaum Associates，2006，p. 118。

② Ibid.

样，于是形成了不同的语音传统，但是某种基本的共同发音规则保留下来。① 同时，希伯来语在犹太民族教育中仍然占据着重要位置，即便是普通的犹太人，也要读经，背诵和信仰有关的文献。尤其是对于散居在世界各地没有一门共同语言的犹太人来说，希伯来语还可以有助于进行必要的交流。这样一来，希伯来语在犹太人漫长的流亡过程中，是标识和维系犹太人民族身份和民族性的重要手段。

可见，称希伯来语已经死去，是一种相对的说法，实际上指希伯来语已经不再是一门口头用语，并且逐渐失去了以希伯来语为母语的人群。尤其是在漫长的流亡过程中，犹太人日渐采用居住国的语言进行交流，并从10世纪开始，创立了以希伯来语、德语、罗曼语和斯拉夫语为基础的意第绪语，用于犹太人之间的日常生活交流，希伯来语的生存与延续面临着严峻的挑战。

（二）犹太启蒙运动与希伯来语书面语的复兴

需要指出的是，在18世纪犹太启蒙运动之前，希伯来语创作仍在继续，但它并不是犹太世界里的普遍现象，而是少数精英所从事的活动，真正扩大希伯来语创作的影响力使其为更多的犹太人和非犹太人读者所接受是近代以来的事。大体上看，希伯来语的复兴可以分为两个阶段：其一是18世纪末期以来在欧洲犹太启蒙运动的影响下，欧洲的犹太知识分子越来越多地使用希伯来语进行书面交流和创作；其二是自19世纪末期以来，希伯来语逐渐又成为犹太民族的口头交流语言。

希伯来语书面语的复兴发轫于18世纪中后期的犹太启蒙运动。当时，欧洲的犹太知识分子"马斯基里姆"（Maskilim）由于受到欧洲启蒙运动的影响，响应德国思想家摩西·门德尔松及其门生的倡导，首先在德国发起了犹太启蒙运动，即希伯来语所说的"哈斯卡拉"（Haskala，希伯来语意为"启蒙"），亦被称为希伯来启蒙运动。从历史角度看，这一运动既是呼应欧洲启蒙运动中倡导的新精神，同时也是犹太社会内部发展的必然

---

①　John Myhill, *Language in Jewish Society*: *Towards a New Reading*, Clevedon, Buffalo, Toronto: MULTILINGUAL MATTERS LTD, 2004, p. 63.

需要。它对以犹太教为基础的传统犹太价值观念予以反驳，也是犹太人步入现代化进程的第一步。其宗旨在于建立一种适应现代文明需要的犹太世俗文化，包括让"隔都"的犹太学生在研习宗教文化之际，在思想视野受到《塔木德》的禁锢与压抑之时，接受一些世俗文化与科学教育，甚至学一些欧洲语言，以便使犹太人走出"隔都"，融入现代文明社会。

应该承认，这场思想文化运动受到德国现代思想，尤其是其"教化"（Bildung）范畴的影响。犹太启蒙运动先驱者、德国思想家摩西·门德尔松在参加 1873 年《柏林月刊》举办的"何谓启蒙"的辩论时，强调启蒙必须在教化之下进行。① 在犹太启蒙者看来，教育的目的在于启蒙思想：用知识战胜愚昧，用理性战胜迷信，用现代文明之光驱走中世纪的黑暗。② 但是，究竟用何种语言向犹太人进行启蒙教育，确实是个非常严峻的问题。因为对一部分早期犹太启蒙运动倡导者来说，他们所追求的双重目标是矛盾的：一方面要把犹太人改造为真正的欧洲人，实现同化；另一方面，又希望犹太人继续保持自己的民族特性。③ 在他们看来，意第绪语虽然是当时犹太人的口头交流语言，但那不过是德语的"方言"，丝毫也不典雅，与圣经希伯来语相形见绌，且加剧了犹太人与世隔绝的生活。况且，意第绪语也不是所有犹太人的语言，只用于德国和东欧的犹太社区，巴尔干半岛、土耳其以及西班牙裔犹太人讲拉迪诺语。德语虽然是通往现代文明的中介，但它毕竟不是犹太民族的语言，更何况，当时许多犹太人根本不懂德语。而希伯来语则能够体现古代民族辉煌的语言，富有德国学者赫尔德所说的"神性"，④ 是神圣的语言，能够在他们与古代先祖所居

---

① 关于《柏林月刊》举办的"何谓启蒙"的辩论，参见曹卫东《"犹太人的路德"：门德尔松与启蒙思想》，见《中国图书评论》2006 年第 4 期。关于门德尔松的教育思想，国内文献参见张倩红《困顿与再生——犹太文化的现代化》，江苏人民出版社 2003 年版，第 49—64 页。鉴于本节讨论的重点在于希伯来语的复兴，故不对此问题进行详细阐述。

② David Patterson, *A Phoenix in Fetters: Studies in Nineteenth and Early Twentieth Century Hebrew Fiction*, Maryland: Rowman & Littlefield Publishers, INC. , 1990, p. 4.

③ 大卫·鲁达夫斯基：《近现代犹太宗教运动：解放与调整的历史》，傅有德等译，山东大学出版社 1996 年版，第 68 页。

④ J. G. Herder, *Against Pure Reason: Writings on Religion, Language and History*, Minneapolis: Fortress Press, 1993, pp. 158 – 174. See also Moshe Pelli, *In Search of Genre: Hebrew Enlightenment and Modernity*, Lanham: University Press of America, 2005, p. 21.

住的土地之间建立起一种关联，也是犹太人唯一可以支配的语言。

犹太启蒙思想家所倡导的是圣经希伯来语，并有意识地避免使用密西拿希伯来语和中世纪希伯来语。之所以这样，除前面所分析的希伯来语《圣经》与古代希伯来历史和家园具有关联、纯粹神圣之外，也在某种程度上顺应了当时欧洲非犹太世界尊重圣经时期的犹太人但蔑视其后裔的思想。门德尔松身体力行，把希伯来语的《摩西五经》、《诗篇》、《雅歌》、《传道书》等翻译成德文，并撰写了希伯来语注释，以此为大批犹太人架设了一条通往德国文化的桥梁，逐步融入世俗文化、文学、哲学和科学的广阔天地。① 历史学家塞西尔·罗斯（Cecil Roth，1899 – 1970）对门德尔松翻译的《摩西五经》给予了高度评价，称这一伟大的译作开创了德国犹太人的乡土文学，从而在之后的一个世纪的整个过程中赢得了经典式的重要地位。其中的各种评注突破了过去曾一直禁锢着德国犹太生活的《塔木德》研究的学术圈子，因而为现代希伯来文学提供了一种强大的发展动力。②

显然，早期的犹太启蒙思想家是把希伯来语当成媒介，借此接触欧洲，向犹太人传播欧洲文化价值，进而达到同化的目的，这也是犹太人渴望步入现代化进程的初期手段。也许，启蒙运动的倡导者鼓励追随者学习当代语言，精通之后就可以抛弃希伯来语，进而选择一门更适应现代文明需要的语言；③ 但他们提倡把圣经希伯来语用于文学语言，来反映世俗主题，在客观上为后来的民族语言复兴做了重要铺垫。

（三）早期犹太民族主义者的语言观

与书面改良语形成鲜明对照的是，复兴希伯来语口语的理念是随着犹太复国主义与犹太民族主义与犹太复国主义运动的兴起而萌芽、成型，又在散居世界各地的犹太人移民巴勒斯坦、建立现代犹太民族国家以色列国的历史进程中逐步得以实施。希伯来语口语的复兴与犹太民族主义和犹太

---

① 鲁达夫斯基：《近现代犹太宗教运动：解放与调整的历史》，第64页。
② 塞西尔·罗斯：《简明犹太民族史》，黄福武等译，山东大学出版社1997年版，第105页。
③ John Myhill, *Language in Jewish Society*：*Towards a New Reading*, Clevedon, Buffalo, Toronto：MULTILINGUAL MATTERS LTD, 2004, p. 120.

复国主义纠结在一起，因而也显示了与两者类似的反复、曲折的历程。

19 世纪的欧洲，民族自治、民族统一、民族认同等观念已经深入人心。西班牙、俄罗斯和德国反抗拿破仑，塞尔维亚和希腊反抗奥斯曼帝国，波兰反抗沙皇帝国，比利时独立，拉丁美洲各省成功地脱离西班牙帝国，建立系列拉美独立国家。即使当时的这些反抗和起义在多大程度上具有民族主义的成分是有争议的，但无疑对 19 世纪的犹太思想家产生了很大的影响，可以说犹太民族主义是在欧洲民族主义的背景下应运而生的。最早的犹太民族主义理念出现在 19 世纪下半叶的欧洲，当时以西奥多·赫茨尔为代表的从政治上复兴犹太民族的主张尚未面世。也就是说，在这之前，犹太人并没有把自己视为一个民族。①

犹太民族主义与犹太复国主义在某种程度上相辅相成。身为犹太民族主义复兴者的摩西·赫斯（Moses Hess, 1812 – 1875）同样又是犹太复国主义先驱，在《罗马和耶路撒冷——最后的民族问题》中，摩西·赫斯主张犹太人应当为争取民族的生存而斗争。认为犹太人"不是一个宗教团体，而是一个独立的民族，一个特别的种族"，提出返回故土，即巴勒斯坦的犹太国的主张，并且首次为未来犹太国家的性质做出了明确构想，在犹太民族主义历史上具有开创性。但在 19 世纪 60 年代，赫斯的民族主义思想并未在犹太人当中找到市场，反而遭到一些文化犹太人的猛烈攻击。数十年后，当"犹太复国主义之父"赫茨尔首次读到赫斯的作品，并写下："我们力图要做的一切，都已经在他的书中"时，情形才有所改观。②

理论上看，在创建民族和创建国家的过程中，语言在意识形态和政治领域至关重要，堪称民族和国家的支点与重要标识，确定一个民族是否拥有自己的语言，是检验这个民族是否存在的一个重要标准。③ 就像德国思

---

① 需要说明的是，这里所说的"民族"指的是盖尔纳在《民族与民族主义》（韩红译，中央编译出版社 2002 年版）和安德森在《想象的共同体：民族主义的起源与散布》中论及的现代民族概念，也是目前犹太学界能够接受的说法。但也有学者把古代犹太人在公元 66 年反对罗马人的起义当成古代犹太人民族主义的范例。David Goodblatt, *Elements of Ancient Jewish Nationalism*, Cambridge：Cambridge University Press, 2006.

② 沃尔特·拉克：《犹太复国主义史》，徐方、阎瑞松译，上海人民出版社 1992 年版，第 57—68 页。

③ 埃里·凯杜里：《民族主义》，张明明译，中央编译出版社 2002 年版，第 58 页。

想家赫尔德所强调的那样，每个民族都应该"有它的文化，例如他的语言"。这一说法在 19 世纪的欧洲具有广泛的影响力，并且在一个相对范围内，对后来关于民族主义性质的理论化产生了相当的影响。① 语言是民族传统链条上一个鲜活的环节，正是通过语言，个人意识到自我的存在，并且意识到自己是整个集体文化中的一分子。② 对于民族主义理论家们来说，一个人讲外语将过一种非自然的生活，也就是说会疏远其个性自发的、本能的源泉。另一位德国思想家费希特在《对德意志民族的演讲》中指出，"语言塑造人胜于人塑造语言"，③ 强调了一个民族如果继续沿用本源语言则等于保留着本民族的固有传统，反之亦然。欧洲的芬兰、挪威等国家的民族主义者也开始复兴民族语言，试图强化民族意识。例如，19 世纪 20 年代，对芬兰语和芬兰的过去"逐渐觉醒"起来的兴趣，慢慢由方言显现出来。当时刚萌发的芬兰民族主义运动的领导群，"大多是由以处理文字为专业的人所组成的：作家、教师、教士和律师。民俗研究以及民间史诗的重新发现与拼凑成篇，和文法书写与字典的出版齐头并进，导致了种种促成芬兰文学（即印刷）语言标准化期刊的出现；如此，为了维护这个标准化芬兰语的生存发展，（民族主义者）遂得以提出更强烈的政治要求。而在和丹麦共同用一种书写语言——尽管发音完全不同——的挪威这个个案当中，民族主义则是随着伊瓦·阿森的挪威语文法（1848）和字典（1850）的出版而出现的……"④ 而这一切，无疑对本－耶胡达和犹太民族主义者产生了很大的吸引力。

　　不能否认，近代以来的犹太知识分子也在不同程度上意识到保留自己民族用语的重要。前面提到的 18 世纪的犹太启蒙思想家倡导用圣经希伯来语语言来传播现代科学、哲学思想并反映世俗生活，他们的努力"不自觉地为犹太民族主义的发展做出了决定性贡献"，甚至可以说为产生希伯

---

　　① 本尼迪克特·安德森：《想象的共同体：民族主义的起源与散布》，吴睿人译，上海世纪出版集团 2005 年版，第 66 页。

　　② F. M. Barnard, *Herder on Nationality, Humanity, and History*, Montreal & Kinston·London·Ithaca: McGill－Queen's University Press, 2004, p. 151.

　　③ 梁志学主编：《费希特著作选集》第五卷，商务印书馆 2006 年版，第 301 页。

　　④ 尼迪克特·安德森：《想象的共同体：民族主义的起源与散布》，第 72 页。

来民族主义创造了可能性。① 19 世纪关注犹太民族问题的一些犹太知识分子虽然对犹太启蒙思想家试图借助民族语言实现与居住国民族同化，极其不满，但是却在提倡民族语言问题上与启蒙思想家不谋而合。

著名的希伯来语作家佩雷茨·斯摩伦斯金（Peretz Smolenskin, 1842—1885）曾经反复强调，犹太人是一个民族，即使在失去家园之后仍然是一个精神的民族。他指出，18 世纪启蒙运动试图借助希伯来语引导犹太人走出"隔都"，融入欧洲文明，实际上是借民族现代化之名，在精神上瓦解犹太人，会危害整个犹太民族的生存。

斯摩伦斯金在犹太民族主义尚未得到广泛认同之际，便以他所供职的当时最有影响的一份希伯来语报纸《黎明》为阵地，大量宣传民族主义思想。他强调希伯来语言的重要性，相信没有希伯来语就没有《托拉》（即《摩西五经》），而没有《托拉》就没有犹太民族。斯摩伦斯金的言行确实反映了犹太启蒙运动中一个悖论现象，即在启蒙运动中，某些融入世俗文化的犹太人放弃了对希伯来语的兴趣，对历史、科学、德文比较热衷，并想通过改宗等手段为德国文化所接受。门德尔松去世的时候，德国犹太人与德国文化已经有较大程度的融合，可以说了却了门德尔松的一个心愿；但他试图保持本民族文化的愿望却付诸东流。在不到一个世纪的时间里，他所有的直系亲属纷纷改宗。但是，这些改宗者又没有被他所痴心向往的欧洲文化接受，一旦具备了某种政治、社会、文化条件，他们会在反犹声浪中遭到欧洲社会的无情抛弃。但说到底，斯摩伦斯金毕竟是文人，而不是政治家，他的建议虽然给人以深刻印象，但论据不充分。他倡导年轻一代学习希伯来语，但目的在于强化犹太民族意识，而不是想，或者说不敢奢望，把希伯来语恢复为口语，用于民族内部的交流。

就连以赫茨尔为代表的犹太复国主义先驱，最初也未曾憧憬将希伯来语定为梦想建立的新兴犹太国的语言，甚至想借鉴瑞士等国家的经验保持多语共生的局面。赫茨尔在《犹太国》一书中指出："我们想要有一种共同的语言会有不少困难。我们互相之间无法用希伯来语交谈。我们当中有

---

① 参见 Alain Direcknoff, *The Invention of A Nation*：*Zionist Thought and the Making of Modern State*, trans. Jonathan Derick, London：Hurst & Company, 2003, pp. 106 – 107。

谁掌握了足够的希伯来语，能靠说这种语言去买一张火车票？这样的事情是做不到的。然而，困难却是很容易被克服的。每个人都能保持他可以自由思考的语言。瑞士为多种语言共存的可能性提供了一个具有说服力的证明。我们在新国家中将保持我们现在这里的这种情况，我们将永远保持对我们被驱赶离开的诞生之地的深切怀念。"① 在犹太复国主义者看来，将犹太人团结在一起的是信仰，而不是语言，因此不会强制推行一种民族语言。从这个意义上看，如果说启蒙思想家或斯摩伦斯金那些早期民族主义者单纯注重的是语言的文化意义及交流价值，那么犹太复国主义先驱更多的因立国和意识形态的需求，才在日后推广希伯来语。他们来自讲意第绪语的东欧世界，但在他们眼中，意第绪语诚然具有交流价值，可它代表着犹太人在欧洲的流亡体验，是德语与希伯来语杂交后的产物，不能用作巴勒斯坦犹太人的国语。选择希伯来语等于强调犹太人集体身份的意义，这种集体身份既新又真，新是指巴勒斯坦土地上新希伯来人的强悍、勇敢等特质，真是指巴勒斯坦犹太国家的存在，与软弱无助的大流散犹太人，与大流散期间犹太人的那种不真实的生存方式形成了强烈反差。② 新型集体身份的确立有助于一个新建国家卸掉沉重的历史负担，面对现在和未来。

（四）本－耶胡达与希伯来语口语在巴勒斯坦地区的普及

希伯来语口语化的过程是在犹太民族主义与犹太复国主义的语境之下由俄裔犹太人本－耶胡达及其追随者倡导、实施并实现的。在相当一段时间内，本－耶胡达被视为单枪匹马复兴希伯来口语的天才，他也是以色列小学生们在学校里学习希伯来口语复兴史上的唯一人物，其作用有些被夸大。③ 不过，本－耶胡达在创造这一奇迹的过程中发挥了无法取代的关键作用。并非本－耶胡达首次提出把希伯来语重新用于犹太人口头交流的语言，也不是他初次提出通过教育普及希伯来语的主张，但是，是他首次提出在以色列地，即巴勒斯坦发展希伯来口语的建议，并身体力行，把梦想化作现实。

---

① 西奥多·赫茨尔:《犹太国》，肖宪译，商务印书馆 1993 年版，第 81—82 页。
② Alain Dieckhoff, *The Invention of a Nation*: *Zionism Thought and the Making of Modern Israel*, p. 102.
③ John Myhill, *Language in Jewish Society*: *Towards a New Understanding*, p. 78.

　　构成本－耶胡达思想的基础是犹太民族主义。本－耶胡达在自己的回忆录中指出，他一生中有两大遗憾：一是没有出生在耶路撒冷，甚至没有出生在以色列地；二是自己来到这个世界最初讲的语言不是希伯来语。但他早年就怀揣着到祖先生存过的土地上定居并讲希伯来语的梦想。① 在本－耶胡达的幼年时代，犹太启蒙运动已经从德国东渐到加利西亚地区和俄国，有三位犹太启蒙思想家和一位非犹太人对确立本－耶胡达的民族主义思想产生了重要影响。第一位是故乡的一位拉比约瑟夫·布鲁卡（Joseph Blucker）。本－耶胡达于 1858 年出生在立陶宛一个村庄，幼年丧父。与同龄的犹太孩子一样，他从小便开始学习希伯来语言和《托拉》，后学习《密西拿》和《塔木德》，对希伯来语产生了强烈的热情。13 岁后到附近一所犹太经学院就读。在那里，他通过犹太启蒙者布鲁卡拉比开始接触犹太启蒙思想，并逐渐得知原来希伯来语可以用来表达世俗思想，于是阅读玛普的长篇小说《锡安之恋》、《撒玛利亚之罪》等新文学作品，并与同学用圣经希伯来语交谈。舅舅得知他对犹太启蒙运动发生兴趣后，很不愉快，便让他转学到自己居住的格鲁博基的一所经学院。但是本－耶胡达暗地里继续学习希伯来语语法，阅读世俗文学。

　　第二位犹太启蒙主义者是他的岳父施罗莫·约拿斯。当时舅舅已经决定不再做他的监护人，他只好留宿犹太会堂。当约拿斯意识到这个孤独的年轻人有望成为启蒙者之后，便把他请到家中，让女儿德沃拉（本－耶胡达的第一任夫人）教他俄语、法语和德语等多种语言。从此，他经常阅读宣传民族主义思想、在东欧犹太启蒙运动中影响深远的希伯来文期刊《黎明》。尽管有关本－耶胡达的著述并没有过多提及约拿斯对他思想的影响，但是正是约拿斯所提供的生活与学习环境，使本－耶胡达学会了几门欧洲语言，为他今后从事民族语言的复兴事业做了必要的知识储备。

　　1874 年，本－耶胡达又到德国都纳贝克（Dunaberg）求学，在年轻启蒙主义者维汀斯基的引领下，接触到俄国的革命运动，维汀斯基被视为他的又一位精神导师。在那一阶段，本－耶胡达的思想一度陷于虚无。但是，斯

---

① Eliezer Ben-Yehuda, *A Dream Come True*, trans. T. Muraoka, Boulder, Oxford: Westview Press, Inc., 1993, pp. 16-17.

摩伦斯金等人编写的《黎明》杂志，重新唤起了他对希伯来语的热情。对他来说，斯摩伦斯金的创作固然比车尔尼雪夫斯基（Chernyshevsky, N.）的《怎么办》离他还要遥远，但是这些小说中所反映的人生与时代却让他乐于阅读。尽管他赞同斯摩伦斯金对门德尔松等启蒙思想家的批判，但不肯接受斯摩伦斯金关于没有土地的犹太人可以实现文化复兴的主张。①

　　直接唤起本－耶胡达的民族主义情绪并把追求犹太国家的想法付诸行动的原因有二：第一是 1877 年和 1878 年之间爆发的土俄战争，二是乔治·艾略特的小说《丹尼尔·德龙达》（1876）。在他看来，如果巴尔干的斯拉夫人借助俄国势力摆脱奥斯曼帝国统治的民族解放运动是正义的，那么犹太民族主义也是正义的。而艾略特小说中的犹太主人公德龙达试图在政治上恢复同胞的生存权利并使之成为一个民族的思想，启迪本－耶胡达用行动来实现梦想。② 也正是在 1877 年，本－耶胡达到了巴黎这个他心目中的"光明之源与政治生活中心，以便读书，用知识装备自己，来适应以色列的工作"，③ 他在那里结识了第四位对自己形成其思想产生深远影响的人，即俄国贵族、记者查斯尼考夫。此人虽然不是犹太人，但引导本－耶胡达接触巴黎的政治文化生活并鼓励他阐发自己的思想。

　　1879 年，本－耶胡达在《黎明》杂志上发表了自己的第一篇希伯来语文章《一个举足轻重的问题》（"She'ela hikhbada"），他在文章中追述了欧洲民族主义的起源，认为 19 世纪下半叶欧洲的重要标志就是民族主义，而民族主义的真正起因在于被压迫民族的奋起反抗，主张犹太人和希腊人、匈牙利人、罗马尼亚人、意大利人一样，有权捍卫自己的民族身份。但在这篇文章里，他更多地维护的是民族的政治属性，而不是民族的语言和文化价值，并没有清晰地提出复兴希伯来语的主张。研究者们认为当时本－耶胡达并不认定讲一门共同的语言对于一个民族是至关重要的。启蒙思想家路德维格·菲利普森说："真正的民族生活必须与一门共同的

---

① Ron Kuzar, *Hebrew and Zionism: A Discourse Analytic Cultural Study*, Berlin, New York: Mouton de Gruyte, 2001, pp. 58 – 59, 65. Eliezer Ben – Yehuda, *A Dream Come True*, trans. T. Muraoka, Boulder, Oxford: Westview Press, Inc. , 1993, pp. 16 – 17.

② Kuzar, *Hebrew and Zionism*, p. 60.

③ Ben – Yehuda, *A Dream Come True*, p. 27.

语言结合在一起，可是犹太人并没有。"本－耶胡达回应道："一个民族没有必要只使用一种语言。比利时、瑞士、法国都有人讲少数民族的语言，但是依然是这些国家的成员。'我们，希伯来人，甚至比他们有优势，因为我们有一门语言，我们可以用这门语言写我们之所想，如果愿意，我们甚至可以讲这门语言。'"① 在笔者看来，本－耶胡达与菲利普森论辩的焦点不在于一个民族是否应该有统一的语言，而在于犹太人是否有条件可以成为一个民族，本－耶胡达不仅指出犹太人比其他民族具备语言优势，而且这门语言还具有潜在的复兴可能性。这也就是为什么两年后本－耶胡达前往巴勒斯坦，不遗余力地普及希伯来语的原因。何况，本－耶胡达还在自己的传记中写道，他在阅读报纸思索巴尔干半岛发生的事件及其未来的自由时，"听到心中响起奇怪的声音：在先祖的土地上复兴以色列及其语言"。②

　　一个国家应该有一门共同语是本－耶胡达时代欧洲国家的共同特征，德国浪漫派，尤其是赫尔德的著述对斯拉夫人民族主义思想的形成产生了巨大影响，这种影响显然波及到了本－耶胡达。③ 更进一步说，赫尔德的"语言民族主义"学说，以及赫尔德关于希伯来人应该回到巴勒斯坦那唯一能使之再度发展为一个民族的主张，对本－耶胡达产生了强大的吸引力。④ 本－耶胡达意识到现代的民族思想里融进了新的内容与形式，也就是说一个民族要得以生存与延续，就需要保存特有的民族精神，保存特有的民族语言和性格。语言是把一个民族凝聚在一起的重要手段。而如果希伯来语只是一门文学语言的话，就无法长期存活下去。因此，犹太人不仅要拥有土地，而且要有一门民族语言。显然，这片土地便是巴勒斯坦，这门语言便是希伯来语。⑤

　　本－耶胡达既不是语言学家，也不是社会领袖。他在 1881 年俄国发生"集体屠杀"之前来到了落后的奥斯曼帝国统治下的巴勒斯坦，严格地

---

① Kuzar, *Hebrew and Zionism*, p. 79; Myhill, *Language in Jewish Society*, p. 80.

② Kuzar, *Hebrew and Zionism*, p. 62.

③ Dieckhoff, *The Invention of a Nation*, p. 116.

④ Ibid., p. 117.

⑤ Kuzar, *Hebrew and Zionism*, pp. 73, 81.

说他是"移民"，而不是"难民"。在他看来，移居巴勒斯坦可以长久解决犹太人的生存问题。从这个角度看，本－耶胡达也应该被算在犹太复国主义先驱者之列。本－耶胡达和妻子在 1881 年来到巴勒斯坦后就抱定了复兴希伯来语言的信念。他不仅在家里讲希伯来语，走到大街上碰到任何孩子都讲希伯来语。当时他的希伯来语远远达不到进行流畅交流的水平，于是他便借助手势表情达意，而后发明相应的希伯来语词汇。在这样一个只用磕磕绊绊希伯来语进行交流的家庭里，本－耶胡达的儿子，即后来的伊塔玛·本－阿维在 1882 年出生。由于身边的语言环境含混不清，伊塔玛直到四岁才会说话。但是，他发出的第一个词竟然是希伯来语单词，于是伊塔玛·本－阿维被视为第一个以现代希伯来语为母语的孩子。① 从此，巴勒斯坦其他犹太家庭也开始仿效本－耶胡达在家里讲希伯来语。

（五）在创建犹太民族国家过程中复兴希伯来语

正如前文所示，启蒙思想家试图在流散地复兴希伯来语只是在现代社会里保持犹太人民族身份的权宜之计，无法改变犹太人被同化的命运。而在即将建立于巴勒斯坦的犹太民族国家内把希伯来语作为书面与口头用语加以使用与改良，不仅使一门古老的语言在现实生活中恢复生机，从而延续了古代圣经时期犹太民族的辉煌历史，保存民族文化；而且可以淡化犹太人在大流散期间的耻辱过去，有助于犹太人塑造一种新的身份。从这个意义上，一度服务于上帝的希伯来语在当时可以服务于建国需要，成为创立安德森所说的"想象的共同体"的理想载体。②

20 世纪初期，巴勒斯坦已经初步具备了复兴希伯来语的某些条件。首先，来到巴勒斯坦的犹太人都在不同程度上具有古代希伯来语的教育背景，具备了使用这门语言的必要条件。其次，生活在巴勒斯坦的犹太人需要有一门共同语言进行交流。由于犹太复国主义理念的影响，加上欧洲，尤其是俄国反犹浪潮加剧，大批犹太移民从东欧移居到巴勒斯坦的犹太人

---

① Lewis Glinert, *Modern Hebrew: An Essential Grammar*, New York: Routledge, 2005, p. 189.

② 关于复兴希伯来语与犹太复国主义的关系问题，可参见 Alain Dieckhoff, *The Invention of a Nation: Zionist Thought and the Making of Modern Israel*, pp. 104 – 105。

居住区，他们之间，以及他们与当地的犹太人之间没有一门统一的现代语言，无法进行交流和贸易往来，希伯来语尽管古老，但至少可以帮助他们实现相互沟通的目的。就像以色列作家阿摩司·奥兹在访问中国社会科学院所作的演讲中所说："120 年前，许多犹太人从欧洲来到巴勒斯坦，在耶路撒冷相遇，没有一种共同的语言。东方犹太人讲拉迪诺语、阿拉伯语、土耳其语，有时甚至讲波斯语，但是不能讲欧洲犹太人的语言；欧洲犹太人讲意第绪语、波兰语、俄语、匈牙利语，有时讲德语，但是不能讲东方犹太人的语言。这两大人群是无法交流的。要进行交流，就必须有一种共同的语言，来做生意，来谈话，进行买卖，即便他们当时讲的是祈祷书中的希伯来语，但希伯来语作为东方犹太人与西方犹太人交流的语言，也开始在日常生活中恢复了生命。"① 再次，早在 19 世纪 80 年代巴勒斯坦就已经成立了希伯来语学校，来到巴勒斯坦的犹太人不再怀揣为欧洲文明同化的目的，不会对学习希伯来语持抵触态度。尤其是到了第二次阿利亚时期（1905）的新移民，已经进入普及希伯来语的自觉时期。

但是，从另外一个方面看，19 世纪末 20 世纪初，大多数犹太作家进行创作时既使用意第绪语，也使用希伯来语，有时将两种语言交替使用。意第绪语作为一种充满活力的能动语言，具有丰富的民间习语；希伯来语可提供感人的文字经典，但与时下周围的世界关联甚少。即使希伯来语可以用于文学创作，表达哲学理念，但难以找到足够的词汇来适应日常交流，希伯来语现代化问题因而变得至关重要了。当时巴勒斯坦的犹太居民来自世界各地，他们讲意第绪语、拉迪诺语和阿拉伯语，若想让他们放弃自己的母语去使用并非熟练的希伯来语绝非易事。其次，当时居住在耶路撒冷的犹太宗教人士反对在犹太居民点中推广希伯来语，这些宗教人士对犹太复国主义和复兴希伯来语持怀疑态度，甚至持有敌意。在宗教人士看来，现代犹太人所从事的这些运动可能会触犯宗教原则。即使今天，以色列也有一些正统派犹太人社团拒绝讲希伯来语。② 再次，希伯来语本身词汇不足，也成为推广希伯来语的不利因素。本－耶胡达曾经在 19 世纪 80

---

① 阿摩司·奥兹 2007 年 9 月 3 日在中国社会科学院的演讲《以色列：在爱与黑暗之间》。

② John Myhill, *Language in Jewish Society*, p. 94.

年代亲自教希伯来语，但他感到自己的词汇量远远不够，厨房用语、校园用语、公共生活用语、科学与人文用语等一并缺乏。而且，当时在巴勒斯坦基本上没有人可以讲流畅的希伯来语。在这种情况下，从事普及希伯来语的教育工作显然难度很大。

的确，巴勒斯坦犹太人需要用希伯来语进行沟通不仅是交流的需要，而且也是犹太复国主义政治理念的需要。在关于犹太民族究竟是不是一个民族的问题上，犹太复国主义与斯大林主义持类似的观点，后者声称犹太人不是一个民族，因为它缺乏土地和共同语两个不可或缺的要素；前者则积极提供这两个要素，通过重新拥有领土、语言和政治独立来创建民族。①选择希伯来语、摒弃意第绪语就等于支持犹太复国主义，换句话说，如果犹太复国主义者讲摩西的语言，那么在某种程度上则为他们在巴勒斯坦建立犹太民族国家的主张提供了某种合法依据。

1890 年（另一种说法是 1889 年），巴勒斯坦成立了希伯来语言委员会，即 20 世纪 50 年代以色列建国后经过议会立法更名的希伯来语言学院，意在使用日常生活用语，并对语言现代化进行裁定。本 – 耶胡达是希伯来语委员会的奠基人之一。从 1910 年开始，本 – 耶胡达在该委员会的支持下开始出版《古代和现代希伯来语大辞典》，里面古词新词并收，使得希伯来语能够更好地表达现代生活与现代价值。这项工作直至本 – 耶胡达去世之后还在继续。复兴语言的运动由少数精英的自发活动，越来越变得组织化，渐趋成为整个以色列国家建国框架中的一部分。1911 年，在巴塞尔举行的第十届犹太复国主义大会上，代表们不再像赫茨尔在 1897 年那样对使用希伯来语持怀疑态度，而是把希伯来语作为会议语言，表示出此时的犹太复国主义者已经开始认同把希伯来语作为日后的犹太国家语言。1913 年的第十一届犹太复国主义大会，明确提出了把希伯来语作为犹太民族语言的主张。②

在复兴希伯来语的过程中，教育家、出版家和文学家的作用同样不可忽视。早在本 – 耶胡达抵达巴勒斯坦之前的 1863 年，耶路撒冷便有希伯来

---

① Benjamin Harshav, *Language in Time of Revolution*, Berkeley, Los Angeles: University of California Press, 1993, p. 82.

② Norman Berdichevsky, *Nations*, *Languages and Citizenship*, North Corolina: Mcfarland & Company, Inc., Publishers, 2004, p. 16.

语文学期刊问世。编辑们使用蹩脚的希伯来语词汇，模仿法文、德文和俄文来表达现代意义。希伯来语言委员会的成员主要是教育家，他们不仅从圣经希伯来语中寻找词汇，也从密德拉希、赞美诗当中寻找适用的词汇，创造新词，借用外来语，扩大了希伯来语的源头。最初，委员会只提倡借用闪米特语中的词汇，如阿拉米语、阿拉伯语，而反对借用印欧语系中的词汇。① 这种通过创造混合语来复兴民族语言的做法在犹太世界里争议很大。一部分人认为这种由语言学家集体创造语言的方式是错误的，而另一部分人，包括著名的犹太历史学家约瑟夫·克劳斯纳都认为这是民族语言复兴运动中的新倾向，应该加以维护。而今以色列人使用的希伯来语便是以古代希伯来语为主体并吸收了其他闪米特语言乃至印欧语系中某些词汇和句法方式的混合的语言。在词汇选择上，圣经希伯来语比较受人青睐，但在语法和句法上，现代以色列的希伯来语则更接近密西拿希伯来语。②

自 1904 年第二次犹太移民运动发起以来，一些希伯来语教育家不断置身于复兴希伯来语言的工作中，并就采取何种语言进行教学而展开论争。1898 年，巴勒斯坦建立了第一个希伯来语幼儿园，1906 年又建立了第一所希伯来语中学，此乃复兴希伯来语进程中的革命性阶段，最终导致了 1913 年至 1914 年海法工学院的德语和希伯来语之争。其结果，希伯来语战胜德语，成为以色列第一所国家级大学的教学语言。第一次世界大战后，巴勒斯坦成为英国的托管地。1922 年，英国当局决定把希伯来语和阿拉伯语、英语一同定为官方语言。

希伯来语之所以战胜德语和意第绪语，成为英国托管巴勒斯坦地区的官方语言当然还与第一次世界大战中德国战败、第二次世界大战中欧洲意第绪语犹太世界崩溃有关。正是在这种国际环境下，巴勒斯坦新移民数量不断增加，19 世纪末，巴勒斯坦已经有大约 5 万犹太人，但到了 1930 年，已经有大约 16.5 万犹太人居住在巴勒斯坦。这些移民多来自东欧和俄国，而讲希伯来语则是摆脱过去、做一个希伯来人的一个重要标识。在讲希伯

---

① Yehezkel Kutscher, *A History of the Hebrew Lenguage*, 1982, p. 194.

② Joseph Shimon, *Reading Hebrew: The Language and the Psychology of Reading It*, p. 123.

来语时，他们必须努力改掉自己在流散地形成的希伯来语口音，向本土人学习地道的希伯来语口音和希伯来语习惯用法。[①] 语言的复兴象征着一个民族的复兴。

希伯来语基础教育也变得至关重要了。教育的目的不是一个单纯传授语言的过程，而是传授思想和价值的过程。从事希伯来语教育的工作者，同时也是教育家，他们有义务教授民族主义、爱祖国、爱人民、爱自己的语言。[②] 当时在文坛上大显身手的希伯来语作家和艺术家，也成为犹太复国主义思想和本土以色列新人思想的传播者。第一位希伯来语"民族诗人"海姆·纳赫曼·比阿里克以及沙乌尔·车尔尼霍夫斯基和其他许多诗人及作家相继移居到巴勒斯坦。比阿里克把《塔木德》故事翻译成希伯来语，编辑中世纪西班牙诗歌和不同时期的希伯来语诗歌；车尔尼霍夫斯基把俄语、德语、希腊语的文学创作翻译成希伯来文，把德国浪漫主义诗歌和俄国象征主义诗歌的创作方法引入希伯来语诗歌。这些作家和诗人给希伯来语期刊投稿，"用犹太人的历史和犹太人的审美资源，创造出世俗的和审美的神话"，[③] 为现代希伯来语和现代希伯来文学增添了新鲜血液。

最为彻底的趋新之举是将语言与"新人"的产生联系在一起。从事希伯来语基础教育的工作者，[④] 以及希伯来语作家和艺术家将犹太复国主义思想与以色列本土新文化的创造直接对应上。许多作品被教育家们放到民族主义的语境下阅读，强调作家与民族复兴的联系，强调拓荒者精神，同时否认大流散时期的价值。否定大流散文化的目的在于张扬拓荒者即犹太复国主义的文化。新移民逐渐懂得，为了让希伯来文化接纳自己，就必须摒弃，或者说鄙视他以前的流散地文化和信仰，使自己适应新的希伯来文化模式，适应未来国家建设的需要。与此同时，在巴勒斯坦出生的犹太孩子，即本土以色列人，他们幼时便以希伯来语为母语进行交流，读书，接

---

①　Oz Almog, *The Sabra*: *The Creation of the New Jew*, Berkeley, Los Angeles, London: University of California Press, 2000, pp. 95 – 96

②　Yael Zerubavel, *Recovered Roots*: *Collective Memory and the Making of Israeli National Tradition*, Chicago: University of Chicago Press, 1994, p. 81.

③　引文出自中国社会科学院外国文学研究所 2006 年召开的"文学与民族意识研讨会"会议论文，作者尼希姆·卡尔德隆，袁伟翻译。

④　Yael Zerubavel, *Recovered Roots*: *Collective Memory and the Making of Israeli National Tradition*, p. 81.

受犹太复国主义教育，不仅学会爱希伯来语，而且把希伯来语当成唯一的民族语言，当作巴勒斯坦新型犹太人（即新希伯来人）身份中一个重要的组成部分。[①] 希伯来语就是在这样的语境下全面复兴的。

二　斯米兰斯基与早期犹太移民小说

摩西·斯米兰斯基是第一位忠实地、几近逼真地描写早期犹太移民在巴勒斯坦定居的小说家，[②] 与当时或其后的许多希伯来语作家一样，斯米兰斯基细致入微地描绘了巴勒斯坦的乡村风光和居住在那里的人。既包括犹太移民的日常生活、饮食起居、宗教习俗、习练希伯来语口语的过程，也包括犹太移民与多年生活在那里的敌意日甚的阿拉伯居民的关系，在希伯来文学史上赢得了一席之地。

犹太人从 19 世纪 80 年代开始，有组织有规模地移居巴勒斯坦，不仅是一个历史事件，而且是一个政治事件，它不仅改变了希伯来文化的版图，同时改变了巴勒斯坦犹太人和阿拉伯人的命运。一些历史学家把犹太人移居巴勒斯坦当成移民活动，是向犹太人先祖曾经居住过的土地上的一种回归；而另一些历史学家虽然承认犹太人的移民行动是为了逃避他们在东欧险遭灭绝的命运，但在他们看来，犹太移民行动本身与基督教徒的文化殖民如出一辙，堪称"悄然的十字军东征"。当时在巴勒斯坦地区占统治地位的奥斯曼政府曾经在 1882 年颁布了阻止犹太人移民的律法，但在 1888 年，迫于英国在伊斯坦布尔使馆的压力，移民政策松动起来。[③]

斯米兰斯基 1874 年生于基辅，1891 年来到了巴勒斯坦。作为第一次移民运动中的领袖人物之一，他怀揣着在阿拉伯人和犹太人之间实现和平

---

① 关于"新希伯来人"的论证，参见钟志清《旧式犹太人与新型希伯来人》，《读书》2007 年第 7 期。

② Eisig Silberschlag, *From Renaissance to Renaissance*, vol. 2., New York：Ktav Publishing House, 1977, pp. 9 - 10.

③ 笔者在总结历史学家的观点时，参考了伊兰·培帕的《巴勒斯坦的历史》，剑桥版，2004 年，第 40 页。

共处的梦想，讲阿拉伯语，从阿拉伯人手中购买土地，建造橘园，在橘园里既雇用犹太人，又雇用阿拉伯人。[①] 他使用"哈瓦加穆萨"（音译，意思是摩西先生）这一阿拉伯笔名，试图在阿拉伯人和犹太人之间建立一种睦邻友好关系。他把这种理想赋形于自己的主人公，表现他们试图建立一种和谐的生存方式，但屈于现实生活中的各种压力，他们的理想往往以失败告终。这种压力往往来自阿拉伯世界对犹太移民运动，实质上对犹太复国主义运动的一种顽强的抗拒。

　　1906 年，斯米兰斯基发表了著名的短篇小说《莱蒂珐》（"Latifa"）[②]。这篇作品优美而耐人寻味，可以说是早期巴勒斯坦小说中的精品。它讲述的是一个年轻的犹太农场主和一个在他果园里干活的漂亮的阿拉伯小姑娘之间无果而终的爱情故事。但透过这个爱情故事本身，我们看到的至少是两个层面的对话。第一个层面的对话是个体的，即犹太农场主与阿拉伯小姑娘之间那富有浪漫色彩的融洽的情感交流；第二个层面是民族的，即犹太农场主（阿拉伯人眼中犹太殖民者的化身）与小姑娘的父亲（敌视犹太人移居巴勒斯坦的阿拉伯人的代表）之间无法调和的矛盾与冲突。由于第二个层面对话的不可能导致了第一个层面对话的失败。

　　小说在展示第一个层面的对话时，做了大量的富有浪漫色彩的铺垫。它首先套用由《塔木德》传统沿袭下来的希伯来叙事小说的模式展开回忆："要是你从未见过莱蒂珐的眼睛，你就不知道眼睛能有多么漂亮。"莱蒂珐是一个 14 岁的阿拉伯小姑娘，她与男主人公哈瓦加穆萨，即作家本人相遇的场景是有着一群阿拉伯劳动者的田野，那里弥漫着欢快的气息。天气倍加晴朗，空气清新、平和、温暖、生机勃勃，太阳给万物披上淡红的晨光，四周一片碧绿，美丽的野花朝山冈频频点头。而主人公本人内心深处也十分欢快，继之为后面一个既悲且美的爱情故事埋下了伏笔。

　　小说开篇还交代，那些阿拉伯劳动者实际上是为男主人公的"第一座

---

　　①　S. Yizhar, "About Uncles and Arabs," in *Hebrew Studies* 47（2006），p. 322.

　　②　中文译作《莱蒂珐的眼睛》，钟志清译，2000 年 12 月 12 日《环球时报》，需要说明的是，由于考虑到版面需要，编辑对这篇译文做了加工，引文以此为准。

果园"准备场地，从中透露出男主人公的农场主和殖民者身份，而女主人公莱蒂珐则是一个阿拉伯劳动者，挺拔而敏捷，一双黑眼睛亮晶晶的。显然，身份差异并没有阻隔两个个体人之间相互产生好感，两情相悦。莱蒂珐鲜活的面庞，尤其是那双可爱、乌黑、闪动着快乐之光的大眼睛让男主人公感受到工作的乐趣，只要一看到莱蒂珐，他所有的忧郁与烦恼便会一扫而空。而阿拉伯少女对犹太人的婚姻习俗表示出好奇、倾慕和渴望，甚至对本民族婚姻生活中的陈规陋习表示不满：

> "我爸爸要把我许配给阿加族长的儿子。"
> "你呢？"
> "我宁肯死……"
> 她又一次沉默下来。
> 后来她问："哈瓦加，你们民族的人真的只娶一个吗？"
> "只娶一个，莱蒂珐。"
> "你们民族的人不打他们的女人吗？"
> "不打。人怎么会打他爱并且爱他的女人呢？"
> "在你们那里，姑娘们嫁给自己所爱的人吗？"
> "那当然。"
> "可是我们却被他们当牲口一样卖掉……"

更为勇敢的是，她竟然具有向男主人公表达想和他结婚的勇气："我爸爸说"，她片刻之后又加了一句，"要是你变成穆斯林，他会把我许给你。"由于社会、文化、民族、宗教间的差异，加上巴勒斯坦阿拉伯居民对外来者的敌视，男女主人公的爱不可能产生结果。"莱蒂珐，"我说，"做个犹太女人吧，我娶你。""我爸爸会把我给杀死的，还有你。"

小说在展示第二个层面的交流时，更富有历史感。莱蒂珐的父亲，一个阿拉伯族长，也是当时巴勒斯坦多数阿拉伯人中的代表人物，与犹太农场主虽然也是在果园中见面，但他毫不掩饰地表现出对以年轻农场主为代表的犹太殖民者的憎恨，就像作品中所描写的，"他怒气冲冲地朝我看了一眼，咆哮着和我打招呼"；对与犹太人交往的女儿气急败坏："我不是告诉过你不要去找犹太人吗?"对阿拉伯人向犹太人出卖劳动力的行为深恶痛绝:"穆斯林,你们无耻啊,竟把劳动力卖给了没有信仰的人!"小说写到此处,已经超出单纯的爱情小说模式的窠臼,将主人公之间的冲突放到20世纪初犹太复国主义者移居巴勒斯坦时期的历史环境中,再现出犹太复国主义者与巴勒斯坦阿拉伯人之间的敌对关系:"在殖民者与疯狂憎恨犹太人的阿拉伯族长之间没有爱。"14岁的阿拉伯小姑娘莱蒂珐就成了这种民族仇恨的牺牲品。她被迫遵从父命,嫁给了她所厌恶的阿加族长的丑儿子,当丈夫的家毁于火灾后,她曾经逃回娘家,但他们又违背她的意愿把她送到她丈夫那里。

"眼睛"在小说中曾经多次出现,不仅在一对异族青年男女之间传情达意,而且象征着男女主人公的内在生命韵律。男女主人公第一次见面时,莱蒂珐的眼睛乌黑明亮可爱,用一个阿拉伯小伙子的话说,"犹如美好夏夜里的两颗星星";当莱蒂珐向心爱的人示爱时,眼睛更为美丽、幽深、乌黑;被迫离开农场做起卖小鸡的生意后,每逢看到自己心爱的人,她的眼睛比任何时候都更为美丽,更为忧伤。中国有句古话,眼睛是心灵之窗;而希伯来文中的眼睛也与生命之源有着密切联系。从词源学角度看,"眼睛"一词在希伯来文中是"Ayin",与象征着生命之源的"泉水"是同一个词。而"长有漂亮的眼睛"则具有讨人喜欢之意。如果说,当男女主人公相恋时,在男主人公眼里,莱蒂珐的眼睛美丽、乌黑、明亮,象征着两情相悦;那么多年后,他们再度重逢时,男主人公由于莱蒂珐另嫁他人,也由于又遇到了其他的黑眼睛,渐渐将她遗忘,而莱蒂珐尽管脸上布满皱纹,但当年那对黑眼睛依旧亮晶晶的,则表明爱的火花并没有在她的心中泯灭。

小说中曾经两次写到莱蒂珐眼中含泪,一次是遭受父亲殴打时,她泪汪汪地看着自己跃跃欲试的恋人,似乎在乞求他不要行动;第二次则是她与男主人公再度相逢后,见到主人公的妻子,端详她良久,眼中含泪。哀,莫大于心死,我想此时莱蒂珐已经对旧日恋情感到绝望。

吉拉·拉姆拉丝-劳赫认为,小说的结尾强调的是穆斯林文化中的某些决定性因素,莱蒂珐则被视为东方的象征,因为当叙述人问青春已逝的莱蒂珐为何变化如此之大时，她的回答是："这一切都是安拉决定的。"①
莱蒂珐的父亲无疑是传统穆斯林信仰的维护者，莱蒂珐本人虽然在外来文
明的冲击下，思想上发生了变化，但最终还是没有挣脱她本民族的古老文
化网络的限制，进而反映出作家斯米兰斯基对穆斯林文化的矛盾心理。

　　斯米兰斯基一直希望阿拉伯和犹太两个民族能够互相了解，重视两个
民族在文化传统与风俗习惯上的某些相近之处。他曾说过："要是你想了
解阿拉伯人，就要学习他们的文化传说和生活方式，因为这些传说与习惯
与古代犹太人的生活方式非常相似。通过这些（知识），你可以接近他们，
也可以接近自己。"② 而且，他还强调，光学习还不够，还要尊重阿拉伯人
的风俗习惯。但是，作为一个犹太人，他对阿拉伯人仍然怀有某种难以祛
除的偏见，在与阿拉伯人的实际接触中，他还是以某种居高临下的姿态，
把阿拉伯世界的本真看作原始："阿拉伯人在这里（指巴勒斯坦地区）做
些什么？他们为什么如此贫困，如此肮脏，而他们村庄周围的土地又是如
此的肥沃？"③ 作家的这种矛盾心理无疑影响到他对作品形象的塑造。一方
面，他极力让新来的犹太移民和土著阿拉伯人和谐相处，与之同在果园劳
动，和普通的阿拉伯劳动者进行交流，甚至和一个美丽纯朴的阿拉伯姑娘
相恋；另一方面，他又形象地描绘出当地巴勒斯坦地区的阿拉伯族长对犹
太移民恨惧交织的心态。表面看来，是阿拉伯族长出于对犹太人的仇视而
阻止女儿和犹太青年的婚事；实际上，造成年轻的犹太移民者和阿拉伯少
女爱情悲剧的主要原因则是阿拉伯与犹太两个民族的信仰差异和现实
冲突。

　　在斯米兰斯基的笔下，族长显然成了反面人物。但是，另一方面，这
并不妨碍作家试图表现阿拉伯社区与犹太社区的一种密切关系，尽管这种
关系在 1948 年以色列建国之后已经全然消失。这些阿拉伯人善良、纯朴，
并没有意识到犹太人在这片土地的定居与扩张对他们来说意味着什么，他
们将当众殴打女儿的族长视为铁石心肠，并且抱怨他让工人们从早干到

　　① Gila Ramras - Rauch, *The Arab in Israeli Literature*, Bloomington：Indiana University Press,
I. B. Tauris & Co LTD, 1989, p. 19.

　　② Risa Domb, *The Arab in Hebrew Prose 1911 - 1948*, London：Vallentine, Mitchell, 1982, p. 25.

　　③ Ibid. , p. 23.

晚，但只付一半的工钱。

与此同时，在斯米兰斯基的其他作品中，也表现出犹太移民渴望像阿拉伯人那样成为一名真正的本土人。[①]在短篇小说《哈瓦加·纳扎尔》（"Hawaja Nazar"，1910）中，斯米兰斯基讲述一个只有一半犹太人血统的年轻人纳扎尔，读了俄文版《圣经》之后，变成了一个犹太复国主义者，从俄国移民到巴勒斯坦。他热爱那片土地，希望用对约旦河的爱代替对伏尔加河的爱；他对阿拉伯人和蔼可亲，学习阿拉伯人的语言、习惯和行为方式，加上性格中具有勇敢无畏的品性，敢于与阿拉伯人做爱，逐渐赢得了阿拉伯人的尊重，把他称作阿拉伯人之子。应该说，作家在他身上赋予了自己的审美理想，但是这种理想再次在残酷的现实面前化作了虚妄的泡影。他梦想中的约旦河并非像伏尔加河那么绵长、壮观、一望无际，那只是一条窄而浅的河流。他与朋友沿约旦河而下，当溪水逐渐变得宽阔湍急时，他投入约旦河中，像是在接受洗礼，被激流卷走。

纳扎尔身上的某些性格特征，尤其是对土地的深深依恋，成为新希伯来人的原型。这一原型得到后来的第二次移民浪潮和第三次移民浪潮中某些作家，如维尔坎斯基、路易多尔、伯尔拉的追随，但是遭致了现代希伯来文学中另一位旗手式人物布伦纳的反对，这便是现代希伯来文学史上著名的类型与反类型文艺思想之争。

三　布伦纳与现代希伯来文学思想

布伦纳是20世纪初期到20世纪20年代巴勒斯坦地区希伯来文坛的中心人物，最富有影响力的希伯来语作家、翻译家、编辑和文学批评家。用谢克德的话说，他在同时代人中的影响，与门德勒和比阿里克在同代人中的影响一样巨大。可以说其人格魅力比其文学成就影响更大，其同代人将其视之为上帝的仆人，一个肩负犹太人文主义重担的战士。[②]

---

① 这种说法见于 Gila Ramras–Rauch, *The Arab in Israeli Literature*, p. 17。

② 谢克德：《现代希伯来小说史》，第63—64页。

　　布伦纳的经历与犹太启蒙运动以来的一些希伯来语作家有着共同之处：自幼受到犹太传统教育，同时接受了犹太启蒙思想的启迪，其思想在传统与现代两个世界之间徘徊不定，表现出深深的矛盾。布伦纳于 1881 年生于乌克兰小镇上一个正统的哈西德派犹太教徒之家，家境贫困。这也是一个严父慈母之家，父亲靠教书为生，为人十分苛刻，在布伦纳的作品中经常被描绘成一个忽略妻儿的丈夫；而母亲却心地善良，与众多东欧犹太村庄的父母一样，布伦纳的父母也希望他有朝一日成为一位学者型拉比。布伦纳自幼天资聪颖，但具有反叛精神，经常因违规而遭受惩罚。十岁那年，他被送往豪迈尔的犹太经学院学习《塔木德》。而后又转到赫鲁斯克经学院，与他的许多前辈一样，布伦纳在那里开始阅读启蒙小说。但父亲知道以后大光其火，强行让他回到家里。1893 年，他又被送往外地的一个哈西德教派的经学院，又因创作反哈西德派的讽刺作品而遭到当众惩罚，并被院长开除。回到家后，父亲责令他放弃其所谓的异端邪说，1894 年，又把他送到波奇普的经学院。在波奇普，布伦纳师从于拉比约书亚·纳坦·格尼辛，即著名作家尤里·尼桑·格尼辛的父亲，他参加了格尼辛领导的启蒙学生社团，并很快成为社团领袖之一，这些年轻的反叛者们一起创办了两份手写的杂志《猴子》（*Hakof*，只出版一期）与《鲜花》（*Haperah*），发表诗歌、小说、随笔，连载长篇小说。显然，这些活动为日后布伦纳本人的职业编辑生涯积累了经验。

　　1897 年，布伦纳意识到格尼辛拉比已经怀疑他有悖教倾向，为避免被波奇普经学院开除，他来到了立陶宛的犹太启蒙运动中心比亚里斯托克，希望在那里过上更为自由的生活，也希望那里的犹太启蒙思想家能够帮助他学习德语和俄语。但是比亚里斯托克也是一座工业城市，那里的人们只知道做生意，阅读现代希伯来语创作的人寥寥无几。但很快，布伦纳谋到了讲授《塔木德》和希伯来语私人教师的工作，用挣来的微薄收入租到一个房间，并雇佣老师教他俄语和德语。尽管时间紧迫，他还是抽时间阅读一些重要的希伯来文学作品。同时为《鲜花》杂志撰写小型的文学作品。数月后，一场大病使之失去了赖以谋生的工作，加上来自家庭和当地一位拉比的压力，他陷入了思想与经济的双重危机之中。他一度对自己自幼形成的理念感到迷茫，认为他的特长在于犹太律法，应该重新回归哈西德教派，成为一个名副其实的哈西德教徒，大约有半年之久不再阅读现代希伯来语文学和意第绪语文学。①

布伦纳在个人心灵探索过程中表现出的这种摇摆不定被波奇普与之共同奋斗的战友视为对启蒙事业的背叛，这一严厉的批评令布伦纳感到震撼。他不断地审视自我，重新开始阅读犹太启蒙思想家的著述、犹太历史书籍和现代文学作品。1898 年，布伦纳决定再度回到波奇普，在格尼辛、金斯伯格等朋友的影响下，再度反对传统，拥抱启蒙精神。他感到有责任进行创作，呼唤复兴希伯来语和文学，呼唤重塑犹太民族精神。② 可以说，布伦纳从此对犹太民族主义产生了一种使命感。翌年一月，布伦纳离开波奇普，又一次回到曾经在那里读书的豪迈尔，在豪迈尔，他与希伯来语作家莫代海·本 - 西里尔·哈科恩（M. Hacohen 1856 - 1936）建立了联系。一边应哈科恩之邀，负责其图书馆的编目工作；一边蒙哈科恩引荐，接触到当地的犹太复国主义者和希伯来语作家群，结识了自己后来的精神导师和亲密朋友、希伯来语和意第绪语政论文作家西里尔·蔡特林（Hillel Zeitlin，1871 - 1942），其民族主义思想基本成型。不过需要提及的是，由于布伦纳与当地的青年同盟会成员越走越近，因而与哈科恩的信仰相去渐远，所以他们的交往只持续了几个月。③

由于 20 世纪初期俄国的犹太文化逐步衰落，布伦纳开始怀疑他一度崇拜过的阿哈德·哈阿姆的文化犹太复国主义主张。阿哈德·哈阿姆思想的核心在于反对赫茨尔的政治犹太复国主义，反对在巴勒斯坦建立犹太国家，因为巴勒斯坦地方狭小，文化生活落后，居住在那里的人们对犹太人已经日渐萌生一种敌意，不可能容纳世界各地的犹太人。他主张在巴勒斯坦建立犹太文化中心，对散居世界各地的犹太人产生一种精神影响。但在布伦纳看来，犹太复国主义者一无所能，比较倾向于同盟会（Bund）的主

---

① Ezra Spicehandler, "A Biography," in Yoseph Haim Brenner, *Out of the Depth & Other Stories*, London: The Toby Press, 2008, p. 20.

② Ibid., p. 23.

③ Ibid., p. 26.

张，以解决犹太人当前所面临的生存困境与精神困境。① 这种从犹太复国主义主张向同盟会意第绪语宗旨的转变之一，便是布伦纳从 1902 年就开始做同盟会的意第绪语刊物《斗争》的助理编辑，这份杂志后来被俄国当局视为不合法刊物，被勒令停刊。此后，布伦纳又访问了同盟会中心比亚里斯托克，一些学者推断这次比亚里斯托克之行同布伦纳从事同盟会的活动有关。② 布伦纳从那里绕道华沙，会晤自己未来的编辑本 – 阿维革多、好友格尼辛和华沙的希伯来语和意第绪语作家，如佩雷斯等人，但并没有得到佩雷斯圈子里的华沙作家们的认同。在华沙期间，布伦纳曾经把自己的第一个短篇小说《一片面包》投给当时的《哈施洛阿赫》杂志，但是阿哈德·哈阿姆却认为这篇作品"倾向性太强，过于富于色彩"，请他提交其他作品，布伦纳将此视为一种伤害。尽管后来这篇作品发表于 1900年的《倡导》杂志上，但布伦纳在首次出版自己第一个短篇小说集《在忧郁的山谷中》时，却拒绝收入这篇作品。不管怎样，《一片面包》在1900 年的问世，标志着布伦纳作家生涯的起点。1901 年，布伦纳应征参加俄国军队，在那里服役三年，他的几个颇为重要的中短篇小说便是写于那段时期。

在俄国军队服兵役是布伦纳人生经历和创作过程中的一个新里程。大家从布伦纳的生平中可以看到，他在 1901 年之前，确切地说，在 20 岁之前，主要生活在正在变化着的俄国犹太人的世界中，主要使用希伯来语和意第绪语。而 1901 年之后，布伦纳开始完全生活在一个俄语环境里，通过接触身边的俄国军官、服役于部队的俄国无产者，而逐渐了解俄国社会，促使其进一步把握犹太人在俄国社会中的身份与地位。同时，严酷的军事训练，以及在军事训练中遭受的殴打和伤害使之体味到个体人所必须忍受的肉体痛苦与精神熬煎，使之思考人类由于环境逼迫所不得不经历的生存艰辛。这一点通过布伦纳给友人格尼辛写的一封意第绪语书信中便可

---

① 同盟会是犹太社会主义党、工人阶级党派。在巴塞尔举行第一届犹太复国主义大会的 1897 年在卡托维兹（Katowitz）建立。这一运动在俄国、波兰、立陶宛以及后来在美国得以壮大。其成员主张，犹太人要在自己的故乡实现平等和文化自治。意第绪语，东欧大流散时期的语言，被宣作该运动的民族语言。同盟会员反对犹太复国主义，反对用土地解决"犹太问题"。

② 参见 Esra Spicehandler, "A Biography," p. 26。

窥见一斑，布伦纳写道："我早晨五点起床，穿梭般来回移动至晚九点，忍受着许多痛苦：殴打、残忍的待遇和伤害。我的境况犹如学校里的坏孩子，遭受着可怕的痛苦……星期天，我终日被禁锢在屋子里，无所事事，只有痛苦。我疼痛的双脚和双手可稍加休息，但是我的灵魂尤其遭到重击，痛苦地想到出生以来所遭受的伤害，一个古怪、破损、孤立无助的人，让自然力与社会搞得非常可怜。"①

布伦纳把自己痛苦的人生经历与不断的心灵挣扎赋形于自己作品中的主人公，使之赤裸裸地站在读者面前，披露整个心灵世界，故而形成布伦纳创作的一个重要的特征。在历经精神磨难的同时，布伦纳的文学素养也有所长进。正如埃兹拉·斯派思汉德勒（Ezra Spicehandler）所说：一结束基本的军事训练，他便有机会得以拓展自己的俄国文学知识，并更为广泛地接触希伯来文学作品，逐渐成为人们心目中一位大有可为的青年作家。继续与克劳斯纳和比阿里克等希伯来精英知识分子保持联系，他的第一部长篇小说《在冬季》（*Bahoref*）得以连载。

此外，布伦纳在从军之际，接触到各种各样的革命团体。他与同盟会决裂，加入了非马克思主义的革命社会党，这些人把犹太人视为少数民族，认为其有资格实现文化自治。布伦纳实现这一思想转变的主要原因在于，他反对同盟会所持的经济决定论与阶级斗争的主张，否定把犹太无产阶级遭受贫困的原因归结于受犹太雇主剥削的主张。在他看来，犹太雇主多为可怜的工匠或店主，算不上真正的资本家。而且，他还反对多数同盟会会员不愿使用希伯来语，把希伯来语当作宗教语言的做法，认为希伯来语比意第绪语具有优势，是犹太文化中的一门重要语言。在这方面，布伯纳与犹太民族主义者和后期的犹太复国主义者几乎不谋而合，势必导致其日后对犹太复国主义者的同情与认同。

1904 年，日俄战争爆发后，布伦纳从部队溜号，打算去往伦敦。他一路上历尽艰辛，曾经遭到捷克警察的逮捕，后在友人的协助下得到释放，非法进入德国，又从那里去往伦敦。这些经历在他日后的创作中均有所体现。

---

① 参见 Ezra Spacehandler, "A Biography," p. 39.

　　布伦纳于 1904 年 4 月抵达伦敦，最初几个月几乎没有任何生活来源，靠借钱维生，因之中断了与一些犹太社团的联系，进入了巴康所说的"匿名时期"。① 在那一时期，他做过编辑、翻译，虽然收入微薄，但不肯为维持生计而进行文学创作，直到与比阿里克达成出版协议后，他才辞去编辑工作，专注于小说《原点周围》（*Misaviv Lanequadeh*）的创作。在伦敦期间，布伦纳平生第一次撰写文学批评短文。后来，他的作家身份逐渐暴露。到 1904 年冬季，布伦纳开始参与伦敦的犹太复国主义活动，坚决反对在乌干达建立犹太国的主张，逐渐成为伦敦犹太复国主义运动的重要负责人之一，甚至帮助准备弗拉基米尔·雅伯廷斯基反对在乌干达建国的小册子《我们为何只坚守在以色列地而非世界上任何其他领土？》。但当时的布伦纳参与犹太复国主义运动是不是带有实用主义色彩，能否将其称为犹太复国主义者，还是一个有待商榷的问题。当然，正如一些学者所说，布伦纳目睹了大批东欧犹太难民进入英国，并且意识到这些人及其子女会很快被英国社会同化，从而失去其犹太性，同时，俄国发生的一系列迫害犹太人的事件也使布伦纳预感到犹太人正面临着政治、文化和经济上的灾难。② 但他直接接触反对在乌干达建国的犹太复国主义派别领导人卡尔曼·马默（Karman Marmer），是因为他在 1904 年 11 月租用了后者的房子。在同一屋檐下生活，势必受到其主张的影响，布伦纳很快便积极投身于反对在乌干达建国的行动之中，也是因为马默的提名，布伦纳才成为这派人士的领袖。另外，1905 年夏天，为了谋取更好的生计，布伦纳去印刷厂学习做排字工人，逐渐不太热衷于犹太复国主义这一政治运动，代之转向开拓伦敦犹太人的文化活动。

　　布伦纳也把目光投向创办希伯来文学期刊上，在这点上他没有超越自己的前辈。他与伦敦的希伯来语口语协会（London's Hebrew Speaking Society）合作，创办了《觉醒者》（*Hameorer*）杂志（杂志的名字与一份重要的意第绪语杂志重名，因此遭到了格尼辛等人的反对），意在唤起人文

　　① Yitzhak Bakon: Brenner ha-tsa'ir（*The Young Brenner*），vol. 1，Tel Aviv：Hakibbutz Hameuchad，1975，p. 121.

　　② Esra Spicehandler，"A Biography，" p. 56.

精神。1906 年 1 月，杂志第一期问世。

1908 年，布伦纳搬到利沃夫，在那里出版《雨滴》（*Revivim*）杂志。1909 年他移居巴勒斯坦，继续从事文学和社会活动，成为 20 世纪初期希伯来文学的中心人物。1921 年，布伦纳在雅法老城被阿拉伯人杀害。布伦纳在有生之年，不管是身为艺术家还是身为公众人物，都颇富争议，但在 1921 年被阿拉伯人杀害后，他成为了许多人心目中的民族英雄和烈士。

作为希伯来语小说家，布伦纳的人生经历渗透在他的作品中。[1] 他生活中的每次事件几乎毫无例外，迟早会走进他的作品之中。[2] 布伦纳的生平可以划分为俄国时期、伦敦时期和巴勒斯坦时期三个重要阶段。而在俄国的最后几年，主要是在俄国军队服役时期、伦敦时期和巴勒斯坦时期，布伦纳创作了他一生中最为重要的文学作品，包括长篇小说《在冬季》（1904）、《原点周围》（1904）、《生死两茫茫》；中篇小说《一年》和《心神不宁》等。

总体上看，布伦纳的文学创作主要受希伯来文学传统和俄国文学传统的双重影响，并在此基础上有所创新，用谢克德的话说："对前辈进行某种创造性的背叛，创造出明显具有独创性的文学小说。"[3] 早在从事创作生涯之前，布伦纳便十分推崇托尔斯泰、陀思妥耶夫斯基、屠格涅夫和果戈理的小说以及别林斯基的文艺思想。在其日后的创作和论析中，明显可以看出这些俄国先贤的影响，比如布伦纳的早期小说《在冬季》，典型地受到了陀思妥耶夫斯基的影响，这一点我们在后面再做进一步讨论。对于希伯来语作家和诗人，他比较赞赏费尔伯格的《去往何方》，但抨击车尔尼霍夫斯基鲜少关心犹太人的生存悲剧，枉费了诗才。

布伦纳有别于比阿里克等老一代犹太作家，他不再专注于展示犹太社会的风貌，而是专注于描写个体的犹太人，表现其"激烈的内在心灵冲突"，其主人公多为新一代人的杰出代表。[4] 布伦纳在流散地时期和巴勒斯坦早期所写的作品，多以欧洲的年轻犹太知识分子为主人公，表现其在传

---

① 谢克德：《现代希伯来小说史》，第 65 页。

② Nurit Govrin, *Alienation and Regeneration*, p. 109.

③ 谢克德：《现代希伯来小说史》，第 65 页。

④ Jefferey Fleck, "The Drama of Narration: Y. H. Brenner's *In Winter*," p. 80.

统和现代两个世界里徘徊不定的两难境地。这些犹太年轻人身上当然带有作家青少年时代的人生投影：他们自幼接受了犹太教育，又失去了宗教信仰，与传统的犹太社会决裂，但是未能融入另外一个世界，没有归属感。用西蒙·哈尔金（Simon Halkin）的话说：布伦纳笔下的主人公乃是一群无归属者，象征着 20 世纪初期发生在犹太社会生活内部的一代人缺乏归属感。①

布伦纳在俄国时期，确切地说在俄国军队服役时期，创作了自己的第一部长篇小说《在冬季》，可以说是一部以自己青少年时的经历为原型而创作的一部带有自传色彩的小说。这部作品的初稿最早写于参军之前，布伦纳为安全起见，曾把手稿托给友人保管，但不幸的是，手稿在辗转过程中遗失，只好在 1902 年和 1903 年间重写，1904 年在《哈施洛阿赫》杂志上连载。

《在冬季》中的主人公耶利米·弗伊尔曼是一个生活在世纪之交的年轻犹太知识分子。弗伊尔曼在传统的犹太社会里长大，并在那里接受教育，但是却失去了犹太信仰。作品中采用第一人称形式描述了主人公的内在冲突："致命的危机终于冲袭着我。圣幕遭到毁坏，墙壁遭到摧毁，神圣的场所空空荡荡。暗火熊熊燃烧。我的青年时代就要结束了……我的困境得到了解决：我必须和密德拉希学校一刀两断，不再回来，去往省城 N 城，开始世俗学习。我的故乡 Z 城坐落在通往 N 城的路上……我途中被迫在父母家里停留。"② 这段文字明显地向读者表明，主人公已经决意与传统决裂，去往象征着启蒙之地的省城 N，但是他的新尝试是否能够成功还是一个悬而未决的问题，至少我们从必须在父母家中停留这件事情上可以推断出决裂本身还是具有相当难度的，对于父母的情感可能会成为行动本身的阻碍力量。而实际上，正如谢克德指出，离开故乡这一外出的旅程在《在冬季》中从未像计划中的那样得以实现。在经学院去往省城的途中拜访 Z 城中的父母，不过是"回归"家乡系列活动中的一次。③

① Shimon Halkin, *Mavo lasiporet ha' ivrit*, ed. , Jerusalem: Bet Hotsa' ah shel Histadrut ha – Studentim shel ha' Universitah ha' ivrit, 1958, p. 334.

② 布伦纳：《在冬季》希伯来文文本，http: //benyehuda. org/brenner/baxoref. html。

③ Gershon Shaked, *Lelo' motsa'* , Tel Aviv, 1973, p. 81.

但需要指出的是，小说虽然以布伦纳的青少年生活为原型，但主人公弗伊尔曼与作家布伦纳的经历并不完全一致，因而在希伯来文学史上创立了一种新的传记文学传统。也就是说，布伦纳与曾经写过传记题材作品的费尔伯格和别尔季切夫斯基等希伯来语作家不同，没有集中笔力描写人生中的某一特定瞬间或主题。他一方面表现出信仰的失落与思想挣扎，另一方面也表现出欲望与生存危机的主题。因此到《在冬季》发表后，以告白为主的传记文学类型不再作为探索信仰的失落或信仰失落后生存陷于困境的载体。①

《原点周围》完成于伦敦，既带有作家的人生痕迹，又不是完全地描写个人人生经历。里面的男女主人公阿布拉姆森和哈娃·布鲁明的原型便是作家本人和他在从军期间结识的青年女子哈娅·沃尔夫森，沃尔夫森是革命社会主义者阵营中的一位活跃人士，不遗余力地帮助布伦纳从军队中逃走，一些评论家把沃尔夫森称作布伦纳的女友。布伦纳在《原点周围》结尾，描述了哈娃遭到谋杀这一事件，阿布拉姆森见证了浩劫，深感惊恐。而生活中的哈娅则是在 1905 年俄国发生的一次屠杀犹太人事件中做志愿者时遇难，当时布伦纳人在伦敦，深为自己在小说中的预言感到震惊。布伦纳把创作与自身生活结合起来，试图创造出一种小说类文体模式，这种模式与阿格农等高度风格化的创作不同，它不依赖于文学想象，而是反映平凡的现实世界。②

巴勒斯坦，即希伯来语境中所说的以色列地是布伦纳人生中最为重要的活动场所，也是他创作最著名作品《生死两茫茫》的所在。布伦纳移居巴勒斯坦，并非是对那里的生活充满了希望，而是一种无奈之举，他对改变恶人人生和改变民族生存境况并不抱过多希望。表面上看，他身上蒙上了现代希伯来旗手与社会活动家的光环，成为巴勒斯坦地区希伯来文学的中心人物，但其内心深处却矛盾重重。如同许多来自流散地的犹太移民那样，由于生活艰辛，其内心深处充满了失望与悲观，甚至陷于绝望，一半以上的人重新回到欧洲，或者去往美国。布伦纳于 1909 年 2 月抵达以色

---

① Alan Mintz, *Banished from Their Father's Table*, Bloomington：Indiana University Press, 1989, p. 126.

② 谢克德：《现代希伯来小说史》，第 65 页。

列地，3 月份便在给友人的书信中说："你该到巴勒斯坦来吗？不，我建议你不要这样做。你可以在奥地利找到工作，不是这里。在这里生活极其艰难。一切都很昂贵，生计贫乏，还有疾病。"而在 5 月份致友人的书信中又说："我不相信犹太复国主义能够实现，并非只我一人持这样的观点。"但是，不容否认的是，布伦纳在以色列地时期，尽管失望，甚至绝望，但经常会发现一些新鲜事物，明媚的阳光，新鲜的水果有时亦令他感到心满意足。① 总体上看，布伦纳尽管是一个热情的犹太复国主义者，但又对犹太复国主义事业进行了激烈而尖锐的批判，甚至把犹太复国主义事业当成一种虚无缥缈的幻想。

布伦纳试图成为一名默默无闻的劳动者，但由于早在抵达以色列地之前他便已经是一个功成名就的作家，因此他想通过在田野中劳动建立新家园的梦想化作了泡影，只能又去从事笔耕。这种特殊的经历不仅使布伦纳不熟悉劳动者的生活，而且难以理解拓荒者们在劳动过程中所体验到的快乐。他把自己在巴勒斯坦的生活，包括在农业定居点的生活和后来在特拉维夫的生活当成流散地生活的一种延续，因而看不到随着地理位置变化而开始的新生活对人所产生的内在影响。这种对生活所持的固定看法直接影响到他文学思想的形成。

在阐释布伦纳代表的希伯来文学思想之前，有必要提及，恰恰在同一时期，也有一些希伯来语作家如施罗莫·载迈赫、梅厄·维尔坎斯基（Meir Wilkansky，1882 - 1949）以及前文提到的斯米兰斯基等人，这些人到巴勒斯坦完全是出于犹太复国主义梦想、拓荒者和犹太复国主义者理念。他们想成为犹太劳动者，他们成功地实现了这一梦想，至少抵达巴勒斯坦的最初几年，他们成功地做了犹太农业工人。他们虽然也不十分熟悉新环境，但在创作中表现出一种高昂的情绪，一种对现实社会的朴素热情，传达出他们个人或者一代人的体验，描写出他们抵达巴勒斯坦后所发生的新变化，也就是犹太人在巴勒斯坦的新生活，这种新生活当然有别于流散地犹太人的生活。他们采用准现实主义或者说理想化的现实主义和升华了的语言、单一化的人物性格以及带有纪实性的或戏剧

---

① Nurit Govrin, *Alienation and Regeneration*, pp. 106 - 107.

色彩的情节。他们所创造的文学，不但能够证实犹太复国主义先驱者们的价值和理想，而且在某种程度上创造了这种价值与理想。他们的文学长期在巴勒斯坦的希伯来语小说创作中居于统治地位，这种情况至少持续到 20 世纪 50 年代。①

布伦纳在 1911 年的《阿里茨以色列的文学类型及其装饰品》（一称艺术品）书信体文章中，将上述作家的创作称作类型创作。他认为这种类型小说的创作，把巴勒斯坦的新犹太世界想象成一个完全成型的社会，实现了犹太人的梦想与抱负，而没有去紧紧抓住混乱的现实和文化建设，反映巴勒斯坦地区犹太人所面临的生存困境和心理压力。布伦纳呼唤一种现实主义文学，强调文学应该像镜子一样反映现实生活，揭露社会矛盾，展现人的内在生活及其在特定时期和特定环境下的各种关系和特质中的本质，②而不能将生活理想化。但是，另一方面，布伦纳又强调，由于巴勒斯坦的环境处于变化之中，因而尚未形成一种固定的文学形式和人物，也尚未形成一种描绘巴勒斯坦生活的类型。③

布伦纳写这篇书信体文章的缘起在于，1911 年华沙的文学出版公司出版了布伦纳的长篇小说《从这儿到那儿》（*Mikan umikan*），这篇作品描绘了巴勒斯坦现实生活中的阴暗面，但也像高夫林教授所说，"表明了一种英雄主义和对生活的肯定"。④ 出版商在小说开篇发表了一份《致歉》，认为《从这儿到那儿》的章节乃是在大流散过程中一个痛苦旅行者的行囊。它详细地描述了这些年来的艺术创作：缺乏充满诗意的悲悯，缺乏令人欣慰的情感，缺乏风格的完美，缺乏结构设计，缺乏普遍灵魂的自我启示……也缺乏崇高的主题，如提高精神修养并创造审美娱悦等文学艺术的永恒主题。而在描写以色列地生活时则缺乏对锡安和耶路撒冷女儿们的爱，缺乏对崇高荣誉与鲜活新生活等进行戏剧性的、充满诗意的描写。⑤

---

① 谢克德：《现代希伯来小说史》，第 87—89 页。又参见 Nurit Govrin, *Alienation and Regeneration*, pp. 117 – 125。

② Nurit Govrin, *Alienation and Regeneration*, pp. 120 – 121.

③ Ibid., p. 121.

④ Ibid., p. 118.

⑤ Ibid., pp. 117 – 118.

这份《致歉》在读者中引起了轩然大波。读者们并不把作品当成小说来读，而是直接同以色列地的现实生活中的人与事对号入座。由于小说中的叙事主人公是文学杂志《耕耘》的编辑，与作家在《青年劳动者》的工作有类似之处，读者们于是就在《青年工作者》杂志的编辑中寻找原型，并写信进行抗议，当时主管这份杂志的约瑟夫·阿哈龙诺维茨（Joseph Aharonowitz）大光其火。在这种情况下，布伦纳感到应该写信解释并向编辑们致歉，他写了一封短信，一个月后又在《青年工作者》杂志连载一篇长文，这便是我们今天看到的《阿里茨以色列文学类型及其装饰品》，其副标题便是"一封私人来信"。但这篇文章并未拘泥于澄清误解与丑闻，而是就如何描写巴勒斯坦犹太复国主义居民点——伊舒夫的生活进行描写而展开宏论。

　　布伦纳的书信体文章在本来就不大的巴勒斯坦文坛引起了强大的反响，在某种程度上可以视为巴勒斯坦希伯来文学批评的开端，开创了那里希伯来文学运动的一个新方向。在强调写真实主张的带动下，一些作家继续依循心理现实主义传统，表现出自己在巴勒斯坦地区的无归属感、失望与彷徨，创造出布伦纳所倡导的反类型文学。尽管布伦纳所强调的写真实的实质，是想按照生活的本来面目反映生活，要求作家在反映生活之际不露任何技巧设计与风格藻饰之痕，但这并不意味着他在创作中忽略了审美追求和精细的艺术雕琢。他试图调动一切技巧手段来达到一种逼真效果，只是因为评论家的误导，读者难以领会他的美学追求，难以领会用他的美学信仰来创造一种相应文学手法的难度。[①] 诚然，文章本身也在文坛上造成一种负面影响，阻碍了一些作家的创作热情，一些作家如施罗莫·载迈赫从此很少在创作中涉猎巴勒斯坦的新现实，女作家黛沃拉·巴伦干脆对巴勒斯坦的生活漠不关心，专注于写东欧犹太人生活。从创作角度看，一味强调纯写实主义势必扼杀文学中的浪漫主义情绪和其他新思想，形成较为单一固定的文学类型模式。

　　布伦纳在巴勒斯坦时期，依循自己的创作理念，以犹太移民在巴勒斯坦的生活为背景，创作了《心神不宁》（1910）、《从这儿到那儿》（1911）

---

　　① 谢克德：《现代希伯来小说史》，第 65 页。

和《生死两茫茫》（*Shkhol vekishalon*，1920）。

《生死两茫茫》是布伦纳最为重要的一部长篇小说，[①] 具体地体现了布伦纳复杂的文学理念和社会寓意。这部作品最初写于1913年到1914年，但在1914年到1919年间只在杂志上发表了部分章节，按照英译者西里尔·哈尔金的说法，延宕出版可能是作者有意为之，因为小说完成后不久，巴勒斯坦地区就发生了历史性的巨变。第一次世界大战爆发，尤其是1917年《贝尔福宣言》的发表，激励众多犹太人移居巴勒斯坦，发表这样的作品即使不是对时代潮流的反动，也不能说是合乎时宜。笔者在这里采用"生死两茫茫"的译名，是考虑到目前国内已经有了同名的中文译本，或许能够激发中文读者阅读原作的兴趣。小说曾经数次易名，最后确定的希伯来语题目为"*Shkhol vekishalon*"，意为"丧亲与失败"，较之"生死两茫茫"，"丧亲与失败"更为确切地表现出主人公，或者说作品描写对象的痛苦与失败。

小说开篇，写作家与主人公海费茨在一艘开往亚历山大的船上相遇。海费茨大约三十三岁，因精神病发作而被人送到岸上，作家从他遗落的笔记中得知他不是第一次发疯，作家根据这些笔记对主人公的经历进行了准传记形式的描述。这是布伦纳笔下的一个经典主人公，他从流散地来到巴勒斯坦，想成为真正的拓荒者，但巴勒斯坦的生存环境加重了他的心理负担，使之在精神和肉体上都患上了病症。就像小说中描写的那样，海费茨刚到巴勒斯坦时，才二十来岁，也很健壮，干什么都不觉得累，也许脾气有些古怪，但还是很讨人喜欢的。但后来他得了一种怪病，对周围的一切都感到反感，讨厌食物，吃得越少，梦就越多，话也越多，像是要摆脱内心的恐惧。在这种情况下，他选择了逃避，决定去往欧洲。在欧洲的数年漂泊与情感失意使之意识到离开巴勒斯坦是一个错误，只有在那里他才和别人没什么两样，在失望与绝望中，他决定重新回到巴勒斯坦开始新的生活。但是，疝气这种疾病又使他承受着新的心理危机。他再度离开劳动者的集体生活，住到耶路撒冷正统派犹太教徒的叔叔家里，又在精神病院里住了几个月。他钟情于叔叔的小女儿米丽亚姆，但只能在米丽亚姆的姐姐

---

① 布伦纳：《生死两茫茫》，罗汉、孟俭译，安徽文艺出版社1998年版。

埃斯特那里得到一些慰藉。最后米丽亚姆意外死亡，海费茨陷于痛苦的回忆之中。他不仅失去了亲人，而且整个人生也陷于失败。

作品在描写海费茨的人生失败感时，这样写道：

> 在自己遭受失败这件事情上，他不再抱有任何幻想。全失败了。一个被击败的男人。不仅是由不可避免、终将降临的死亡所击败，而且也由其他，他潜在的生命所制约，这生命从来不会进行自我表达，但存在于他的体内。他从来没有完整活着的感觉。某些本质的东西正在缺乏，有些东西总做不好。呜呼，哀哉。①

这里描写的虽然是海费茨个人的失败，但实际上在第二次移居巴勒斯坦的犹太人群中具有普遍性。正如谢克德所说，小说虽然把主人公个人放在了中心位置，但实际上并非只审视一个人物，而是描绘出人类状况。并非只涉及海费茨个人的失败，而是涉及一个失败的网络。并非只涉及米丽亚姆个人的死亡，而是涉及整个世界的衰落与崩溃。② 从这个意义上看，小说不仅具有文学价值，而且具有史学价值。布伦纳将小说的背景置于第二次犹太人移民巴勒斯坦时期的农业社区、耶路撒冷、雅法、太巴列，乃至欧洲城市。这些背景空间不仅是主人公活动的场所，而且具有历史感，通过主人公同各个场所人物的关联，形成对比、关照、原型等新的文本意义。

农业社区象征性地代表着第二次移民期的巴勒斯坦犹太人及其生存状态。"他们毕竟都是神经衰弱者，杞人忧天者，肩负着整个世界的重担，按照集体利益判断一切。比如，如果他们当中有人到国外旅行，那么就不仅仅是到别的地方去了，而且还是'放弃'和'背叛'了理想；如果有人守护葡萄园的话，他就不仅是保安，而且是'祖国的守望者'。"与之相对，海费茨虽然也想在那里证明自己的价值，但每天的劳动令他感到枯

---

① 根据英文版译出。Yosef Haim Brenner, *Breakdown and Bereavement*, trans. Hillel Halkin, Ithaca and London：Cornell University Press, 1971，p. 297。

② Gershon Shaked, *New Tradition*, Cincinnati：Hebrew Union College Press, 2006，p. 280.

燥无味，阿拉伯人对犹太人日益加深的敌意让他感到诚惶诚恐。他开始精神不振，体力不支。他的出国，按照当时的价值观念，显然是对理想的一种背叛。

在欧洲，新环境中的生活并没有给海费茨带来新的希望，这在一定程度上映射出在反犹主义情绪日益高涨的文化背景下犹太人面临的新挑战。布伦纳沿用"相争"母题，写出海费茨与出生于中产阶级家庭的哈米林在情场较量中的失意。房东想把自己的女儿嫁给海费茨，海费茨虽然对这个女孩谈不上真情，但一向忠诚，从未欺骗过这个女孩；而哈米林这个情场老手，却采取欺骗手段勾引了她，女孩后来抛弃了海费茨，海费茨感到受到了伤害。

耶路撒冷为小说提供了更为庞大的文本空间，书中主要人物几乎在这里全部登场。雅法和太巴列只是耶路撒冷场景的延伸，为交代人物的最终结局而提供背景。以海费茨叔叔、学识渊博的约瑟夫（根据上下文交代，海费茨是约瑟夫前妻的侄子，所以约瑟夫实际上是海费茨的姑父）为代表的老一代犹太人为例，尽管约瑟夫相信以色列土地可以治愈一切，非常热爱耶路撒冷，可是他不喜欢这里的人。他身体一直不太好，而女儿意外死亡的消息使之崩溃。海费茨为治疗疝气住到耶路撒冷的叔叔家里。叔叔的两个女儿在某种程度上续写着《圣经》中利亚与拉结的母题，是利亚与拉结故事的一个变体：妹妹米丽亚姆既漂亮又心怀各种愿望，而姐姐埃斯特却平实而勤于持家。海费茨钟情于米丽亚姆，但米丽亚姆却迷恋海费茨的老对手哈米林，相反姐姐埃斯特倒对海费茨怀有好感。作家通过在新的社会语境中沿用旧式母题，不仅是在重现犹太文学传统，而且揭示出以约瑟夫和海费茨为代表的当代犹太人的新命运：他们离开欧洲来到巴勒斯坦，只是改变了生存场所，但无法改变自己的失败命运。

四　早期现代希伯来语诗人

20世纪20年代是现代希伯来语诗歌的一个重要的变革阶段。它与19世纪90年代比阿里克和车尔尼霍夫斯基引进新诗歌标准，以及20世纪50年代扎赫和耶胡达·阿米亥登上诗坛、引进另外一套诗歌标准的现象相似。这一变革现象的出现，与我们在前文中谈到的俄国布尔什维克崛起导致俄国希伯来中心转移到巴勒斯坦的历史密切相关。[1] 当时，国际版图的希伯来语诗歌中心创作仍然十分繁荣。除巴勒斯坦和美国两个引人注目的希伯来语诗歌中心外，在俄国、波兰、立陶宛、维也纳、比萨拉比亚也出现了次希伯来语诗歌中心，毫不夸张地说，这时期共有四代希伯来语诗人活跃在文坛上。在格林伯格、史龙斯基等巴勒斯坦诗人的创作思想中，均体现出借助诗歌革命来延续与复兴希伯来诗歌传统的特征。在这方面，他们把自己视为 20 世纪初期将个人诗歌表达与集体诗歌表达结合起来、变革了希伯来文学传统的比阿里克的传人。[2]

格林伯格是公认的继比阿里克之后一位最伟大的希伯来语诗人，在 60多年的创作生涯中，无论在数量还是质量上，均把希伯来语诗歌推到了一个新高度，曾经在 1948 年、1955 年和 1976 年三次获得比阿里克奖。格林伯格出生在隶属奥匈帝国的加利西亚，后随家人搬到利沃夫，自幼接受传统的哈西德派教育，并伺机阅读世俗文学，从 1912 年开始发表希伯来语和意第绪语诗歌。当时，著名的希伯来语作家格尔绍恩·肖夫曼（Gershom Shofman）就居住在利沃夫，他喜欢格林伯格的诗作，并将其推荐给自己在巴勒斯坦的朋友、第二代新移民浪潮时期的文学旗手布伦纳。布伦纳不仅帮格林伯格发表了诗作，而且对他日后发展成一位具有犹太复国主义思想的革命性作家产生了极其重要的影响。尤其是布伦纳主张文学不能脱离现实生活的理念，深深地吸引了格林伯格，他甚至把自己当成布伦纳的传人。[3] 但是，肖夫曼的抒情诗风同样也让格林伯格着迷，因此在他的少年诗作中，并入了抒情与写实的诗风。但公平地说，在格林伯格的早期创作中，其意第绪语诗歌的价值更为日后的评论家称道，其希伯来语诗歌的创作水平则流于一般。

1915 年格林伯格被征入奥地利军队，在第一次世界大战中，他目睹了

---

[1]　Uzi Shavit, "The New Poetry of the Twenties: Palestine and America," in *Prooftexts* 12 (1992), p. 213.

[2]　Ibid. , p. 215.

[3]　关于布伦纳对格林伯格的影响，参见 Dan Miron, *The Prophetic Mode in Modern Hebrew Poetry and Other Essays on Modern Hebrew Literature*, pp. 191 - 308。

触目惊心的死亡和战争的残酷，他那带有抒情色彩的梦幻人生化作了梦魇。1917 年，一说是 1918 年初，格林伯格开了小差，回到利沃夫，在那里又历经了 1918 年波兰人为处罚在战争中保持"中立"的犹太人而对其采取的集体屠杀，约 80 人被枪杀。诗人及其家人本来也上了死亡名单，但奇迹般地幸免于难。这件事情对格林柏林的心理冲击不亚于萨瓦河战场。按照希伯来文学评论家丹·米兰教授的说法，在格林伯格看来，第一次世界大战中的一幕幕死亡场景表明人处在一个残酷的世界里，在这个世界里，上帝本人神秘地参与了屠杀；而波兰人对犹太人的集体屠杀则意味着犹太人在欧洲国土上，在十字架阴影下的独特生存境遇，这一境遇将不可避免地导致毁灭与灭绝。[①] 这样的独特经历与心灵磨难，也是促使格林伯格日后走向犹太复国主义道路的原因之一。

1921 年，格林伯格来到华沙，加入到立志革新意第绪语文学创作的青年表现主义者的行列中，但后来发现这样的理想纯属虚无。在这种情势下，他开始把目光投向犹太复国主义事业，逐渐由希伯来主义者向犹太复国主义者转化。但是犹太复国主义事业要求与犹太人的惰性斗争，与充满敌意的沙漠斗争，与阿拉伯人斗争，这个要求对于软弱而士气低落的犹太人来说，未免有些过高。犹太人在漫长的流亡过程中，似乎寻找的是避难所，而不是角斗场。格林伯格的内心深处无疑也被这一矛盾困扰着。作为华沙一家报纸的编辑，格林伯格警告犹太人要提防即将降临的民族灾难。同年，他发表了名诗《在十字架王国中》，具体展示犹太人在 20 世纪初期的悲惨生存境遇和人类普遍遭逢的苦难。

1923 年末，格林伯格从柏林移居特拉维夫，当时的巴勒斯坦正处于第三次移民浪潮即将结束之际。格林伯格去巴勒斯坦之前，主要用意第绪语写作。但到了巴勒斯坦后，他很快便与工人联盟领袖伯尔·卡茨尼尔森建立了一种特殊的联系，成为一名激进的犹太复国主义者，完全转向用希伯来语创作。当时的卡茨尼尔森正在主办一家十分关注实事的杂志《昆特里斯》（*Kuntres*），尽管这份杂志以前从来不接受诗歌或小说，但卡茨尼尔森

---

① Dan Miron, *The Prophetic Mode in Modern Hebrew Poetry and Other Essays on Modern Hebrew Literature*, p. 198.

还是发表了格林伯格的诗歌，利用两周时间，连载了《极大的恐惧与月亮》(*Eymah Gedolah Ve - Iareah*)，这些诗歌立刻引起了读者的关注。通过在劳工运动者主办的报刊上发表作品，格林伯格为自己的作品加上了概念与意识形态的框架，并把自己的读者界定在基布兹和莫沙夫的劳动者、拓荒者，以及劳工运动成员之中，因此他的作品在第三代移民浪潮者中产生了至关重要的影响。①

格林伯格不是一位高高在上的诗人，他与斯米兰斯基一样，把普通劳动者视为自己的兄弟姐妹："像我一样的孤独弟兄，在这片荒野中没有母亲，我了解你们的孤独。我看到了你的血迹……因此我同意做一个诗人，在你们当中徘徊。"② 尽管这些人当时的希伯来语水平相对较低，相当一部分人较难理解格林伯格作品中蕴含的复杂含义，但是许多人意识到格林伯格的作品反映出他们的情感，他们的悲与喜，哀与乐。与此同时，格林伯格也对犹太复国主义事业进行反思。在他看来，1917 年颁布的《贝尔福宣言》不过是宣称在英国人统治着的、多民族混杂的巴勒斯坦地区建立一个半自治的犹太实体，犹太复国主义领袖魏茨曼对此了如指掌，却蓄意模糊宣言的含义，引得犹太人欣喜若狂。也许由于上述种种原因，格林伯格与劳工运动的某些领导者发生了分歧，这些人当中便包括犹太复国主义领袖魏茨曼（Chaim Weitzmann），也包括他的好友和文学编辑卡茨尼尔森，这些分歧导致格林伯格最终与劳工运动分道扬镳。在日后的数十年生涯中，格林伯格与雅伯廷斯基一样，对正统的犹太复国主义理念持反对态度。这一政治立场极大地影响到他的文学创作。

格林伯格在欧洲目睹了犹太人遭到屠戮的命运，他的家人，包括父母、姐妹以及她们的丈夫和孩子在第二次世界大战期间也死于德国人及其乌克兰追随者的手中；而且在巴勒斯坦地区又经历了犹太人与阿拉伯人之间的冲突，尤其是 1929 年和 1936 年阿拉伯人发动的袭击犹太人的血腥事件；感受到欧洲大屠杀历史事件给巴勒斯坦地区的犹太人带来的惊恐。他

---

① Tamar Wolf - Monzon, "Uri Zvi Greenberg and the Pioneers of the Third Aliya: A Case of Reception," in *Prooftexts* 29 (2009), p. 34.

② Ibid. , p. 44.

把这些近代社会中的犹太体验融入诗歌创作中，警醒犹太人调动一切力量避免历史的悲剧重演。从这个意义上说，格林伯格是一位具有强烈历史感的犹太诗人。

格林伯格到巴勒斯坦后发表的第一部希伯来语诗集是《极大的恐惧与月亮》（1925），他在这本诗集中表明犹太复国主义信仰乃是解救犹太人痼疾的一方良药。诗人在《序言》中清晰地讲述了自己不同寻常的诗歌观，表明自己是在挑战第三次移民浪潮时期约定俗成的文学观念。诗人写道："几个月前，我发表了《极大的恐惧和月亮》诗集中的一部分内容。任何可以运笔的人都可以把我的诗歌撕成碎片。大家都觉得这是他们的权利。我现在不是谦虚……我了解我这本诗集写的是什么，我也知道已经是改变希伯来诗歌卫士的时候了。此乃我对所有的诋毁者，对所有因为我在以色列地暴露自己灵魂而攻击我脑子有毛病的人而做出的坚定回应。那些亲身经历这些事情的人将会明白，一个人可以承受多少。那些了解我的人会叫我：尤里·兹维兄弟！就那么简单！"① 这些话与前文中所述格林伯格对读者的期冀是一致的，他看中的是普通读者的呼应，而不是所谓文学权威的态度。从中我们可以想见，20 世纪 20 年代巴勒斯坦的希伯来文学界具有其错综复杂的层面。一些文学批评家认为，格林伯格在作品中强调叙述人的声音，经常使用第一人称实际上是一种自我中心的表现，甚至将其视作布伦纳之后希伯来文学界出现的又一个患病者（sufferer）。不同的是，布伦纳既不装作神圣，也不把自己称作先知。②

接下来发表的《上升的阳刚之气》（*Ha - Gavrut Ha - Olah*，1926）也流露出上述思想。格林伯格的第三部诗集《伤心柱上的阿那克里翁》（*Anacreon Al Kotev Ha - Itzavon*，1928），曾经被评论界誉为格林伯格早期创作中的一部最为优秀的作品。③ 从 1930 年到 1931 年，他努力把自己的诗歌创作与政治活动区别开来，尽量在诗歌中表现出与政治身份不同的中立态

---

① Tamar Wolf - Monzon, "Uri Zvi Greenberg and the Pioneers of the Third Aliya: A Case of Reception," in *Prooftexts* 29 (2009), p. 45.

② Ibid., p. 51.

③ Reuven Shoham, *Poetry and Prophecy: The Image of the Poet as a "Prophet", a Hero and an Artist in Modern Hebrew Poetry*, Leiden & Boston: Brill Academy Publishers, 2003, p. 199.

度，并发表一些非政治性的诗歌。尽管格林伯格与比阿里克政见不同，而且后者是魏茨曼的崇拜者，但是，相互欣赏对方的文学才能。只可惜，格林伯格这种试图将文学创作与政治追求区分开来的做法，在 1931 年第 17 届犹太复国主义大会结束后几乎不复存在了。据丹·米兰考证，在第 17 次犹太复国主义大会上，以雅伯廷斯基和格林伯格为首的犹太复国主义修正主义者指责魏茨曼等领导人，认为他们应该对 1929 年阿拉伯人屠杀犹太人以及后来英国政府阻挠犹太人移居巴勒斯坦的政策负有责任。更有甚者，他们提出需对犹太复国主义的终极目的是在巴勒斯坦建立犹太国家进行重新解释的议案，当大会拒绝对此进行讨论时，他们竟然离开了会场。这件事情不仅影响了格林伯格和比阿里克两位诗人的友谊，同时也改变了格林伯格做一个中立诗人的立场。因此，在接下来的几年中，格林伯格更为深切地表达了激进的民族主义者的观点。总体上看，格林伯格在 20 世纪二三十年代的巴勒斯坦文坛上已经奠定了自己希伯来语杰出诗人的声誉，在诗歌主题上，有别于比阿里克和车尔尼霍夫斯基的诗歌，反映的是新时代的历史现实；在诗歌理念上，又不同于第三代移民诗人。

从诗歌创作艺术角度来看，格林伯格发表于 1937 年的《谴责与信仰书》（*Sefer Ha - Kitrug Ve - Ha - Emunah*）一向被当代希伯来文学评论界誉为最好的希伯来语政治诗诗集。① 这部诗集主题丰富，不仅任想象的思绪驰骋，写到了不为众生所接受的先知；而且植根于现实的土地。诗集中描述了一对有血有肉的母子。母亲为执著于先知使命而必须忍受孤独、贫穷。而流亡中的儿子又不免为自己精神上的母亲锡安心醉神迷，但是"应许之地"的大门却对他们无情地关闭着，他们只有在恐惧中等待灾难的来临。这部诗集发表于第二次世界大战欧洲大规模迫害犹太人的前夜，既表达了流亡异乡的犹太人的心声，预示着他们不可避免的悲惨命运，又映射出巴勒斯坦严峻的现实。同时，格林伯格也注重诗歌技巧的运用，注重音韵、色彩、光影与风格上的变化与呼应。但是在当时的社会语境下，后者似乎未引起人们的足够重视。修正主义者将这部诗集视为一部诗体 - 政治

---

① Dan Miron, *The Prophetic Mode in Modern Hebrew Poetry and Other Essays on Modern Hebrew Literature*, p. 227.

《圣经》。而后来成为伊尔贡组织中中坚力量的年轻一代修正主义者，则将其铭记心头，甚至将其视为神圣不可侵犯的律法。但是，在诗集发表之际，普通读者对其反响平平。此时的格林伯格已经离开巴勒斯坦前往华沙。意第绪语文学世界将其视为传统意第绪语文化与文学的背叛者，而他所心仪的犹太复国主义拓荒者此时也成为他的敌人。当时的文学领袖或指责他把诗歌沦为政治宣传工具，或利用社会心理分析方法，声称从集体和个人角度寻找格林伯格认同法西斯主义的根源，将其视为从内部瓦解犹太精神的具有毁灭性力量的代言人。因此在日后的数年内，他几乎在诗坛上销声匿迹。

30 年代巴勒斯坦地区的另一位富有革新意识的希伯来语诗人是亚伯拉罕·史龙斯基。史龙斯基 1900 年生于乌克兰，自幼接受哈西德派犹太学教育，1922 年移居巴勒斯坦，先参加农业劳动，而后从事新闻记者、编辑、翻译等职，把多种世界文学名著翻译成希伯来语，是第三代移民浪潮中最有影响力的一位诗人。史龙斯基的诗歌创作不同以往，反映出从旧到新的一种变革。他追求丰富而复杂的语言风格，在技巧上比较接近俄国诗人马雅可夫斯基等人的诗歌传统，这种变革可以被视为希伯来诗歌中的现代主义。与格林伯格不同的是，史龙斯基在第三次移民浪潮诗人中，政治倾向不很明显，显然在有意切断直到当时一向被人们认为十分重要的希伯来创作与民族主义观念之间的联系。值得注意的是，在史龙斯基的全部诗歌创作中，反映犹太复国主义主题的屈指可数。[1] 但是充满悖论的是，史龙斯基的诗歌在以色列国家建立的过程中起到了很大的作用，甚至被当作当时犹太复国主义诗歌的领军人物。毋庸置疑，批评家们在阅读史龙斯基的创作时，认为他肯定了拓荒者们的努力，丹·拉奥甚至将其视为第三代移民浪潮中的一个杰出代表。[2] 但是，在对待劳动价值问题上，他的态度则十分保守。无论如何，史龙斯基是一位十分耐读并值得探讨的诗人。

而 30 年代登上文坛的阿尔特曼则一向具有民族诗人之称，影响了以

---

① Ari Ofengenden, "Radical Recasting of Tradition: on Abraham Shalonsky's Hegemony in the Hebrew Poetry of the 1930s," in *Hebrew Studies* 47 (2006), p. 331.

② Ibid., p. 335.

色列建国前后的犹太复国主义政治。他与格林伯格既在诗坛上棋逢对手，又在政坛上分属于不同营垒。阿尔特曼生于华沙，1925 年定居特拉维夫，从 30 年代开始发表文学作品。第一部诗集《外面的星》（*Kochavim Ba - Hutz*）发表于 1938 年，以其优美的新浪漫主义主题和精湛的诗歌技巧赢得了读者的青睐。阿尔特曼的诗歌十分关注政治主题，经常为《国土报》撰写政治文章，后来又在劳工运动报纸《达瓦尔》（*Davar*）上写专栏，抨击英国的委任统治，赞扬用非法船只把犹太人运送到巴勒斯坦是一种救助行为，在相当程度上承担了民族诗人代言人的使命，许多作品在英国托管时期遭禁。以色列建国后，阿尔特曼成为最受人敬重的国家诗人之一。除诗歌创作外，阿尔特曼还翻译外国文学作品，并从事戏剧和歌词创作。

第三章

第一代现代希伯来女作家和诗人

一 关于现代希伯来女性文学的起源问题

如果说希伯来语在现代社会的复兴是 18 世纪犹太启蒙运动以来创造的一个奇迹的话，那么女性参与现代希伯来文学创作也应该说是个奇迹。现代希伯来文学与英法等欧洲国家的文学传统不同，在欧洲露出端倪的现代希伯来女性文学从 19 世纪 80 年代到 20 世纪 80 年代这一百年间并未产生一系列令人瞩目的女小说家，可以归入经典女作家行列的更是屈指可数。换句话说，在这一百年来，希伯来小说创作的领地仍旧为男性所控制，女性文学仍旧处于边缘地位，直到 20 世纪 80 年代，女性文学才从边缘走向中心，找到所谓自身的位置。不过，现代希伯来女性文学伴随着现代犹太启蒙运动而出现，不仅弥补了自古以来女性声音在希伯来主流文学中的缺失，也在犹太文化传统中具有变革意义。它既是希伯来女权主义的一个组成部分，也是犹太女子走向现代化进程，犹太女性精神产品开始融入犹太民族文化传统的一个重要标志。

一些西方女性主义学者认为，男女不平等和妇女受压迫受歧视的根源是父权制。① 这一说法对于认识希伯来妇女问题颇具启迪作用，具体地说，父权制社会不仅造成了希伯来男女两性在社会分工和经济地位上的本质差异，而且剥夺了希伯来女子受教育的权利。古代希伯来文化传统是以男性

① 鲍晓兰主编：《西方女性主义研究评介》，三联书店 1995 年版，第 30 页。

为主导、男性占中心地位的文化传统。从圣经时代开始，犹太女子基本承担的是养儿育女、掌管家务的角色，在家从父，出嫁从夫，一般没有财产继承权。当然，没有男性子嗣的家庭属于例外。《圣经》本身就是以男子为中心的一部书，从男性角度出发来观察世界。《圣经》中虽然也出现过个别比较强悍的女性乃至女武士形象，但从总体上是从男性视角来观察世界，无法改变父权制社会里那种男性中心论的基本特征。在这样的父权制社会里，只鼓励犹太男子致力于宗教学习，而把犹太女子排斥在接受智力教育的大门之外。

在古代拉比文献中①，不主张女性学习祈祷文，甚至反对她们学习《摩西五经》。犹太经典《塔木德》把女性当成"各别的人"，这表明了拉比文化中一个基本的信仰，即女子是上帝创造出来的人类实体，在身体特征、人性品质和社会作用方面均有别于男子，是他者。② 以学习《圣经》、《塔木德》和犹太律法为主要责任的犹太男子害怕女性会污染膜拜仪式，或者会使他们分心，不能专心致志地进奉上帝。结果，女子不得在犹太会堂、学堂或者司法部门承担要职。这种传统延续了十几个世纪。③ 在这期间，只有一些拉比鼓励一些出身富有家庭或者学者家庭、富有天赋的犹太女子学习并教授犹太律法，因此这些犹太女子则能够接受良好的教育，对犹太宗教、智力与文学生活作出了贡献，·如 12 世纪著名的《圣经》和《塔木德》评注家、拉比施罗莫·本·以撒（拉希，Rashi）的一个女儿拉结就具备广博的希伯来和拉比文献知识，曾经帮助父亲解答律法问题。④ 但在整个犹太文明历史的发展进程中，这样学识渊博的犹太女子微乎其微，而且，其身份从属于男性学者，给男性做助手，从某种意义上象征着女性身份在知识阶层的从属地位。

犹太人的民族语言——希伯来语的发展过程本身，也体现着犹太社会

---

① 古代拉比文献包括《密西拿》、《托塞夫塔》、《塔木德》、《密德拉希》汇编等。

② Judith R. Baskin, *Midrashic Women: Formations of the Feminine in Rabbinic Literature*, Hanover and London: Brandeis University Press, 2002.

③ Judith Romney Wagner, "The Image and Status of Women in Classical Rabbinic Judaism," in *Jewish Women in Historical Perspective*, ed., Judith R. Baskin, Detroit: Wayne State University Press, 1991, p. 71.

④ Judith Baskin, "Jewish Women in the Middle Ages," in *Jewish Women in Historical Perspective*, p. 104.

中社会性别体制的不平等。希伯来语是一门男性语言，或者说犹太学者所说的一门"父语"，不单纯指希伯来语在语法学上是一门以男性为中心的语言，有阴性阳性之分；而且指从公元135年巴尔－科赫巴领导的反对罗马人的起义被最后镇压下去，犹太人开始散居世界各地到18世纪中后期的近两千年间，伴随着希伯来语逐渐失去了口语交际功能这一文化进程，希伯来语成了男人们进行祈祷和学习宗教圣典的语言，父子相传，为男人们所特有。在这门语言的演变过程中渗透着以父权制为基础的犹太传统的巨大影响。在这一传统中，不具备学习犹太宗教圣典权利的犹太女性也逐渐丧失了使用希伯来语的能力。特拉维夫大学的女性文学专家托娃·罗森（Tova Rosen）教授在考察中世纪希伯来文学中的性格属性时发现，整个中世纪只留下公元10世纪下半期西班牙犹太文化黄金时期诗歌学校创办者达努什·本·拉伯拉特夫人创作的一首伤怀诗。[①] 女性形象主要在男子的创作中保存下来，通过男子的视角反映出来。

到18世纪犹太启蒙运动时期，希伯来语作为口语逐渐在日常生活中恢复了活力，但是女子仍旧经历了一个复杂的过程才获得学习这门语言的合法权利，并运用这门语言进行创作。也就是说，在犹太启蒙运动初期，尽管启蒙思想家倡导新的教育模式，鼓励用希伯来语进行创作，鼓励把用其他语言撰写的著作翻译成希伯来语，甚至出版希伯来语刊物，但是在对待女性的态度上，早期的犹太启蒙主义者仍然维护着传统的社会模式，他们不但禁止女子学习《摩西五经》或者犹太宗教经典，甚至阻止女子学习在男性启蒙教育中占重要作用的希伯来语。因此，犹太女子只能接受世俗教育，通过意第绪语或其他欧洲语言阅读文学。在这种教育氛围里，许多犹太女性缺乏基本的希伯来语知识，甚至在犹太会堂里跟不上阅读祈祷文，就更谈不上用希伯来语进行阅读，乃至创作了。

根据伊里丝·帕鲁什（Iris Parush）的说法，即便到了19世纪60年代之前，启蒙思想家在听到希伯来女性读者接触了希伯来语及其文学创作时，仍然表示不屑。他们并没有提倡建立女子学校，而是鼓励女子采用非

---

① Tova Rosen, *Unveiling Eve: Reading Gender in Medieval Hebrew Literature*, Philadelphia: University of Pennsylvania Press, 2003, p. 1.

正式的方式学习，并且对这样的女子并不予以赞赏。他们在为女子创作时，采用所谓女子的阅读语言，即意第绪语。因此，当时掌握希伯来语的女子寥寥无几。只有到了 19 世纪 80 年代，犹太启蒙思想家才逐渐意识到有必要教女子希伯来语，使其参与到民族复兴的运动中。① 这是因为，19世纪末，已经不再可能忽略读书女子对社会的影响了。传统犹太教育对女子的忽略形成了一种越来越明显的倾向，即女子认同了流散地国家的主流文化并把它当作自己的文化。这种认同经常表现为对希伯来文学和犹太文化的玷污。接受现代世俗教育并且削弱了民族和宗教联系的犹太女性率先反对犹太传统，成为正统派宗教人士、启蒙思想家、民族主义者和犹太复国主义者关注与批判的焦点。因而在世纪之交出现了一种广泛的呼吁，强烈要求对女子教育进行改革，主张在犹太学领域对她们进行全面培养。②同时，犹太复国主义和犹太民族主义运动的兴起与现代希伯来语的复兴运动使得希伯来语逐渐世俗化，妇女可以学习现代希伯来语，早期的社会性别划分开始解体，但是其影响力尚未消除。

需要说明的是，当时许多犹太女子自幼阅读外国文学，尤其是德国文学和俄国文学，对于所熟悉的意第绪语怀有不敬，对希伯来语文学则感到疏远。③ 但是，对于女性读者来说，她们与男性犹太启蒙主义者的巨大区别在于：后者声称阅读希伯来文学，尤其是阅读用希伯来文撰写的历史著作，有助于他们形成自己的民族意识，前者却因自身具备的民族意识，引导其接受希伯来语言。尤其是女性身为人母的特殊身份，使之在推广希伯来语教育中起到了很大作用，在日常生活中教育自己的孩子热爱自己的民族和民族语言。④ 从这个意义上说，希伯来女性融入以男性为主导的文化传统中是犹太启蒙运动发展到一定程度时的必然要求。

但是，现代希伯来女性文学创作始于 19 世纪 80 年代之前。学界一般

---

① Iris Parush, *Reading Jewish Women*, *Marginality and Modernization in Nineteenth – Century European Jewish Society*, Hanover and London: Brandeis University Press, 2004, p. 221.

② 引自伊里丝·帕鲁士 2008 年 12 月 23 日在中国社会科学院外国文学研究所的发言《边缘化的益处》。

③ Iris Parush, ibid., p. 222.

④ Ibid., pp. 223 – 224.

把拉海尔·卢扎托·莫泊格（Rachel Luzzatto Morpurgo，1790－1871）视为第一位现代希伯来语女诗人。莫泊格出生于意大利著名的卢扎托之家，自幼接受了良好的犹太学教育，熟悉《塔木德》和《光辉之书》传统。与家里的许多成员一样，莫泊格偶尔书写希伯来语韵文，描写婚姻、出生和死亡主题。后来，犹太启蒙运动领袖耶胡达·莱夫·戈登和大卫·弗里西曼（David Frischmann，1859－1922）希望在希伯来文学创作中听到女性的声音，在他们看来，女作家与大自然的关系更为密切，与生俱来具有情感和审美品位。他们注重培养希伯来女读者和作家。

撒拉·费格·梅因金·福纳（Sarah Feige Meinkin Foner，1854－1936）也是俄国犹太启蒙运动时期一位重要的女作家。她在26岁时撰写的小说《正当之爱或受迫害的家庭》（1881）是希伯来文学史上第一部女性长篇小说。小说的背景置于意大利，写的是一个漂亮并受过良好教育的法国裔犹太姑娘芬娜丽亚与一个意大利小伙子维克多相爱，但是其恋情却遭到了试图赢得姑娘芳心之人的威胁。尽管小说在人物塑造、情节设置以及风格上没有脱离犹太启蒙运动时期创作的窠臼，但是意义重大。因为作品首先强调了女人拥有爱的权利，应该和自己所爱的人结婚。作品发表后，却遭到了弗里西曼等作家的批评。尽管如此，福纳仍旧坚持写作，成为启蒙运动时期一位多产的女性作家，发表了儿童文学作品《孩子的道路》（1886）、《叛徒的背叛》（1891）和回忆录《童年记忆》（1903）等。其中，《孩子的道路》乃希伯来文学史上第一部由女作家撰写的儿童文学作品。

近年来也有学者把福纳说成第一位现代希伯来语女小说家。的确，福纳确实在下文提到的巴伦之前就发表过小说，但是她的作品不但在人物塑造、情节设置上比较粗糙，而且出现了许多语法错误，遭到了当时一些男性评论家的无情批评，甚至完全否定。这里涉及希伯来文学的评判标准问题：首先，在19世纪末期到20世纪初期，从事文学创作的先决条件是通晓文化经典和希伯来语，即拉托克（Lily Rattok）所说的男性文本，福纳虽然自幼也接触了一些古代希伯来文本，但其功力显然不能符合文学批评家的要求。其次，尽管现代希伯来文学创作始于18世纪末犹太启蒙运动期间，但严格地说，从18世纪末到19世纪80年代的近百年间应该说是现代希伯来文学的启蒙阶段。1881 年俄国发生的集体屠杀事件、犹太启蒙思想家同化理想的幻灭、欧洲犹太社会内部的社会习俗和冲突、犹太复国主义运动的兴起、希伯来口语的复兴等诸多历史因素导致了希伯来文学本身从思想内容到审美类型和语言风格的革新，现代希伯来文学从此才真正进入成熟时期。从这个意义上看，福纳的早期小说尚属犹太启蒙运动时期的浪漫文学。

二　早期巴勒斯坦地区的希伯来女作家

19 世纪末期，犹太历史在巴勒斯坦地区揭开了新的篇章。1881 年，俄国发生的集体屠杀事件在犹太世界内部引起了重大反响与冲击，于是在1882 年到 1904 年之间掀起了第一次犹太人从东欧移居巴勒斯坦的移民浪潮，即犹太历史上的"第一次移民"浪潮。政治犹太复国主义运动此时也在欧洲发展起来，1897 年成立了世界犹太复国主义组织。从 19 世纪 20 世纪之交到 1939 年，相继爆发了五次大规模移民浪潮，犹太人纷纷从欧洲和穆斯林国家移居巴勒斯坦，在那里建立犹太人居民点——伊舒夫（Yishuv）、① 凯夫茨阿（Kevutzah）、② 莫沙夫（Moshav）③ 和后来的基布兹。

尽管当时以色列尚未建国，但是以舒夫、凯夫茨阿、莫沙夫和基布兹都是相对独立的共同体，可以视为早期犹太社会形态的一个缩影。女人虽然从一开始便参与了移民行动，但是由于社会性别的不同导致了社会分工的不同。最初在凯夫茨阿中，只有男性公民才去从事体力劳动。女性的职责似乎就是承担家务劳动，她们主要被分配到厨房和洗衣房工作。如果按照拓荒者的价值取向衡量，体力劳动又是塑造新希伯来人的一个重要途

---

① 以色列建国之前巴勒斯坦时期的犹太居民团体（1919—1947）。
② 奥斯曼和后来英国托管巴勒斯坦时期建立的农业合作组织。最早于 1910 年成立于代甘亚赫。与基布兹人不同，他们在接受成员上具有比较大的选择性，努力避免雇佣外面挣工资的工人。他们也反对引进工业文明。
③ 即农业村庄。在莫沙夫里，居民们拥有自己的家和少量物品，但是在购买装备、销售产品时相互合作。最早的这类农业定居点试验基地有建于 1907 年的拜尔雅考夫和建于 1908 年的艾因加尼姆。

径，女人的工作虽然也是体力劳作，但是却不是创造性的劳动，显然比男人在田野中劳作的价值要低。可以说这些想成为"新希伯来"女性的女移民在正在形成的社会形态中基本上承担的是犹太女性的传统角色，无论从创造社会价值上还是从政治角度看，都显得十分被动与失望。这种失望来自三个方面，即犹太女权主义批评家达芙娜·以兹瑞利（Davna Izraeli）所概括的"女性作为公民的正式身份"、"参与的局限"以及"男性成员那有辱人格的态度"。她们与19世纪末到20世纪初期世界上的其他女性一样，进行了多方努力，试图打破男女之间的界限，试图改变新型犹太社会中性别关系的本质，像男人那样参与社会生活，实现男女平等。同时，她们试图成为"完整的人"，在各种各样的社会创造中与男人平起平坐。

　　早在1911年，移居到巴勒斯坦地区的一些女性民族主义者和理想主义者便发起了妇女劳动者运动，当时正值第二次移民浪潮时期（1904—1913），这些新移民主要是来自俄国的青年男女。后来到了第三次移民浪潮时期（1919—1923），又有一些来自波兰、立陶宛和苏维埃俄国的青年女性投身到这场运动之中。她们声明："我们，妇女劳动者，与男人一样，首先渴望通过在田野中在自然中的劳动训练我们的精神和肉体，这样便可以摆脱我们从大流散中带来的习惯、生活方式，乃至思维方式。"① 这些女人相信，尽管由于历史原因，男人们一直在社会中居于统治地位，但女子拥有和男人一样的潜能，通过体力训练，可以克服被动、依赖的个性。通过自身的改变，来证明女性在犹太复国主义运动中建立独立的组织，并举行相应的活动具有其合法性。② 当时的女性运动先是带来了女性身份的变化，女性逐渐参与一些农业种植，而后又向政治领域扩展，在一些党派中赢得了选举权。以色列的第一任总理大卫·本－古里安早在1923年就提出要保护女劳动者的社会和政治身份，使之不在劳动者群体中受到歧视。本－古里安的说法在相当程度上肯定了女性运动在民族复兴的意识形态中占据着重要作用。女人不仅成为劳动者，又成为拓荒者和同志，这种新的

---

① Deborah S. Bernstein, *Pioneers and Homemakers: Jewish Women in Pre - State Israel*, ed., New York: State University of New York Press, 1992, p. 187.

② Ibid.

身份使之成为"新希伯来"女性，她们"打破了男女性别界限，像男人一样劳动。她们清理沼泽，建造公路，耕种土地，抗击敌人。这是新型犹太女性，即以色列犹太女性的神话，她们享有完全的平等，能够成为下一代人或者其他国家女性仿效的对象"。① 其移民故事成为整个民族叙事的组成部分。

但是，无论是她们的移民故事，还是她们特殊的人生经历、精神复兴、争取权益的斗争，以及日常生活等生存迹象在当时很少得到文字记载。女人或者被忽略，或者被归入男性"拓荒者"神话当中，成为与男人并肩作战的地地道道的"拓荒者"女性。② 其原因在于，男人在早期的拓荒者事业中，不仅是定居者、创建者和建设者，而且还是一家之主，无论在社会上还是在家庭内部，均是以男人的名义来承担各种责任和义务。女人出嫁后跟随丈夫易姓，在很多情况下成了无名氏。其次，出自男作家笔下的某些文献虽然提供了某种关于女性的历史和传记信息，但是却往往从男性的视角出发，不能深入反映女性的观点、思想、情感等深层问题。这些男作家所感兴趣的无非是一些传统主题，如男女爱情故事；或者是新型的意识形态主题，如女子成为把定居点变为一个国家的民族事业中的一分子。③

女性叙事在民族建立过程中的缺失与希伯来女性文学发展的某些内在条件关系密切。巴勒斯坦地区的希伯来女作家的创作直到 19 世纪 90 年代才开始出现，其后，致力于希伯来语复兴运动的本 - 耶胡达公开倡导女子参与文学创作。认为只有女性才能把情感、温柔、顺从、微妙之处带入已经死亡的、古老的、被人遗忘的、硬邦邦、干巴巴的希伯来语中，使之简明准确。④ 更为难能可贵的是，本 - 耶胡达鼓励女性作家在他所办的报刊上发表作品。这样看来，到 19 世纪 90 年代，希伯来女性文学具备了初步的生存土壤。其先驱作家尼哈马·普克哈切夫斯基（Nehama Pukh-

---

① Deborah Bernstein, *The Struggle for Equality: Urban Women Workers in Prestate Israeli Society*, New York: Praeger, 1987, p. 2.

② Deborah S. Bernstein, ed., *Pioneers and Homemakers: Jewish Women in Pre - State Israel*, pp. 1 - 2.

③ Ibid., pp. 49 - 50.

④ Wendy I. Zierler, *And Rachel Stole the Idols*, Detroit: Wayne State University Press, 2004, p. 36.

achewsky）以及哈姆达·本－耶胡达（Hemdah Ben－Yehuda，1873－1951）是第一代移民时期重要的希伯来语女作家。此外，还有撰写儿童文学作品的吉辛（Miriavy Gissin），在加利利撰写报告文学的巴塞维茨（Elishevea Bassewitz），以写传记见长的耶林（Ita Yellin），以写短篇小说和传记文学著称的哈拉里（Yehudit Harari）和伦茨（Hannh Luncz）等，构成著名的第一次移民时期希伯来语女作家群。

　　当然，之所以称这批女作家为第一次移民时期的希伯来语女作家，并不完全意味着她们只在1882年到1904年第一次移民浪潮高涨时期进行创作，有些作家无疑在1904年之后仍然笔耕不辍；称之为第一次移民时期希伯来语女作家群的重要原因在于，这批作家基本上在第一次移民时期开始创作，这一时期的种种社会历史现象与心灵体验构成了她们作品的主题。[①] 在审美情趣与价值取向上深深地打上了第一次移民时代的烙印。

　　笔者认为，这批女作家出现在巴勒斯坦的土地上，在希伯来文化史上具有重要意义。多少世纪以来，希伯来女作家和女学者寥寥无几，而这批女作家的赫然出现，在整个希伯来文化历史上也是一个罕见的现象。而且，她们所创作的作品也是整个犹太社区生活乃至整个犹太民族生活的一个组成部分，因而可说是以某种特别的方式来延续自己的民族历史，在一定程度上弥补了早期拓荒者时期女性叙事话语在历史文献中的缺失。同时，她们也通过自己的创作，或者宣传，或者抗议，反映出女定居者身份低人一等的社会现实，并且希望这种现状得到改变。从这个意义上说，她们的作品既针对没有意识到女定居者遭到歧视这一问题的社区男人，也针对那些囿于传统教育模式、逆来顺受接受不平等待遇的女性。但是，需要指出的是，由于这些女作家处于一个历史发展时期的特殊阶段，她们所致力开掘的主题仍然和民族命运休戚相关，而女权，或者说妇女的特殊权益，则被放到了从属地位上。就像复兴希伯来语运动的先驱者、本－耶胡达之妻哈姆达·本－耶胡达所说："当我们的同胞在世界各地遭受奴役、屈辱、迫害，甚至在自己的土地上遭受外国统治者的暴虐时，我们如何解

---

　　① Yaffa Berlovitz, "Literature by Women of the First Aliyah: The Aspiration for Women's Renaissance in Eretz Israel," in *Pioneers and Homemakers*, ed. , Deborah S. Bernstein, pp. 53, 70, n. 7.

放自己的女性?"她们首先要唤起的是女性的民族主义意识,其后才唤醒其女性意识。随着民族的复兴,女性问题才可以得到解决。①

哈姆达·本-耶胡达是第一次移民时期最重要的作家之一。她是希伯来语复兴的倡导者本-耶胡达的第一任夫人黛沃拉·约拿斯的妹妹。姐姐在 1891 年病逝后不久,哈姆达便按照姐姐遗愿,和姐夫结婚。她和丈夫埃里泽·本-耶胡达一起从事文学活动,并且响应丈夫的号召,在他的杂志上发表作品。作为复兴希伯来语运动的先驱者,埃里泽·本-耶胡达十分重视妇女在复兴希伯来口语过程中所起的作用,在他看来,如果妇女讲希伯来语,那么她的孩子则会以希伯来语为母语,而拥有一门民族共同语则是一个国家得以成为国家的必要条件,因此他十分看重女性在民族建立中的作用。埃里泽的思想,尤其是他关于女性决定着下一代命运、决定着民族未来的理念对年轻的妻子产生了很大影响。哈姆达认为,既然女子在民族建立的过程中作用重大,那么女子的一些自身条件,如受教育程度等,则决定着这个国家的性质。哈姆达非常重视教育在塑造女性价值方面的作用,强调教育对女子在共同体和私人生活中的重要性,教育的目的不在于获得知识,而在于培养一种进步的人生观。因此,她以自己的作品为阵地,宣传她所推崇的人生观念,从这个意义上说,她的作品具有强烈的载道色彩。

纵观哈姆达的创作,我们不难看到,她在早期,主要致力于改变女性的民族边缘化命运,促使其参加到拓荒者的事业之中;而后来,主要在第二次移民浪潮之后,则是想改变女性在社会中的边缘化地位,保证其拥有和男性一样的平等权利。而从题材上看,哈姆达的作品主要可以分为激进小说和地方色彩小说。前者的载道色彩更为明显。比如,在她的早期小说《新衣》("Simila Hadasha",1906)中,写一个耶路撒冷的医生同时和两个女子交往,一个是教师,谈话中闪烁着智慧火花;另一个是美女,总是穿着漂亮的新衣。医生最后选择了教师,象征着对知识的崇拜。后者则偏重于对巴勒斯坦犹太人的生活做现实主义的描绘,向读者,尤其是向流散地的犹太人,勾勒出一幅巴勒斯坦生活画卷。

---

① Yaffa Berlovitz, "Literature by Women of the First Aliyah," p. 55.

尼哈马·普克哈切夫斯基的作品，不仅用积极，甚至理想化的词语描述巴勒斯坦，而且在处理伊舒夫和大流散的关系上也起到真正的宣传作用。普克哈切夫斯基生于立陶宛，1889 年移居以色列，20 世纪初开始从事创作，同时致力于居住区中的妇女工作，主要出版有两个短篇小说集《在新犹地亚》（1911）和《村中生活》（1930），塑造了女农场主、女劳动者、女基布兹成员和家庭主妇等形形色色的女性形象。《在新犹地亚》多描写生活在以色列的东方犹太女子，尤其是也门犹太女子；《村中生活》主要写来自欧洲的犹太女子。普克哈切夫斯基描写也门犹太女子，并非因为她熟悉那些人的生活，而是因为身为接受西方文明教育的犹太女人，她无法理解也门犹太人的风俗习惯：为什么男人竟然在妻子遭遇到不能生育、生病等某种人生困境时，迎娶第二位夫人。普克哈切夫斯基在自己的作品中谴责了这种习俗，指出也门女人是传统社区生活的牺牲品。与之相对，来自欧洲的犹太女子却是富有智慧和知识的女性，往往接受了新思想的洗礼，并且通过接受培训或者自学掌握了某些从事农业生产的技艺，能够适应巴勒斯坦新生活的生存需要，有时甚至为了从事体力劳作等同民族主义事业相关的职责牺牲自己原来从事的职业，但是她们的个人才华往往得不到应有的赏识。

在短篇小说《撒拉·扎黑》（"Sarah Zachi"，1930）中，女主人公放弃了自己的教师位置，但是她身边的男人并不体谅她的用心，甚至百般挑剔，经常对她进行指责。因为丈夫身体不好，所以撒拉经常原谅他。但是，后者反而变本加厉，这一切令她感到迷惘。在她看来，女人和奴隶具有某种共同的命运。女人这个称谓令人感到耻辱。普克哈切夫斯基通过主人公心灵搏斗来展示出一个社会问题：为什么女性总是处于被动的地位？为什么不对男人进行反抗？这样的思想在她的许多作品中均有所流露。[①] 然而类似的发问往往无果而终，甚至认为女人当为自己的烦恼负责。如果说哈姆达认为接受良好教育是女子改善自身修养和自身命运的一种途径的话，那么普克哈切夫斯基则认定无论接受教育还是接受新思潮，都无法改变女子既定的社会从属角色。尽管女子意识到男性主宰的社会对自己怀有

---

① Deborah S. Bernstein, *Pioneers and Homemakers*, pp. 64 - 65.

偏见，但是依旧缺乏勇气冲破禁锢着她的传统势力，做一个自己所向往的新女性。

三　跻身 20 世纪初期经典作家之列的唯一女性——黛沃拉·巴伦

希伯来文学批评界一般把 20 世纪初期登上文坛，直至 20 世纪 50 年代依旧进行创作的希伯来语女作家黛沃拉·巴伦视为第一位现代希伯来语女作家，甚至是第一位希伯来语女权主义作家，认为巴伦虽然不是现代希伯来文学史上的中心人物，但在希伯来文学传统中占据着重要位置，是 20 世纪初期真正以小说家身份步入希伯来文学经典作家之列的唯一女性。

正如前文所说，早在犹太启蒙运动期间，希伯来女性文学便已经露出了端倪，但是到了 20 世纪初年，女作家不但数量有限，而且很少有人得到以男性为主宰的文坛的承认。同时，从意识形态角度看，新移民到巴勒斯坦地区的犹太女性追求男女平等，加之，犹太复国主义与犹太民族主义理念也在不同程度上要求女作家勿过多拘泥于性别意识的困扰，首先要服务于复兴犹太民族的大业。这样一来，便造成当时的诸多女作家以反映以色列地的现实生活为天职，忽略了女性的特有生存价值和内心深处的追求。而巴伦的创作从选材到立意，既有别于代表着希伯来文学传统的男作家，也不同于正逐渐投身于时代洪流中的女作家，表达出一种独特的女性意识。

黛沃拉·巴伦是一位站立在犹太传统文化与现代文明交界点上的作家，她拥有独立的个性，不像传统的犹太女子那样被排斥在犹太民族文化传统的大门之外，而是像犹太男子一样自幼有机会学习希伯来语和犹太文化经典。巴伦在 1887 年生于白俄罗斯，当时的犹太启蒙运动已经开始了百年之久，传统犹太世界中的某些陈规已经被打破，一些犹太启蒙主义者把沿袭传统经济模式、遵守宗教习俗的女子视为俄国犹太人走向现代化的巨大障碍。犹太启蒙运动时期的著名诗人犹大·莱夫·戈登认为犹太女子是犹太律法的牺牲品，传统的犹太女性身份象征着犹太社会的落后一面，以此做武器抗击传统的犹太社会。犹太启蒙思想家因而把改善女性身份当成变革犹太生活的手段。① 早在巴伦出生之前，俄国就出现了女子学校，但是在学习犹太传统方面这些女子学校无法与男子经学院相匹敌。俄国社会中的犹太教育仍然充满着高度的性别色彩。重视知识的家庭把男孩送进犹太宗教小学或者经学院，但主要让女孩通过各种方式接受世俗教育。接受世俗教育的结果是这些年轻的知识女性越来越鄙夷传统的犹太社会，甚至蔑视自己的婚配对象——那些按照传统犹太文化标准培养出来的所谓精英，离犹太世界越来越远。在这种背景下，无论是犹太复国主义者还是正统派犹太教领袖达成了共识，一向作为捍卫传统犹太律法象征的犹太拉比建议犹太女子接受传统文化教育，而犹太复国主义者和犹太民族主义者则主张建立犹太学校，在那里教他们的女儿希伯来语和犹太历史，同时要让这些未来以色列国的妈妈们拥有民族主义意识。②

巴伦就是在这样的社会文化氛围中相继接受了犹太传统教育和世俗教育。巴伦是一个拉比的女儿，自幼天资聪颖，深蒙父亲喜爱，并跟随父亲学习希伯来语和犹太传统文化，甚至到父亲任教的犹太会堂听课，隔着一层布帘，与年轻的犹太男子一起学习《圣经》、《塔木德》、《密德拉希》和其他一些犹太律法经卷。又在哥哥本雅明的指导下接触到了犹太启蒙文学。这样的教育不仅使之能够精通希伯来语，熟悉自己的民族文化传统，而且也在一定程度上使之受到了当时已经兴起的犹太民族主义和犹太复国主义思潮的浸染。

15 岁那年，巴伦到明斯克和科夫诺接受世俗教育。像犹太男子那样自食其力，这对一个年轻的犹太姑娘来说是非常困难的，后来她到一个叫做玛利亚姆波尔的小镇上读中学。同时，边做家庭教师，边用希伯来语和意第绪语写作，并在一个小镇上指导一批怀揣着犹太复国主义理想的犹太青年，有意无意地承担起传播犹太启蒙运动以来新文化思想的角色，逐渐萌生了到以色列教书的想法。1910 年，巴伦的父亲去世，身为作家的未婚夫认为巴伦作品中所描写的爱情，甚至性爱有伤风化，甚至怀疑她本人的贞

---

① Paola E. Hyman, "Two Models of Modernization: Jewish Women in the German and the Russian Empires," in *Jews and Gender: The Challenge to Hierachy*, ed., Jonathan Frankel, New York: Oxford University Press, 2000, p. 45.

② Ibid., p. 47.

节，于是提出解除婚约，加上巴伦所居住的犹太村庄也在集体屠杀中毁于一旦，巴伦决定移居巴勒斯坦。因此，她的移居既可以说是她接受犹太复国主义观念后的合理结局，也是她摆脱个人不幸命运的一种途径。

巴伦一向被称作希伯来文学史上第一位职业女作家，她从 1902 年 14 岁时便开始在杂志上发表作品，从事希伯来女性研究的学者往往把这一年当成现代希伯来女性小说的一个起点。1910 年移居巴勒斯坦后，精通希伯来语，并在创作上小有名气的她得到当时著名的希伯来语作家布伦纳的举荐，在文学杂志《青年工作者》（*Hapo' el Hatza' irst*）从事编辑生涯。任用女编辑，这在文学大家辈出、文学标准苛刻、女作家寥寥无几、女诗人得不到承认的 20 世纪初年，可以说是一件卓尔不凡的事，标志着巴伦的创作才能和成绩得到了男性同行们的肯定与认同。

说其依旧在犹太传统文化与现代化之间的分界线上徘徊，不仅因为她接受了很好的犹太传统教育，在作品的字里行间流露出传统犹太文化的浸染，在解说自己的人物命运时始终无法摆脱传统犹太文化的影响；更重要的则在于她在巴勒斯坦生活期间，采取了与众不同的离群索居的生活方式，始终无法忘却她早已远离了的象征着犹太传统文化的东欧犹太村落，就像努里特·高福林所说，"对于故乡和家庭、学生生活、辗转与大城市之间的记忆，比对以色列的新印象要强烈"。① 因此，她试图通过创作保留下那个正在消失的世界。巴伦在《青年工作者》杂志工作期间，结识了著名的犹太复国主义者、杂志的主编约瑟夫·阿哈龙诺维茨，并与之结婚。第一次世界大战期间，这对年轻夫妇带着他们的女儿流亡埃及。四年后他们才回到巴勒斯坦后，又重操旧业，继续从事编辑和创作。1922 年，丈夫不再舞文弄墨，而是做起了工人银行的行长。巴伦本人也辞去了报纸的工作，开始了漫长的隐居生活。从一个活跃而富有创造性的作家和拓荒者，变成逃避社会的人，同时也被社会遗弃了。在她人生的最后 20 年里，巴伦几乎中断了所有的社会联系，几乎没有出过家门，甚至没去参加丈夫的葬礼。终日凭窗而坐，或倚床而卧，构思着一个个精致小巧的文本世界。

至于巴伦在巴勒斯坦选择了离群索居的生活却始终没有放弃艺术创作

---

① Nurit Govrin, *Alienation and Regeneration*, p. 134.

的原因，人们曾做出种种猜测，但未果而终。但隐居本身在逻辑上造成了
两个后果：其一，巴伦虽然身在巴勒斯坦，但是始终没有能够融入当地的
现实生活中，仿佛生活在真空之中，进而形成了独特的创作视角。与当时
立志反映巴勒斯坦新生活的多数希伯来语作家不同，她没有关注怀揣各种
梦想来到巴勒斯坦土地上的各式犹太人的欢乐、痛苦、忧伤、矛盾、失望
等诸多情感，"几乎完全忽略了以色列地的新现实"，[①] 几乎完全忽略了与
犹太民族息息相关的事业，而是把笔锋伸向了过去，伸向了东欧犹太村
庄，以此为依托，来构筑自己的文本世界，不知疲倦地描摹那里的人与
事、生与死。而当时，活跃并主宰巴勒斯坦文坛的男性作家则在创作类型
小说。而且，犹太女性在巴勒斯坦地区的经历与追求是整个犹太民族运动
的组成部分，它同"犹太复国主义、拓荒者、在土地上劳作、重新发现古
老而新奇的土地以及古老而新奇的语言、社会主义理想"结下了不解之
缘。参与文学创作的多数女性，即使起步晚于巴伦，但是也与从犹太民族
和社会运动中继承下来的精神价值密切相关。[②] 从这个意义上说，巴伦始
终与她那个时代的希伯来主流文学，或者说希伯来男性文学处于一种对抗
状态之中。[③] 与同时代的希伯来女作家和诗人也显得有些格格不入。

　　其二，根据拉托克的说法，只有摆脱尘世的困扰，巴伦才能创造出一
种非传统（altenative）的现实世界，并且在这个世界里发号施令。[④] 丈夫
在 1937 年去世后，巴伦一直跟女儿和女仆住在一起，她所生存的世界是
个地地道道的女性世界。这种反常的生活方式与生存空间有助于形成她独
特的创作关注焦点。尽管同样写东欧生活，但她没有像诺贝尔文学奖得
主、希伯来语作家阿格农那样注重观察处在传统与现代性之间的犹太人的
命运与习俗，而是在创作中多以女性为中心，展现女性生活的各个层面，

---

　　① Nurit Govrin, *Alienation and Regeneration*, p. 130.

　　② Mark A. Raider & Miriam B. Raider – Roth, eds., *The Plough Woman*: *Records of the Pioneer Women of Palestine*, Hanover: Brandeis University Press, 2002, p. 227.

　　③ Nurit Govrin 在谈到巴伦没有任何把以色列作为背景的作品时指出，也许巴伦自己认为有能力
描写某种永恒而固定的生活方式，而在以色列地一切都处在变化之中，不适宜创作以这种更新的生活
相关的真正文学。

　　④ Lily Rottok, Introduction to *Ribcage*: *Israeli Women's Fiction*, eds., Carol Diments, Lily Rattok,
The Women's Zionist Organization of America, 1994.

包括出生、成长、婚姻、家庭等。她的小说主人公，多数是女性形象。巴伦用与男作家不同的细腻笔法，展现出犹太女性在男权社会里所受到的压抑，描绘了她们的边缘化身份。巴伦以一种反传统的手法来解释她笔下女主人公的人生境遇，正如她自己所说："女人，也许更能从内部来描写女性生活，而男作家只会从外部来描写女性。是的，女作家更长于认识女性生活的某些方面——所有这些方面都和厨房、食品、托儿所等联系在了一起。"① 她不仅抓住构成女性日常生活主体的这些细小环节，而且注重把犹太女子的命运放到犹太文化传统的范畴中加以解析。在她看来，女性的不幸不是因为"他者"的身份所致，更多的则是受到环境逼仄使然，巴伦当然对女子的悲剧命运寄予了极大同情，被评论家视为"希伯来文学中第一位女权主义作家"。

　　在巴伦的许多作品中，均表现了在以男性为中心的犹太律法的制约下女子的不幸与悲苦。这一主题在加利福尼亚大学版《第一日》② 中反映家庭与婚姻的《休书》（"Kritut"，1943）、《家》（"Mishpahah"，1933）等小说中体现得非常明显。《休书》根据加利福尼亚大学版《第一日》中该作品的标题译出，希伯来文标题"Kritut"的原意为"根除"、"剪除"。在开篇中写道：在所有来到父亲的拉比法院的人中，那些将被送出丈夫家门的女子显得最为痛苦。而这些即将遭到丈夫弃绝的女子有两类：其中一类女子在家里操持家务，尽心竭力地侍奉丈夫，但是却得不到丈夫应有的关爱，所得到的唯一回报便是丈夫透过热气腾腾的饭碗，朝她的方向瞥一眼，流露出满足或感谢。但有朝一日，或许受到某位憎恨女性的家人的影响，或者遇到了更为适合自己的女性，丈夫就会发生改变，甚至通过殴打子女的方式令她痛苦。而女子一旦不能取悦丈夫，丈夫就有权给她一封休书。

　　小说篇幅虽短，但是揭示了女子在没有爱的婚姻生活中的悲剧命运，造成这种悲剧的原因当然不乏丈夫喜新厌旧的因素，即由丈夫不忠而造成的个体悲剧，但继而探掘，丈夫对妻子的冷漠，乃至最终将其弃绝的做

---

① Shoshana Verel, "Beveitah shel Devorah Baron," in *Ha'aretz*, August 6, 1954.

② Dvorah Baron, *The First Day and Other Stories*, Berkerly: University of California Press, 2001.

法，可以在犹太律法中找到依据：《大众塔木德》中曾经有过这样的说法，妻子不育，就不能履行延续家庭的婚姻目的，因此说"如果一个人娶了一位妻子，等待了10年之后她仍未生育，则不能允许丈夫继续不履行（生子传宗）的义务"。[①]从这个意义上说，男子抛弃多年不能生育的妻子在犹太传统中具有其合理性。

小说中描写的被判决离婚的女性中，便有一类这样的女性，她们和丈夫一起生活十年之久，却没有给丈夫生下一男半女。而最令女作家记忆忧新的则是一位女小贩茨莱塔。她曾经多年苦苦追求自己的邻居以撒贝尔，一个失业的装订工，后来赢得了他的心，做了他的妻子。婚后，她一边贩卖蔬菜和水果，一边在河边给人洗衣服，夜晚，她在面包房揉捏面团，挣几个铜板和一个小面包，与丈夫一起分享。这种生活赢得了周围邻里的羡慕。但随着岁月的流逝，依然没有生育的女子意识到他们的婚姻就要走到尽头了。丈夫家里的其他成员也逐渐看出，家谱的一支濒临枯萎的危险。十年婚期已满，丈夫的亲戚前来把他带回家中，天真的她依然在安息日给丈夫送去他爱吃的食品。但终有一天，丈夫在两个哥哥的陪同下前来向她宣布离婚。而在拉比法庭上，她看上去就像被送往屠宰场的公牛。丈夫很快便娶了另一个年轻的姑娘，而在犹太会堂里，刚刚生产后的新人光彩照人地出现在众人面前，而角落里却传出旧人的啜泣，继之便是恸哭。人们试图安慰她，给她找活干，在得不到她的回应后，人们离她而去。而她则在一个夏日的早晨，孤独地离开了人世。

女作家，包括女作家的母亲显然对女小贩这类遭到休弃的女子怀有深深的同情，母亲每每在法庭上看到这些女子的凄楚表情，都不禁背过身去，不然就是借故离开。女作家本人在作品的结尾，借用另一个女子之口发出愤慨的质问："为什么不在那时就把她杀了，为什么让她承受漫长、缓慢的毁灭之痛？"在这种愤慨的质问中，当然蕴涵了巴伦对男权社会中某种成规的不满，带有早期女权主义的味道。

而在另一个短篇小说《家》中，对传统成规的不满则表现得更加剧

---

① 亚伯拉罕·柯恩：《大众塔木德》，盖逊、傅有德等译，山东大学出版社1998年版，第190—191页。

烈。《家》发表于 1933 年，小说女主人公迪纳是个穷教师的女儿，由继母抚养长大。作家在迪纳第一次出现时便说她的双眼下有黑色的阴影，长着不惹人喜爱的一张脸，进而暗示出其不幸的命运。经媒婆介绍，她和巴拉克结婚。十年过去了，迪纳与巴拉克仍旧没有孩子，离婚的日期逐渐迫近。作家以局外见证人的身份，主要通过父亲对离婚事件本身的反映，对被迫离婚的主人公寄予了同情。巴伦的父亲是个拉比，按理说应该毫不踟蹰地维系宗教律法，可他却把离婚视为"把一个灵魂与另一个灵魂分割开来"，在出庭判决那天，他一点也不快乐，终日不吃东西；在出庭的头天则彻夜难眠，在经卷中查询并思考与离婚有关的律法条目。而在女儿眼中，父亲则像塔木德圣哲埃里泽拉比及其追随者那样不主张夫妻分离。但是又无法解决婚姻生活中没有子嗣这一矛盾。信仰与情感就这样处于不可调和的冲突之中。

　　与《休书》不同的是，作家尽管没大肆渲染迪纳与巴拉克之间的爱，但透过字里行间，读者可以意识到，迪纳和巴拉克之间可以说是情意初通。就像作家所描述的，尽管"巴拉克仍然年轻，不懂得如何表达爱情，可是现在他真正懂得了在本周读《圣经》时说到的以撒把利百加带到母亲撒拉的帐篷，他爱她，在母亲去世后得到了安慰"。① 从这个意义上看，同样失去母亲的巴拉克对迪纳的情感带有了某种恋母成分。

　　迪纳在被迫走上法庭之前含悲忍痛，把她心目中认定的巴拉克未来要娶的一个孤儿女孩叫来，告诉她丈夫的饮食爱好，如何做食品。而当姑娘离去后，她自己发出酷似"荒野里野兽的悲吟"。丈夫巴拉克在拉比法庭上几乎说不出话，分明表现出不愿意接受宗教律法，抛弃迪纳，另娶他人。巴拉克的姐姐伤心恸哭。如果说造成《休书》中男女主人公分离的原因，一方面来自宗教律法，另一方面来自家庭压力的话，那么造成《家》中迪纳与巴拉克分离的原因则完全在于在父权制社会里人们被迫奉行某种宗教律法成规。作为自幼跟随父亲学犹太传统文化与法典的巴伦来说，她把打破的途径寄托在上帝辅佐或奇迹的出现上：正当抄写员撰写休书时，出现了意外，休书不合规格，离婚判决无效。这对经历情感波折的夫妻回

---

　　① 《圣经·创世记》第 24 章第 63 节。

到家里，不到一年，迪纳奇迹般地生下一个男孩。作家把法庭上出现的奇迹解释为神佑，在她看来，之所以出现奇迹，是因为当人的痛苦超出了极限时，就会降临怜悯。

作家在描述迪纳和巴拉克这对没有子嗣的夫妻被迫接受离婚裁决的命运时，曾经联想到犹太先祖亚伯拉罕在那个远古的夜晚、向上帝做出撕心裂肺的发问："我将死而无子，你还赐我什么呢？"① 令今天的读者不免思考文本与作家所接受的希伯来叙事传统之间的关系。"不育女子"蒙上帝眷顾后而生下奇子的母题曾经在犹太传统文献中反复出现。《创世记》中亚伯拉罕的妻子撒拉多年不育，但上帝却许诺亚伯拉罕的"后裔如同地上的尘沙"、② 如同天上"众星"那样繁多。这个承诺直到撒拉和亚伯拉罕年迈，在生理上不具备生育能力之际才得以兑现，于是便有了亚伯拉罕百岁得子以撒之说（《创》21）。以撒的妻子利百加不生育，以撒祈求上帝。耶和华应允，利百加怀孕，在以撒六十岁时为他生雅各和以扫（《创》25：20—25）。雅各的爱妻拉结不能生育，后来得到神的顾念，怀孕生约瑟。（《创》30：23—24）。再后来的不育女子又有玛挪亚之妻、以利加拿之妻哈拿等，均在祈求上帝后蒙上帝顾念后生子，玛挪亚之妻生大力士参孙（《世师记》13：4），哈拿生撒母耳（《撒》1：19）。

女子不育母题在《圣经》中的反复重现，强调的是上帝具有创造与主宰力量。后来研究《圣经》与拉比文学中不育母题的学者则试图在不育女子与犹太民族之间建立一种关联，根据玛丽·格拉维（Mary Gallaway）的观点，把不育女子当成整个民族的象征，而不仅仅当成女子个人的象征，在《以赛亚书》中发展到了极致："你这不怀孕、不生养的要歌唱！你这未曾经过产难的要发声歌唱，扬声欢呼！因为没有丈夫的比有丈夫的儿女更多……你的后裔必得多国为业，又使荒凉的城邑有人居住。"③ 如果说在以男性话语为主宰的圣经文学中，对不孕女子的顾念谕示着上帝对以色列民族的救赎，那么到了 20 世纪初年，女作家对这种主题的展现，则典型

---

① Dvora Baron, *The First Day and Other Stories*, p. 85.

② 《圣经·创世记》第 13 章第 14 节。

③ Mary Callaway, "Sing O Barren One: A Study in Comparative Midrash," Ph. D. diss., Columbia University, p. 91. 引文参见《圣经·以赛亚书》第 54 章第 1—3 节。

地代表着非经典书目之外的文学表现形式。① 在这种表现形式下，女主人公不再是民族的象征，而是成了个体人。上帝也不像在神话传说里那样以父权制的最高象征直接出现在作品中，而是存在于女作家的意念中，并且以艺术化的形式，即安排所谓奇迹的出现，使受难女子得到拯救，其命运也随之发生根本性的转折。但是，我们也不难发现，巴伦在作品的结尾，安排了女主人公迪纳怀孕生子的细节，这一大团圆式的结局，或者按一些希伯来文学评论家所说的"童话"式结局，当然符合读者的审美期待，也显示出男权社会中的犹太女子对生活寄予的美好愿望。但是不难看出巴伦这位熟谙犹太传统的女作家，尽管她同情不育女子的命运，反对把女子当成履行家庭义务的牺牲品，可是却把传统的成规当成一种参照系，当成某种永恒的不可逾越的界碑，而不是从根本上打破父权制的戒律。就像有些学者所质疑的那样，如果巴伦真正想打破父权制社会的戒律，为什么让迪纳生了延续家族血缘纽带的男孩，延续《圣经》以来从亚当到亚伯、该隐的男性链条，而没有让她生个女孩？②

在巴伦笔下，女子往往是不幸的象征，从一开始就注定要遭受厄运，但这并非因为女子本身的过错使然。因此，作家并没有把讽刺的矛头指向失败了的个人，而是指向左右着她们的残酷命运。她带着温情与挚爱来处理自己的主人公，把蔑视留给她们的敌人和不利于她们的命运。沦为孤儿往往是这些女子一生中的关键性事件。这一主题在描写带有自传性色彩的人物、拉比的女儿的故事中反复重现。③ 前文曾经说过，巴伦是拉比的女儿，父亲去世后她的命运遭到了逆转，和她订婚多年的未婚夫终止了婚约。这一不幸的身世在她许多小说的主人公身上投下了阴影。

短篇小说《弗莱德尔》（"Fradel"）开头便交代了女主人公弗莱德尔是个美丽而忧伤的女子，但是命运对她却十分残酷。她出身名门，可不幸的是很小便沦为孤儿。孤儿身份造成她失去了幸福的婚姻。弗莱德尔本来深蒙邻居一对善良母子的呵护与喜爱，儿子海姆－拉菲甚至暗恋上了她，

---

① Wendy Zierler, *And Rachel Stole the Idols*, p. 191.
② 此话原创者为 Zilla Goodman，转引自 Wendy Zierler, *And Rachel Stole the Idols*, pp. 200 – 201。
③ 谢克德:《现代希伯来小说史》，第 81 页。

他们的一位朋友长者曾经试图给这对年轻人充当红娘。但正是因为弗莱德尔父母双亡，抚养其长大成人的亲戚没有接受这桩亲事，而是把她许配给一个出身好，又受过教育的小伙子。但是，婚后丈夫一味忙于做生意，和弗莱德尔之间几乎没有任何感情交流，他们的婚姻毫无快乐可言。后来，丈夫以打点生意为由，长期外出，偶尔回家稍事休息片刻，又匆匆离去。弗莱德尔虽然能恪守妇道，翘首盼望丈夫的音讯，但无济于事，最后在亲属的帮助下，她结束了这段没有爱的婚姻。

这里需要说明的是，尽管在理论上只有男人才有权终止婚姻，但是并非完全如此。如果男人发誓不与其妻子同房，沙迈学派给他两个星期的时间，希勒尔学派给他一个星期的时间，如果这段时间到期时，他仍然不收回成命与妻子恢复同居，便强迫他与妻子离婚。妻子也可以用发誓不与其丈夫亲近的方式把自己从令人厌恶的婚姻中解脱出来。[①] 在《弗莱德尔》中，作家虽然没有明确指出究竟是不是弗莱德尔提出了离婚，但是，她曾经使用《圣经》中的明喻修辞手法，把婚姻中的弗莱德尔比作圣经时期雅各的弃妇利亚。

在小说中，弗莱德尔的丈夫是造成弗莱德尔不幸的主要原因，他受过教育，显然是传统父权制思想的维护者，认为妻子低人一等，没有任何来由地漠视妻子的存在，冷落她，造成她精神上的极度痛苦，但是按照正统犹太信仰来衡量，这种在情感上冷淡妻子没有逾矩之处。巴伦在作品中，对这位丈夫的行径则进行了无情的鞭挞，并且安排自己的女主人公摆脱了没有爱的婚姻，与启蒙时期知性犹太世界的女子反对包办婚姻、追求现世幸福的举动具有异曲同工之处。离婚那天弗莱德尔却不像前面几篇作品的女主人公那样伤心欲绝，而是站在那里，"挺拔而高大"，重新意识到自己的价值。在人们眼中，她甚至比婚礼的那天还要美。这种类比关系暗示出，走出不幸婚姻的女子，重新获得了新生。最后，弗莱德尔和自幼爱慕自己的邻家小伙结为伉俪，并生下一个漂亮的男孩。希伯来女权主义学者福克斯（Ester Fuchs）曾经谈及《弗莱德尔》，认为这个短篇以某种虚构的方式把巴伦自己不幸的婚姻问题展现

---

① 柯恩：《大众塔木德》，第 191 页。

在读者面前。巴伦的丈夫是一位活跃的社会活动家、犹太复国主义者，忠于家庭，鼓励巴伦从事文学创作；但是另一方面总是忙于自己的事业，经常不能陪伴在妻子身边。从这个意义上说，巴伦在弗莱德尔的身上寄托了自己的审美理想。

巴伦精通多种语言，曾把契诃夫、杰克·伦敦等作家的短篇小说和福楼拜的《包法利夫人》翻译成希伯来语。她在风格上受到契诃夫和莫泊桑的影响，在确立主题和运用讽刺手法等方面受到福楼拜的影响。在世时，巴伦就发表了十多个短篇小说集。从艺术角度看，巴伦使用《圣经》典故，为的是在过去与现在之间建构一种类比关系。这些《圣经》比喻与对立陶宛一个犹太村庄所展开的叙述结合起来，给反英雄本身赋予了一种神秘的深意。它们扩展了乡省背景，同时复活了古老的文本，在当今产生一种超越生活的历史叙事或原型维度，[①] 达到了相当高的艺术水准，故而代表着 20 世纪初期希伯来女性文学的最高成就。

四　现代希伯来女性诗歌的诞生

同多数欧洲国家的文学传统不同，希伯来女性主义文学创作在巴勒斯坦地区不仅主要涉猎小说创作领域，而且涉及诗歌创作领域。严格说来，20 世纪希伯来女性诗歌创作的出现要晚于小说，应该是 20 世纪 20 年代之后的事情。其原因比较复杂。希伯来文学批评家丹·米兰在《为何 1920 年代之前没有希伯来女性诗歌》一文中指出："女性诗歌遭遇到难以形容或者说难以确定其根源的阻碍。"在 20 世纪初期，希伯来语诗歌的主题和类型与启蒙时期和热爱锡安运动时期相比具有相当宽泛的拓展。"诗人的我"可以用自传式的具体来表达自我，以一种直接而详细的方式来讲述她的过去，讲述形成她人生里程的经历，讲述她内在的精神世界，包括性欲的世界。由此生发出一个问题，究竟何种原因阻止了女诗人我的出现？按照米兰的说法，两性关系得到细微的具体表达；对爱的渴望，对爱的反感或恐惧、欲望、欲望的实现、得不到回报的爱、两性之间的战争、抚慰、

---

① 谢克德：《现代希伯来小说史》，第 81 页。

分离、思念、失落与痛苦的情感——这一切在希伯来诗歌中非常普遍，但都是通过男性视角来表达的。女性实际上是一种想象的存在物。出自女作家笔下的叙事文学，如巴伦的小说，也有具体的女性描写，包括欲望和感官描写，但是却不允许希伯来女诗人来直接表达这种情感。①

20世纪初期，希伯来语诗歌已经发展成熟，在主题、文体、风格、评判标准上均形成自己的体系。在以比阿里克为首的现代希伯来诗人群体中，有两个重要标准。第一，诗歌必须传达个人的私人情感，似乎这种情感也包含着民族的、宇宙的内容；第二，诗歌必须呈现源于具有深蕴和文化回声的丰富、密集、多层面的表达。不符合这两个标准的诗歌就会遭到否定。但是在20世纪初期，希伯来女性诗歌难以符合这两项标准。当时的文学作品中缺乏把生活当成民族、集体体验一部分的"年轻的新希伯来女性"，犹太女子的生活主要表现为个人体验，而男性人物恰恰相反，其人生象征着犹太人的集体体验。②编辑和文学批评家们并不认为这是一种性别歧视，而是将其视为一种由文化和审美情趣所决定的价值取向，故而没有人向希伯来诗歌标准进行挑战。结果，在比阿里克统治文坛的30年间，竟然未有一首希伯来女性诗歌得以公开发表。直到比阿里克这颗巨星的星光已经黯淡之后的20世纪20年代，才有几位希伯来女诗人崭露头角。当时主持希伯来语刊物《哈施洛阿赫》的约瑟夫·克劳斯纳从1903年到1920年从未刊登一首女性诗歌，但引人注目的是，时至1920年之后，他相继刊登了拉海尔和巴特－米丽亚姆的诗作。米兰认为，并非是因为克劳斯纳对女性的态度发生了转变，而是作为批评家和编辑的他，意识到了风向的转变，希伯来文学史上一个新纪元已经开始。③在不到两年的时间里，便在巴勒斯坦诞生了拉海尔·布劳斯坦（Rachel Bluwstein，1890－1931）、埃斯特·拉阿夫（Ester Raab，1894－1981），在东欧诞生了艾莉谢娃·比克豪夫斯基（Elisheva Zirkova－Bikhovsky，1888－1949）

---

①　Dan Miron, "Why Was There No Women's Poetry in Hebrew Before 1920," in *Gender and Text in Modern Hebrew and Yiddish Literature*, eds., Naomi B. Sokoloff, Anne Lapidus Lerner and Anita Norich, New York and Jerusalem: The Jewish Theological Seminary of America, 1992, p. 67.

②　Ibid., pp. 73 – 74.

③　Ibid., pp. 71 – 72.

和约海维德·巴特－米丽亚姆等（Yokheved Bat－Miriam，1901－1980）。

拉海尔·布劳斯坦堪称 20 世纪初期最为杰出的希伯来女性诗人。就连著名的希伯来语民族诗人比阿里克也曾经说过："现代希伯来女性诗坛上几乎就没有高水平的女诗人。唯一能够激发信念或者令诗人心灵震颤的便是拉海尔。她的诗歌的确纯正、无暇、颇有成就，她明白自己在诗歌的阶梯上可以攀到哪一级。不幸的是，她尚未表达出全部心声就离开了我们。"[1]

拉海尔·布劳斯坦生于俄国北部一个富有的犹太人家庭，母亲曾经是文化沙龙的女主人，拉海尔自幼在浓郁的俄罗斯风情中长大，具有绘画天赋，由于受俄罗斯文学的影响，从 15 岁时就开始用俄语写诗。1909 年到巴勒斯坦旅游，打算之后去往欧洲。但她最后改变了初衷，决定留下来，此时她的几位家人已经在那里定居。她先在中部的雷霍沃特小镇居住数月，在那里学习希伯来语，并且研读《圣经》。而后到了北方加利利湖畔的基内雷特基布兹，像其他先驱者一样立志务农，在加利利的一所青年女子农业学校居住并执教。在那里，她深为拓荒者的献身精神鼓舞着，并亲自参加艰苦的田间工作，用希伯来语写下了第一首诗，献给犹太复国主义思想家、主张把劳动视为提高犹太人精神境界的一种手段的阿龙·大卫·戈登（Aaron David Gordon，1856－1922），美丽的基内雷特湖也成了她日后诗作的讴歌对象。

1913 年，拉海尔到法国图卢兹大学学习农业管理，途中曾经在意大利学习绘画，第一次世界大战爆发后，她只能先回到俄国，在一所犹太难民儿童学校当教师，期间染上肺结核。1919 年，她重新回到巴勒斯坦，到加利利湖畔的一个基布兹生活。由于健康状况不断恶化，无法继续做教师工作，便离开基布兹，住到特拉维夫一所孤零零的房子里，在那里度过了人生的最后岁月，1931 年病逝。

拉海尔开始真正意义上的希伯来诗歌创作时，已经年届而立，她也像同时代生活在巴勒斯坦地区的一些犹太女子一样，受到报刊编辑们的鼓

---

[1] *Bialik Speaks：Words from the Poet's Lips Glues to the Man*，Ramat Gan：Massada Press LTD，1969，p. 113.

励，开始撰写文章和小品文，完成了《再生》（"Safiah"，1927）[1] 和《翻越》（"Mineged"，1930）。这在女性一直沉寂的希伯来文学史上具有创新意义。20 世纪的世界级诗人耶胡达·阿米亥对拉海尔给予了高度评价："拉海尔是一位出色的抒情诗人。70 多年来，她的诗一直以其朴实无华和富于灵感而清新地留在人们的记忆中。它受到各类读者的喜爱——老少咸宜，既为老式读者所崇拜，又为后现代派读者所青睐。它实际上已经深深地植根于读者的心中，成为人们感觉、直觉和听觉的一部分。"[2]

拉海尔的诗歌充满着大自然中的色彩和光影意象，如"西天上闪动着红光"（《闲适的传说》）、"湛蓝、静谧的湖光"（《也许》）、黎明之际"灰蓝色的宁静"花园（《在花园里》）、"闪烁的日光"和"雨露中的日光"（《不育》），构成一幅恬淡优美的自然画面，交织着诗人丰富的情感。从诗歌语言上看，拉海尔并没有受过系统的希伯来文学经典的教育，没有过多拘泥于宗教圣典，她对犹太宗教经典，包括《圣经》在风格、主题乃至措辞的使用是有限的，因此她的语言比较流畅，偏于通俗，富有现代感。其诗歌具有欧洲或俄国抒情诗的色彩，而鲜少希伯来宗教诗歌的情调。就像弗兰德所说："她是最早反对她那个时代流行的矫揉造作、夸夸其谈文风的诗人之一，在诗歌中使用口语，给希伯来诗歌带来了清新与质朴的风格。她还热衷于描写'小'的主题，这点与当代人的思想非常吻合。"[3] 从这个意义上说，拉海尔把鲜活的自然精神带到了希伯来诗歌当中。

拉海尔的人生是不幸的，因为身染肺结核，她被迫离开基布兹，离开自己所向往的拓荒者生活，在孤寂中了却残生。她的多数诗歌，均写于病榻之上，多表达自己的个人感受，充满了强烈的抒情色彩，抒发女诗人对命运发自心底的怨艾，孤寂、愁绪、忧伤、求之而不得的爱构成了她许多作品的主体基调。

《闲适的传说》第一节描绘了白日将尽之际西天红光闪烁，傍晚"凄

---

① 关于《再生》的详细评论，参见 Miryam Segal, "Rachel Bluwstein's 'Aftergrowth Poetics'," in *Prooftexts* 25, 3（2005），p. 319.

② 参见《似花还似非花：拉亥尔诗歌选》前言，车兆和译，大众文艺出版社 1999 年版。

③ 同上。

凉"而"缓慢"地降临了，而在这个时刻，尚不明身份的诗人主人公心中涌起一个闲适的传说，"很久很久以前有个小姑娘"。诗中夕阳西下的场景暗示着人生将尽时分的凄凉，令诗歌主人公只能从追忆中寻找象征着生命的过去。读者也会猜测诗人主人公和不幸的女诗人之间是否具有某种本体与喻体的关系。诗的第二节写年轻的小姑娘怀揣着某种遗愿，从早到晚手把锄犁，在田间撒种，直至有一天她的路给命运的路障封死。象征着某种人生理想的破灭。诗由此从追忆中转到现在，快乐的日子一去不返，从地球的四面八方传来古老风暴的悲鸣。此时，诗歌主人公"我"出现了，她厌倦了晚间的凄凉……"景来情之媒，情来景之胚，合为诗"，拉海尔描述的这种晚间凄凉与中国文人笔下的黄昏意象具有某种契合之处，暗示着诗人在悲叹韶华易逝、人生易老和生命的无常。

拉海尔虽然外表美丽富贵，又曾经是基布兹中优秀的劳动者，但终生未婚，她的许多诗作涉及爱情主题，虽然也让人产生微笑的喜悦，祝福，或希望，但这种情致一般十分短暂，多数情况下表现出女诗人为爱的姗姗来迟、无边的寂寞、分离的悲哀、失之交臂的痛苦而忍受着熬煎。随着身体的每况愈下，诗人期盼"小桥"的出现，让她通过悲哀的深渊，度过幸福的时光。"小桥"也许象征着恋人，也许象征着自然界中的神力，甚至可以象征着联系和纽带。但不管怎样，这种发自心灵的无言呐喊铸就了现代希伯来诗歌的一个新的音符。

拉海尔在第二次移民浪潮时期来到以色列，她的诗作均与在巴勒斯坦地区的生活和感受有关。巴勒斯坦，曾经是流散地犹太人心目中的希望之乡，但是当他们来到这里时，展示在面前的却是贫瘠的土地，恶劣的生存环境，许多人失望之余又去往美国。诗为心声，拉海尔的诗歌中就表达了新移民的失望、绝望之情。《我只知道怎样述说自己》[①] 是一首自喻诗，先用象征的手法把自己的人生天地比喻成"蚂蚁窝"，而自己本人则"像蚂蚁从地面爬上树梢"，行动非常吃力，"充满苦痛"，喻指人生之艰辛。而"巨人"则象征着命运，不仅嘲弄地伸手"拦阻"诗人，而且用"恶作剧"来戏弄诗人。由此看出，诗人把自己人生的不幸归结于命运，正是

---

① 见高秋福译《百年心声》，人民文学出版社 1998 年版，第 44 页。

由于命运的戏弄，自己的人生之路既曲折，又沾满了悲苦的泪水。而诗人本人对命运充满了畏惧，质问为何不可思议的土地，即巴勒斯坦的象征，会召唤自己？显然，女诗人已经像第二次移民浪潮时期的许多年轻人一样，对巴勒斯坦感到了失望。这种感觉在其他一些诗作中，又具象为对人生体验的某种疑惑与追问，以及对很久以前工作过的土地的眷恋。"也许这一切从未发生，也许人并非有过那样的生活。也许我从未聆听清晨的最初召唤。汗津津在花园中劳作……也许我从未在基内雷特湖中净身。啊，我的基内雷特湖啊，你是否真正存在过，还是我只是在做梦？"（《也许》）①

　　此类题材的诗作还有《我们的园地：献给查纳·梅塞尔》，梅塞尔是拉海尔第一次到巴勒斯坦时在犹太定居点里认识的农业教员，两人成为终生的好友。在这首献诗里，女诗人首先追忆了在春日早晨与朋友在卡麦尔山脚下的花园里面对蔚蓝海湾修剪枯枝的情形，又用"树上的小鸟"衬托诗人的快乐，然而那种喜悦，那个清晨转瞬即逝，留给诗人的则是某种永远的遗憾和无尽的追忆。

　　巴勒斯坦具有代表性的地理坐标，如"湖泊"、"河流"、"树木"等具象化概念具有某种撼人心魄的力量，唤起诗人对"我的土地"、"我的祖国"等抽象存在的真挚情思。"祖国"在拉海尔笔下最富有女性的人格化特征，"我的祖国，我尚未为您歌唱，未从沙场带回战利品，未以英雄的业绩为您增光。但在约旦河岸，我亲手栽下一株树，在您的田野走出一条路。母亲啊，我晓得带来的礼物太菲薄，女儿的奉献也不多：为您的贫穷黯然落泪，在晴朗的日子引吭高歌。"（《我的祖国》）②

　　这首诗上阕使用"女儿"一词，把祖国比作母亲，这种概念的形成得益于犹太复国主义运动中的重要诗人阿龙·大卫·戈登的影响。在戈登看来，祖国意象至关重要，通过把故乡的自然风光与居住在那里的人们的精神面貌结合起来，在强调民族性时比较普遍，而通过女儿向祖国述说自己对她的奉献微不足道，表明散居在世界各地的儿女们有责任返回以色列

---

①　根据 *The Plough Woman* 中的诗选译出，第231—232页。
②　拉亥尔：《似花还似非花》，第17页。

地，向母亲进奉自己的绵薄之力，进而在土地与其人民之间建构了某种唇齿相依的联系。女儿和祖国，或者说女儿和国土之间的关系是一种理念性的，来自精神层面的。

诗歌的后半部分表达出几层意思，车兆和的拉海尔诗选与高秋福《百年心声》中的译文大同小异，大概都是遵循弗兰德颇受赞誉的英文译文翻译而来，而国内目前可以见到的收在《耕耘的女人》中的拉海尔诗歌的英文译文是根据 20 世纪 30 年代初期意第绪语译文翻译而成，似乎增添了意第绪语文学中的某种悲音："我自己的祖国，你的女儿深深了解，她的奉献多么可怜，她的手多么无力。但当你沐浴阳光，我的心在欢乐中跳荡，我偷偷地哭泣，为你遭逢的乱离。"女儿深知自己对祖国的奉献甚少，女儿的喜怒哀乐与祖国的命运息息相关，她为祖国洒满阳光而欣喜，为祖国的乱离而悲戚。因此，在此类诗歌中表达了拉海尔作为拓荒者女性的一种情怀，与另一类柔弱女子的悲吟形成强烈的对照。

埃斯特·拉阿夫 1894 年生于佩塔提克瓦，是第一位在巴勒斯坦出生的犹太女诗人。拉阿夫的父亲是一位来自匈牙利的犹太移民，立志在以色列地建立起欧洲的犹太农庄。独特的生活经历使埃斯特·拉阿夫的作品有别于同时代的利亚·格尔德伯格等人，缺少明显的欧洲情调。同时，由于拉阿夫出生的时代正处于本－耶胡达在以色列地倡导使用希伯来语的时代，在这样的环境里，她比其他作家更早地接触希伯来语，更具备驾驭这门语言的能力。

艾莉谢娃·比克豪夫斯基 1888 年生于俄罗斯，父亲是一位乡村教师，母亲去世后，她由母亲在莫斯科的家人抚养长大。从 1907 年起，开始用俄语发表诗歌，后因为生活在犹太文化氛围内，逐渐对犹太教和希伯来语发生了兴趣。从 1913 年开始学习希伯来语，1919 年就发表了自己的第一个诗集。1920 年他与西蒙·比克豪夫斯基结婚，受其影响，开始创作希伯来语诗歌。1925 年，她和丈夫一起移居巴勒斯坦，1926 年出版了希伯来语诗集《小茶杯》（*Kos Ketanah*）和《沐浴在晨光和欢歌中》（*Im Or Boker Be－kol Rinah*），加入到巴勒斯坦女诗人的行列之中。

与上面几位诗人先后出现在诗坛的还有巴特－米丽亚姆。巴特－米丽亚姆是笔名，意思是"米丽亚姆的女儿"，她的经历与黛沃拉·巴伦相似，也是生于东欧乡村一个虔敬的犹太人之家，后来在敖德萨和莫斯科上大学，接受现代教育，1926 年移居巴勒斯坦，1929 年发表了自己的第一部诗集《距离》（Me - Rahok）。巴特－米丽亚姆尽管参与了反对大流散生活的犹太复国主义运动，但与巴伦一样，仍然带着一种怀旧情绪，坚持描写东欧犹太村庄的风光、宗教生活和那里的犹太人。巴特－米丽亚姆创作的黄金时期是 20 世纪三四十年代，后因爱子在 1948 年"独立战争"中战死，巴特－米丽亚姆就终止了诗歌创作生涯。但与巴伦不同的是，巴伦对当时巴勒斯坦地区的生活几乎不闻不问，集中描写处于边缘地位的女性，而巴特－米丽亚姆却在作品中关注自己和土地的关系。[1]

早在去巴勒斯坦之前，巴特－米丽亚姆就在《时代》杂志上发表了诗歌《距离》（1922）。"我将全部跨过你我之间的距离，来到你面前。我将征服距离间的蔚蓝（空间），一口气将其吞下，来告诉你什么。我将说什么？如果我说？"诗中的你究竟是谁？是恋人？还是上帝？没有明确交代，但总之是诗人心中所向往的人或物，并表达了诗人与这种人或物交融的愿望。

利亚·格尔德伯格（Lea Goldberg, 1911 - 1970）生于柯尼斯堡（当时属于东普鲁士，而今则是俄国境内的加里宁格勒），童年时代在俄国度过，十月革命后与家人一起去了库夫诺（而今立陶宛的考那斯），在库夫诺读中学时就开始用希伯来语写诗了。她先在库夫诺读大学，后来又到德国深造，1933 年在波恩大学获得闪米特语言的博士学位。1935 年格尔德伯格移居巴勒斯坦，先居住在特拉维夫，给当时的哈比玛剧院做顾问，并与现代希伯来语诗人沙隆斯基一起办文学杂志，译介俄罗斯诗歌，并于同年出版了自己的第一部诗集《烟圈》（Taba' ot Ashan），当时希伯来文学史上第一位女编辑黛沃拉·巴伦已经开始了隐居生活。

1954 年格尔德伯格应邀开始在希伯来大学教课，是希伯来大学比较文学系的创始人之一。1963 年起任希伯来大学比较文学系主任，直到 1970 年在耶路撒冷去世。格尔德伯格懂七门语言，既是诗人，又是翻译家和研究者。她对希伯来文学的主要贡献是诗歌创作，1935 年出版了自己第一部

---

[1]　Wendy I. Zierler, *And Rachel Stole the Idols*, p. 172.

诗集《烟圈》，之后又出版了 8 部诗集。她也创作精美的儿童短篇小说、戏剧、文学随笔和戏剧评论。并且写过小说《来自想象中的履行的书信》（*Michtavim Mi – Nesiah Medumah*）、《他就是光》（*Ve Hu Ha – or*）和回忆录，以及剧本《城堡中的女士》（*Ba`alat Ha – Armon*）；还翻译多部欧洲文学经典，包括契诃夫、易卜生、托尔斯泰的作品。她的儿童文学作品在以色列家喻户晓，可以说以色列两代人读着她的儿童文学作品和诗歌长大。

在诗歌创作上，格尔德伯格主张希伯来诗歌不能成为民族的"朝廷弄臣"。在第二次世界大战期间，她攻击文学要表现社区生活的主张。她不肯用文学来为战争和民族事业呐喊，在她看来，即使死者慷慨就义，但生者也比死者重要，生者的喜怒哀乐也比死者更为重要。尽管格尔德伯格参加政治论争，但是不公开在自己的诗歌创作中处理这些主题，而是忠实于美和情感的表达。① 格尔德伯格擅长写抒情诗，描写童年、爱情、衰老和死亡，诗风忧郁、内敛，非常自我，她的诗歌主要植根于欧洲文学传统，是同龄人中受西欧文学影响最为明显的一位诗人，但她也借鉴了犹太文化中的某种东西，比如采用犹太主题。但是，与同时代的一些女诗人相比，格尔德伯格显得对《圣经》中的女性形象不太感兴趣，她不喜欢"女作家"这一称谓，评论家们一般不会从社会性别角度来分析她的诗歌主题。

---

① *The Defiant Muse: Hebrew Feminist Poems from Antiquity to the Present: A Bilingual Anthology*, eds., Shirley Kaufman, Galit Hasan – Rokem, and Tamar S. Hess, New York: The Feminist Press at the City University of New York, 1999, pp. 16 – 17.

第四章

阿格农及其创作实践

在 20 世纪希伯来文学形成与发展过程中，与布伦纳同样占据着中心地位的另一位作家便是希伯来文学史上第一位，也是迄今唯一的诺贝尔文学奖得主阿格农，因此在学术界形成了布伦纳学派与阿格农学派之说。近年来也有学者开始关注这两个学派之间的论争。如果说布伦纳学派对犹太教，以及对犹太教现代价值予以呼应的犹太复国主义产生疑虑，并用当代革命的概念评判世俗的、持犹太复国主义观点的犹太人的话，那么阿格农则认为早期犹太教是存在的，并且终将对奠定犹太身份产生深远的影响。[①] 与布伦纳等在大流散期间便开始创作生涯，到巴勒斯坦后创作出具有巴勒斯坦地域特征的作家不同，阿格农在欧洲故乡期间还是一个默默无闻之辈，1908 年移居巴勒斯坦不但是其人生中的一个转折，而且也成为其从事希伯来小说创作的起点。可以说当布伦纳在 20 世纪初期的希伯来文学创作领域独领风骚之际，阿格农还只是一个具有才华但初出茅庐的无名作家。因此早在 20 世纪初期，布伦纳学派具有明显的优势。但是，布伦纳在 1921 年便被阿拉伯极端分子杀害，而阿格农的艺术生命却绵长深远。正是在巴勒斯坦这片土地上，他创作了自己的第一个希伯来语短篇小说《阿古诺特》，后来虽然到德国居住十年，但 1924 年再度返回巴勒斯坦，在那里创作了一生中最为重要的几部长篇小说，这些作品内容驳杂、层面丰富，反映了东欧犹太村落及那里形形色色的犹太生活、欧洲犹太村落的瓦解进程，以及阿里茨以色列（以色列地，即巴勒斯坦）叙事，并且于 1966 年荣膺令希伯来

---

① 详见 Ortsion Bartana, "The Brenner School and the Agnon School in Hebrew Literature of the Twentieth Century," in *Hebrew Studies* 45 (2004), pp. 49–69。

语世界感到骄傲的诺贝尔文学奖。阿格农吸收了由门德勒和别尔季切夫斯基传承下来且由布伦纳等人革新了的文学传统中，并融合了犹太传统和欧洲传统中的主题和结构，创造了新型的希伯来语小说，成功地反映了从 20 世纪初期到 20 世纪 70 年代犹太社会与文化变革的深广程度。[①] 他本人也被当作，至少是被象征性地当作 20 世纪希伯来语文学的杰出代表。

　　阿格农生于波兰，即原奥匈帝国加利西亚地区布克扎克兹城，原名施穆埃尔·约瑟夫·查兹克斯。从宗教及血缘关系上看，他出生在 19 世纪一个典型的犹太人之家。阿格农的父亲虽然曾经以经营皮货为生，但却饱读诗书，是一位德高望重的拉比，其家族同 18 世纪兴起于波兰、主张虔修与神秘主义的哈西德教派有着千丝万缕的联系。而母亲家族属于闪米特纳盖德教派，即犹太教中坚持传统教义、反对 18 世纪中叶东欧的哈西德派教义的教派。这使得阿格农既有机会在家中实践东欧主流宗教生活，又有机会接触到欧洲文学和犹太启蒙运动以来创作的新希伯来文学作品，可以说受到了犹太传统文明与现代西方文明的双重熏陶。阿格农自幼在犹太会堂接受传统教育，跟随父亲及私人教师学习《托拉》（即《摩西五经》）、《塔木德》等犹太经典，拉比传说和哈西德文学，通晓《塔木德》及其评注，通晓犹太法学家、哲学家、科学家迈蒙尼德的著作，并从母亲那里听到了大量德国文学中的故事。与此同时，他自己借助希伯来语和意第绪语阅读了犹太启蒙思想家撰写的著述；后来又学习了德文，通过德文阅读东欧文学，为其日后创作中所蕴涵的神秘悠远的宗教文化意蕴打下了坚实的基础。阿格农在文学创作上起步很早，从八岁时就开始用希伯来语和意第绪语进行习作。15 岁时开始发表意第绪语诗歌和希伯来语文章。

一　早期巴勒斯坦生涯和奠基之作：
《阿古诺特》与《迷途知返》

　　1908 年抵达巴勒斯坦是阿格农人生中的一个重要转折点。从 1908 年到 1913 年，阿格农主要居住在雅法和耶路撒冷。从历史上看，这一时期

[①]　谢克德：《现代希伯来小说史》，第 105 页。

正是犹太人大规模移居巴勒斯坦时期。第二次犹太移民运动与第一次犹太移民运动在成员构成上极其不同。这批来自东欧，主要是来自前苏联的犹太移民，在社会主义和回归理念的影响下，要开垦在巴勒斯坦当时说来仍旧贫瘠的土地。他们当中不仅有本－古里安、卡茨尼尔森等犹太复国主义拓荒者，还有坚持在土地上劳作并实现其理想的作家戈登，以及20世纪初期希伯来文学的奠基者布伦纳。

尽管阿格农是来加利西亚的富家子弟，但在巴勒斯坦却靠给私人教课和微薄的稿费维生。他也做各种文秘工作，曾经给犹太复国主义运动的重要领导人阿瑟·鲁宾做秘书。尽管他曾经一度抛弃了宗教习俗，但是难以完全认同新的年轻定居者们的现代主义理念，因此不能说他是典型的第二次犹太移民运动时期的新移民。在生活习惯与精神特质上，他这个来自加利西亚的犹太青年与来自俄国的年轻拓荒者迥然相异。但是，他与第二次新移民世界的交往对他的人生产生了极其重大的影响。在雅法，他接触到许多知名作家和犹太复国主义先驱者，其中包括20世纪初期希伯来文学的中心人物布伦纳，将其视为自己的精神依托。他们之间的交往为后来的作家和文学批评家留下了意犹未尽的话题。[①] 此外，他对劳工犹太复国主义运动的精神领袖伯尔·卡茨尼尔森、巴勒斯坦的首位神学思想家伊扎克·库克与犹太复国主义领袖鲁宾也满怀钦佩。他自己认为，他从布伦纳那里学到除以色列地年轻的犹太人在世界上无处可去的见解；从鲁宾那里学会不要有过高期待，而是要力所能及；从拉比那里学到在土地上劳作乃是神圣的服务；从卡茨尼尔森那里学到了所有这些理念。[②]

也是从1908年抵达巴勒斯坦后，阿格农基本上不再用意第绪语进行创作。[③] 而使用希伯来语则是当时构成新型犹太民族身份的重要标识。正

①　这方面的学术文章有 "The Brenner School and The Agnon School in Hebrew Literature of the Twentieth Century," in *Hebrew Studies* 45（2004），著名希伯来语作家阿摩司·奥兹在《爱与黑暗的故事》中也对阿格农与布伦纳的关系做了带有想象性的揣摩。

②　Gershon Shaked, *Shmuel Yosef Agnon: A Revolutionary Traditionalist*, New York and London: New York University Press, 1989, p. 13.

③　Gershon Shaked 曾经说过，阿格农自从离开故乡布克扎克兹城后，从时间上判断应该是1907年，就不再用意第绪语进行创作，但同时又说1911年阿格农发表的意第绪语文学作品 "Toytentants"（1911）表现出出色的文学才能，并受到了德国新浪漫主义文学的影响。见 Gershon Shaked, 1989, p. 4。据此，推断 "Toytentants" 写于阿格农抵达巴勒斯坦之前可能更合乎逻辑。

像谢克德所指出的，第二次移民运动改变了巴勒斯坦犹太人的特点，给犹太居住区带来了动态的、世俗的和现代的因素。同时提升了希伯来语言和文化在犹太居住区的作用，劳工团体出版了许多日报和杂志，在现代教育机构中使用希伯来语。[①]

如果把阿格农放到 20 世纪 20 年代第二次移民运动的时代背景中加以考察，则不难发现，阿格农选择用希伯来语进行创作，至少标志着他在某种程度上对犹太人在巴勒斯坦地区需要把希伯来语当作创作与交流手段这一趋势的认同。但应该指出的是，阿格农采用希伯来语进行创作，在相当程度上认同的也是犹太文化传统，阿格农曾经在自己论及希伯来语言神圣性的小说《味觉》中，对现代文学与古代文本之间的关系做过诗意化的表达：当他读到《托拉》、《先知书》、《圣著》、《密西拿》、律法与传说等用希伯来文写就的犹太经典文字时，不禁想起古代宝贵的民族财富多次被毁，只留存在记忆中时，内心充满了悲痛，这悲痛之情使得他的心在颤抖。他在颤抖之中提笔写作，就像一个被从父亲的宫殿里流放出去的人，栖息在自己搭建的小棚子中，用上帝能够听懂的唯一语言，诉说祖述前贤家里的辉煌。[②] 在阿格农看来，象征祖辈辉煌的"宫殿"代表着神圣的希伯来传统，而现代作家的作品，则在某种程度上成为了古代传统的世俗替代物，即他所说的"小棚子"。[③] 他一向大量使用囊括了大量典故、拥有深刻隐喻的希伯来语，并把现代希伯来文学视为古代文本的替代物，但在希伯来语变革的时代，他无法把希伯来语真正变成经典的载体，换句话说，他无法完全用古老的语言传播现代内容。而且，他也无法全面回避欧洲文化的影响。从这个意义上说，阿格农在自己的创作实践中，既无时无刻不在切近着犹太宗教文化传统，又有别于那个传统，时时表现出一种现代意识。

1908 年，阿格农在当时的希伯来语文学期刊《哈欧麦尔》（*Ha' omer*）

---

① Gershon Shaked, *Shmuel Yosef Agnon: A Revolutionary Traditionalist*, p. 9.

② "The Sense of Smell," in S. Y. Agnon, *A Book That Was Lost*, eds., Alan Mintz and Anne Golomb Hoffman, New York: Schocken Books, p. 141.

③ Gershon Shaked, "Midrash and Narrative: Agnon's 'Agunot'," in *Midrash and Literature*, eds., Geoffrey H. Hartman and Sanford Budick, New Haven and London: Yale University Press, 1986, p. 286.

上发表了第一个希伯来语短篇小说《阿古诺特》，① 这应该说是阿格农在创作中试图切近希伯来文学传统的一个范式。小说的标题"阿古诺特"是希伯来语"弃妇"或者"被遗弃女子"的谐音。按照犹太律法，"阿古诺特"指那些与丈夫分离的已婚女子，但因为他生死不明，既不能和他离婚，又不能再嫁。但是阿格农把"阿古诺特"用于作品篇名，使用的并非它在犹太律法中的原始意义。

小说首先描写了几个青年男女之间的四组或明显或潜在的受挫情感和失败的婚姻关系。其中，两组明显的人物关系分别出现在耶路撒冷的女子迪娜与流散地青年耶海兹凯尔，迪娜与艺术家本－乌里之间，也可以视为小说的两条平行线索。而在这两组关系中，迪娜可以说是遭到了双重抛弃。

迪娜出身名门，其父亚希以谢（Ahiezer）② 十分富有，从流散地移居到圣城耶路撒冷，亚希以谢膝下无子，因此将唯一的女儿迪娜视为掌上明珠，对她珍爱备至。而且，按照阿格农的描述，迪娜自己也是集千般美德于一身的女孩，她的容貌光彩照人，声音悦耳动听，举止谦逊温柔。但所有这些自豪之处都是内在的，只有父亲家的至交可以看见。等她到了谈婚论嫁的年龄，她的父亲向流散地中的所有国家派去信使，寻找能够与之般配的对象。数月后，信使们报告他们在波兰找到了一位奇妙的少年，他是一位研习《塔木德》的学生，出身高贵，才貌出众，虔敬，谦逊，是美德与善行的化身。这个青年人便是迪娜未来的丈夫以西结，尽管他符合迪娜父亲为爱女择偶的标准，但是与迪娜却没有任何感情基础。更重要的，以西结在波兰拥有自己所深爱的姑娘，即他父亲女佣的女儿弗莱德尔。

迪娜的父亲为使未来的乘龙快婿能够在耶路撒冷赢得令人尊敬的学术地位，让世界各地的学者前来听他讲传犹太律法，便命人营造一座带有祈祷间的恢宏宅第，让书记员抄写律法经卷，并命卓尔不凡的艺术家本·乌里制作一个盛放经卷的约柜。他让本·乌里住在自己家中的花园里，本·

———————————

① "Agunot," in S. Y. Agnon, *A Book That Was Lost*, eds. , Alan Mintz and Anne Golomb Hoffman, New York: Schocken Books, p. 141.

② 人名采用和合本译法（下文中的以西结亦同）。

乌里双手做着约柜，嘴里不住地唱歌。歌声吸引了迪娜，她站在窗前，专注地倾听，甚至在梦中梦见这位歌手，于是来到他工作的场地，久久不肯离去，并对这个年轻的艺术家萌生了爱意。本·乌里虽然也喜欢迪娜，但他专心致志地制作约柜，很快便将迪娜的形影忘记，仿佛她并不存在。而当约柜造好后，本·乌里惊叹于它的坚固，但内心感到虚空，不免悲从中来，于是到花园里散心。迪娜来到本·乌里的房里，在"魔鬼"的挑唆下，扬手打翻了约柜，约柜从窗口落入了花园。

迪娜打翻象征着神明降临的约柜，显然是犯了罪，因为按照犹太律法，约柜是不得任人随意触动的。尽管迪娜后来在向拉比坦白自己打翻约柜这一罪愆时得到了拉比的宽恕（拉比告诉她每位新娘在婚礼那天都会得到上帝的宽恕），但并没有得到真正的救赎。作品虽然没有明确表示，但却透过字里行间予以暗示，迪娜钟情于本·乌里，后者也一度为他动情，但是迪娜无法从他那里得到婚姻。以西结虽然给了她婚姻，但是其心另有所属，无法给她爱情。他们的身体虽然离得很近，但他们的心灵从未给予对方。最后象征着艺术的工匠本·乌里离她而去，而象征着生活的丈夫以西结也与她离婚，她再次与父亲踏上流亡的旅程。以西结虽然离开了迪娜，但也不可能重新赢得失落的爱，曾经遭到他"遗弃"的弗莱德尔已经在波兰另嫁他人。小说因此又揭示出作品中另外潜在的两组人物关系，即以西结与弗莱德尔，以及弗莱德尔与她波兰丈夫之间的关系。

从作品中几对年轻人的命运中我们不难看到，《阿古诺特》表现出双重主题：即失落的爱与挫败的艺术。尽管我们通过文本阅读无法清晰地判断谁是犹太律法中所指的真正弃妇，但确实存在着因弃妇这一传统概念而造成的种种不和谐。也许文本中表现出的造成爱与艺术双重失败的直接原因并不在于犹太律法，而是在于个体人物之间的情感关系，也就是说由社会外力而导致的冲突。就像谢克德所说，如果小说中的主要人物均找到了其真正的伴侣，比如迪娜嫁给了本·乌里，弗莱德尔嫁给了以西结，那么则会建立起某种和谐，而从逻辑上说，小说则会以某种大团圆的结局作结。① 从这个意义上，我们似乎并不可以得出当时已经萌生了某种现代意

---

① 参见 Gershon Shaked, "Midrash and Narrative：Agnon's 'Agunot'," p. 294。

识的阿格农试图反对传统犹太律法的简单结论。

对于阿格农来说，《阿古诺特》在他的创作中无疑具有不可忽视的意义。它不但是阿格农从流散地抵达巴勒斯坦后创作的第一个希伯来语短篇小说，而且也是作家在文坛奠定自己声名的作品。作家在发表这篇小说时，第一次使用了"阿格农"这个笔名，到20年代从欧洲重返巴勒斯坦不久又把"阿格农"易为自己的姓氏。阿格农如此认同《阿古诺特》这一小说的篇名，乃至使文学批评家和普通读者都不禁会思考作品篇名与作家之间、虚构的文本世界与真实的人生经历之间的关系，乃至使文学批评家们把这篇作品当成对作家新名字所作的一种评注形式。就像谢克德所说，阿格农在小说中的题目与他本人之间建构了一种关联，他延续着古代文学的一种传统，含蓄地表明他的人生就是对这篇作品的解说，正如小说是对他的人生所做的解说一样。①

小说开篇在整部作品中占据了至关重要的地位。它以哈西德故事中惯常沿用的"据记载"起句，在以色列人行为与上帝手上用来编织凝聚着所有恩惠与怜悯之意的祈祷披肩用的一条德行之线（thread of grace）之间建立关联，又遵循《雅歌》与《雅歌》评注的模式充满寓意地开篇。阿格农在写身披祈祷披肩的以色列会众时用的是希伯来语中的阴性词尾，称她散发着美丽的光辉，即使在流亡中，也和在她父亲家里，在拥有主权的庙宇与拥有主权的城市耶路撒冷一样。当上帝看到她在众多的压迫者中既没有失去光辉也没有遭到污染时，俯身对她说，"我的佳偶，你甚美丽！你甚美丽！"这是每个以色列男人心目中均能感受到的秘密，即充满力量、荣誉、崇高和温柔之爱的秘密。但有时织布机上的线会遇到阻碍，而后披肩则会被损坏。恶精灵靠近它，进入它的体内，将其撕成碎片。立刻耻辱感冲击着整个以色列，他们知道自己赤身裸体……那时以色列会众愤怒地呆在异国，哭喊道，"（城中巡逻看守的人）打了我，伤了我，（看守城墙的人）夺去了我的披肩"。她的良人离她而去，她寻找他：哭道，"若遇见我的良人，要告诉他，我因相思成疾。"这种相思令其枯槁，直至天上的灵气唤起人的善行，使之能够编

①　参见 Gershon Shaked, "Midrash and Narrative: Agnon's 'Agunot'," pp. 287-288。

织出上帝编织用的线。①

　　大家从笔者对《阿古诺特》的第一段所做的文字叙述中可以看出，这段文字与希伯来文学，与宗教经典《圣经》和其他希伯来经典文献建立了某种互文关系，它曾经数次援引《雅歌》，并在叙述中提到了伊甸园中亚当和夏娃偷吃禁果后"赤身裸体"的感受，德行之线与神圣的披肩可以在拉比文献和卡巴拉文献中找到出处。作家在使用这些原始资料的过程中，十分注重其寓意描述。对于以色列人的善行，上帝用德行之线编织披肩，给其会众披上，使之沐浴在美的光环中，向他们讲述爱的絮语；而当善行遭遇阻碍时，披肩则遭到撕毁，恋人陷于相思的苦痛之中。显然，作家没有停留在原始的希伯来文本《雅歌》对爱情的描写上，而是加进了后人的理解。欢快的相恋与痛苦的相思象征着以色列人与上帝之间的两种鲜明对照的关系。古代希伯来解经学家把《雅歌》中的这些诗句视为上帝与以色列之间的挚爱，更多强调的是爱情的欢快。阿格农以前人对《雅歌》进行的经典性评注为基础，对《雅歌》进行重新解释。② 只是，在这种重新解释的过程中，他把重点转向女子舒拉米特未能找到自己良人的挫败上，强化大流散中的犹太人与上帝失之交臂的痛苦，以表明犹太人在大流散过程中所产生的痛苦历史体验。而这种痛苦，便是他重新叙写小说故事时所表现的一个重要主题。就像他自己在开篇中所说："这正是这个故事所描述的主题，一个来自圣地的可怕的大故事……"③

　　这个大故事叙事的当然不只是迪娜、本·乌里、以西结和弗莱德尔几个年轻人的爱情故事，并非单纯地演绎出女子遭到遗弃的悲剧主题，而是在探讨上帝与以色列、大流散与以色列、流亡与救赎乃至生活和艺术的关系。我们可以设想，小说中的两个年轻女子，即迪娜和弗莱德尔在某种程度上能够代表耶路撒冷与波兰，即以色列地和流散地两个不同的地理位置与文化属性。提出这种假设的原因在于，就像学者们经常注意到的，小说

---

① S. Y. Agnon, "Agunot", in *A Book that Was Lost and Other Stories*, pp. 35 - 36.

② Mare S. Bernstein, "Midrash and Marginality," in *Hebrew Studies* 42 (2001), pp. 19 - 20.

③ S. Y. Agnon, "Agunot", in *A Book that Was Lost and Other Stories*, p. 36.

中的一些主要名字均有象征意蕴，可以在《圣经》中找到原型。① 比如，本·乌里与《圣经》中能够做各种巧工的"乌里的儿子比撒列"有着渊源关系，他为摩西制造了会幕中的约柜。② 以西结在《圣经》中是一个流亡先知。③ 而迪娜的原型无疑是《圣经》中雅各和利亚的女儿底拿。在《圣经》中，雅各的女儿底拿遭到了希未人哈抹之子示剑的玷污，尽管示剑心系着她，请父亲哈抹替他向底拿的父亲雅各求婚，但雅各的儿子们把妹妹遭到玷污这件事情视为奇耻大辱，表面上应允婚事，却设计杀了示剑，把底拿带走。④ 弗莱德尔是一个意第绪语名字，和古代的希伯来传统没有渊源关系。从某种意义上，迪娜和弗莱德尔代表着故乡和异国两种地理属性。迪娜和底拿均无力主宰自己的爱情，被动地承受父亲和兄长们给她们安排的命运。《圣经》中并没有提及底拿对兄长们杀死自己的丈夫是什么态度，只通过雅各说在当地"赢得了臭名"暗示杀人者的不义；《阿古诺特》中的迪娜实际上已经另有所爱，但她只能服从父亲安排的既定婚姻。迪娜与底拿的共同之处在于，他们在父权和族权面前均无能为力，等待她们的都是悲剧。因此迪娜是不幸的象征，弗莱德尔在意第绪语中有"幸福"之意。以西结与这两个姑娘的情感纠葛在某种程度上表现出阿格农在价值观念上的取舍。小说中有这样的描写："他的双脚虽然踩在耶路撒冷的城门之内，站在她的土地上，但是他的眼睛和心灵却向往国外读书和祈祷的场所，即使现在，当他走在耶路撒冷的群山中时，他想象着自己身在故乡学者们当中，在田间散步，吸吮着晚间的气息。"⑤ 如果我们把作品中的主人公放到第二次移民浪潮时期的社会语境中，则不难理解，许多犹太人尽管心系耶路撒冷，但是流散地的生活往往更受其青睐。许多第二次移民运动时期的定居者，甚至拓荒者，最后忍受不了巴勒斯坦生活的艰辛，选择了离去。阿格农本人也在 1912 年离开巴勒斯坦，去了德国。他

---

① Shaked, "Midrash and Narrative: Agnos's 'Agunot',", p. 295. David Stern, "Agnon from A Medieval Perspective," in *History and Literature*, eds., William Cutter and David C. Jacobson, Providence, RI: Brown University, 2002, p181.

② 《圣经·出埃及记》第 35 章第 37 节。

③ 《圣经·以西结书》。

④ 《圣经·创世记》第 34 章。

⑤ S. Y. Agnon, "Agunot," in *A Book that Was Lost and Other Stories*, p. 45.

在 1924 年重新回到巴勒斯坦后改名，是否含有他本人对也曾经遭到过上帝遗弃这一体验进行有意味的纪念。

小说中的几个主要人物都没能找寻到自己的意中人，都成为遭到遗弃的人，相继选择了离去。迪娜与父亲在耻辱中离开了耶路撒冷，以西结回了波兰，本·乌里也被逐出（这点从《阿古诺特》拉比在睡梦中梦见本·乌里的描写中可以看出，本·乌里问拉比："你为何将我逐出，我不可坚守王国里的份额？"），[①] 就连迪娜的父亲和为迪娜主持婚礼的拉比也不例外。迪娜的父亲从流散地来到圣城耶路撒冷，为在废墟中重建圣城尽绵薄之力，为造物主重新降临锡安地那天做准备。但是女儿婚姻的失败使之不得不离开耶路撒冷，他不能继续住在那里，所有的希望于是落空。拉比本人在两个梦中因批准迪娜和以西结的婚姻而遭到应该流亡的惩罚，于是为救赎爱情中的弃儿也踏上了流亡之旅，而他的妻子则成了名副其实的弃妇。小说结尾，对拉比的去处进行了两种言说：一种说法是拉比仍然在流亡；另一种说法则是拉比出现在了耶路撒冷。但不管怎样，他成了"漂泊不定的犹太人"（wondering Jews）。而真正能够对此做出解释的只有上帝。

尽管小说的结尾扑朔迷离，但是整篇作品自始至终可以说是蕴含着一种思想，即人的行为决定着人的命运。遭爱遗弃的人，在某种程度上可以理解成遭到上帝遗弃的人。这在某种程度上与中世纪的"道德小故事"有着异曲同工之妙，也就是故事本身具体地证明了某种道德思想，或者说证实了某种习俗或律法。同时，恋人分别可以在犹太人的历史主题中找到根源，即与以色列人离开先祖生活过的土地流亡异乡的命运产生某种呼应。由《阿古诺特》衍生出来的犹太人与上帝的关系，犹太人与以色列地的关系的探讨，在日后阿格农的许多作品中均有所体现。

继《阿古诺特》之后，阿格农在 20 世纪初的第一个十年居住在巴勒斯坦时期还写有另外一个中篇小说《迷途知返》。《迷途知返》可以说与《阿古诺特》一道"奠定了阿格农在希伯来文学领域的重要地位，形成他一生最重要的转折点"。[②] 与《阿古诺特》相对，这篇小说的背景没有置

---

① S. Y. Agnon, "Agunot," in *A Book that Was Lost and Other Stories*, p. 45.
② 谢克德：《现代希伯来小说史》，第 106 页。

于耶路撒冷，而是大流散的欧洲，具体地说是 19 世纪中期阿格农的故乡布克扎克兹。但与之相似的是，这部作品再次触及弃妇主题和上帝缺失的主题。

《迷途知返》的原文是 "Vehaya He'akov Lemishor"（The Crooked Shall be Made Straight），出自《圣经·以赛亚书》第四章第四节，原义是 "弯曲的道路要易直"，具有某种训诫的含义。小说以阿格农故乡布克扎克兹小城上一个传说中的故事为蓝本，非常具有现实主义色彩。主人公门纳什·海姆本是一个富裕的店主，与妻子弗伦德尔过着幸福的生活，他十分钟爱自己的妻子，即使婚后十年妻子尚未给他生下任何子嗣，他也不肯按照拉比律法与妻子离婚。但是后来因为在生意上连遭不幸，负债累累，海姆被迫离开妻子到加利西亚乡镇以乞讨为生。他随身携带了一份布克扎克兹拉比给他的证明，说明他的身份，并且号召所有的好犹太人都要救济他。海姆最初是个十分自尊的人，乞丐生涯最初令其感到耻辱。后来当他拥有足够的救济品后，便想回家，把证明卖给了一个职业乞丐，并到一个类似花花世界的地方挥霍钱财。不料，在住店时钱财与经匣被人洗劫一空，他必须再次踏上乞讨之路，可是手中已经没有了身份证明。

海姆把证明卖给了一个乞丐，又被人偷去了身上佩戴的犹太教经匣，导致自己失去了身份。而购买他身份证明的乞丐在一次酒醉后死亡，人们根据这份证明断定海姆已经离开人世，于是拉比宣布海姆已经死去，他的妻子不再是弃妇，于是名正言顺地另嫁他人，并且生有一子。而当海姆回归故乡之后，陷于一种两难境地。一方面顾念前妻和她孩子的名誉，他不能暴露并恢复自己的身份；另一方面，又等于在容忍前妻的过失。他只有再次踏上漂泊之旅，希望通过死亡而实现最终解脱。最后，他躲到一块墓地，向守墓人坦白了自己的故事，死于前妻为他（购买他身份证明的乞丐）立的墓碑前，守墓人将其埋葬在那里，死后的他终于享受到依旧爱着他的妻子献给他的祈祷与供奉。

这篇小说曾经被一些评论家视为奠定阿格农作为青年艺术家的作品，阿诺德·班德称《迷途知返》表明阿格农在艺术上取得成功，立即奠定了其文坛声誉。① 布伦纳自己出资将其再版。早期评论家认为它忠实地反映了 19 世纪中期东欧犹太社会生活，或称之虔敬地讲述哈西德故事。直到 20 世纪 40年代，希伯来文学批评家库茨维尔（Kutzweil）从其他维度提出了关于这篇作品的新读法。库茨维尔认为，这篇作品尽管穿插着宗教背景，但并非宗教小说，而是一篇具有内在艺术规则的反映世俗生活的现实主义作品。它默然地显示出上帝的残酷，上帝在门纳什·海姆没有明显罪愆的情况下便让他与妻子分离，进入到混乱的现实世界中。② 在库茨维尔看来，海姆被迫踏上的是永远不能回归的旅程，只有在出现奇迹的情况下他才可以回到妻子的身边，但是当今世界又缺少奇迹。这是阿格农作品中第一位离家却无法回家也永远找不到新家的主要人物，这样的人物在阿格农的全部创作中寥寥无几。库茨维尔的读法不仅是对解读《迷途知返》的一个贡献，而且为理解阿格农日后小说中离家远行的主人公提供了一个新的思路。但是库茨维尔的读法也有不完善之处。用班德的说法，他忽略了"迷途知返"题目中蕴含着的意义，也没有注意到作品的结尾，因为作品结尾还是能够让读者认识到在这个世界上依然存在着正义的可能性。

　　笔者比较倾向于班德的观点，小说题目"迷途知返"实际上蕴含着惩恶扬善的意义。门纳什·海姆的悲剧命运其实从一开始就已经注定。夫妻婚后十年没有子嗣，本来应该按照犹太律法离婚，但是海姆出于对妻子的情感不肯离婚，这在某种程度上背离了宗教律法，理应受到惩罚。从这个意义上，海姆夫妇丧失财富、夫妻被迫分离也可以视为某种惩罚，尽管中文背景出身的多数读者对这种惩罚未必予以认同。但耐人寻味的是，弗伦德尔在与别人结婚后竟然能够生育，这一细节则可以让人追问海姆本人为何遭遇这一不幸，当然这一点文本本身并没有予以明确的交代。不容否认的是，作品本身具有现代意义，海姆夫妇最初丧失了物质财富可以说是东欧社会犹太人生活状况日益恶化的一个缩影。而海姆第二次失去了在乞讨中得来的财产主要是他自身的弱点所致。他既失去了物质财富，又失去了

---

①　Arnold Band, *Nostalgia and Nightmare: A Study in the Fiction of S. Y. Agnon*, Berkeley: University of California Press, 1968, p. 54.

②　Ibid., p. 86.

个人身份，还失去了作为犹太人的集体身份。没有了身份，就再也得不到上帝的眷顾，也得不到好犹太人的施舍与帮助。

上帝缺失这一主题在当时的东欧犹太文学中比较普遍，按照哈罗德·费希（Harold Fisch）的观点，这是因为这一时期许多父亲不得不离开家乡离开自己的妻儿，到外地谋生。但是这一主题本身具有某种玄学意味，因为父亲的缺失代表着犹太历史上上帝的缺失，这在某种程度上证明了弃妇主题表现出神学范围本身内的分离，象征着具有神性的较为温和的女子与其较为严苛的丈夫之间的分离。这种恋人之间的分离，或者子女与父母的分离则表明更深层次的忧伤，一个从本质上分离的世界并呼唤其完整的忧伤。① 这种思想在 18 世纪与 19 世纪之间的卡巴拉文本中可以读到，而阿格农本人对卡巴拉文本十分熟悉，由此可以看出其思想的一个源头。

但阿格农在《迷途知返》中，更多地把海姆与上帝的分离归咎于他个人的错误。并且进一步强化了出卖身份证明这一错误本身导致的一连串不幸。因此，海姆为自己的罪愆付出了痛苦而沉重的代价，最后靠死亡而恢复了自己的身份。而经历苦难本身就像漫长的赎罪过程，海姆在这个过程中逐渐悔悟，尤其是得知妻子再婚后，决定将真相秘而不宣，维护她的名誉，可以说是一种牺牲。但是充满悖论的是，他这样做又在某种程度上与犹太律法发生抵触，因为按照犹太律法，他应该宣布自己活着这一事实，以终止妻子的罪愆。人间的爱在这里成了救赎之源，而犹太律法则成了阻碍救赎的戒律。海姆基于爱而做出再次离开的道义决定于是便具有了班德所言"否定犹太教律法"的意义。② 这对于自幼受到宗教思想教育的阿格农来说显然是一个矛盾，而解决这一矛盾的唯一方式便是让海姆离开人间，海姆在生命最后时期的行为和话语，如帮助守墓人干活，坦白自己以前的过失与现在的无奈，可以说是迷途知返。从这个意义上看，他即使在有生之年没有得到一个皆大欢喜的结局，但是在濒临死亡之际得到了某种心灵的救赎，他通过守墓人得知妻子为他立墓碑，断定再婚的妻子依旧爱着他，而他自己也因为墓碑上铭刻着自己的名字而重新赢得了身份。如果

---

① Harold Fisch, *S. Y. Agnon*, New York: Frederick Ungar Publishing Co. , Inc. , 1975, pp. 18 – 19.

② Arnold Band, *Nostalgia and Nightmare*, p. 91.

说他的第一次死亡是因过失而遭受惩罚的极致，那么第二次死亡或许是又一种新生的开始。

二 德国十年:《她在盛年之际》

阿格农发表《迷途知返》后，确立了他在巴勒斯坦地区希伯来语文坛的地位。正当人们惊诧于这个年仅 24 岁的加利西亚青年的创作才华时，阿格农却在 1913 年悄然离开了巴勒斯坦，前往德国，在柏林、慕尼黑等地辗转达 11 年之久。其根本原因，正如笔者在《当代以色列作家研究》一书中所写的那样，至今仍旧令学术界感到费解。班德以为，阿格农曾经表示，鲁宾劝说他去往柏林，是因为大城市的环境有利于艺术家阿格农的成长。但是他绝对未打算在那里待上 11 年。离开耶路撒冷的意义绝对不亚于之前离开加利西亚故乡的意义。这两次搬迁均让其置于新的世界，并产生负疚与背叛之感。①

德国乃现代犹太启蒙运动的发源地，那里的犹太人在生活情形与精神特质方面与巴勒斯坦和东欧的犹太人相比非常不同，犹太人作为少数民族不但可以与非犹太世界自由交往，而且在科学、艺术和经济领域对德国社会产生了很大的影响。当时的柏林作为德国的首都，不仅是第一次世界大战发起国的国都、德国政治经济文化生活的中心，而且也是犹太知识分子和犹太复国主义者活动的中心。著名的犹太哲学家与思想家马丁·布伯、格肖姆·肖勒姆、雨果·伯格曼（Hugo Bergerman）、瓦尔特·本雅明（Walt Benjamin）等人相继居住在那里。尽管阿格农身处德国犹太人圈子当中，但从本质上仍然是来自东欧的犹太人。不过在德国期间，他充分享受到犹太人的文化复兴，他前去大学聆听演讲，经常到图书馆读书，并且在一家犹太复国主义者们办的出版社里谋到了一份编辑工作，给犹太富家子弟教授私人课，与此同时，有些经历对他一生产生了决定性的影响。

首先，他在德国结识了当时一批颇具影响的犹太知识分子，其中包括犹太神秘主义学者格肖姆·肖勒姆、犹太哲学家马丁·布伯、犹太出版

---

① Arnold Band, *Nostalgia and Nightmare*, p. 20.

家萨尔曼·绍尔肯，与这些人过从甚密，一直交往到他们当中的一方离开人世。这些德国犹太人经历了后期的德国犹太启蒙运动，他们身上所带有的文化品格与阿格农源自加利西亚的文化特征显然十分不同。布伯试图在现代的西方犹太人与犹太传统，即他所认为的东欧犹太文化传统之间建立一座桥梁。在他看来，波兰的犹太人原始、质朴，作为一个群体充满着文化方面的热情与创造力，要用变化的眼光加以看待。① 从某种意义上，阿格农与布伯、肖勒姆、绍尔肯等德国知识分子的交流象征着东西方犹太文化之间的一种跨文化交叉，使德国犹太人对东欧犹太人产生了一种新的理解，他们不仅把他视为天才的作家，而且视为文化英雄，在创作和为人上表现出东欧犹太人的传统，逐渐赢得人们的钦佩。②

阿格农与布伯的交往始于 1909 年，当时身在雅法的阿格农致信布伯，希望布伯帮助他出版《阿古诺特》的德文译本。布伯接受了阿格农的请求，在自己出版的《世界》（*Die Welt*）刊物上登载了《阿古诺特》，第一次把阿格农引向非希伯来语的世界。阿格农抵达德国时，布伯关于哈西德派犹太人的论述已经产生广泛的影响。到德国后不久，他便持巴勒斯坦一位著名学者写的推荐信，前去柏林郊外的布伯家中拜访，很快做了布伯儿子的希伯来语教师，成为布伯家中的常客。布伯在和阿格农见面之前，便对比自己小十岁的阿格农比较钦佩。这一点在他帮助出版《阿古诺特》一事上可见一斑。此外，他们还曾经合作编纂哈西德故事集，不过这部合作的成果从来也没有面世。而日后布伯心目中理想的希伯来语叙事者，便是小说家阿格农。在他看来，阿格农为犹太人的生活而献身。这种献身平静、谦卑和忠诚。那种生活正在死去，正在变化，但也在发展。阿格农在内心深处平静地来承载加利西亚和巴勒斯坦、哈西德派教徒和拓荒者这两个世界的本质。③ 此外，布伯还在自己编辑的杂志上登载了阿格农许多小说的德文译本。可以说阿格农在德国能被读者接受，布伯起了推波助澜的

---

① Dan Laor, "Agnon and Buber: The Story of a Friendship, or: the Rise and Fall of the 'Corpus Hasidicum'," in *Martin Buber: A Contemporary Perspective*, ed. , Paul Mendes – Flohr, Syracuse University Press, 2002, p. 52.

② Ibid. , p. 53.

③ Ibid. , pp. 52—54.

作用。

布伯对阿格农的赞赏显然影响到肖勒姆与绍尔肯对阿格农的态度。他们之间的交往在很大程度上使交往人双方共同受益。肖勒姆在回忆录中写道："与这位年轻作家的每一次谈话很快便变成一个或多个关于大拉比或普通犹太人的故事或叙事，他令人着魔地抓住了那些人的语调。而在他那丰富多彩但满是错误的德语中也具有这种魔力。"①

1915 年，阿格农在柏林听哲学讲座时结识了犹太商人、大收藏家萨尔曼·绍尔肯，绍尔肯为小有名气的阿格农的渊博学识所吸引，阿格农又为绍尔肯熟谙德国和欧洲文学感到惊诧。在日后的交往中，慧眼识才的绍尔肯意识到阿格农这个才华横溢的年轻人定会前程远大，于是在大名鼎鼎的绍尔肯出版公司尚未开设之时，便夸下海口，承诺说日后阿格农的任何作品均可以找绍尔肯发表。也许他们都没有想到，阿格农会在半个世纪之后一举摘下诺贝尔文学奖的桂冠。绍尔肯和阿格农所签订的出版契约使阿格农今生能够专注于艺术创作，不至于终日为出版奔波，自 20 世纪 30 年代开始，阿格农的长篇小说均由绍尔肯出版公司出版，他在《国土报》（*Ha' aretz*）等报刊上发表的短篇小说版权也由绍尔肯家族拥有，而阿格农丧失了所有的著作权。当然，阿格农与绍尔肯的关系不止于此，与犹太经卷与文物收藏家绍尔肯的交往使阿格农有机会接触到 20 世纪初期犹太文化中的各种成分，包括东欧犹太文化、德国犹太文化和犹太复国主义文化中的成分。②

其次，阿格农在德国期间发生的两件大事对他的人生观念和创作母题的形成产生了重大影响。第一是阿格农在 1913 年参加了在维也纳举行的第十一届犹太复国主义大会。之后不久便得到父亲病危的消息，但阿格农却延误了奔丧，未能亲眼看到父亲下葬，这对笃信宗教的阿格农无疑是一个很大的震撼，乃至在他日后的创作中经常出现因延宕而错失良机的情结。在德国期间的另一件大事便是与出身于名门望族的犹太姑娘埃斯特·

① Gershom Scholem, *From Berlin to Jerusalem*: *Memories of My Youth*, New York: Schocken Books, 1980, p. 91.

② Alan Mintz and Anne Golomb Hoffman, "Introduction to A Book that Was Lost," New York: Schocken Books, 1995, p. 21.

马科斯结婚，而后在洪堡安家，生育一子一女。除置身犹太学研究外，还同著名诗人比阿里克、犹太复国主义者阿哈德·哈阿姆，以及出版家拉夫尼茨基开始了密切交往。借用阿兰·民茨的说法，这样一来阿格农与德国犹太生活的整个光谱相遇，从民族同化主义倾向到通过研习古代文本寻找真正犹太教的生活方式，均一一领略。而这一切均融入了他的艺术创作之中。[①] 不幸的是1924年，阿格农家中失火，所有书籍及一部未竟的小说手稿被焚毁。他的许多作品从此便蕴涵着毁灭与失落这一主题。

此外，阿格农在德国期间还经历了第一次世界大战，战争也许成为他必须滞留德国的一个原因。大家知道，阿格农1913年抵达柏林，1914年便爆发了第一次世界大战。战争期间，他显然难以离开德国去往巴勒斯坦。战争结束后，可能出于家庭、经济状况以及个人意愿等原因，他依旧不愿意离开德国，甚至一度想移居美国。[②] 因此，了解阿格农的德国经历有助于我们对阿格农的思想发展轨迹有更为全面的把握，在考察日后他回到巴勒斯坦的举动时不会轻易给他贴上犹太复国主义者的标签。第一次世界大战的体验在阿格农的心灵深处打下了烙印，阿格农的许多作品，均把第一次世界大战当成历史背景，描写战争给人带来的变化，这方面的作品有《宿夜的客人》（1939）。而由于战争期间住房短缺他不得不四处迁徙的经历、柏林城市的日常生活场景、犹太人在战时德国的行为与命运在小说《直至现在》（'Ad Henah, 1952 – 1953）中则得到充分的体现。第一次世界大战尚在进行中的1916年，阿格农因健康状况恶化在一家犹太医院里住了四个月，绍尔肯经常给他送去各种阅读资料。阿格农在给绍尔肯的回信中表达了自己对福楼拜的浓厚兴趣。如果说阿格农在早期创作中主要受到斯堪的纳维亚新浪漫派作家，如雅各布森、比昂松，尤其是汉姆生的影响，那么在德国期间，他开始接受福楼拜、凯勒这些温和现实主义作家的影响。[③] 阿格农写于德国的小说便透视出该时期多种犹太文化混合与变革的现象。阿格农在德国期间的作品以短篇

---

① Alan Mintz, "Introduction," p. 22.

② Glenda Abramson, *Hebrew Writings of the First World War*, pp. 148 – 153.

③ 参见 Alan Mintz, "Introduction," p. 21；又参见谢克德《现代希伯来小说史》，第109页。

小说为主，显然比他在巴勒斯坦时期的创作题材范围要广，有的作品则是在雅法时期小说的基础上做了进一步的延续，如《沙山》（"Giv'hahol，" 1920）等；有的取材于民间传说，如《被排斥者》（"Hanidah"，1919）、《死亡舞蹈》（"Meholat hamavet"，1919）；有的属于心理爱情小说，如《她在盛年之际》；有的属于介于传说与现实之间，如《经文抄写者的故事》（Agadat hasofer，1919）。

　　《她在盛年之际》[①] 应该是那一时期最好的短篇小说之一，透视出阿格农一向关注的传统与现代之间不断冲突的主题，每次重读都能够让人产生一种新的理解。小说可以说是一个犹太知识女子的回忆录，它采用第一人称，以一个名叫绛尔扎·玛扎拉的年轻女子的口吻展开叙述：

> 　　母亲在盛年之际去世。母亲三十一岁那年离开了人间。母亲在世间时日不多且痛苦。她终日坐在家里，大门不出……寂静笼罩着我们不幸的家；家门从来不向生人打开。母亲躺在床上，说话不多。

　　寥寥数语，勾勒出一幅沉默、忧伤、在盛年之际离开人世的犹太少妇的画像。这幅画像，堪称阿格农心目中犹太少妇的一幅经典作品，乃至数十年后阿格农在回忆同样英年早逝的以色列作家阿摩司·奥兹母亲——范妮娅时使用的仍然是一样的语言与口吻："她站在门口的台阶上，说话不多。但是她的脸庞优雅圣洁。"[②] 显然，在这幅画面中，女性成为一个沉默的角色。同时，阿格农使用了与沉默有关的几个希伯来语词根，写母亲在世时，家中一片寂静，而母亲去世后的那个冬天，家里寂静了七倍之多，衬托出一种令人窒息、没有生气的气氛。纳欧米·索阔罗夫（Naomi Sokoloff）在对《她在盛年之际》做语义学分析时指出，小说的希伯来语题目"bidmi yameha"中，"dmi"一词中实际上就具有"沉默"的意思，而且与"血"（dam）建立了某种微妙的联系。因此沉默本身与即将死去

---

　　① S. Y. Agnon, "In the Prime of Her Life," in 8 Great Hebrew Stories, eds. , Alan Lelchuk and Gershon Shaked, London：The Toby Press, 2005, pp. 189 – 248.

　　② 阿摩司·奥兹：《爱与黑暗的故事》，钟志清译，译林出版社 2007 年版，第 73 页。

的女子利亚的生命凋零有关。① 而造成她不幸命运的一个重要原因便是她在有生之年没有实现自己所渴望的那种爱。

与《阿古诺特》中的迪娜一样，《她在盛年之际》中的母亲利亚这个形象也可以在《圣经》中找到原型。在《创世记》中，利亚作为拉班的长女，遵从父命与自己的表兄雅各同房，但是雅各心里喜欢的是利亚的妹妹拉结，爱拉结胜于爱利亚。失宠的利亚苦情满腹。② 阿格农笔下的利亚虽然与《圣经》中的利亚经历不同，但命运同样不幸。利亚本来与借宿家中的维也纳青年玛扎拉产生恋情，但却不得不按照父母之命，嫁给了父亲眼中生活富有、可以托付终身的民茨为妻。尽管他们有一个女儿，但是，由于被剥夺了爱，"心中那种压抑的渴望令她无法平静"，这种心理消耗令她的身体每况愈下，终于在一个安息日前夜，她焚毁恋人给他的全部情书，离开了人世。从这个意义上，我们可以将小说视为书写女主人公在盛年之际得不到真正爱情而魂销香断的悲剧。人在具有超自然力量的左右或压抑下无能为力，乃是阿格农作品中一贯表现的主题之一。

但是，小说并没有就此搁笔，而是通过小说叙述人——女儿的努力来继续母亲的人生，女儿在母亲去世后立刻成为作品的中心人物，她在父亲的抚养下长大，从母亲女友那里得知了母亲与犹太历史学家和作家玛扎拉的情感故事，逐渐对这个年龄与父亲相仿的男人产生了兴趣与感情，最后义无反顾，嫁给了这位母亲旧日的恋人，可谓是完成了母亲的夙愿。用班德的说法，这是阿格农有生以来初次并且是为数不多的几次描写爱情得以实现，在不可逾越的力量面前赢得了表面上的胜利。③

之所以称女儿的爱情赢得了表面的胜利，是因为她仅仅是实现了嫁给自己想嫁之人的愿望，而作品的结尾，虽然没有详尽描述夫妻之间的裂痕，但已经暗示出已经怀孕的绛尔扎对自己在婚姻中的角色感到厌倦，这一结局给主人公的命运笼罩上一层扑朔迷离的色彩。多数希伯来文学批评

① Sokoloff, Naomi B., "Expressing and Repressing the Female Voice in S. Y. Agnon's *In the Prime of Her Life*," in *Women of the Word：Jewish Women and Jewish Writing*, ed., Judith R. Baskin, Detroit：Wayne University Press, 1994, pp. 216 - 233.

② 《圣经·创世记》第 29 章第 15—35 节。

③ Arnold Band, *Nostalgia and Nightmare*, p. 118.

家没有过于关注这一意味深长的结局，到 1988 年，美国普林斯顿大学的尼茨阿·本－多夫（Nitza Ben－Dov）借用弗洛伊德《梦的解析》理论，通过详细分析作品中绨尔扎的梦境来审视她不安定的灵魂及其觉醒过程，她对现实的幻灭、领悟与屈从，认为这篇作品虽然在阿格农的全部创作中具有独到之处，但遵循的是依然是爱得不到回报的阿格农范式。[①] 这一观点确实有助于我们更为准确地把握《她在盛年之际》的文本意义与社会意义。

阿格农是在德国写作这篇作品的。身在犹太启蒙运动的摇篮，德国的犹太女子应该是更多地接触了欧洲启蒙运动中的自由、平等、博爱思想，并把欧洲文明中的观念带到自己的民族内部，给自己的文化传统带来新的声音。随着犹太启蒙运动的东渐，东欧的女子也在相当程度上受到这种新思潮的影响，尽管同德国的犹太女子相比，东欧的犹太女子与其文化传统一样表现出更多的保守性。当时，东欧犹太世界中仍然保持着根据父母之命、媒妁之言来决定子女婚姻的传统，在一个家庭中，男性仍旧可以主宰女性的命运，这一点在《她在盛年之际》中也得以体现（如绨尔扎母亲的婚姻决策权掌握在绨尔扎外公的手里，绨尔扎本人也曾遇到媒人提婚的经历）。在阿格农的笔下，绨尔扎便是生活在东欧犹太小村庄里一位受到一定程度文化启蒙的新女性，至少已经不再是像她母亲那样生活在犹太律法传统桎梏下的中规中矩的女子。她不仅能跟父亲为她请的家庭教师学习希伯来语、《摩西五经》和祈祷书，而且被送到学校读书，后来又进了师范学院，玛扎拉就在那里任教。她敢于表达自己的心声与情感，敢于追求自己心目中的幸福，敢于主动向所爱的男人示爱："我夜晚在床上呼唤你。我整天想念你，我在墓地，在母亲的墓旁寻觅你的踪迹。去年夏天，我留下了一些鲜花，你来来去去，但是没有停下来闻一闻我的花。"[②] 最终她也嫁给了自己想嫁的男人。但是，我们还应该看到，绨尔扎的父亲是在一种特殊的情势下答应了女儿的婚事，也就是说绨尔扎在向父亲表达自己的结

[①]　Nitza Ben－Dov, "Lambs in Their Mother's Pasture: Latent Content in Agnon's *In the Prime of Her Life*," in *Hebrew Studies* 29（1988）, pp. 67 - 80.

[②]　S. Y. Agnon, "In the Prime of Her Life," p. 234.

婚意愿后身染重病，父亲深恐女儿会像妻子那样撒手人寰，才同意这门亲事，允婚实际上只是挽救女儿生命的一种方式，并不是父亲心悦诚服地接受婚事的一种表达。而社会习俗对待这门婚事的态度则从家中老女仆凯拉的反应中可见一斑：

> "我向玛扎拉敞开了心扉。但为什么不这么说，我把自己许配给他了。"
>
> "有谁听说过这种事？"
>
> 凯拉惊叫起来，绝望地把双手拧在一起。

由此可见，绨尔扎对玛扎拉的爱有悖于当时东欧犹太人的价值观念。换句话说，在当时的东欧社会，犹太女子依然缺乏话语权，难以主宰自己的命运。

绨尔扎选择玛扎拉是出于真爱，还是出于对母亲情感的一种移情也是一个值得商榷的问题。绨尔扎在母亲去世后第一次看到玛扎拉，立即想到了自己死去的母亲，因为他移动双手的方式与母亲的姿势一模一样。而她的矛盾心理在本－多夫分析的梦境中得到了充分体现，在梦中，一个站在路上的老妇人问她，"你是不是利亚的女儿？"作为利亚的女儿，绨尔扎的身份具有多重意义：目睹了母亲的盛年夭亡，从母亲朋友那里了解到母亲过去的恋情，又从母亲旧日情人身上发现了母亲的影子。从这个意义上看，她爱上母亲旧日情人并与之结婚的过程实际上是一个角色换位的过程，她是在替母亲完成某种心愿，而淡化了自我的存在。母亲在相思之情的困扰下死去，而她自己则从类似母亲得的一场大病中再生，象征着母亲生命的延续。如果说母亲一直压抑着自己的爱，把爱埋藏在心底；那么绨尔扎则敢于把心底里的爱公之于众。然而在这个因果相承的链条上早已蕴涵着某种不幸，抛开绨尔扎与玛扎拉婚姻本身的不幸，仅从自然本身的发展过程上看，如果说母亲在盛年之际因得不到爱情而身亡，那么得到了爱情的女儿也许依然会在盛年之际失去爱情，就像母亲的朋友所说，"几年以后他将像一棵枯萎的树木，而你青春的魅力刚刚开始"。这一预言潜在的悲剧含义在小说的结尾得以具体化，女主人公望着自己的丈夫与父亲的面庞（二人年龄相仿），渴望痛哭，渴望在母亲的怀抱里痛哭一场。这副场面令人不禁发问，玛扎拉究竟是绰尔扎追求的恋人，还是已故母亲的幻影，至此，小说几近达到了悲悯的极致。而女主人公只能凭借写作这一个体的私密活动来寻找安慰。

作为熟谙犹太传统的男作家，阿格农从女性的视角来揣摩女性的感受，表达女性的心声，其目的显然不是要单纯描述绰尔扎母女的个人遭际，而是在关注具有集体主义色彩的犹太世界的变革。[1] 早在圣经时代起，犹太女子就被当成犹太民族命运的载体，这一传统一直延续到近现代。就像前文中分析绰尔扎是个新女性时所提到的那样，绰尔扎既接受犹太传统教育，学习希伯来语；又进入世俗学校读书，而这一切乃是犹太近代历史的新现象。阿格农正是透过这种现象，让读者领略到犹太世界正面临着具有现代化意义的变革。正是因为小说的女叙述人处于这样一个变革的年代，她才熟悉古代希伯来语文献，能够高水平地驾驭希伯来语，故而在创作中使用了很多《圣经》隐喻和意象，乃至使犹太经典文化在当代世界留有余响。

1924 年阿格农家中失火是他再度移居巴勒斯坦的决定性因素之一，阿格农自己曾经把火灾解释为上帝对自己的惩罚，原因在于他忘记了故乡以色列。但据记载，早在火灾前数月，阿格农就曾经向自己的资助人绍尔肯先生表示，夫人埃斯特想到巴勒斯坦定居，不过阿格农在那里没有生活来源，这也是他们滞留德国的一个原因。[2] 由此，我们可以断定阿格农即使身在德国，但对巴勒斯坦充满着向往之情。

三　归故乡:30 年代的长篇小说

1924 年阿格农把妻儿送回妻子的娘家，独自一人重新回到巴勒斯坦。他没有定居在当时日渐成为犹太移民中心和巴勒斯坦文化中心的特拉维

---

[1]　Naomi B. Sokoloff , "Expressing and Repressing the Female Voice in S. Y. Agnon's In the Prime of Her Life," pp. 216 – 233.

[2]　Arnold Band, *Nostalgia and Nightmare*, p. 25.

夫，而是定居到了耶路撒冷。这表明耶路撒冷在阿格农心目中占有特殊的位置。他曾经在 1924 年 11 月和 1925 年 1 月致妻子的信中写道："我极想在老城找到住处，因为我向往圣地。""对于耶路撒冷，我一刻也未曾感到厌倦，或许她是大自然特殊的造化，因为大自然来到了生活当中，我也同大自然一起来到了生活当中。"① 1925 年，阿格农的家眷来耶城与之团圆。虽生存环境艰苦，有时甚至历经贫穷，但圣城耶路撒冷像道灵光赋予他温暖、力量及汩汩的创作文思。他重新恪守正统派犹太教，在精神上非常旷达超然，喜欢对生活中的艰辛做出调侃与自嘲。1929 年，阿拉伯人发动大规模的反对犹太人定居巴勒斯坦运动，阿格农的住房、图书、手稿又一次被毁于一旦，于是在耶路撒冷特勒皮特区建起一座新宅，一直住到去世。

20 世纪 20 年代的阿格农已经成为巴勒斯坦地区的公众人物。从德国驶往巴勒斯坦的船上，阿格农便成为追星族们追逐的对象。在耶路撒冷刚一落脚，当时最有影响的希伯来文报纸《国土报》便报道了他归来的消息，一些"重要人物"要为之接风。尤其是 1925 年希伯来大学成立后，吸引了世界各地的许多犹太知识分子，阿格农尽管在给妻子的信中表明不想被巴勒斯坦文坛上的"重要人物""吞进去又吐出来"，但他喜欢同学术名流打交道，很快便在耶路撒冷找到了新的知性圈子。

不过，1924 年不像 1908 年，并没有成为阿格农文学创作的新起点。20 世纪 30 年代才是阿格农创作中的辉煌时期。在这一阶段，他出版了一生中十分重要的几部长篇小说，包括《婚礼华盖》（*Kakhnasat Kalah*, 1931）、《一个简单的故事》（*Sipur Pashut*, 1935）、《宿夜的客人》（'*Oreah Natah lalun*, 1939），完成了 40 年代问世的一部作品《只是昨天》 （*Tmol Shilshom*）的部分内容，都是希伯来小说史上具有里程碑意义的作品。从总体上看，阿格农的小说背景或置于流散地的东欧犹太社区，如《婚礼华盖》、《一个简单的故事》；或置于巴勒斯坦，如《只是昨天》；或者同时兼具两种时空背景，如《宿夜的客人》。它们表现的是犹太人在东欧犹太村落或者定居巴勒斯坦的生活，基本上都透视出希伯来小说和欧洲小说传统的

---

① 阿格农：《致妻子的信》，钟志清译，见《历届诺贝尔文学奖获得者散文金库》（1901—1995），人民日报出版社 1997 年版，第 1670、1675 页。

交汇影响，这是把握阿格农小说创作美学特征的关键。

（一）东欧背景小说——《婚礼华盖》与《一个简单的故事》

《婚礼华盖》[①] 是阿格农创作的第一部长篇小说，早在 1920 年，阿格农在德国之际便将小说中的部分内容以短篇小说形式出版，1931 年扩展为一部长篇小说。小说的希伯来文题目为"Kakhnasat kalah"，字面意思是"把新娘带到（华盖之下）"，它比英文翻译"The Bridal Canopy"似乎更能准确地表达出作品的主题。小说开篇，便向读者交代，这里讲述的是一个哈西德派信徒的故事。随即向我们勾勒了一幅犹太文学作品中的圣徒画像：这位圣徒名叫余德尔，尽管穷困潦倒，但对上帝满怀虔诚与尊敬，终日苦读《托拉》，超然于尘世俗务之上，既没有什么社交，应酬，也不做买卖，只是在上帝的《托拉》——犹太教喀巴拉神秘主义——中寻找自己的快乐。他学习《托拉》没有任何目的，只是因为他尊重神明。[②] 但是，余德尔潜心研读《托拉》却遭到了阻碍。原因在于：三个女儿均已经到了谈婚论嫁之年，她们虽然高雅迷人，但衣衫褴褛，一任青春时光流逝，内心中不免绝望和惋惜。在妻子的再三敦促下，余德尔终于携带着神圣的拉比来信，穿上借来的衣饰，乘着教友为他租来的马车，与车夫努塔一起上路，走遍加利西亚的城镇和乡村，为三个女儿酬借嫁妆，寻找如意郎君。稍具欧洲文学背景的读者不免会在《婚礼华盖》与塞万提斯的《唐吉诃德》之间建立某种类比关系，把余德尔比作不切实际的幻想家唐吉诃德，把车夫努塔视为务实的桑丘·潘沙，这种类比似乎可以帮助我们探讨不同文化模式的构成，但这并非笔者在这里重点关注的话题。

余德尔把女儿，即新娘带到华盖下的游历过程，成为建构作品框架的一条主要线索。整部《婚礼华盖》共两卷，三十章，它追随余德尔的行动轨迹，展开情节，大故事中套着小故事。这种大故事套小故事的框架结构布局方式并非阿格农首创，无论是欧洲文学中的《十日谈》、《堂吉诃德》、《坎特伯雷故事》，还是东方文学中的《五卷书》、《一千零一夜》，

———————

① 阿格农：《婚礼华盖》，徐新等译，漓江出版社 1995 年版。
② 同上。

均创造性地利用了自古以来各民族的"框架故事"传统，展示本时代一幅丰富多彩的世俗画卷与风物人情。类似的结构模式我们在现代希伯来语文学之父门德勒的《本雅明三世的旅行》中也略见一斑。但阿格农的独特之处在于，他采用传统的框架结构的叙事手法，通过哈西德派信徒余德尔独特的游历，笔端触及19世纪初期东欧形形色色犹太人的政治、经济、文化生活，尤其是宗教生活的各个层面，自始至终表现哈西德派教徒虔敬苦修、忠诚上帝便会得到好报甚至遇到奇迹的宗教信仰。可以说是阿格农这样具有现代意识的作家借助贫穷的哈西德信徒寻找夫婿与嫁妆这一犹太民间传说中的母题，构筑出一个已经逝去的犹太人曾经拥有的生存世界。对于非犹太背景的读者来说，这是阿格农全部创作中最富有异国情调，也在理解上最富有挑战性的作品；而具有犹太背景的读者，往往从犹太民间文学、犹太文学母题等角度进行众多的解释。

　　主人公余德尔生存的世界是19世纪初期东欧犹太人生存的典型世界，当时这个世界尚未因文化变革的冲击或者外界力量的破坏而解体，年轻一代依旧沿袭着父母之命、媒妁之言的婚姻传统，代际之间尚未发生伴随着犹太启蒙运动而来的各种价值冲突，可以说这是一个初露变化端倪但相对完整的世界。根据班德教授的说法，"把新娘带到婚礼华盖下"的过程不过是东欧犹太社会中的一个习俗，它需要完成新娘父亲择婿、双方家庭答应这门亲事等步骤，而允婚的条件则包括要看男孩是否饱读经书、是否有望成为学者、女方是否能出足够的聘礼乃至具有供未来女婿完成学业的能力等。无论在小说中还是现实生活里，婚姻不是两个个体人之间的婚事，而是两个家族的联姻，乃至新的社会纽带的联结。这种结合在上帝面前是神圣的，被视为天意，而浪漫爱情则显得不那么至关重要了。①

　　正是在这样的世界里，才能允许余德尔这样不谙世事之人的存在。他生活在加利西亚的一座大城市布洛德，生活在这里的犹太人体现了19世纪初期哈西德派信徒的典型特征：贫穷、对上帝和《托拉》十分虔诚、超然于人间事务之上。在踏上"把新娘带到婚礼华盖下"的旅程之前，余德尔陷于深深的矛盾之中。一方面，旅行不仅会影响他与会众一起学习《托

---

① Arnold Band, *Nostalgia and Nightmare*, p. 127.

拉》和祈祷文，而且会打乱一个人的日常生活习惯。但另一方面，当地的一位拉比，余德尔心中先哲的化身应余德尔妻子的请求，让余德尔周游各地，筹措钱款，直到上帝给他找到合适的女婿，完成把女儿带到婚礼华盖之下的诚命，而倾听拉比这样的智者之言乃是余德尔的责任。义务与责任对余德尔说来就像两种相互冲突着的张力，使余德尔置身于神明（精神的）与现实两个世界之中。在神明世界里，余德尔感到陶醉，把研习《托拉》当成同上帝的一种契合，具有某种圣徒的味道。而在现实世界里，他则没有任何生存能力，就像一个滑稽可笑的圣愚。他把改变贫穷的命运寄托在上帝恩典与奇迹发生上，甚至在为女儿筹措嫁妆不得进展的情况下仍然住在客栈里研究《托拉》。即使车夫努塔不免绝望地叫道："老天爷！这家伙的女儿坐在那儿开始衰老了，而他却还想继续研读《托拉》。"把他从神明世界带入现实世界的乃是他的三个女儿。她们的存在意味着余德尔必须要参与到社会人生进程中来。① 借此，小说向我们展示出东欧犹太社区的社会与生活习俗。

贫穷的哈西德教徒没钱嫁出自己漂亮而贤惠的女儿这一主题在许多作家笔下均以悲剧告终，而阿格农却安排了大团圆结局，以奇迹出现的方式让余德尔完成了把女儿带到婚礼华盖下的诚命。奇迹分别来自现实的世界与超现实的世界。在现实世界里，余德尔在游历中遇到了一位与他同名同姓的富翁，只是那个富翁没有子女。这一奇迹的出现造成后面一连串错误的巧合，为改变人物命运起到了推波助澜的作用。人们误把穷困潦倒的余德尔当成了富翁，前来给他的女儿提亲。新郎的家中十分富有，许下高额聘礼，余德尔非常满意，也按照离开故乡时对拉比的承诺，答应拿出等量财礼，双方定下婚约。

另一个奇迹来自非现实的世界，写余德尔一家在濒临绝望之际发现了大量的财宝，暗示出具有超自然力的上帝会救助虔诚的好心人，以证明某种信仰的胜利，也是阿格农借助想象解决现实危机的途径。余德尔筹钱择婿之旅其实是以失败而告终的，尽管他为女儿选到了如意郎君：这个年轻人不仅帅气、强健，而且人品正直，样样能干，目光中透露出诚实，熟谙

① Arnold Band, *Nostalgia and Nightmare*, p. 142.

代表真理的《托拉》，符合哈西德派教徒的审美标准。但是这桩婚姻建立在余德尔是一个富翁的假设上，也就是说作品情节的演绎，用谢克德的话说便是"建立在错误的喜剧的基础之上"。① 如果余德尔拿不出等量的聘礼，婚事可能像许多哈西德故事那样以悲剧的形式告终，余德尔也会因此受到惩罚。但是阿格农在第一个奇迹的基础上，设置了新的巧合来修复错误的喜剧：普珥节到来时，新郎的父亲派人给富翁余德尔送去给新娘的礼物，并定下迎娶日期。富翁余德尔尽管深觉此事蹊跷，但出于礼貌，也是为了不拆散这桩姻缘，还是回了礼，并且打听那个和自己同名同姓的人。如果按照格雷玛斯角色模式的理论，那么富翁余德尔显然起到了"助体"（helper），即帮助人的作用，而角色模式的功能则建立于普洛普对民间文学进行分析的基础之上。阿格农在情节的设置与处理上，显然也复拓了犹太民间文学中的想象成分，来解决现实世界中的矛盾，其高潮便是以大团圆的形式作结：余德尔回到家后，一家人在高兴之余不免为财礼发愁。新郎家在迎娶新人时，方知阴差阳错，新郎的父亲在诵经堂找到了一贫如洗的余德尔，余德尔答应请亲家吃晚饭。全家人手足无措，但余德尔相信上帝一定会帮助他。拉比建议杀掉他们唯一的公鸡，女儿把鸡送去屠宰时鸡却跑了，母女们追鸡时来到一个山洞，竟然奇迹般地发现了大量的金银财宝，大女儿的婚礼如期举行，两个小女儿也找到了心上人。

　　余德尔这个人物本身融合了现实与想象的双重成分。阿格农把他放到19世纪初期传统犹太社区生活尚未解体之际加以解说，把余德尔择婿之旅描写成一个哈西德教徒接受考验并完成诚命的过程，显然合乎内在的叙事逻辑。但是当代读者可能会质疑作品大团圆结局的合理性，尤其是质疑在当代社会里实现靠行善而蒙受上帝垂青的可能性。这便涉及读者反应批评中读者与作家距离的问题。应该承认，阿格农的大团圆结局只是给叙事话语或者现实生活中的永恒性问题提供了一种表面的解决方式，而没能解决小说所设立的矛盾冲突和主题张力。② 但是我们不能忘记《婚礼华盖》是一部反映犹太教信仰的小说，信仰小说的主旨是表达一种信仰和生活之

① 出自 Gershon Shaked, *Shmuel Yosef Agnon: A Revolutionary Traditionalist*, 1989。

② 福克斯和谢克德在一些论述中基本上持这种观点。

道，古代犹太信仰小说多数以大团圆的形式结局，表明正义的永恒，就像作品中所说"上帝善待穷人，邪恶者决没有好下场"。①

阿格农的身份中具有多重属性。身为出生在东欧加利西亚、深受哈西德虔敬派思想影响甚深的犹太青年，他曾经历经了东欧犹太社会的变化，曾经在巴勒斯坦的土地上接受拓荒者们的理念，曾经在德国知性世界里徜徉；又怀着复杂的心境重返巴勒斯坦。对于已经逝去的世界，他抱有深深的眷恋；他同时受到 20 世纪欧洲文明的熏陶，已经注意到犹太人日后的生存问题。因此，他不再沉湎于往昔的世界，而是对那个世界和那个世界中的信徒进行善意的揶揄与嘲讽。作品中所表现出的各种价值的冲突，具体地说，如研习《托拉》、祈祷书和现实生活问题、哈西德信徒的超然脱俗与经济拮据问题、是留在欧洲还是返回巴勒斯坦的问题等，均预示着犹太社区内部的变革，而这种变革即使在最主张虔敬修身的哈西德信徒中间也悄然而至。面对着各种价值相互冲突的 20 世纪，阿格农始终没有丢弃宗教信仰。从某种意义上说，他虽然没能解决作品提出的各种矛盾，但是通过大团圆结局表明无所不在的上帝眷顾以色列的信仰。他在解释财宝的由来时说："原来当凯撒同敌人交战时，他的臣民大都跟随他。出征前，人们将财宝藏于洞中。当佩赛勒的不幸传到神圣的上帝那里，上帝把这些财宝展现给了她。"② 阿格农信仰中的另一个重要内容则是希望犹太人回到巴勒斯坦。在作品的末尾，他通过写婚礼上一个来自耶路撒冷的陌生人表明"愿所有的犹太人都踏上回以色列地的归途"。而信徒余德尔总是微笑着对待各种烦恼与痛苦，说这些苦难与将来回到故土以色列相比是微不足道的。

阿格农发表于 20 世纪 30 年代和 40 年代的几部长篇小说，可以视为一个富有连续性的整体，表现出阿格农从 20 世纪 20 年代到 40 年代思想发展的脉络，而思想本身的发展与跳跃则导致他用发展的和动态的眼光来看待犹太历史的发展趋向。具体地说，如果说在《婚礼华盖》中，犹太人依旧维系着传统的宗教信仰，在这种信仰的制约下，结婚仍然是实现上帝的

---

① 阿格农：《婚礼华盖》，第 422 页。
② 同上。

诚命，也是犹太人建立家庭来延续种族的一种手段，爱在整个婚姻中的分量尚未得到关注的话；那么到了发表于 1935 年的《一个简单的故事》中，我们则通过主人公的命运遭际看到一种新变化，即传统的犹太宗教信仰纽带正在松动，新一代人已经开始接受新的文明，或者说新的社会发展趋势。这种新文明的影响是全方位的。

《一个简单的故事》乍看之下是一个爱情故事，写寡妇米尔在弥留之际嘱咐女儿布鲁玛前去投靠表亲梅厄，布鲁玛于是在母亲死后到开店的表亲家里做家庭工，梅厄的独生子海示尔年届 20 岁时爱上了这个贫穷而孤苦伶仃的姑娘。但海示尔的母亲对此非常恐惧，立即让媒婆为儿子另寻一桩门当户对的婚配。婚后的海示尔既绝望，又焦虑，始终无法将自己的真爱忘怀，在妻子米娜临产前几个星期，他精神分裂，被送到维也纳治疗。病愈后他回到家里，同妻子和解。表面看来，《一个简单的故事》遵从的是欧洲爱情小说模式：姑娘与小伙子相遇相知而坠入情网，最后被外力拆散，其结果或者是"有情人终成眷属"，或者是"罗密欧与朱丽叶"式的双双殉情。但阿格农却出人意料，在小说结尾让男主人公把旧情忘记，陶醉于当初父母强迫自己成就的那桩婚姻中。这便打破了传统的爱情小说模式，形成了该小说英译者希勒尔·哈尔金所说的"反罗曼司"。尽管《一个简单的故事》采用的是现实主义手法，描写了一个三角爱情故事，但"简单的故事"实际上并不简单，我们通过文本细读可以确定，这篇作品同时还是一部社会小说。

《一个简单的故事》的背景置于加利西亚东部的一个小镇瑟巴茨。按照班德的考证，故事发生的时间大约是 1904 年到 1907 年，即阿格农在故乡小镇度过青少年的时期。[①] 随着情节的展开，我们发现，小说对加利西亚东部小镇的时代变化与文化传统变迁做了如下描写："说实在的，学习《托拉》已没有了昔日的雄风，因此现如今许多年轻的犹太人都把宗教书籍丢在一边，转而从事一些更为实用的职业。他们当中的一些佼佼者有望谋得一份收入丰厚的职业，而那些智力平平的孩子都经商去了。此外，还有第三种年轻人。他们既没有学习宗教，也没有做什么有用之事，一切都

---

① Arnold Band, *Nostalgia and Nightmare*, p. 240.

依赖父母，把时间都用在对犹太复国主义或社会主义等精神追求上。"①

这段文字为我们了解《一个简单的故事》的社会语境起到了画龙点睛的作用。这是因为，恪守宗教传统已经不再是犹太社区的主要生活模式，犹太世界已经受到近代社会与经济思潮的影响，研习犹太律法、日后成为拉比已经不再像《婚礼华盖》，或者说像犹太传统文化中所倡导的那样是年轻一代犹太人最受人尊敬的职业，年轻一代已经不再热衷学习希伯来语——响应犹太复国主义者号召在建立民族国家的语境下学习希伯来语乃是后话。他们具有多种出路与选择，可以从事更为实用的职业，可以经商，甚至可以从事犹太复国主义或犹太社会主义等精神运动，尽管作家说犹太复国主义运动和犹太社会主义运动并不受到尊重，但是又透露出它们已经在犹太社区中产生广泛的影响，因为"那时候镇上大多数家境好的孩子都是犹太复国主义拥护者"。② 而在这种变革进程中，经济观念的变革对犹太世界的冲击似乎更为至关重大，在主人公的情感、婚姻与人生中起到了决定性的作用。

小说中的女主人公布鲁玛虽然强健，漂亮，聪明伶俐，又爱看书，烧饭做菜，洗衣缝补，样样能行，很会服侍人，"确实知道女人该懂的事情"，但是她很不幸。不幸的原因之一首先在于她出身贫穷。这是因为布鲁玛的父亲是作品中唯一笃信神明的人，作为学者，他虽然满腹经纶但却没有建树，他只会教授寓言、文学、哲学，但在一个人们不想光学纯理论知识的时代里，难以招到私人学生；而学校里的空缺，也被一些不学无术之徒通过贿赂学校督学给抢占了。贫穷使布鲁玛自卑，使之不能做出任何追求爱的举动，也是造成她失去爱情的重要原因之一。母亲去世后，她不得不投奔母亲的表兄，瑟巴茨的一个中产阶级店主，成了他家里一个不拿工钱的女佣。而与她相恋的表兄海示尔生活在一个十分讲究实际的中产阶级店主家庭里。当年，海示尔的父亲鲍洛克·梅尔因为看中了海示尔外公家的财富，与有着家族疯癫病史的母亲成亲，抛弃了自己的漂亮表妹，即布鲁玛的母亲米尔。海示尔的母亲特西尔是一位典型的"犹太母亲"，具

---

① 阿格农:《一个简单的故事》，徐崇亮、郑荣军译，上海译文出版社 2004 年版，第 16 页。
② 同上书，第 20 页。

有操纵与掌控家庭、丈夫与儿子的欲望和力量。尽管他们同情布鲁玛的遭际，对布鲁玛操持家务的能力十分满意，进而对她表示友善，但是他们从骨子里把布鲁玛当成寄人篱下的穷亲戚，坚决反对他们唯一的儿子娶这位身无分文的姑娘。而布鲁玛在听到海示尔的父母要他娶另外一个姑娘时，自动放弃，离开了海示尔的家。

正如我们所知，20世纪初期，犹太青年由于受到西方文明的影响，不再像《婚礼华盖》中的人物那样把婚姻视为履行对上帝的一种职责，不再满足于父母之命、媒妁之言的婚姻，已经把婚姻和情感联系起来。布鲁玛的新主人，按照作品中的描述，"玛扎拉（为与本书中前文的叙述保持一致，没有采用中译本的译名梅泽尔）太太爱上了她母亲以前的家庭教师，后来嫁给了他，这件事使得布鲁玛的新家有几分浪漫色彩"，玛扎拉太太实际上便是《她在盛年之际》中出现过的女儿绨尔扎，这种互文关系暗示出在海示尔和布鲁玛恋爱的时代，已有受到新思潮影响的青年男女冲破传统束缚，赢得婚姻自主，也就是说，自由恋爱在海示尔与布鲁玛生活的时代已经具备了条件。以父母为代表的外界的反对虽然是自由恋爱的阻力，但并非牢不可破，从这个意义上说，布鲁玛和海示尔的恋情无果而终，首先来自他们的性格弱点。男主人公海示尔是本书中塑造得最为丰满的形象，也是最为中心的人物。他本质上天真、善良、任性，但性格中充满着矛盾。母亲曾经为了给家族赎罪，想把海示尔培养成拉比。海示尔本人却对《塔木德》感到厌倦，只能到父母的店铺帮工，但是儿时接受的宗教思想依旧影响着他，加上母亲性格强悍，造就了他软弱被动的性格。[①] 他把布鲁玛的离去视为抛弃，希望布鲁玛在爱情上要主动，像她新的女主人那样。但是，孤儿遭际与仆人身份使布鲁玛无法像玛扎拉太太那样得到家庭的经济援助与情感支持，也没有象征着一家之主的父亲为她做主，其境遇甚至不如贾府中的林黛玉。黛玉尽管身为孤儿寄身贾府，但至少有贾母的疼爱和宝玉的真爱。而在阿格农笔下，应该富有担当的海示尔则是一个"不太实在的年轻人"，连他自己也不知为何能默默地忍受一切。他既不反抗父母的意愿，也乐于与父母选定的对象米娜交往，更有甚者，他把所有

---

① 阿格农：《一个简单的故事》，第17、18、34页。

的怨恨都集中在布鲁玛一个人身上，认为应该受指责的是布鲁玛。海示尔酷似西方现代文学中的傻瓜形象。他从不主动采取行动，听任别人支配。他接受了一些新兴的犹太复国主义思想，但是对个人之外的事情似乎不感兴趣。甚至羞于表达对布鲁玛的情感，在她面前结结巴巴，双腿打颤。尽管他不喜欢米娜，但不敢明说。早在阿格农发表《一个简单的故事》之前，傻瓜形象在犹太作家创作的意第绪文学中已经有所发展，尤其在沙洛姆·阿莱海姆、门德勒的作品中颇为典型。① 阿格农笔下的傻瓜形象，不只停留在出自意第绪语作家之手的幽默人物，而是成为人类境况中某种带有普遍色彩的悲喜交加的形象，尽管有行动意念，终究踟蹰未动，畏葸不前。②

　　但是，一个有意味的现象是，阿格农在设置情节时，让海示尔心悦诚服地接受了父母的包办婚姻，甚至想忘掉布鲁玛，而后让他在婚后体味到空虚乏味、缺少爱情的熬煎，乃至发疯。从某种意义上讲，发疯意味着以前出现的"蜡烛熄灭"的象征性征兆在现实中得以实现，并达到高潮。小说中有两次描写到"熄灭的蜡烛"，一次是在海示尔和米娜的婚礼上，蜡烛突然熄灭，乃是不吉利的征兆，在传统文化中象征着的新郎或新娘与伴侣分离。第二次是海示尔婚后经常去布鲁玛的新住所，希望能够重新见到她。但是对海示尔已然失望的布鲁玛一听到他的声音，便退回到了屋里。海示尔站在雨中，伤心不已。此时熄灭了的蜡烛意象再次在海示尔的意念中出现。从情节演进的自身逻辑来看，海示尔的发疯具有两方面的原因，一方面是他母亲的祖先曾经遭到诅咒，他们家族的每一代人当中都有疯子。海示尔的哥哥已经因发疯而离开人世。海示尔的父母一直为此忧心忡忡。另一方面是海示尔对布鲁玛的思念所致。蜡烛的两次熄灭，暗示着布鲁玛与米娜两个女人都会与海示尔分离。更进一步说，婚礼上的蜡烛熄灭暗示着海示尔与妻子米娜婚姻的不幸。而海示尔在雨中想到了蜡烛的熄灭则预示着布鲁玛不会再度与海示尔聚首。海示尔在布鲁玛的住所附近，两

---

① 参见 Ruth R. Wisse, *The Schlemiel as Modern Hero*, Chicago：University of Chicago Press, 1971, pp. 30 – 52。

② 参见 Harold Fisch, *S. Y. Agnon*, New York：Frederick Unger Publishing Co. , 1975, p. 91。

次发现他家店里的伙计格泽尔·斯坦站在布鲁玛的新主人玛扎拉房子的外面。这是一个充满抱负的年轻人，尽管家境贫寒，阻碍了其理想的实现，但是他建立了当地的犹太工人党，这在阿格农看来是一个具有历史意义的事件，是联系流散地与以色列地，联结犹太传统与现代的一个纽带。格泽尔显然在追求布鲁玛，并希望布鲁玛能够参加他们组织的犹太工人活动，但遭到了拒绝。格泽尔这个人物显然是对海示尔的一个补充，是阿格农从另一个层面来解析年轻一代犹太人。

海示尔痊愈后重新回到妻子米娜身边表明他在履行对家庭的一种责任，表面看来是回归现实，回归幸福，实际上是对现实一无所知的他在回归传统，逃避内在真实情感与外在世界的变迁，从而成为时代浪潮中的弃儿。小说的结尾，阿格农告诉读者：海示尔的故事讲完了，但是布鲁玛的故事尚未讲完。

谢克德认为，商人的儿子海示尔和身为孤儿的女佣布鲁玛都戴着社会面罩；但在伪装的背后则隐藏着冲破小镇上时空界限的非理性因素。[1] 这些因素是一股自然的力量，代表着某一特定历史时期的发展趋向。按照作品中的描述，瑟巴茨以前只是一个充满磨房和放债者的小镇，现在却变成了一个被上百个村庄包围的商业中心，那些靠种植小麦、大麦、燕麦和大豆为生的村民们终于意识到，与其通宵达旦地在家里纺纱织布，不如到镇上买现成的衣服穿。瑟巴茨几乎变成了一个小城市，甚至吸引了从德国来的商人，这些人不去犹太会堂，把时间都用在做生意、在酒馆里吃喝以及坐在犹太会所里浏览报纸上的新闻提要和广告上，瑟巴茨的一些年轻人也开始模仿这些外国人，等等。社会问题亦不可忽视，比如，人们可以采取贿赂手段轻而易举地逃避兵役，甚至通过小恩小惠而得到提升机会。

家庭内部或者说家族内部力量的角逐代表着社会力量的角逐。母亲代表着家庭与部落，将非门当户对的婚姻视为违背社会习俗。儿子试图冲破这种障碍，但是无能为力。在这种社会关系中，海示尔是个牺牲品，布鲁玛也是牺牲品。布鲁玛尽管不抱怨生活，决心尽力使自己摆脱困境，但是在一个"富人掌握着世界"、金钱和社会地位决定人生命运的世界里，布

---

[1] Shaked, *Shmuel Yosef Agnon: A Revolutionary Traditionalist*, p. 135.

鲁玛这位曾经饱读犹太经书的女子若想改变自己的不幸命运也是非常困难的。从这个意义上说，二人的婚姻失败也许就是社会变革的代价。今天阅读阿格农《一个简单的故事》，应该说十分具有现实意义。

不过我们不能忘记，现实主义批评或者新历史主义批评只能是我们阅读这部作品时采取的部分方法，阿格农是一位笃信犹太教，深受犹太神秘主义思想影响的作家。他在作品中多次运用出自犹太经典的象征与隐喻，在情节发展的关键时刻提及上帝，这里可以挑选了一些与布鲁玛有关的例子："上帝好像一边把布鲁玛打点得越来越漂亮一边又让海示尔越来越懂事。"（海示尔和布鲁玛情窦初开之际）① "上帝知道布鲁玛很不幸，所以鼓励海示尔来接近她。"（恋爱之际）② "上帝知道为什么，布鲁玛拒绝了这一邀请。"（英俊的格泽尔接近布鲁迅之际）③ "布鲁玛还没有结婚，上帝才清楚她在等待着谁。"（拒绝格泽尔·斯坦的求爱之后）④ "上帝知道什么时候会发生这些故事。"（作品的最后一句）⑤ 这些例子表明，布鲁玛和海示尔的相恋与分手乃至其后的结局几乎处在某种超自然力的掌控之下。

布鲁玛的名字和人都具有几分神秘色彩，"布鲁玛"在意第绪语中意为"花"。而在希伯来语中，也有"百合"的意思。⑥ 在《一个简单的故事》中，布鲁玛被描绘成"宛如一朵幽谷中的百合，尽情绽放，她要抵制所有的伤害"。⑦ 用"百合花"形容女子可以在《圣经·雅歌》中找到原型："我的佳偶在女子中，好像百合花在荆棘里。"⑧ 在《一个简单的故事》中，布鲁玛具备了前文中所说的那些优点，在年轻的女佣中可以当之无愧地被视为"荆棘中的百合"，因此被阿格农采用明喻的方式比作百合。

---

① 阿格农：《一个简单的故事》，第 35 页。
② 同上书，第 42 页。
③ 同上书，第 195 页。
④ 同上书，第 283 页。
⑤ 同上书，第 319 页。
⑥ 班德和费斯赫（Fisch）等学者在自己的著作中对此均予以提及。后文中的分析也受到了这些学者观点的启迪。
⑦ 阿格农：《一个简单的故事》，第 32 页。
⑧ 《圣经·雅歌》第 2 章第 2 节。

而"抵制所有的伤害"则暗示着布鲁玛在海示尔婚后躲避他，并拒绝其他男人的举动。她从小镇中心的海示尔家中搬到小镇边缘的玛扎拉家中，在某种程度上也象征着她对纷繁复杂现实生活的逃避。至于她未来的命运，我们不得而知，因而使这部社会加爱情的小说蒙上了一层神秘色彩。阿格农处在变革时代的十字路口，小心翼翼地把自己的人物保护起来。但是这种保护只是暂时的，当一个相对封闭的世界遇到外界冲击时，世界中的人必须相应地改变自身。否则，就无法生存。这是我们阅读《一个简单的故事》时得到的重要启迪。

（二）准自传体小说《宿夜的客人》

1930 年，已经在耶路撒冷定居的阿格农回到波兰，在加利西亚的故乡小镇布克扎克兹住了一个星期。这次旅程的动因始于大家所熟知的 1929 年阿拉伯民族主义者酿成的那场火灾，致使阿格农在耶路撒冷的家毁于一旦。阿格农先后居住在耶路撒冷和雅法的友人和亲戚家中。而后再度去往柏林，指导新建立的绍尔肯出版社印制他自己的第一个文集。之后阿格农到波兰旅行，这次旅程，成为阿格农第三部长篇小说，即发表于 1939 年的长篇小说《宿夜的客人》的题材来源，小说最初在 1938 年到 1939 年的《国土报》上予以连载。其中再度出现的瑟巴茨的原型显然就是阿格农的故乡布克扎克兹，只不过现实中只进行了一个星期的旅行在小说中变成为期一年的停留。叙述主人公的许多经历均有作家的影子。但是由于艺术的真实有别于生活的真实，加之部分史实的不确定，使作品本身又有别于自传，应该说更切近谢克德所说的"个人告白"，[①] 并显示出丰富的哲学与历史内涵。

一些批评家把这部作品视为阿格农最为精美或者最为重要的一部作品。小说采用第一人称的形式展开叙述，叙述人便是作品中的主要人物，这在阿格农的全部创作中比较罕见。叙述主人公"我"已经是一个小有名气的作家，他回到自己在东欧的出生地，阔别多年的瑟巴茨，不免心潮澎

---

① Gershon Shaked, *Omanut hasipur shel Agnon*（*The Narrative Art of Agnon*），1973，p. 265. 班德也曾经发表文章对把这部作品当成阿格农自传的观点加以批驳。参见班德，1968，第 284 页。

湃。然而，故乡已经满目疮痍，他看见的第一个人便是车站的调度员，他
在战争中失去了左手，安上了橡胶手。从这一具有象征意义的细节描写
中，我们可以判断出作品的背景置于第一次世界大战结束后阿格农的故乡
小镇（东欧犹太社区缩影），那里的人们在战争期间饱尝了肉体与精神摧
残。其后，又通过作家在小镇上的所见所闻表明，代表着犹太传统生活的
犹太社区已经瓦解，维系犹太人的信仰已经沦落，建筑物摇摇欲坠，街道
空空荡荡，少儿时代存留在记忆深处的带有理想色彩的家园已经失去。作
品发表之际，虽然尚未发生第二次世界大战中的大屠杀，但是第一次世界
大战给欧洲犹太社区造成的物质与精神上的双重衰落与迷失在作品中得到
了淋漓尽致的反映。从某种程度上，《宿夜的客人》为欧洲犹太社区气数
将近的命运吟唱了一曲挽歌。与《一个简单的故事》类似，《宿夜的客
人》再次展现了过去与现在、传统与现代的冲突。在这种矛盾之中，我们
可以看到阿格农既在延续着犹太传统，又不得不面对充满变革的 20 世纪。

　　小说叙述人回到故乡小镇时，正值"赎罪日"之夜。"赎罪日"是犹
太人最为虔敬的一个节日，每个犹太人在那一天都要斋戒，为自己的过失
或罪愆忏悔。对于一个在外漂泊多年、看遍琼楼玉宇的人来说，童年时代
看似高大雄伟的犹太会堂显得萎缩而渺小了。而且，教堂在"赎罪日"之
夜的各种仪式令人意识到传统与现代的巨大反差。前来参加仪式的人多是
新近来到这个城市的人。由于大枝形烛台在战争时期被劫掠，祈祷者又
少，烛光七零八落，因此这些祈祷者的头上和祈祷披肩上已经不像过去那
样闪烁着意义特殊的光环了。仪式结束后，这些祈祷者既没有诵读《诗
篇》，也没有唱光荣之歌，而是锁上会堂的大门回家了。[①] 从这段描写中我
们可以看出新一代犹太人信仰的沦落，换言之，祈祷者们到犹太会堂只是
为了例行公事，"赎罪日"的意义、信仰的内涵对他们来说似乎显得无关
紧要。更有甚者，一些青年男女竟然在"赎罪日"的夜晚约会，表明在他
们心中已无所敬畏。作为一个笃信宗教的虔诚犹太信徒，阿格农不禁为年
轻一代信仰的沦落而伤心。

　　贝特密德拉希（书屋）过去曾经是犹太社区读书人的精神与思想中

---

① S. Y. Agnon, *A Guest for the Night*, trans. Misha Louvish, New York : Schocken Books, 1968, p. 5.

心。但在叙述人眼中也完全今非昔比：原来装得满满当当的书架不见了，只剩下六七个架子。以前长老们坐的板凳空无一人，整个书屋显得空空荡荡。人们甚至担心仪式过长而不能早点开斋。人们为寻求更自由的生活而不愿意掌管书屋的"钥匙"，刚刚从外地归来的叙述人于是承担了这一使命。"钥匙"这一意象在小说中显得意味深长。主人公接受书屋的"钥匙"，目的并不单纯在于到那里读书方便，而在于重建信仰，[①]承担起某种拯救的使命，在传统与现代、过去与现在之间建立起联系。但他想进入书屋时，却发现"钥匙"已经丢失。而丢失"钥匙"的他对一切都感到陌生，对任何事物都感到没有意义。这在某种程度上意味着信仰之于犹太人，犹如身体之灵气，失去了信仰，无异于行尸走肉。后来，他接受了镇上一个安装了木头脚的犹太人的建议，找锁匠重新配了一把"钥匙"。"钥匙"可以找到替代物，但是信仰难以失而复得，这正是阿格农无法摆脱的矛盾心态。主人公试图在书屋向人们讲解《圣经》和犹太经典文献，举行守安息日等各种仪式。这种做法固然引起了瑟巴茨一些人的兴趣，但是还有一部分人来到书屋，不是为了研读犹太经典，而是为了取火炉里的木炭，这便违背了《布就筵席》中禁止把神圣物品用于一般目的之说。有时他们在那里商讨日常生活琐事，尽管圣著上写着，在犹太会堂和书屋中不应闲谈。[②]只有当主人公回到以色列地后，奇迹般地找到了曾经丢失的"钥匙"，他才意识到"国外的犹太会堂和书屋注定要建造在以色列地"。并借另外一个来自瑟巴茨的移民之口道出，只有在以色列的土地上，《托拉》方可成为真正的大《托拉》。

正如前文所说，阿格农一直试图在作品中延续犹太传统，同时又不得不面对20世纪犹太世界里发生的种种剧变。由于受到犹太启蒙运动的影响，犹太社会的一些价值观念到20世纪已经发生解体。

作品中另一个主要人物莱夫·哈伊姆的身世与命运可以说代表着变革世界里的观念变革。哈伊姆出生于名门，是一位研习《托拉》的出色学者，与拉比一样博学。他的岳父十分富有，经常坐在书屋，看到人们尊重

---

① 谢克德：《现代希伯来小说史》，第115页。
② S. Y. Agnon, *A Guest For the Night*, p. 119.

有知识的人，便拿出钱财向哈伊姆做拉比的父亲提出把自己的女儿嫁给哈伊姆，并在书屋里给哈伊姆租了一个受人尊敬的位置。婚后，哈伊姆经常在书屋研习《托拉》，岳父、岳母深为女婿感到骄傲，但是妻子整天坐在店铺里，看到人们尊敬商人和推销员，并不认为拉比有何过人之处。这种现象既表现出父女两代人价值取向的不同，也反映出一种社会时尚。

犹太民族号称书的民族，崇尚知识，尊敬拉比和学者，但是自 19 世纪下半期以来，许多犹太女子受到现代文明的影响，拒绝包办婚姻，不愿意嫁给攻读希伯来学的学者。[①] 哈伊姆的妻子虽然不能说是新女性，但是与父亲不同，对丈夫一心想做拉比的行为颇为不满。更重要的是，由于战争爆发，小镇上的人们纷纷逃亡，富户人家因为贿赂敌军，故而求得一时安宁，但最后还是遭到驱逐，就这样，哈伊姆被流放到俄国。按照犹太律法，只有在收到休书的情况下女子才可以再嫁。哈伊姆在生病期间，唯恐自己命遭不测，耽误妻子一生，于是托人给妻子捎去一封休书。但等到战后他结束囚虏生活，历经千辛万苦返回故乡后，妻子却以休书为由不肯接纳他。其妻所经营的旅馆正是主人公下榻之处。哈伊姆只能栖身于书屋，终日坐在那里，默不作声，也不再诵读《托拉》，最后凄然死去。

哈伊姆的沉默与主人公试图建构过去理想生存方式而进行喋喋不休的言说形成鲜明的对照。犹太学者霍夫曼在阅读《宿夜的客人》一书时指出，哈伊姆是一个混合型的人物，其故事囊括进子女对父亲充满孝道的反叛与回归，以及《托拉》作为犹太生活中心的位移与复位。[②] 人们把哈伊姆称作圣人，也在某种程度上表明在有意无意之中向传统的复位与回归。也许正是在与哈伊姆在精神上达成短暂一致的瞬间，主人公才实现了自我超越，比如，他在哈伊姆死后，来到书屋，"我拔高自己的声音，直至《托拉》的声音战胜了我的声音"。[③]

过去的辉煌无法复生，但是可以保存在现代人的记忆深处。

---

① 帕鲁士：《边缘化的益处》。

② Anne Golomb Hoffman, "Housing the Past in Agnon's 'A Guest of Night'," *in Prooftexts* 2, 3 (1982), p. 265.

③ 参见 Anne Golomb Hoffman, ibid., 第 275 页。

（三）第二次阿里亚的悲歌：《只是昨天》

《只是昨天》也是阿格农在 20 世纪 30 年代末期便开始创作的一部作品，1943 年完成，1945 年第二次世界大战结束后出版。

从体裁上看，《只是昨天》是一部社会历史小说，以历史小说常见的交代人物、时间、地点的方式开头："犹如第二次阿里亚时期我们所有的兄弟、为我们救赎抬轿的人那样，伊扎克·库默离开他的国家、他的故乡、他的城市，来到以色列地，建设曾被摧毁的它，并被它重建。"①

第二次阿里亚指的是 1904 年到 1914 年第二次犹太移民浪潮，这是现代犹太史上一个重大的历史时期，为形成后来的以色列国家上层建筑奠定了基础。移民们多是来自俄国的年轻男子，未婚的社会主义者，他们在以色列地建立第一个基布兹、劳动群体以及其他重要的机构。他们当时的口号是，"希伯来土地，希伯来劳动者，希伯来语言"。② 尽管犹太启蒙主义者和民族主义者倡导复兴希伯来语，但是只有在第二次阿里亚时期才在巴勒斯坦地区建立了真正的希伯来语社区、希伯来语学校，创办了许多希伯来语杂志，形成了希伯来语民族所必备的精神特质。当然，这些来自欧洲的人士因为不能适应巴勒斯坦地区恶劣的环境，逐渐产生失望情绪，因此许多人便云集到了城市。但无论在雅法还是在耶路撒冷，与欧洲相比既炎热又肮脏，疾病流行。无论是阿拉伯人，还是正统的犹太教徒；无论是奥斯曼政府，还是第一次阿里亚时期的移民，都不欢迎这些新来的犹太移民。③ 大约 80% 的移民离开了巴勒斯坦，他们要么重返欧洲，要么去了美国。留下来的约 8000 人士顽强地为实现自己的理想而战，在他们当中出现了本－古里安等以色列建国领袖。《只是昨天》中的主人公伊扎克·库默就是第二次阿里亚中的一个成员，他从流散地来到以色列地，目的是想建设曾经遭到毁灭的土地，并在这片土地上重新塑造自己。"我们来到这

---

① S. Y. Agnon, *Only Yesterday*, trans. Benjamin Hashav, Princeton: Princeton University Press, 2000, p. 3.

② Benjamin Harshav, "The Only Yesterday of Only Yesterday," Introduction to *Only Yesterday*, Princeton: Princeton University Press, 2000, p. xi.

③ *Middle Eastern Literatures and Their Times*, p. 390.

片土地上，建设它，并被它重建"，本来是第三次阿里亚时期拓荒者们唱的一首歌，但是阿格农将其移植到第二次阿里亚的背景之下，至少表明通过劳动来建设巴勒斯坦，并在体力劳动的过程中改造自身的理念在第二次阿里亚时期便已经形成。为实现这一理想，这些年轻的拓荒者对物质生活鄙夷不屑，试图加入到劳工犹太复国主义的行列，在集体劳动中寻找乐趣。但是他们的梦想屡屡受挫。

《只是昨天》便是置于这样的社会背景下，采用编年史的方式记述了伊扎克·库默（以下称库默）的个人遭际，并以库默的行动轨迹为主线，嫁接了大量的分支，展现了第二次犹太移民浪潮时期波澜起伏的沸腾生活和形形色色的人物。借用露丝·韦斯的话说，在平凡中拥抱崇高，反映了回归家园过程中的复杂情势。[1] 从结构上看，这部作品更接近于标准的欧洲 19 世纪长篇小说，情节的发展依赖于"变化"，以及主人公在变动过程中对世界的一些看法。[2] 这部卷帙浩繁的作品共分五部分，序言和四章正文。序言首先讲述了主人公库默离开故乡来到巴勒斯坦这一事实。而后追述了库默到达巴勒斯坦之前在欧洲的生活情形。与《婚礼华盖》和《一个简单的故事》一样，阿格农在《只是昨天》的开篇再现了犹太人在欧洲的生活情形："贫穷"与"变革"依然可以视为用来概括 20 世纪初期欧洲犹太人生活的两个关键词（商贾另当别论）。

小说再次同阿格农以往的作品建立起互文关系。按照小说的描写，库默是《婚礼华盖》中余德尔的后裔。余德尔一家当年得来的意外之财已经被后来的几代人败光，到了第五代，即库默的父亲西蒙这一代尽管终日为钱担忧，但是没有像他的祖先那样遇到奇迹。祖先余德尔信仰上帝，而西蒙信仰贸易。宗教信仰的失落是 20 世纪初期许多新一代犹太人所拥有的特征。

库默也不可能像他的祖先那样虔诚地信仰犹太教，他是加利西亚一位有理想的年轻人，从青年时代起就对巴勒斯坦充满了向往，希望能到那里从事体力劳作。而他的一些朋友已经生儿育女，经营店铺，赢得了地位和

---

[1] Ruth Wisse, *Jews and Power*, New York: Schocken Books, 2001, p. 98.

[2] Arnold Band, *Nostalgia and Nightmare*, p. 418.

尊重；另一些朋友在大学里读书。可他自己却沉浸在支持所谓的犹太复国主义事业上，甚至违背父亲试图让他经商日后有所作为的意愿，几乎把自己的店铺变成了一个犹太复国主义者支部，许多人喜欢云集在那里，讨论问题。

在移居巴勒斯坦这件事情上，阿格农在本书中第一次表现出库默与他父亲两代人在价值观念上的冲突。尽管他们都不是正统的犹太教信徒，但是父亲已经习惯了大流散生活，逆来顺受，终日思考着如何致富；儿子显然受到新思想的影响，想到巴勒斯坦通过体力劳动来开拓那片土地，也许在无意识中初步具备了巴勒斯坦拓荒者们所提倡的做新希伯来人的朦胧想法。

之所以这样说，一是因为阿格农并没有在作品中直接说明库默想做新希伯来人。二是我们可以从库默所住的城市没有送代表团参加犹太复国主义大会，也没有在犹太民族基金会上注册的描写中可以做出推断，库默所生活的城市并非犹太复国主义者们的活动中心，那里的人们并不像受到集体屠杀的俄国犹太人那样怀有移居巴勒斯坦的热望，人们不喜欢自己被称作犹太复国主义者。库默本人向往回到圣地显得不切实际，他的所谓犹太复国主义活动也比较幼稚。父亲同意儿子去往耶路撒冷，并非因为支持他所谓的犹太复国主义梦想，而是坚信，如果库默发现以色列地一无是处，那么就会回到生他养他的欧洲，像其他人那样安居乐业，也使其他的孩子们不再听信流言。就这样库默踏上了去往巴勒斯坦的旅程，经过多方辗转，乘船来到了雅法岸边。

如果库默在巴勒斯坦可以实现在土地上劳作的梦想，做一个建设者，并且被重新改造，那么他也许有望变成拓荒者们所倡导的新希伯来人。但是，库默充其量只是一个新人，而不是一个新希伯来人，原因既在于当时的巴勒斯坦并没有给像他这样的犹太人提供必要的生存条件，也在于库默本身的性格弱点。库默最初踏上巴勒斯坦的土地，感到非常孤独。他想去往佩塔提克瓦（希望之开端）或者里雄哈茨用（锡安之初），但是店主觊觎他的钱财，不提供任何帮助。犹太定居者一向喜欢雇用当地身强体壮的阿拉伯人，而不愿意雇用不谙耕作技艺的欧洲犹太人。加之，雇主们一向认为希伯来劳动力昂贵，而阿拉伯劳动力便宜。库默来到一个犹太居住区，四处碰壁，饥渴难耐，最后一个名叫耶迪迪亚·拉宾诺维茨的俄国新移民收留了他。与库默一样，拉宾诺维茨也是怀抱着耕种土地的念头来到了巴勒斯坦，但是也找不到工作。后来，库默意外地找到了一份做油漆工的工作。在某种程度上，库默在现代社会里得到工作就像他的祖先余德尔得到财宝那样，堪称一个奇迹。虽然油漆工的收入非常微薄，但他可以养活自己，不仅偿还了赊欠的账目，为自己租了一个房间，而且逐渐适应了雅法的生活。借用阿摩司·奥兹的话说，库默本来想成为以色列的建设者，并为之重建。但是却成了以色列的粉饰者，并为之粉饰。① 小说中有一个有趣的细节描写，即库默用挣来的工资购买了新的衣装，他穿着这些衣服前去工作。衣服往往是人们判断其身份和出生地的重要依据，衣服的改变使人们用昵称叫他新人。奥兹曾经在库默购置新衣与他所从事的工作之间建立起一种类比关系，认为两者均有遮盖、美化之意，并将真实的东西掩饰起来，进而发问阿格农是否从广义上暗示犹太复国主义运动的内在本质，即出身于大流散的犹太人尽管通过更换衣装掩饰其内在的灵魂，或者通过粉刷而焕然一新，但还是旧瓶装新酒，没有本质的变化。

奥兹富有想象力的追问给我们提供了一个很好的思路。也就是说，阿格农在《只是昨天》中不仅描绘了从流散地抵达巴勒斯坦的犹太人所面临的各种冲突，而且集中笔力再现了犹太复国主义兴起之后犹太世界所面临的各种变革。在土地上劳作不仅是库默一个人的梦想，而且是许多犹太复国主义者们和拓荒者们的理想，其本质在于通过劳动而改变旧世界，建立新世界。库默没有从事体力劳作，就意味着没有能力或者没有机会承担改造世界的使命，他只能帮助掩饰那个世界，或者说从外表上粉饰那个世界，但不能创造任何新的价值。更何况，他做油漆工并非是因为技艺精湛，而是出于犹太人最基本的生存需要：面包、衣装和住所。因此可以说，库默从踏上巴勒斯坦土地之初就没有能够获得成功，就是一个失败者，他的理想就已经幻灭。

理想幻灭在第二次阿里亚时期不但是库默的个人经历，且在欧洲移居

---

① Amos Oz, *The Silence of Heaven*: *Agnon's Fear of God*, Princeton: Princeton University Press, 2000, p. 110.

巴勒斯坦的犹太青年中具有共性。这一点我们从曾经收留过库默的拉宾诺维茨的遭遇中可见一斑。拉宾诺维茨在来到巴勒斯坦之前，曾经在俄国父亲开的服装店里工作多年。他尽管在雅法住了两年，心系犹太村庄，但是未能住到一个犹太村庄里。如果哪天找到活干，就可以填饱肚子；找不到活干，就忍饥挨饿。两年间，他想用来耕作的锄头生了锈。因此，便重操裁缝旧业，在雅法一家裁缝店里谋到了职位。尽管他的生意做得非常成功，但是却抛弃了用来耕作的锄头。小说开篇不久，拉宾诺维茨就决定到欧洲学习经商，以便日后使巴勒斯坦获益。而按照犹太复国主义理念，离开土地的人永远不会真正成为巴勒斯坦的一员。从这个意义上说，拉宾诺维茨尽管在事业上获得了成功，但并没有成为时代英雄，充其量只是一个对拓荒者理念感到绝望而去攫取财富的反英雄。但正如我们在介绍第二次阿里亚时期的社会背景时所陈述的，当时的许多拓荒者因为生存环境艰苦而离开了巴勒斯坦，拉宾诺维茨在那批人当中十分典型。小说中拉宾诺维茨离去时的场面描述也可以支撑我们的观点，"拉宾诺维茨和其他离开以色列地的人一起登船，因为以色列地并不接纳他们，他们便离开那里，回到外面的土地上。一些人因为逃离了这片土地上的痛苦而欣喜，另一些人则因为不知在这片土地之外做什么而伤悲。"[1]

与同辈人不同的是，拉宾诺维茨的离开是为了学习本领而后再回到这片土地上，可以说这是他从梦想家变成实干家的开端。而没有选择离去的库默则成了新时代潮流下的伊扎克（即《圣经》中的以撒），一个没有找到替罪羔羊的牺牲者，最后为狂热的理想而失去了生命。

库默是一个充满矛盾与负疚感的人物。在作品中，其心灵冲突主要通过场景转换而体现出来的。雅法是坐落在地中海岸边、毗邻特拉维夫的一座充满世俗感的城市，他在那里逐渐不再思念欧洲并适应以色列地的环境、饮食和气候，乃至语言，在说话中夹杂着希伯来语和阿拉伯语，无论讲希伯来语还是讲阿拉伯语的人，都像他的同志。更重要的是，他与众人一样，不去犹太会堂祈祷，不佩戴经匣，不守安息日，也不过宗教节日。

---

[1]　S. Y. Agnon, *Only Yesterday*, p. 92.

即便做了什么有违宗教戒律的事，也并不在意。① 但是需要指出的是，他这样做并非是抛弃了宗教信仰，而是因为他生活在一个群体中，这些人认为宗教以及诸如此类的东西并不重要，没必要遵守宗教信仰和宗教戒律。而且，如果你的心已经远离了犹太律法，那么遵守律法就显得虚伪了。但另一方面，库默又不是坚决地抛弃宗教信仰，正如作品所说，他的一部分想法发生了变化，但没有真正的改变。② 他依旧思念昔日父亲的家，思念安息日和犹太节日，③ 夜晚甚至在床上背诵祈祷文。这种思念不仅代表着库默对传统犹太宗教生活的留恋，也流露出他对欧洲布尔乔亚生活的渴望。就像《爱与黑暗的故事》中的主人公们，对欧洲怀着无法割舍的爱恋。与其他同龄人不同的是，库默仍然全身心地信仰犹太复国主义，故而没有参加任何政治团体。他也不追求女孩子，什么也不为。按照阿格农的说法，那是库默最好的时光。④ 但根据后文中的描写，这离宗教信仰犹如失去了精神依托，使之在举目无亲的环境中陷入了深深的孤独。他甚至为此感到遗憾，⑤ 即便库默并没有因为失去信仰而产生信仰危机的悲剧。⑥ 因为孤独，库默在拉宾诺维茨走后与她的女友桑亚相恋，进而陷入无法摆脱的负疚之中。

　　许多希伯来语批评家都曾经提到库默的负疚。在我看来，其负疚感既源于对犹太复国主义理想和宗教信仰的背离，也源于他对父亲、家庭、朋友的歉仄。他的父亲和兄弟姐妹为他去巴勒斯坦筹钱而更加贫困，而库默找到工作后本来可以帮他们偿还债务，但他没做任何努力。库默与桑亚交往时，一直受到良心的谴责，认为是自己的介入导致了拉宾诺维茨和桑亚的分手。事实上，拉宾诺维茨离开巴勒斯坦，也就意味着抛弃了桑亚。因为拉宾诺维茨并非对以色列地怀有特别的感情，也没有把桑亚当成以色列的化身，任何地方都是他的家。一两年后，拉宾诺维茨会和他老板的女儿

① S. Y. Agnon, *Only Yesterday*, p. 82.
② Ibid.
③ Ibid., pp. 82 – 83.
④ Ibid., p. 83.
⑤ Ibid., p. 166.
⑥ Amos Oz, *The Silence of Heaven: Agnon's Fear of God*, p. 115.

一起回到巴勒斯坦，他既得到了新娘，又得到了嫁妆。这话在后来得到应验。库默与桑亚的最初接触来自与拉宾诺维茨的共同友谊。

桑亚是个现代女孩，来自俄国的大城市，出身于知识家庭，受过现代教育，读过俄国小说，有思想，有魅力，有社交才能；而库默出身于加利西亚一个贫穷的店主家庭，只在加利西亚的犹太小学里学会阅读希伯来语，只知道犹太教和犹太复国主义，即使读文章也难以了解其含义，人很平庸，难以与当地青年人交流。他心目中的理想女性并非桑亚，而是他的母亲，母亲在他年幼时便已经去世。桑亚喜欢库默主要由于他的天真与单纯，很快便对库默感到厌倦，决定离开他，去做一名教师。库默与桑亚之间的隔阂，在某种程度上代表着俄国犹太人与加利西亚犹太人之间的距离，或者说喻示着传统犹太人与现代犹太人之间难以逾越的鸿沟。

库默活动的第二个场景耶路撒冷是一个拥有宗教传统的城市，也是库默进行精神修复而实现救赎的场所。回归宗教是他逃避现实苦难与不幸进而寻找心灵安慰的一种途径。布罗伊科夫是库默在耶路撒冷认识的一位艺术家，也是他的加利西亚同乡。他们既具备俄国犹太人所不具备的特征，也缺少俄国犹太人所拥有的某些优势。正是因为犹太民族的地域性特征，使之成为好友。布罗伊科夫帮助库默成为耶路撒冷一名较好的油漆工，但不幸的是，他本人的健康状况非常糟糕，不久便撒手人寰，他的未亡人也离开了以色列地，库默陷于巨大的悲痛之中。他试图在宗教中寻找慰藉，不仅追忆他在加利西亚曾经有过的宗教生活，而且重新开始履行他在雅法忽略了的宗教仪式。他开始像哈西德教徒那样蓄起胡子，听拉比布道。与正统派犹太教徒摩西·阿姆拉姆结交，并深为阿姆拉姆的外孙女茜弗拉吸引。茜弗拉是一个漂亮而虔敬的姑娘，言外之意非常传统。库默见到她时的感觉与见到桑亚时的感觉完全不同，就像当初被造物主从身上取下一根肋骨而创造了夏娃的亚当。这种比喻表明库默与茜弗拉必然要结合。不过当时库默与桑亚并没有完全分手，他不住地把茜弗拉与桑亚进行比较。在某种程度上，他在具有现代感的桑亚和具有传统意识的茜弗拉之间犹豫不决，象征着他在世俗生活与宗教生活之间的徘徊。在与茜弗拉交往的过程中，他曾经短暂地回到雅法，那次旅程就像一次漂泊之旅，他见到一些旧友，包括已经娶了一位贵妇人的拉宾诺维茨，并彻底结束了与桑亚的关系，重新回到耶路撒冷。选择茜弗拉，就意味着要适应她的匈牙利犹太社区生活，就意味着要恪守传统的犹太习俗，因此，这一选择意味着库默对犹太传统宗教生活的回归。作品中库默对宗教传统的回归，与他对茜弗拉的追求几乎同步。库默与一家虔敬的犹太教徒住在一起，学习《托拉》，每天都要祈祷。茜弗拉的母亲最后同意了他们的婚事。与茜弗拉的结合意味着库默不仅找到了爱情、家庭，而且也找到了精神家园。他虽然没有成为犹太复国主义者所倡导的拓荒者，却可以以一个笃信宗教者的身份生活在耶路撒冷，应该也是得到了精神的救赎。

但是，正如谢克德所说，在流亡与救赎、犹太复国主义与犹太教之间存在着永恒的分裂，库默就是这种分裂的牺牲品。① 大家知道，库默是一个姓氏，其名伊扎克（即以撒）可以在《圣经》中找到"牺牲"的原型。库默从加利西亚到雅法再到耶路撒冷的旅程，有些类似其先祖以撒在亚伯拉罕引领下走向祭坛的过程。不过，在现代社会里，最高命令者已经不是上帝，而是犹太复国主义理念。② 这种理念并非像上帝一样为其选民寻找替罪羔羊，因此库默作为一个牺牲者只能以死亡结束其命运。最后，库默在婚礼上被一条疯狗咬伤，染疾而死。

狗这个形象的设置与作品结局的因果关系历来引起了许多希伯来文学评论家的关注。谢克德认为："疯狗本身象征着伊扎克的内在分裂，他死了，只有在他的葬礼结束后，造成土地荒芜的干旱才得以消除：'当我们走出家门，看见土地含着蓓蕾和鲜花微笑。牧羊人赶着牧群从这头走向那头，湿漉漉的大地传来绵羊的叫声，天堂里的飞鸟应和着它们。世界其乐融融。从来没有见过这样的欢乐场面。'"伊扎克不同于希腊悲剧英雄，他是一个无辜的牺牲者，从来没有获得自我觉醒，或意识到自己的罪愆。反英雄遭到了毁灭，但社会得以再生。③ 美国加州大学洛杉矶分校班德教授指出，伊扎克无关紧要的罪愆与用死来惩罚他的严厉（即罪不至死）之间具有一种不平衡关系，尽管小说背景置于 20 世纪早期，但是作品主要写

---

① 谢克德：《现代希伯来小说史》，第 116 页。
② 参见 Ruth Kartun - Blum 的有关论述。
③ 谢克德：《现代希伯来小说史》，第 116 页。

于 1943 年到 1945 年，当时欧洲犹太人的灭顶之灾已经不可避免。因而伊扎克的死反映出大屠杀的疯狂。[1] 霍夫曼以俄狄浦斯情结作为依据，对《只是昨天》这部作品进行新的解说，认为名叫巴拉克的狗是伊扎克使文本中隐含着的俄狄浦斯情结表面化，是伊扎克向父辈挑衅的使者。小说中有这样一个情节，茜弗拉的父亲莱夫·法耶什，一个正统派犹太教徒，一直禁止伊扎克接近自己的女儿，但是后来狗把莱夫·法耶什咬伤："当莱夫·法耶什（在黑夜中）走近它时，它欢迎似的咬了他一口，以告诉他，纵然我并不认定和你一样，我通知你我也在这里。"法耶什卧床不起，伊扎克从此可以接近母亲和女儿。按照原始的因果报应法则，库默受到狗咬乃是对他的一种惩罚，狗于是成了库默受惩罚的工具。[2] 而在丹·米兰看来，虽然作品以库默死去、天降喜雨结局，但是留下了一系列神学与伦理学问题未能得以解决，阿格农肯定不会接受饥渴、残酷的天地诸神需要有人做出牺牲方可结束旱灾与饥荒的假设，因为这样的假设更符合无宗教信仰者的膜拜理念，而不是犹太人的宗教价值观念。[3]

　　库默死于回归宗教的途中，这一情节本身便充满了讽刺意味和神秘色彩。我们知道，致使库默死亡的直接原因是被狗咬伤。狗这一形象最早出现在第二章第十四节，那是一条野狗。"在英国人开进这片土地时游荡到了耶路撒冷。"库默与狗相遇后，在颤抖中向狗伸出毛刷，先后在狗身上写下了"狗"和"疯狗"几个希伯来文字母。阿格农使用很多笔墨，描写库默在狗身上写字的做法是出于一种无意识。但是无论如何，这几个字改变了狗的命运，按照阿格农的描写，所有两条腿走路的人，男人、女人和孩子看到它，或者仓皇逃窜，或者嗤之以鼻，朝它身上扔石头。狗最初为自己遭到了犹太社区的抛弃感到匪夷所思。乍看之下，狗这一形象的设置只是为了推进情节演进，是完成主人公生命之旅的助体。但实际上，阿格农采用拟人化的手法和幽默的笔调，花费大量篇幅细腻地描写了狗在耶

　　① Anne Golomb Hoffman, "'Mad Dog' and Denouement in Temol Shilshom," in *Tradition and Trauma*, eds., GLenda Abramson and David Pattersen, Boulder: Westview Prsee. 1994, p. 46.

　　② Ibid., pp. 56 – 57.

　　③ Dan Miron, "Domesticating a Foreign Genre: Agnon's Transactions with the Novel," in *Prooftexts* 7, 1 (1987), p. 1.

路撒冷四处流浪的心理活动以及他试图寻找真相的过程。也就是说，狗一直试图弄清楚究竟是什么原因使自己成为丧家之犬。在他看来，也许他自身有某种缺点，遭到众人憎恨。"纵然任何人都有缺点，但他的弱点与别人的不一样。如果他的缺点与别人的一样，为什么以色列的子孙可以看到他的缺点，而非犹太人看不到他的缺点？不然就是他的缺点在以色列人眼中是缺点，而在别人眼中不是缺点？"由于在希伯来文中狗的说法是"凯莱夫"（顺序从右到左），倒过来（从左到右）的念法便是"巴拉克"，在不懂希伯来语的非犹太人眼中，狗身上的字迹只是符号，或者说是名字而已。因此他们并没有对狗做出极端的反应。狗终于得出结论，自己所有的屈辱、迫害与痛苦都与背上的字迹有关，都与那个油漆工有关，于是他决定报复并开始寻找油漆工的踪迹，最后造成了主人公非理性的死亡。

毫不夸张地说，狗对自己生存状况的探讨几乎与有关库默的叙述并驾齐驱，成为主人公活动的舞台后部。而且，他还介入耶路撒冷人的生活和拓荒者的生活之中，以旁观者的身份观察现实生活中人们的活动。狗的许多活动都像人的活动。从狗的行为上也反映出人的弱点。狗自己就认为，人和狗太相似了，很难加以区分。在他眼中，许多人具有狗的特征，而狗本身就是堕落了的罪人。把狗人格化的过程，也就是把人物化的过程。将人物化的一个经典范例就是卡夫卡的《变形记》。这部分情节的穿插显然是作者有意为之，然而意在何处？狗，不言而喻，是作品中的中心隐喻，对理解整部作品有着重要的意义。

第五章
1948 前后

一 希伯来语本土作家及其特质

从前文的论述中我们可以看到，早在 1948 年以色列国家建立之前的二三十年代，希伯来文学便已经在巴勒斯坦地区达到了繁荣，构成当时作家队伍中坚力量的都是从俄国或欧洲其他国家移民到那里的移民作家。他们或者执著地描写欧洲流散地的犹太村庄纪事，或者描写犹太移民在巴勒斯坦地区的拓荒生活。到了 30 年代末，希伯来文学的作家成员发生了本质的变化，希伯来语本土作家，即第一代以希伯来语为母语的以色列作家，学界通称本土作家（the Native Generation Writers），开始登上舞台，并成为 1948 年以色列建国前后的 40 年代和 50 年代文坛上的主力军。

希伯来语本土作家，是一个文化学上的概念，与流散地作家和从流散地移居到巴勒斯坦的移民作家显然拥有迥然不同的特质。

本土作家指出生在巴勒斯坦，或虽然出生在流散地，但自幼来到巴勒斯坦，在犹太复国主义教育体制下成长起来的作家。也就是说，确定本土作家的关键不在于其出生地，而是在于其所具备的文化价值取向。第一代希伯来语本土作家中的许多人出生在 20 世纪 20 年代前后的巴勒斯坦，他们是早期移民浪潮中犹太移民的子女，这些人与自幼便来到巴勒斯坦的移民儿童一起在伊舒夫或者基布兹中以各种方式接受犹太复国主义思想的教育，经历了犹太人与巴勒斯坦阿拉伯人的冲突（主要是 1929 年 9 月的西墙冲突，以及 1936—1939 年之间阿拉伯人与犹太人之间的流血冲突），以及犹太人与英国当局之间矛盾重重的关系。① 许多人曾经是英国托管时期犹太人自我防卫组织"哈加纳"中的先锋力量——"帕尔马赫"的一员，并亲身经历了 1948 年的以色列"独立战争"，因此这代作家又被称作"帕尔马赫"作家、"独立战争"一代作家或"1948 年一代作家"。

第一代希伯来语本土作家人生经历中的共同标志是大屠杀、1948 年以色列国家的建立和以色列"独立战争"，即第一次中东战争。他们当中的先驱者撒迈赫·伊兹哈尔从 20 世纪 30 年代末期便开始发表作品，伊兹哈尔发表于 1938 年的短篇小说《爱弗雷姆回归苜蓿》被谢克德视为本土文学的起点。② 多数本土作家则在 40 年代和 50 年代初期开始登上文坛。与流散地作家和移民作家的本质区别是：前代作家中的许多人学过两门或两门以上的语言，可以直接阅读欧洲文学，或者在犹太学方面获得过学位;③ 而本土作家当中的许多人的母语便是希伯来语，至少是从幼年时代接受的是希伯来语教育，可以自如地运用希伯来语进行日常生活交流与会话。他们使用的希伯来语与流散地时期的希伯来语有着本质的不同，融进了大量的俚语和日常生活用语，具有典型的以色列口语特征。由于犹太人在近两千年的流亡中，已经失去了以希伯来语为母语的人群，希伯来语本土作家参与文学创作这一现象本身，就标志着希伯来文学发展进入了新的历史时期。

总体上看，"本土作家"主要借助的是社会主义现实主义创作方法，创作出诗歌、短篇小说、长篇小说和戏剧等文学类型的作品。展现在"本土作家"笔下的是一幅典型的巴勒斯坦地区风光图与世俗画：沙漠地区贫瘠的植被、沼泽上星星点点的水汪、阿拉伯人及其淳朴慵懒的生活习惯、犹太人定居点和本土以色列人（the Sabras）、基布兹、集体农庄、富有地方色彩独特的植物群与动物群，等等，在这之中，交织着战争、阿拉伯人与犹太人的冲突，以及以色列人为创立新型社会框架与适应身份转换所做出的一系列努力与体验，如接纳并重新塑造新移民、处理以色列和大流散的关系、不同政党之间的争执等，反映出典型的本土以色列人意识。④ 借用埃文－佐哈尔

---

① Gershon Shaked, "First Personal Plural: Literature of the 1948 Generation," in *The Shadows Within*, p. 145.

② Gershon Shaked, *Sifrot Yivrit* (*1880 - 1980*), Hakibutz Hameuchat/Keter, 1997 - 1998, vol. 1, p. 181.

③ 参见谢克德《现代希伯来小说史》，第 176 页。

④ 参见钟志清《当代以色列作家研究》中的相关论述，第 1—3 页。

的界定，自以色列本土作家开始所进行的创作，可以说是一种"标准"的文学，一种居住在同一块领土上的一个民族用同一种语言创作的文学。① 从某种程度上，本土作家可被称作那一时代的代言人。② 在他们的文学中，表达出作家、叙述人、作品人物乃至读者所共同信仰的价值核心。

本土作家不仅有着类似的生活经历和教育背景，而且拥有共同的文学主张。本土作家的代表人物之一摩西·沙米尔曾在 1946 年撰写了《与我们的同代人》一文，堪称本土作家的文学宣言。文章指出，这一代人的文学，需要表达犹太复国主义运动的声音，忠诚于犹太复国主义事业，服务于民族需要。为达到这一目的，文学必须描写集体体验和现实生活的各个方面，创造一种现实主义文学。③ 这一主张一方面是舶来品，源于俄国社会主义现实主义文学理论中所倡导的文学要真实地、历史具体地描写现实，艺术描写的真实性和历史具体性必须与用社会主义精神（犹太复国主义精神）从思想上改造和教育劳动人民的任务结合起来。另一方面，又是希伯来文学自身发展的产物。阿尔莫格在论述作为文学代言人的本土作家这一问题时指出，这些作家与诗人受到当时两位著名的希伯来语诗人亚伯拉罕·史龙斯基和纳坦·阿尔特曼的影响，也受到他们的提携与培养。④然而，史龙斯基尽管在创作中表现出强烈的犹太复国主义理念，但同时主张艺术的自治，希望通过文学内部的语言革新，为语言和文学之外的革命作出贡献。相形之下，沙米尔却不主张为艺术而艺术，在他看来，文学革命如果不对外部世界产生影响，那么则毫无意义。⑤ 在这方面，以沙米尔为代表的本土作家在文学主张上倾向于布伦纳所反对的类型文学创作，无异于在强化文学所承担的所谓民族角色。

在人物塑造上，本土作家创造出希伯来文学史上全新的人物形象。他

---

① 转引自 Ezra Spicehandler, "The Fiction of the Generation in the Land," in *Israel: The First Decade of Independence*, eds., S. Ilan Troen and Noah Lucas, New York: State University of New York Press, 1995, pp. 317 – 319。

② Ibid., p. 334.

③ Oz Almog, *The Sabra: The Creation of the New Jew*, p. 13.

④ Almog, ibid., p. 13.

⑤ Todd Hasak – Lowy, *Here and Now: History, Nationalism, and Realism in Modern Hebrew Fiction*, Syracuse: Syracuse University Press, 2008, p. 104.

们笔下的主人公大多英俊潇洒，性格外向，受人欢迎，具有和父辈一样的使命感。只有在完成了那些使命之后，他们才去过私人生活；倘若他们不再回归，便是用死亡证实了自己的生存。① 他们在行为和语言上比较接近贝督因人，② 而不是大流散中的犹太人。他们的阿拉伯语比意第绪语讲得流利，其朴素的衣装也显示出他们既接近阿拉伯人的生活方式，也接近劳工犹太复国主义运动的生活方式，其社会生存理念中弥漫着劳工犹太复国主义运动的价值观念。从这些人物的性格特征、所使用的语言以及与土地的密切联系上，可以看出他们与空间的联系比与时间或犹太历史的联系要密切。③

二　犹太复国主义思想教育中的重要理念

如果要准确地把握本土作家的精神特质，就必须对形成这种特质产生决定性影响的犹太复国主义思想教育中的核心问题具有较为全面的认识。

在犹太复国主义运动所标榜的所有理念中，"否定流亡"应该说占据着核心位置。在犹太复国主义语境下，大流散不但指犹太人多年散居世界各地这一文化、历史现象，而且标志着与犹太复国主义思想相背离的价值观念。早期的政治犹太复国主义先驱者列昂·平斯克和西奥多·赫茨尔主张，如果犹太人要取得生存，就不得不背离他们居住在其他民族内部的祖辈们的生存方式，要建立自己的国家。这种对置身于其他民族中的少数民族身份的否定被犹太学者视为摆脱流亡。而在犹太复国主义者和民族自治者争论日甚的过程中，产生了"否定流亡"这一术语。④

---

① 谢克德：《现代希伯来小说史》，第 204 页。

② 也称贝都因人，指以氏族部落为基本单位在沙漠旷野过游牧生活的阿拉伯人。

③ Gershon Shaked，"Born of the Sea：The Hero in Modern Hebrew Literature，" in *Ariel* 65，1986，p. 8.

④ Anita Shapira，"Whatever Became of 'Negating Exile'？" in *Israeli Identity in Transition*，ed. ，Anita Shapira，Westport，Connecticut，London：Praeger Publishers，2004，p. 70. 此处，笔者借用了犹太社会学家对反对流亡问题所做的界定。但是需要向中国读者说明的是，政治犹太复国主义者认为犹太人在大流散中没有未来，但最初并不完全反对犹太人居住在犹太国家之外，赫茨尔曾经清晰地表示犹太国家只是为了那些不想并不能同化到非犹太人中的犹太人而建立的。参见 Shapira 同页和下页的论证。

犹太复国主义是 18 世纪犹太启蒙运动发展到一定程度时的产物，而犹太启蒙运动的宗旨之一便是反对犹太人传统的生活方式。即便在犹太复国主义产生之前，犹太启蒙作家就在希伯来语作品中尖锐地抨击犹太社会的腐朽和堕落，而不像意第绪语作家那样对流散地的犹太社区怀着脉脉温情。对传统犹太社会的失望与谴责逐渐激发起在巴勒斯坦建立新世界的渴望。换句话说，越是对一个新型的乌托邦社会怀有幻想，就越是会对曾经生存着的世界进行无情的鞭挞与否定。无论是犹太复国主义者，还是怀着各种目的移居到巴勒斯坦地区、经过体力上的艰难磨砺与精神炼狱最终决定留在巴勒斯坦土地上做拓荒者的犹太移民，不免希望摆脱在漫长的遭受驱逐、散居异乡时身为犹太人而与生俱来的集体耻辱，渴望在巴勒斯坦土地上建造一个新家园，并塑造出能够支撑这个新家园的"新人"，这便是"新人"理念产生的思想基础。而这个"新人"应该在世界观、在处理犹太人与非犹太人的关系、在对待体力劳动的态度以及自我防卫能力上与其前辈相比截然不同，[1] 拥有大流散中的犹太人所不具备的优势。在本土以色列人的眼中，大流散时期的犹太人在外表上苍白、文弱、怯懦、谦卑，骨子里逆来顺受，卑躬屈膝，尤其是大屠杀幸存者，简直如同没有脊梁的人类尘埃。本土以色列人在外表上崇尚巴勒斯坦贝督因人、阿拉伯人和俄国农民的雄性特征与阳刚之气：身材魁梧、强健、粗犷、自信、英俊如古代的美少年大卫；同时具有顽强的意志力和坚忍不拔的精神，面对恶劣的自然环境英勇无畏，有时甚至不失为粗鲁，在战场上勇敢抗敌，不怕牺牲。

塑造新人的主要手段是通过教育。这便意味着不仅要对来自各个国家的新移民进行重塑，而且要对新移民的子女，即我们所说的本土以色列人加以训导。犹太复国主义教育者对待犹太历史与文化传统的态度充满了悖论。从理论上说，犹太复国主义者主要反对的是大流散时期的犹太历史，而崇尚圣经时期以色列民族的历史。早期犹太定居点和以色列学校把犹太历史课程当成传播犹太复国主义思想的组成部分。但有意思的是，课程的名字不叫犹太历史，而是叫以色列民族史。即使教授《圣经》，也不是教

---

[1] Anita Shapira, *Israeli Identity in Transition*, pp. 72 – 73.

授信仰或哲学，而是要古为今用，即大力渲染《圣经》中某些章节中的英雄主义思想，讴歌英雄人物，使学生了解以色列祖先的辉煌和不畏强暴的品德。这样一来，犹太民族有着神奇色彩的过去与犹太复国主义先驱者推重的现在便奇异般地结合起来了。在当时的教育背景下，有的以色列年轻人甚至把整个人类历史理解成"令犹太人民感到骄傲的历史，犹太人民殉难的历史，以及以色列人民为争取生存永远斗争的历史"。[①] 无论当时的希伯来语言教育，还是日常生活习俗，都渗透着这些犹太复国主义理念。在日常生活中，犹太孩子在举行成人礼、参加光明节等传统的犹太节日仪式、植树、宣誓等活动中，都要了解本土人应该对土地、对民族乃至对即将建立的犹太国家承担什么义务。此外，还要通过参军、到基布兹或农业集体农庄参加劳动，甚至取希伯来语名字等手段来确立本土以色列人的意识，塑造新型的民族身份。

在进行犹太复国主义和以色列民族历史教育的过程中，源于《圣经》的以少对多、以撒受缚、以色列救赎等母题被赋予了新的意义。[②]《圣经》中的"以撒受缚"展示出上帝具有至高无上的权威，上帝的意志高于一切，既可以令其忠实的选民亚伯拉罕献出爱子以撒作为献祭，又可以用羔羊作为以撒的替代物，在最后一刻将以撒解救。而在犹太复国主义话语中，以撒则被绑缚在民族与国土的祭坛上，为民族的利益献身。同样，源于欧洲思想意识形态的欧洲与亚洲、普遍人道主义与民族人道主义的对立也融入了犹太复国主义思想体系之中。在 1948 年以色列"独立战争"之前，人道主义或人文主义思想在一些希伯来语刊物中被当成犹太教的对立物得到充分体现，甚至在犹太复国主义文化中占据了主导地位。其思想核心在于：道德与正义超乎于民族目的，个人关系超乎于民族关系。但到了以色列"独立战争"阿以双方进行交战期间，人道主义思想在主流话语中日渐边缘化。[③] 不过，一

---

① 在论证犹太复国主义教育理念这一问题时，笔者撷取了自己在《当代以色列作家研究》第289—297 页的部分成果，并在此基础上加以拓展。

② 笔者在《当代以色列作家研究》中，也提到了"以撒受缚"和"大卫和歌利亚"等母题在现代希伯来文学中的重现，鉴于它们在以色列建国前后犹太复国主义叙事话语中意义重大，此处旧话重提，但焦点置于其对形成本土作家精神特质的影响上。

③ 关于以色列"独立战争"期间人道主义边缘化的问题，参见 Nurit Gertz, *Myths in Israeli Culture: Captives of a Dream*, London：Vallentine Mitchell, 2000, p. 35。

些在政治上边缘化的作家仍旧执著地表现带有普遍意义的人道主义思想。凡此种种，我们将在解读具体的作家作品时再做进一步讨论。

在犹太复国主义话语中，与否定流亡同样具有重要意义的以少对多理念，可以追溯到《圣经·撒母耳记》中对大卫和歌利亚之争的描写。这个故事叙述的是古代非利士人招具军旅和人马前来征讨以色列人，当时的以色列王扫罗率部下摆阵准备迎敌。但是双方力量相差悬殊。非利士人中的讨战者歌利亚身材高大，力大无比，装备精良。按照《圣经·撒母耳记》上第 17 章记载，歌利亚"身高六肘零一虎口；头戴铜盔，身穿铠甲，甲重五千舍克勒；腿上有铜护膝，两肩之中背负铜戟；枪杆粗如织布的机轴，铁枪头重六百舍克勒"。以色列众人闻风丧胆，四处逃窜，只有牧羊人大卫自告奋勇，誓将与歌利亚较量。大卫年轻，面色红光，容貌俊美。他手中拿杖，囊中装着石子，手中拿着甩石的机弦。非利士人藐视大卫，"来吧！我将你的肉给空中的飞鸟、田野的走兽吃。"大卫则说，"你来攻击我，是靠着刀枪和铜戟；我来攻击你，是靠着万军耶和华之名。"大卫用机弦甩石击中歌利亚的额头，歌利亚扑倒，面伏于地。手中连刀也没有的大卫把歌利亚的刀从鞘里拔出来，杀死他，割了他的头。

这一故事中蕴含着以少对多、以弱抗强的思想。古代以色列人之所以战胜强敌，依靠的是胆识、谋略、信仰、意志与想象中上帝耶和华的协助。而现代的犹太复国主义者把宗教信仰转变为世俗理念，并根据现实需要，用犹太历史上以少胜多的模式来解释古代各个历史时期犹太人与异族人的冲突，如哈斯蒙尼王朝反抗希腊人的起义（即犹大·马加比起义）、犹太人反抗罗马人最终以马萨达（Massada）殉难而终的战争、同样以失败而结束的巴尔－科赫巴起义，乃至后来的犹太人与英国人的对抗以及同阿拉伯人之间的战争。他们注意到这些战争中蕴含着的以少抗多的道理，将其视为放之四海而皆准的准则，但是没有顾及到交战的双方是谁，交战的初衷与结果如何。在这种语境下，对历史事实的阐释也要符合犹太人在巴勒斯坦重建家园的话语需要，用戈尔茨的话说，"失败变成了英勇就义，而英勇就义在子孙、敌人或是上帝眼中成了胜利"。①

---

① Nurit Gertz, *Myths in Israeli Culture*, p. 6.

在本土作家思想意识形成时期的 20 世纪 30 年代，犹太历史上的马萨达神话与当代的特里海（Tel Hai）故事堪称支撑正在形成的国家教育体系与意识形态的支柱，对以色列建国初期形成的大屠杀英雄主义幻象产生了至关重要的影响。马萨达神话讲的是公元 70 年，耶路撒冷和第二圣殿被毁后，一小部分顽强反抗罗马人统治的犹太战士退到死海附近的马萨达要塞死守；公元 73 年，当围困的罗马大军即将攻破马萨达时，这批斗士宁愿为自由而死，不愿做囚虏而生，最后集体自杀，演绎了犹太历史上壮烈的一幕。当然，马萨达神话并不符合古代犹太教中不主张自杀的价值标准，故而在犹太思想学界引起了无休止的争论；但在 20 世纪三四十年代，马萨达志士宁死不做囚虏的英雄主义精神却成为犹太复国主义思想家教育年轻一代人的好教材。以色列青年人被组织起来到马萨达宣誓，他们把自己视为古代希伯来王国英雄们的后代，誓为国家与民族献身。出自诗人拉马丹笔下的“马萨达不会再陷落”这句诗成为当代以色列青年人的口号。直至今天，以色列的新兵仍然要到马萨达接受爱国主义教育。

特里海则是当代犹太拓荒者创造的一则英雄主义神话，它形成于 20 世纪 20 年代，说的是俄国出生的独臂犹太英雄、巴勒斯坦犹太社会主义运动奠基人之一约瑟夫·特洛佩尔多（Joseph Trumpeldor）在北方加利利地区的特里海村庄率领十几个犹太村民，与前来挑衅的众多阿拉伯人交战，最后中弹牺牲，与之一起牺牲的还有另外七名犹太村民。特洛佩尔多死后，犹太复国主义左翼党派马帕伊与右翼修正主义党派均将其视为犹太人的自我抵抗英雄。他临终前说的“没什么，为国家而死无比光荣”，在以色列建国之前的犹太复国主义教育和五六十年代的以色列爱国主义教育中流传甚广。从此，犹太宗教文化传统中的为上帝之名而死，转变为犹太复国主义话语中的为国家利益献身。当然，特里海的死难英雄通过战斗与牺牲，表明深受犹太复国主义思想熏陶的新希伯来人与大流散中朝非犹太人点头哈腰的旧式犹太人具有本质的区别。[1]

---

① 　Oz Almog, *The Sabra*：*The Creation of the New Jew*, p. 38.

三　本土作家的创作与犹太复国主义叙事话语

本土作家中的代表人物有撒迈赫·伊兹哈尔、摩西·沙米尔、伊戈尔·莫辛松（Yigal Mossinsohn，1917－1994）、阿哈龙·麦吉德（Aharon Megged，1920－）、纳坦·沙哈姆（Nathan Shaham，1925－）、汉诺赫·巴托夫（Hanoch Bartov，1926－）、本雅明·塔木兹（Benjamin Tammuz，1919－1989）等作家，以及海姆·古里（Haim Gouri，1923－）等诗人。总体上看，这些作家与诗人的作品在不同程度上贯彻了沙米尔的文学主张，注重模仿早期犹太复国主义作家的创作，并深受欧洲现实主义文学，尤其是俄苏现实主义文学的影响，展现出了某个特定历史时期内的价值取向与时代精神，在很大程度上成为那代人的思想代言人。绝大多数本土作家的作品成为表达本土人思想观念的重要载体，关注时下话题，阐释犹太复国主义理念，用民族价值观念教育百姓，充分发挥文学本身的社会作用。但是，就具体作家的创作而言，他们所发出的声音并不单一，有的作家在执著地阐释犹太复国主义理念，而有的作家又表现出带有普遍意义的人道主义思想与人文关怀，并对犹太复国主义理念进行批评。可以说本土作家既在阐释着标准的犹太复国主义叙事话语，又在不同程度上对那种话语进行修正。但不管怎样，文学叙事对于言说者的观念表现出一种非理性的认同，反之，对于反方观点则表现出一种非理性的排斥。

伊兹哈尔、沙米尔、莫辛松、沙哈姆、巴托夫、古里都出生于巴勒斯坦，是犹太人历经近两千年的流亡后第一代以希伯来语为母语的犹太人。沙哈姆 1925 年生于特拉维夫，自 1945 年以来一直居住在基布兹。他忠实于犹太复国主义运动，其作品在某种程度上也成了观念的代言者。沙哈姆在反映战争题材的早期小说中，所表现的主人公一般不同于 1948 年那代人笔下经常出现的年轻而孤独的理想主义者。许多人愤世嫉俗，他们直接经历了残酷而血淋淋的战争，在战争中致残乃至丧生，但仍旧挚爱并且眷恋着脚下的那片土地。1948 年 " 独立战争" 期间，沙哈姆发表了一篇不同凡响的短篇小说《七人当中》（Shiv'a Me－Hem），叙述人在一名战士的陪同下来到旧日战地，这里一年前曾发生过一场惨烈的战争。敌众我寡，以色列士兵面临着严峻的考验。一位军官想起山脊上曾布下七枚地雷，但布雷者已经牺牲，布雷图也已经毁掉，没有探雷器，六枚地雷不知去向，也就是说在剩下来的四十四个人中，死亡概率为四十四比六，每个人的生存都与其他人的死亡息息相关。后来三人逃跑，一人精神崩溃，有一人中雷身亡；士兵们对死亡产生一种本能的抗拒，最后四十一人脱险。作家采取杂糅的叙述方式，除叙述人之外，又加进主人公对叙述人讲的话，在对道义、职责、使命的审视中把握人物，增加了真实感。左派批评家一度将沙哈姆奉为最好的代言人，但他从来没有像沙米尔、伊兹哈尔等作家那样在文坛占据中心位置。莫辛松曾经在基布兹劳动多年，多把小说背景置于集体农庄、基布兹和军营，但是与当代作家不同的是，他不太注重描写基布兹中的理想形象，而是着力表现孤独的个体人及其原始冲动。巴托夫则把视角集中在对新移民的重新塑造上。

麦吉德与塔木兹均是出生于流散地、在巴勒斯坦长大、在犹太复国主义教育体制下成长起来的作家。麦吉德生于波兰，六岁时随父母移居巴勒斯坦，在农业定居点长大，后在基布兹生活多年，做过编辑、记者、以色列驻伦敦文化参赞、以色列笔会会长、海法大学驻校作家。麦吉德从 40 年代开始发表作品，在以色列建国前后发表过短篇小说集《海魂》（1950）、《以色列乡亲》（1955）和长篇小说《我和哈德瓦》（1953）。他的早期作品，将视角多集中在以色列社会的犹太人，以及犹太人与阿拉伯人的冲突上。通过审视个体之间错综复杂的关系与纠葛来反映广阔的社会状况和国家的变迁。发表于 50 年代的短篇小说集《以色列乡亲》中的作品多以基布兹和集体农庄为背景，里面的主人公均负载着一段不同寻常的故事，流露出动人的真情，具有强烈的情感力量。在短篇小说《取名》（"Yad va‐shem"）中，麦吉德对犹太复国主义的反大流散理念倾注了强烈的热情。

《取名》通过一个犹太家庭中祖孙三代围绕为新生儿取名发生的风波，展示出历经大流散和大屠杀灾难的老一代犹太人和出生在巴勒斯坦土地上、在犹太复国主义教育下成长起来的新一代以色列人之间的冲突。本土以色列青年夫妇雷亚和耶胡达婚后每星期都要去看望年迈的外公，但在大屠杀之后移民以色列的外公总在喋喋不休地谈论他那在大屠杀中被杀害的孙子门德勒，这一做法令雷亚夫妇感到厌烦。雷亚怀孕后，外公喜出望外，他希望如果生下来的是儿子，便用他孙子的名字门德勒命名。这一提议遭到年轻夫妇的强烈反对。在雷亚看来，门德勒"是个受人侮辱的名字，一个难听得叫人恶心的名字"。他们希望自己的孩子有个地地道道的本土人的名字。

根据犹太人的传统习俗，人们经常用死去亲人的名字给新生儿取名，保持对传统的忠诚。但是，在 20 世纪 50 年代以色列的文化环境里，名字已经成为一种象征符号，能够区别本土以色列人和刚刚从欧洲回到以色列的新移民。给本土出生的以色列人取希伯来名字已经成为一种时尚，这些名字要么出自《圣经》，要么和土地有关。围绕取名一事所发生的风波，不只是一个家庭内部两代人的情感冲突，而是代表着来自流散地的移民与本土以色列人、大屠杀幸存者及其后代之间的文化价值冲突。

作为老一代大屠杀幸存者，外公依然在苦心维系大流散时期的文化传统，保持对在大屠杀中丧生的亲人们的记忆，他希望通过给新生儿命名的方式将记忆的蜡烛传给下一代。雷亚的母亲拉海尔代表着年轻一代移民，她渴望同化到本土文化中，尤其希望自己的孩子们不要继续生活在民族灾难的阴影之中。她试图在祖孙两代人之间扮演一个调停者，规劝父亲不要一味谈论死者，要谈就谈活着的人。认为年轻人没时间去思考过去的事情。最后，拉海尔提出一个折衷方案，建议为孩子取名叫门纳海姆，这既是个希伯来人名字，也是以色列人名字。经过反复做工作，这提议得到了外公的同意，但雷亚夫妇还是无法接受。在他们看来，门纳海姆产生于流亡之地，是个带有旧时代气息的名字，与痛苦的过去和苦难的人民相连。

作为本土以色列人，雷亚夫妇认同他们所处的那个时代的价值观念，强调流亡犹太人与本土人的区别，实质上是在强调本土文化优于流亡文化，凸现了本土人的优越感。同时，他们也否认本土以色列人与流亡中的犹太人之间具有传承关系。麦吉德的卓越之处在于，他不仅表现出流亡者与以色列本土人之间价值观念的冲突，而且借助外公之口批评本土以色列人声称断绝与过去联系的妄自尊大的无知行为。造成这种愚昧无知现象的根源首先在于，本土以色列人不了解大流散过程中的犹太文化。其次，这种既不了解过去，又要否定过去的做法对重建本土文化实际上非常危险。

另外，大概令每个本土以色列人都不愿承认的是，断绝与流散地文化的联系则在客观上等同于反犹主义者对犹太文明的扼杀。"你正在完成以色列敌人发起的事。他们在这个世界上曾经夺去我们的肉体，而你在夺取我们的名字和记忆。"从某种意义上说，麦吉德借助文学形象，对 50 年代以色列国家所进行的反大流散教育进行讽刺与批评，进而表达出有识之士对民族命运与前途的担忧。

麦吉德本人在 50 年代应该是犹太复国主义信仰的忠诚维护者，一直试图赞美犹太复国主义运动取得的成就。其作品基本上属于天真的以色列地的现实主义传统，但又与沙哈姆、巴托夫等人一样，努力通过与叙事权力有关的复杂技巧，超越现实主义传统的局限。[①]

塔木兹 1919 年生于俄罗斯，五岁时随父母移民巴勒斯坦，曾在特拉维夫大学学习法律和经济，后又到巴黎大学攻读艺术史，长期在《国土报》做编辑，并出任以色列驻英国使馆文化参赞。他从 40 年代就发表作品，50 年代出版了第一个短篇小说集《金沙》。但他并没有完全接受他那代人的传统，比较强调个体人的特征，而不是群体意识，因此有些批评家将其与后来登上文坛的"新浪潮"作家相提并论。在他看来，犹太复国主义理念中充满了谬见，缺乏坚实的基础。[②] 这种见解的形成显然与他独特的生活经历相关。塔木兹的父母都讲俄语，难以融入巴勒斯坦地区的希伯来语环境之中。他本人在童年时期，曾在特拉维夫附近犹太人和阿拉伯人的交界地区居住多年。他的母亲曾经为阿拉伯邻居看病，他本人还会讲阿拉伯语，并结交了一些阿拉伯朋友。在成长过程中经历的犹太人和阿拉伯人之间的冲突虽然令其痛心，但未能阻止他与阿拉伯人进行交往，在英军中服役期间甚至被一位阿拉伯族长收养，但是 1948 年的战争把他和阿拉伯人的友好关系彻底破坏了。

塔木兹发表于 50 年代初期的带有自传体色彩的短篇小说《游泳比赛》（"Taharut Shiya"，1951）[③]，集中体现了其情感天平在少年友人与民族责

---

①　谢克德：《现代希伯来小说史》，第 191—192 页。

②　参见 Gila Ramras - Rauch, *The Arab in Israeli Literature*, p. 167。

③　本雅明·塔木兹：《游泳比赛》，见高秋福主编《焦灼的土地》，人民文学出版社 1998 年版。

任之间徘徊不定的矛盾和痛苦。小说以优美的文字，临摹出一幅充满诗情画意的阿拉伯乡间别墅风光，再次展现出本土作家对大自然的钟爱。而文本本身，再次成为观念的载体，折射出犹太复国主义产生以来的犹太民族历史与民族记忆。小说开始，写叙述人在多年前曾经和寡居的母亲一起接受一位德高望重的阿拉伯贵妇人的邀请，到她的果园做客。由此不难看出，在犹太复国主义初期，阿拉伯上层社会人士在巴勒斯坦拥有优越随意的生活方式，阿拉伯民族与犹太民族拥有平和的关系。阿拉伯贵妇人一家冬天生活在海滨城市雅法，夏天到乡间花香习习、果实累累的别墅避暑。犹太新移民虽然生活比较艰苦，但能够与阿拉伯人和平相处，互相帮助。犹太母亲为阿拉伯贵妇人治愈疾病，阿拉伯妇人因感激派车邀请新移民母子做客。阿拉伯妇人对新移民在巴勒斯坦没有任何敌意，认为"在上帝的帮助下，你们犹太人会兴旺发达，把家园建造起来。你们的民族吃苦耐劳，有一双勤劳的双手"。年龄尚小，但深受犹太复国主义思想影响的犹太叙述人则表明："我们并非是在把阿拉伯人赶出去。我们追求的是和平，不是战争。"

　　具有反讽意味的是：多年后，伴随着实现犹太复国主义终极理想——在巴勒斯坦地区建立犹太国家，而爆发的阿拉伯人与犹太人之间的战争，无情地击碎了阿拉伯人与犹太人在巴勒斯坦和平共存的梦想。叙述人和战友在攻克一个阿拉伯院落后，与当年在贵妇人家里、在游泳比赛中战胜自己的、贵妇人幼子卡里姆相遇。卡里姆称叙述人和他的战友为赢家，这种个体身份的转换在某种程度上暗示着以色列人正逐步在巴勒斯坦立足。随之而来的不是胜利者的快乐，而是忧虑与彷徨。就像主人公对昔日阿拉伯伙伴所说的："既然我不能在游泳比赛中将你战胜，就无法预料谁胜谁负。"身份的不确定造成犹太人心理上的巨大失落。尤其是以色列士兵不慎走火误杀卡里姆将这种失落感推向高潮："我们所有的人"，"都是输家"。

　　塔木兹和伊兹哈尔等同时代作家一样，在作品中流露出强烈的怀旧情绪，这种怀旧建立在对逝去的阿拉伯乐园的伤悼之上。文本中浓郁的忧伤情绪通过主人公多年后为寻求夏日的宁静来到耶路撒冷郊外的一个阿拉伯村庄而展现出来。与阿拉伯人在橘园中共进晚餐的瞬间令主人公产生了某种似曾相识之感，他下意识地发现，在记忆深处，他仍然保持着对卡里姆一家人的思念，暗含着他对 1948 年以色列建国之前的生存方式的怀念。种族、仇杀、你死我活的争斗在道德审视、人性自省等参照系中显得苍白无力。

四 以色列本土文学的奠基者——伊兹哈尔

若要思考现代希伯来文学，都不可能回避伊兹哈尔。以色列作家奥兹称伊兹哈尔为"最重要的以色列文学作家"。他既是以色列文学的奠基者，也是现代希伯来小说的大师，正是他标志着希伯来文学从犹太文学到以色列文学的变革。[①] 伊兹哈尔原名伊兹哈尔·斯米兰斯基，自 1938 年发表标志着本土文学起点的短篇小说《爱弗雷姆回归苜蓿》之后，开始使用撒迈赫·伊兹哈尔这一笔名。伊兹哈尔 1916 年生于以色列地中南部雷霍沃特的一个在第一次移民浪潮时期（1882—1903）移居巴勒斯坦的俄罗斯移民家庭，当时的雷霍沃特基本上还是一个农业聚居区。父亲杰夫·斯米兰斯基既是教师、作家，同时又在农业聚居区务农，是社会主义青年劳动者党派的主要发起人。尽管他在果园里雇用阿拉伯工人，但是相信做"希伯来劳动者"乃犹太人回归土地的一个基本因素。[②] 伊兹哈尔的伯祖便是现代希伯来文学史上最早表现阿拉伯问题的作家之一摩西·斯米兰斯基，摩西·斯米兰斯基本人还是个农场主，第一代犹太移民，虽然参加右翼组织的活动，但主张阿拉伯人与犹太人和平共处。伊兹哈尔那位在第二次移民运动时期抵达巴勒斯坦的舅舅约瑟夫·维茨虽然主张从阿拉伯人手里赎回土地，但并不相信犹太民族与阿拉伯民族可以在一片土地上共存，希望通过签订协议等手段使阿拉伯人放弃自己的地盘，让两个自然群体根据自己的自然途径与信仰分治而居。不过他们都对在巴勒斯坦建立犹太国家的做法感到震惊。[③] 可见，在这个家庭内部便体现出过去百余年间一直无法找到解决方式的巴勒斯坦问题的困扰。伊兹哈尔自幼在希伯来语的教育环境

---

① Abramson, "Israeli Literature as an Emerging National Literature," p. 335.

② Todd Hasak – lowy, *Here and Now*, p. 105.

③ S. Yizhar, "About Uncles and Arabs," in *Hebrew Studies* 47 （2006）, pp. 322 – 323.

中成长起来，在他的性格中集中体现了第一次移民浪潮时期雷霍沃特犹太人的心态和第二次移民浪潮时期的社会意识。他热爱巴勒斯坦土地，对土地的热爱唤起了他童年时代，即犹太复国主义者尚未大规模移居巴勒斯坦时期对阿拉伯人的情感："我看着这景色，景色是我性格中的中心部分，因此我看见了阿拉伯人。"①

伊兹哈尔经历了以色列建国之前的苦痛，尤其是 1929 年和 1936 年犹太人与阿拉伯人的冲突，并亲历 1948 年"独立战争"，在意识形态上比较接近温和的劳工犹太复国主义，日后多年代表本 - 古里安的马帕伊左翼党任国会议员。伊兹哈尔也曾经在基布兹任教多年，并在早期作品中对那段生活有所反映，但是他从不推崇人人平等的生活方式，而是主张个人主义。尽管他在 20 世纪 40 年代"帕尔马赫"作家崛起之际便从事教学与创作，但他并不羡慕"帕尔马赫"一代人的生活方式，从未参加任何地下武装，也不承认史龙斯基的权威地位。相反，经常给史龙斯基的对手拉姆丹主编的杂志供稿。伊兹哈尔虽然被谢克德列为一位重要的现实主义小说家，但他本人对现实主义创作手法评价不高，而是赞赏希伯来文学现代主义，尤其是格尼辛创作的表现方式。在创作上受到英美作家福克纳和弗吉尼亚·伍尔夫的影响。②并发展了不符合现实主义传统的独特的外部意识流技巧。③

具体地说，伊兹哈尔的短篇小说具有强烈的纪实性，善于借鉴《圣经》中意象和隐喻，准确地记录历史，其主人公多是标准的年轻犹太精英，小说背景多置于南方茫茫无垠的沙漠，堪称标准的犹太复国主义叙事话语。但与同代人不同的是，伊兹哈尔几乎只写到 1948 年以色列"独立战争"和以色列国家建立为题材的作品，甚至充满怀恋地追叙阿拉伯人与犹太人在 20 世纪 20 年代平和相处的关系。④他笔下的阿拉伯人是多层面的，或是牧人，或是村民，或是朋友，或是敌人。其创作颇为典型地体现

---

① Todd Hasak - lowy, *Here and Now*, p. 101.

② Dan Miron, "Introduction，" in S. Yizhar, *Midnight Convoy & Other Stories*, London：The Toby Press, 2007, p. xv.

③ 谢克德：《现代希伯来小说史》，第 207 页。

④ 同上书，第 180 页。

出本土以色列人对犹太复国主义话语持有的复杂心态。与他那代人相比，伊兹哈尔较早地看到了降临在阿拉伯人身上的灾难。

伊兹哈尔在以色列建国前后发表了中篇小说《爱弗雷姆回归苜蓿》（1938）、《内盖夫沙漠边缘》（1945）、《山上丛林》（1947）、《赫伯特黑扎的故事和俘虏》（1949）、《午夜护航》（1950）、《平原的故事》（1963）等，以及标志着其创作高峰的长篇小说《在洗革拉的日子》（1958）。按照丹·米兰的划分，从 1938 年发表《爱弗雷姆回归苜蓿》始到 1947 年发表《山上丛林》止，伊兹哈尔所创作的中短篇主要描写犹太居住区的生活，以及犹太人和阿拉伯人在 1929 年和 1936—1939 年的冲突。在这些作品中，犹太人不仅与自然斗争，而且与日渐对犹太人形成威胁的阿拉伯人作战。在创作技巧上，尝试采用意识流手法，形成了他与同代现实主义作家的重要区别。1948 年到 1963 年乃伊兹哈尔创作的第二个阶段，在这一阶段他致力于描写"独立战争"。①

他的两卷本长篇小说《在洗革拉的日子》（*Yemei Tziklag*）是目前希伯来文学史上篇幅最长、规模最大的一部文学作品，被作家约书亚称为以色列建国后最为重要的一本书。② 它发表于 1958 年，是第一部描写战争残酷性的希伯来文小说。小说情节比较单纯，写的是 1948 年夏天，一群以色列士兵攻打山上一个具有某种战略要地性质的阿拉伯人哨所，坚持了六天六夜，最后终于获得了成功。小说相当一部分篇幅由年轻士兵的内心独白构成，这些士兵开始对自己攻击阿拉伯人的行为与后果表示怀疑。小说从虚构文类角度对犹太复国主义事业进行研究，在表现"独立战争"期间以色列年轻一代所产生的疑惑、焦虑、恐惧、失落的同时，也讴歌了为民族而战的英雄主义热情。小说曾经获得"布伦纳奖"和 1959 年的"以色列奖"，并在 2001 年被收于现代犹太文学百部杰作中。这部作品虽然长达 1000 多页，却不像俄苏战争文学史诗那样把人物命运置于广阔的社会历史背景中，塑造出栩栩如生的典型人物。或许正如某些评论家所说，从材料本身的丰富程度上看，似乎更适合写

---

① Dan Miron, "Introduction," in *Midnight Convoy & Other Stories*, pp. xxxvii – xxxviii.

② Ibid., p. ix.

中篇小说。

作为以色列"本土文学"的奠基人，伊兹哈尔既是新一代以色列文学和以色列人信仰的阐述者，又表现出杰出的独创意识。首先，在语言上，作为早期的本土作家，他将充满生活气息的地方俚语与优美的文学语言结合起来，喜欢使用让人透不过气的长句子，风格独特，使之居于当代希伯来文体大家之列。其次，他将自己的作品置于新型的以色列现实生活中，在土地、环境、声光、气味等富有地方感的氛围和定居、战争等历史框架中，塑造出一批年轻的本土战士、基布兹成员的人物群像，并试图从中烘托自己心目中的英雄。此外，他在现代希伯来文学巨匠格尼辛之后成功地运用了意识流表现技巧，表现出主要人物的个体意识与群体意识之间的相互冲突。诚然，他的早期作品也没有完全摆脱程式化的窠臼，往往在作品开头便一锤定音，不太注重揭示人物性格的内在发展，次要人物缺乏鲜明个性等缺憾。

（一）本土文学诞生的标志：《爱弗雷姆回归苜蓿》

《爱弗雷姆回归苜蓿》发表之际，伊兹哈尔只是一个 20 岁出头的青年人。乍看之下，其作品中也洋溢着一股犹太复国主义的热情。小说的背景置于一个基布兹，那里的人们选择的是一种集体主义色彩相当浓郁的生活方式。人们一起在田间劳动，一起在食堂吃饭，唱着同样的歌。这种平静的家庭般的生活也曾感染着主人公爱弗雷姆。但是由于他连续三年一直在基布兹做饲料员，终日在苜蓿地里割苜蓿，千篇一律的生活令其逐渐产生厌倦情绪，于是他渴望着一种新变化，渴望到橘园劳动。本质上看，爱弗雷姆想掉换工作这件事情并没有违反拓荒者们的价值标准，即使调换了工作，爱弗雷姆也依旧在土地上劳作。但是围绕着爱弗雷姆调换工作这件事，首先展示了个人主义与集体主义的冲突。在基布兹这个集体中，个人意志与个人自由需要受到集体的约束，个人嗜好需要服从集体需要。

爱弗雷姆提出更换工作的请求后，需要基布兹成员开会集体决定并表决，基布兹会议是伊兹哈尔着墨最多的地方。在具体描写时，他借鉴了意识流表现手法，但与格尼辛不同的是，他没有单纯地描写人物的内在世

界，而是"运用意识流手法对外部世界本身进行再现"。[①] 在决定爱弗雷
姆去留问题的普通会议上，大家七嘴八舌，在貌似民主之中表现出对个体
存在的蔑视。有人认为，任何工作都是平等的，没有高低贵贱之分。而砍
苜蓿这项工作既重要，又比其他工作称心。爱弗雷姆确实令人羡慕，故而
没有更换工作的理由。更重要的是，如果满足了爱弗雷姆的要求，就会形
成一个不好的先例，任何基布兹成员若是对自己的工作不满，就提出掉换
工作，那将贻害无穷。最后，爱弗雷姆不得不放弃更换工作的想法，决定
重回苜蓿地。

　　伊兹哈尔笔下的基布兹成员，有的是本土以色列人，有的是受犹太复
国主义思想教育的移民。其思想意识中的一个重要因素便是社会主义犹太
复国主义倡导的合作理念。人与人之间的关系以兄弟情谊、责任和共同兴
趣为基础，而不是以个人兴趣和物质欲望为目的。在这种语境下，作家的
主人公虽然向往着自由，向往着冲破烦琐的日常生活的束缚，并为此付出
带有浪漫主义色彩的努力，但是在严酷的现实生活中，其努力的结果往往
是徒劳的。作品借用一个人物之口提出在对待人物心灵与非生命自然的问
题上，基布兹成员与伊兹哈尔一样，受第二代新移民思想家戈登的影响。
但是戈登主张，体力劳动者一贯从事的日常工作是个人治理环境的唯一途
径，而伊兹哈尔却否定各种常规，以及与此相关的责任、需要、目的与愿
望。前者隶属于集体主义标准，后者则利于张扬个人的自由意志。在伊兹
哈尔身上，体现出这两种力的角逐与交锋。用丹·米兰的话说，当其心中
的戈登主义同意爱弗雷姆回归苜蓿地时，唯美主义者却将其视为一种屈
从。[②] 这种矛盾，或者说二重性不仅贯穿在伊兹哈尔的早期作品中，也成
为他后来创作的反映阿以冲突的战争小说的核心。

（二）富有争议的"独立战争"小说

　　早在 1947 年 11 月 29 日，联合国大会便在美国纽约宣布巴勒斯坦分治
决议，即联合国的 181 号决议，决议规定英国必须在 1948 年 8 月 1 日前结

---

① 谢克德：《现代希伯来小说史》，第 181 页。
② Dan Miron, "Introduction," p. xxiii.

束巴勒斯坦地区的委任统治，在巴勒斯坦地区建立一个阿拉伯国家和犹太国。这一决议虽然得到了以美苏为首的 33 个国家的赞成，但遭到了阿拉伯国家等 13 国的反对，英国等国投了弃权票。消息传来，巴勒斯坦地区的犹太人在激动与欣喜中载歌载舞，而阿拉伯世界在数小时之后便发起了游行示威和武装抗议活动，犹太人急忙聚集力量予以还击，阿犹冲突日趋白热化，到 1948 年 5 月，约 7 万名阿拉伯社会与经济精英离开了巴勒斯坦。1948 年 5 月 15 日，在英国最后一批官员离开巴勒斯坦、以色列宣布建国的第二天，埃及、外约旦、叙利亚、伊拉克、黎巴嫩五国便组成联军联兵进入巴勒斯坦地区，向以色列开战，这便是以色列方面所说的"独立战争"，巴勒斯坦人称之为"大灾难"。这场战争一直持续到 1949 年 1 月，所有参战的阿拉伯军队与新建的犹太国家签订了停战协议。最初，阿拉伯联军在人数和武器装备上都优于以色列，又是主动出击，先发制人，因此以色列面临的局面非常危险；但后来以本－古里安为首的临时政府一边补充军事武装，一边向散居世界的犹太人和国际组织求援，并从 5 月末开始积极组建以色列国防军，利用 6 月和 7 月的两次短期停火机会补充军需和武装。阿拉伯军团由于种种原因失去了战机，最后以色列险胜。

从交战结果上看，阿以双方均伤亡惨重。以色列的阵亡人数约六千人，约占当时以色列国家人口的百分之一；阿拉伯方面的阵亡人数约为以色列的 2.5 倍。在战争期间，有几十个阿拉伯村庄的村民遭到以色列士兵的驱逐，背井离乡，数十万巴勒斯坦人沦为难民，近一半的阿拉伯村庄遭到毁坏。根据统计，在联合国分派给犹太国的领地上，曾经有约 85 万阿拉伯人；但是到了战争结束后，只剩下约 16 万人口，这些阿拉伯人成为新建犹太国家内的少数民族，而被毁坏的阿拉伯村庄有的成为以色列的耕地，有的成为犹太人定居点。[①] 60 年代登上文坛的以色列作家约书亚在短篇小说《面对森林》（"Mul Hayearot"）中曾经写过，如今归以色列所有的一片森林便是建立于一个阿拉伯村庄的废墟上。

如今，以色列的政治话语与集体记忆已经把 1948 年战争演绎为以少

[①] 参见 Ilan Pappe, *A History of Modern Palestine：One Land，Two Peoples，Cambridge*：Cambridge University Press, 2004, p. 138。

胜多、以弱胜强的神话，与古代的大卫对歌利亚、犹太·马加比家族抗击罗马人统治的精神特质相提并论。但在战争爆发期间，究竟谁能获胜的局势并不明朗，以色列的新闻报道并没有经常体现这种思想。老一辈新闻记者多会描写以色列孤立地同周边敌对势力抗衡。[①] 即使在全民皆兵的情势下，希伯来文学作品一方面反映出一种激励民族精神的英雄主义，一方面又充满矛盾地表达出对未来的怀疑色彩。[②] 停火之后，报告文学和纯文学创作中的许多作品表现出民族英雄主义的思想，歌颂战争的奇迹色彩。许多作品重新构筑民族记忆，以"马萨达不会再沦陷"这个犹太文化史上带有悖论色彩的英雄主义口号作结，发誓苦斗到最后一刻，不屈不挠。[③] 摩西·沙米尔的短篇小说展现出以色列士兵面对敌方的重兵围困，选择了英勇牺牲，像想象中的古代力士参孙那样与敌人同归于尽。"以少抗多"的神话虽然流行，但并非官方的神话，本–古里安在战争期间和战争结束之后的很长一段时间内就否认这种说法。按照犹太历史学家约阿夫·吉尔伯（Yoav Gelber）的考证，阿拉伯联军在围攻巴勒斯坦的最初三十天里，其装备优于犹太人；但后来犹太人得到海外的援助，在兵力和装备上均占据了上风。然而，"以少抗多"说法的流行反映出了犹太社区内部的真正焦虑。[④]

但是，取得胜利后的以色列人内心深处产生的不是喜悦，而是忧虑与自责。可以这样说，以色列人，即古代神话模式中的大卫，赢得了抵抗阿拉伯世界战争的胜利，但没有得到真正的和平。特别是在近年的以色列和巴勒斯坦冲突中，古代英雄神话中的角色模式已经发生了变化。在许多人眼中，以色列人的角色又转变成神话模式中的歌利亚。由于犹太复国主义历史极其复杂，以色列"独立战争"文学在再现犹太人英雄主义神话的同时，又在解构着那个神话。在证实本土以色列人作为战士的新身份的同

① Nurit Gertz, *Myths in Israeli Literature*, p. 28.

② Ibid. , p. 42.

③ Yael Zerubavel, *Recovered Roots*: *Collective Memory and the Making of Israeli National Tradition*, Chicago: The University of Chicago Press, 1994, p. 70.

④ Yoav Gelber, "The Israeli – Arab War of 1948; History versus Narratives," in *A Never – Ending Conflict*: *A Guide to Israeli Military History*, New York and London: Praeger, 2004, p. 54.

时，又没有回避战士—英雄内心的孤寂、悲凉与冲突，揭示其内在的矛盾。在很大程度上，怀疑并解构着正统的犹太复国主义叙事话语。这种文学，尽管在"独立战争"文学中显得边缘，但对日后以色列主流文学中的反犹太复国主义霸权与道德意识的形成，尤其是塑造新建以色列国家的集体记忆产生了深远的影响。伊兹哈尔发表于"独立战争"后的两个短篇小说《俘虏》和《赫伯特黑扎》便是这类文学作品中的经典之作。

《俘虏》① 写于 1948 年 11 月，最初发表于马帕伊党资助的《莫莱德》（*Molad*）月刊杂志上。后来在 1949 年又与《赫伯特黑扎》② 结集出版。这两篇作品均把视角集中在探讨以色列"独立战争"的消极影响上，在评论界一向被视为 1948 年以来极富争议的两个短篇小说。犹太复国主义先驱者们曾天真地幻想巴勒斯坦阿拉伯人能够接受犹太人的存在，但"独立战争"的爆发有力地证明：阿拉伯人坚决反对犹太人的建国主张。在"独立战争"期间及其后，以色列士兵曾大量驱逐巴勒斯坦阿拉伯居民，甚至杀害具有颠覆意识的阿拉伯俘虏。实现犹太民族主义理想与四海之内皆兄弟的和平主张发生了剧烈冲突。《俘虏》所反映的正是这样一种社会背景下以色列人的道德危机。

小说写的是一群以色列士兵在一位中士的带领下，前去执行抓捕阿拉伯俘虏的计划。伊兹哈尔对年轻士兵执行任务前的心理活动进行了细致入微的描摹，中士暗自盘算，"不能空手而归。必须抓一个牧人，至少抓一个牧童，也许能一下抓到几个。得采取点行动，要么放把火。这样，我们回去时就可以有点实实在在的东西炫耀一番：这就是我们的战果"。③ 在这种个人英雄主义思想的驱使下，中士带着他手下的人四处搜寻，终于在一块刚刚收割过的谷地里，看到一个牧人正带着羊群在一棵小柝树下歇息。于是便包抄过去，将牧人俘虏。在对俘虏进行轮番轰炸式的审讯中，有的士兵甚至用棍棒殴打他。后来，上面命令将俘虏转到另一个营地接受审讯，而奉命执行转移俘虏任务的以色列士兵却动了恻隐之心，想将俘虏放

---

① 伊兹哈尔：《俘虏》，见徐新主编《现代希伯来小说选》，漓江出版社 1992 年版。

② Yizhar, S., "Khirbet Khizeh," trans. Nicholas de Lange and Yaacob Dweck, Jerusalem: Ibis Editions, 2008.

③ 徐新：《现代希伯来小说选》，第 255 页。

走，让他回去同家人团聚，但始终没有下最后的决心。

作为一篇以战争为背景的小说，《俘虏》在展现战争残酷性时没有凭借描写战争场面，而是刻意创造出与犹太复国主义话语格格不入的叙述方式：犹太复国主义理念强调与土地的联系，但与大流散犹太人不同的是，犹太复国主义者并非表示对先祖生存土地的渴望，而是要把土地作为创造一种新的民族身份的方式，借助于回归土地而回归历史。

早期的犹太定居者把作家和诗人当做代言人表达他们对土地的依恋。这些作家和诗人歌咏土地的美丽，把以色列风光当成其中心主题，仿佛那是童话般的土地，或者圣经时期的土地，有着橄榄树、骆驼、沙丘和石块的土地。这既是一种观念形态的选择，又是一种艺术上的选择。了解土地、热爱土地这种理念随着一批自然科学家移居巴勒斯坦、其中许多人在学校执教以来，在 20 年代开始正规化，范围逐渐扩大。①

小说开篇，作家为我们勾勒出一幅静谧淳朴的贝督因人生活画面，贝督因人作为一支游牧民族，与宁静的自然水乳交融，浑然一体：

> 夏日里，四周嗡嗡作响，就像金色的蜂巢不时传来蜜蜂的嗡嗡声。依山开出的潋流般的山地，种满橄榄树的山丘，沉寂广袤的天空，是那么明亮刺眼，令人一时眼花缭乱。我们满心渴望能听到一句欢声笑语，以重振士气。然而，田野、山脉却是如此安谧恬静。远处的田间，人们正静静地牧着羊群，就像生活在没有邪恶，没有罪孽的美好往昔，看上去那么无忧无虑，悠闲自得。羊群在远处默默地啃着草，与亚伯拉罕、以撒和雅各时代的羊群一模一样。②

作品中的"俘虏"仿佛生活在一个古老的世界，与自然浑然一体，如同动物，人们甚至误把他当作"抖动的兔子"。而以色列士兵则是"外来者"，打碎了贝督因人的宁静世界，贝督因人成了无辜的牺牲者。通过对贝督因人无忧无虑、闲然自得的生活描述，伊兹哈尔抒发了对圣经时代

① Oz Almog, *The Sabra*, pp. 160 – 161.
② 徐新:《现代希伯来小说选》，第 254—255 页。

"充满宁和平静的田园世界的怀恋：人们内心渴望回到这一沃土良田，哪怕是弯腰曲背，面朝灰土，头顶烈日，而决不是为了参加中士的小分队，执行他的计划，去破坏这片宁静"。①但是战争破坏了宁静的田园生活，而执行巡逻任务的以色列士兵在作家笔下首先破坏了这种宁静而和谐的生活，其次将阿拉伯人从带有田园牧歌色彩的土地上带走，割断了阿拉伯人同土地的联系，违背了犹太复国主义理念中蕴含的追求独立、和平与阿拉伯人和平共处的初衷，进而客观上造成了对犹太复国主义者在实现自己的政治理想时造成的负面影响予以嘲讽的效果。

在以色列人的心目中，尽管贝督因人和巴勒斯坦阿拉伯人的概念不同，但对建国初期的以色列士兵来说均属于"他者"，增加了以色列人心理上的不安全感。小说借以色列叙述人之口，表达出以色列人强烈的生存危机感："审问官们开始问起村里有没有机关枪的事，这可是个至关重要的问题。这时你得留心提问，否则便一无所获。如果你不这么做，犹太人就会流血，那就意味着我们的孩子要流血牺牲。"② 可以不无夸张地说，以色列建国初期的现实主义文学负载着对以色列现实社会进行解说的功用，观念意义大于审美意义。在以色列"独立战争"的语境下，阿拉伯俘虏和以色列士兵分别代表着他们的民族。这两个世界的格格不入，则象征着犹太人和阿拉伯人在巴勒斯坦地区冲突的不可调和。以色列犹太人痛苦地意识到本民族的不足之处，这一理念不仅成为短篇小说《俘虏》的主导思想，而且成为日后当代以色列文学的支撑之一。

《俘虏》的中心人物、阿拉伯牧羊人在放牧休息时无缘无故地被以色列士兵抓获，被带到以色列哨所接受盘问，遭受虐待。而以色列士兵抓他的动因无非是想发动一个"了不起的行动"，满足自己的虚荣心理。这些士兵的形象塑造虽然不够完整，但显然是伊兹哈尔一代年轻以色列人的具体体现：在理想的犹太复国主义话语中成长起来，突然发现自己置身于暴力中心，需要为新建的国家杀人，或者被杀，需要成为迫害手无寸铁的弱

---

① 徐新：《现代希伯来小说选》，第 255 页。
② 同上书，第 267 页。

者的迫害对象。他们所接受的许多价值面临着严峻的考验。[1] 何为正义，何为良知？谁是敌人？谁是俘虏？敌人与俘虏和以色列的关系何在？伊兹哈尔笔下的主人公，或者确切地说，1948 年一代年轻的以色列人，成为深受这些问题困扰的囚徒。

　　小说虽然出自犹太作家之手，但没有像同时期的许多长篇小说那样正面讴歌以色列士兵的英雄主义精神。相反，它比较关注以色列士兵在英雄主义思想感召下做出的狂热举动及其后果。以色列士兵的个性特征不甚明显，不过是隐藏在集体衣装之下的个体人，相形之下，作者对阿拉伯俘虏倒着墨较多。面对以色列士兵的盘问，阿拉伯俘虏竟然没有任何畏惧感，甚至"诚恳"地回答以色列人的问话，声称自己的村子里没有犹太人，只有阿拉伯人，有埃及人。对于士兵突如其来的殴打，他只感到吃惊，没有丝毫的愤怒；面对以色列士兵的怀疑与敌对，他表现得比较愚钝，试图用敲头等动作来消除别人的疑心。他流露出的表情像是个迷路的盲人。在审讯没有结果的情况下，以色列士兵接受上级命令，得将阿拉伯俘虏转移到另一个营地。"该营地是专门用来审讯俘虏的，并且量刑判决。"显然，这里隐含着倘若"蠢笨"的阿拉伯人再也做不出新的交代则有被"干掉"的可能性。尽管小说没有写阿拉伯俘虏的被杀，但无论如何，俘虏"再也回不到他的牧群中间，回到他的土地上，与家人团聚，或者恢复他在战争之前的生活"。[2]

　　战争使以色列文学中的个人道德意识得到强化，如同布伦纳等人一样，1948 年一代的以色列作家也在寻找正义的支点，不断进行自我反省，思考敌我关系，考虑个人信仰与民族需要的冲突问题。具体到《俘虏》这篇小说中，如何处置阿拉伯俘虏问题引起了以色列士兵强烈的内心冲突，在道义上陷入两难境地。以色列士兵在押送阿拉伯俘虏的途中萌生了将俘虏释放之念：

---

[1]　Robert Alter, *Modern Hebrew Literature*, p. 292.

[2]　Ehud Ben - Ezer, ed., *Sleepwalkers and Other Stories: the Arab in Hebrew Fiction*, Boulder: Lynne Rienner Publishers, 1999, p. 10.

　　我们就把车停在溪谷这儿。先让他下车，揭掉蒙眼布，然后让他面朝山冈，指着前方告诉他：回家吧，伙计，往那条路一直走，注意那道山脊，可能有犹太人。千万别让他们再抓到你。听完他便会拔腿往回跑，一直跑回到家。事情就是这么容易。想想看，期待亲人的滋味该多么难熬，多么令人痛苦！一个女人（一个阿拉伯女人）和他的孩子们的命运又会怎样？他会不会回来？我又会怎么样——最终一切都会好的，人们可以自由地呼吸。这样的判决就会使人复活。行动吧，年轻人，去放了他！[①]

　　这种哈姆雷特式的抉择恰如其分地展现出道义与民族责任冲突的不可调和性。押送俘虏的以色列士兵一方面出于人性和良知，同情阿拉伯俘虏和他的家人；但作为军人，他要执行命令；作为以色列军人，他得忠于自己的国家，忠于犹太复国主义信仰：

　　不行啊，我不过是个听差的。何况眼下正在打仗，这家伙又是那边的人。兴许他是自己人施展诡计的受害者。我毕竟军命在身，无权释放他。倘若我们把俘虏都释放了，那还了得？天知道，也许他真的知道一些重要情况，只是在装蒜罢了。[②]

　　道义与理想、个人与集体冲突的不可协调使得主人公到作品最终结束之际也没有采取任何行动。命运将会怎样？这是私下里一种孤独的茫然，而我们所有的人则怀有另一种茫然心理，它一直弥漫在我们的心际。太阳已经落山了，可我们仍找不到答案。希伯来文使用的是"lo gamur"（not finished），意思是没有结束。尤其是在巴以问题一直悬而未决的今天，这样的表述颇为意味深长。

　　《赫伯特黑扎》同样是一篇反映以色列"独立战争"期间虐待阿拉伯人并挑战以色列良知的作品。这篇作品发表于 1949 年 5 月，其情节围绕

---

①　徐新：《现代希伯来小说选》，第 270—271 页。

②　同上书，第 272 页。

以色列人在战争期间驱赶阿拉伯村民展开。赫伯特黑扎本来是一个虚构的阿拉伯村庄的名字，但是因为作品使用的是第一人称，因而增强了现实感。加之，曾经在 1948 年战争中做过情报官的伊兹哈尔本人一再声称他在作品中所描写的乃是他在 1948 年战争中所目睹的，所以一些学者认为这篇作品便带有了报告文学色彩。① 本质上看，小说是采用典型化的手描写以色列 1948 年战争对阿拉伯村民命运的影响，以及对参与战争行动的以色列士兵的心灵震撼，作品的细节是写实还是虚构并不重要，关键在于它所涉及的中心事件在战争期间具有典型性，赫伯特黑扎这个小村庄不过是战时被毁弃的数十个阿拉伯小村庄的冰山一角，村子里阿拉伯弱者的遭际代表着 1948 年代巴勒斯坦阿拉伯人的共同命运。也正是从那时起，伊兹哈尔产生了道德危机意识。因为在那之前，也就是在断断续续发生驱逐的时候，他一直认为有些事情犹太人是不能做的。②

在结构上，《赫伯特黑扎》比《俘虏》略显复杂。《俘虏》只是按照时间顺序描写以色列士兵抓住一个贝督因牧羊人并对其进行审讯这样一个中心事件，而《赫伯特黑扎》开篇首先制造悬念，交代即将描写的事件长时间（作家未明确交代，但根据后文推断有数月之久，即从事件发生的 1948 年冬天到撰写小说的 1949 年 5 月）萦绕在他的记忆之中，无论作家做何种努力这件事情都在记忆中挥之不去，他只有打破沉默，讲述那个故事。故事的中心内容是一个以色列士兵在一天之内经历的一场占领并侵占阿拉伯村庄的军事行动与感受。其中，个体人的负疚，无力改变国家强权的无奈，以及集体意识中的非人道因素构成支撑小说的一种张力。按照顺序，故事可以划分为准备（用作品中的话说为等待）、行动以及满怀痛苦的自我赞扬与反思三个部分。

准备（或说等待）指捣毁村庄尚未出现之前的系列事件与活动，其行动主体是一群麻木不仁的以色列士兵：作品虽然并未标明年代，但读者通过上下文显然可以意识到时值 1948 年冬天第一次中东战争进入交战的最后时期。那是一个明朗的冬天早晨，以色列士兵在微风中上路，开向一个

---

① Gila Ramras – Rauch, *The Arab in Israeli Literature*, p. 67.
② Todd Hasak – Lowy, *Here and Now*, p. 130.

阿拉伯村庄。作品并没有渲染这些士兵在即将前去作战之际的紧张氛围与心理，也没有写他们对战争的厌倦，而是用喜悦、歌唱、兴高采烈等表示欢快情感的词语，用今天不用打仗、权当一次郊游的猜测，来表明他们对平静生活的向往，也暗示出以色列军队已经摆脱了战争初期的困境，从弱势转为强势。

当然，置身于 1948 年以色列"独立战争"语境下的士兵们，他们并非要去参加惬意的郊游，而是要进行某种非人道的行动，要进攻一个四周土地肥沃、水源丰富、环绕着绿色植被、拥有著名饲养业的阿拉伯村庄赫伯特黑扎。村子里的年轻力壮之人或上了前线，或逃之夭夭，只剩下女人、儿童和老人。而全副武装的以色列士兵们却占据着村庄外围的山上制高点，架起机关枪，等待进攻的命令："无人知道士兵们怎样等待。士兵们无时无处不在等待，等待。居高临下在隐秘地点等待，等待进攻，等待前进，在熄火中等待；有冷酷无情的漫长等待，紧张焦虑的等待，也有单调乏味的等待，那等待把一切耗尽并烧毁，无火无烟无目的，什么也没有。"① 作家对行动之前等待的描写在艺术手法上属于一种铺垫。衬托出叙述人之外的他者，即以色列士兵和阿拉伯村庄的村民两个群体之间在实力上相差悬殊，前者是主动出击，后者乃被动承受，前者酷似匍匐在那里等候的猎手，后者则像即将遭到袭击的猎物，进而预示着某种牺牲、流血或可怕的事情即将降临。

小说描写的中心事件便是征服、毁坏阿拉伯村庄，并驱逐其村民的军事行动。伊兹哈尔通过叙述人，一个年轻以色列士兵的眼睛详细地描述了以色列军队如何在命令到达之际朝赫伯特黑扎展开攻势，清洗其已经不见人影、空空荡荡的街巷，把尚未逃亡的一些村民带上卡车运走。与村子里阿拉伯老人、女人的正面接触成为推动情节并展开以色列士兵心灵冲突的一个途径。以色列士兵碰到的第一个阿拉伯人是一个长着白色短胡子的老人，他毕恭毕敬，摆出一副顺民的架势，希望以色列士兵允许他与自己驮着家居日用品的骆驼一起离去，但一个以色列军官却让他在生命与骆驼之

---

① S. Yizhar, "Khirbet Khizeh," trans. Nicholas de Lange and Yaacob Dweck, Jerusalem: Ibis Editions, 2008, p. 12.

间做出抉择，并承诺不会把阿拉伯人杀掉。

> "我们走了一走了，"
> 老人说。
> "我们什么都没有了，
> 我们把所有的东西都扔了。"
> 他指着周围的地皮或者指着某一幢具体的房子，
> "只有几件衣服和铺盖，"
> 他的舌头转动很快，因此可以把许多解释压缩在很短的时间里，
> 他摊开双手，就像人在上帝面前。①

　　这一场景使我们不禁会联想到阿摩司·奥兹在背景置于十字军东征时期的中篇小说《直至死亡》（"Ad Mavet"）中的犹太人与基督徒的对话。② 一个弱势民族面对着来势汹汹的强权者往往不是反抗，而是表现出一种顺从。不同的是，奥兹笔下的犹太人最终死在了基督徒之手。而与以色列士兵相遇的阿拉伯人虽然险些遭到杀害（一个名叫阿里耶的鲁莽士兵扬言要结果这个阿拉伯人），最终得以保全性命。以色列士兵在是否放走阿拉伯老人这件事情上意见不一，有些人从人道主义角度出发，认为对一个老人来说这种做法足矣；但以阿里耶为代表的另一些人则称如果双方角色发生对换，那么自己肯定为真正的阿拉伯人所害，竭力主张要置阿拉伯人于死地。这样的争论今天看来似乎在以色列政治话语中延续了数十年。在某种程度上暗示出，在阿以问题上，许多人依然坚信非黑即白，你死我活，表现出一种纯然的二元对立。而中和或者左翼人士的主张尽管人道，理性，却往往在残酷的现实面前不堪一击。

　　失去土地、失去财产、淡出中心与历史舞台应该说是 1948 年战争期间巴勒斯坦阿拉伯人的共同经历。出自曾经参加过 1948 年战争的以色列士兵之手的《赫伯特黑扎》则艺术化地再现了阿拉伯人对于凭空降临在自

---

① S. Yizhar, "Khirbet Khizeh," p. 47.
② 关于这部分内容的细节讨论，参见笔者《当代以色列作家研究》，第 199—205 页。

己头上的命运的态度。如果说以色列士兵所遇到的第一个阿拉伯人主要表现出一种顺从的话，那么后来遇到的阿拉伯人更进一步地表现为恐惧、怯懦、悲恸甚至合作。比如，一个阿拉伯男子十分恐慌，他想动，但发现腿和身体似乎分了家，朝以色列士兵露出充满歉意的无意义的微笑。另有一个老人甚至讨好以色列士兵，说他试图劝说村里的年轻人留下来，因为犹太人没有做坏事，因为犹太人和英国人不一样，等等。只有一个阿拉伯女子质问以色列士兵在对他们做了些什么？另一方面，作家借以色列士兵之口，追问阿拉伯人为何不奋起反抗："如果把我换成他们，你将发现我会持枪站在这里。看在上帝的分上，我发誓！……这么大的一个村子，连三个真正的男人都找不出。他们看见犹太人就屁滚尿流。一辆吉普车——我们就一辆吉普车和几个人攻下了整个村庄。只有魔鬼才能理解他们……"①"瞧瞧他们有多少人…… 要是他们愿意，可以用唾沫把我们淹死……"②发此议论的以色列士兵虽然没能像真正的军事家那样预测到以色列已经在战争中占据了绝对优势，必胜无疑，但却强化了以色列在 1948 年战争中书写的以少对多的神话，也触及阿以争端中一个带有本质性的问题。

如果说《赫伯特黑扎》在描写以色列士兵与阿拉伯村民的正面面对时触及了阿以冲突中巴勒斯坦阿拉伯人与以色列人、巴勒斯坦阿拉伯人与阿拉伯世界关系中的某些实质性问题，在展示以色列人面对手无寸铁毫无反抗能力的阿拉伯村民而产生的心灵冲突时，则更多地折射出过去数十年间以色列犹太人一直无法摆脱的自我意识与集体主义、良知与责任、个人信仰与国家利益的矛盾；那么在《赫伯特黑扎》这部作品中，围绕着究竟是否把阿拉伯村民驱逐出他们生存多年的村庄，运送到其他地方，使之永远不能回归这样一个放逐行动的争论、反省与类比中，这些矛盾达到了高潮，可以说触及了战争中的行为极限问题。

具体地说，作家首先描写以色列士兵的心灵冲突，其次将这种冲突置于战争的背景之下，透视出战争的残酷性，以及作为具有道德意识的个体人在国家利益与道德规范面前陷入举步维艰的两难境地。被迫参加驱逐行

---

① S. Yizhar, "Khirbet Khizeh," pp. 60 – 61.

② Ibid. , p. 64.

动的以色列士兵首先把驱逐阿拉伯村民之举视为"肮脏的工作",随即向自己的指挥官发出抗议:"为什么要驱逐他们?这些人还能做些什么?他们能伤害谁?年轻人已经……有什么意义呢……"指挥官回答说,"行动命令中就是那么说的。"① 军人的天职就是服从命令,这在战争期间似乎成为颠扑不破的真理。但是它与犹太人在成长过程中接受的"爱邻如己"的宗教理念、与左翼人士一厢情愿地同阿拉伯人在一块土地上和平相处的复国理念、与作为普通人的人道主义本能发生抵触,因此对己方的行为发出谴责,"这确实不对"。"我们没有权利把他们从这里赶走。"②

一些以色列作家在阅读这篇作品时,强调的是叙述人本身的人道主义敏感性,而不是驱逐阿拉伯难民的行动本身。阿摩司·奥兹指出,这篇作品的主旨是叙述人剧烈的心理冲突,相形之下,阿拉伯人及其命运则退居到了从属地位。主人公所认同的人道主义与民族主义价值体系在这种冲突中面临着断裂。奥兹认为,其经验并非将两个体系中的一个予以抛弃,而是要反对战争本身。③

战争挑战着人类良知与人类道德底线。难民问题是任何战争无法避免的问题。《赫伯特黑扎》涉猎的只是冰山一角。以色列历史学家本尼·莫里斯在他那部关于中东历史的经典之作《巴勒斯坦难民之产生的再思考》中,曾经详尽地阐述了从联合国 1947 年分治决议开始到 1948 年战争结束后的一年多时间里产生 70 万阿拉伯难民的全过程。在他看来,难民问题表面看来是巴勒斯坦阿拉伯人反对联合国巴勒斯坦分治决议、意在阻止以色列建国而发动的 1948 年战争所致,而实际上把阿拉伯人从巴勒斯坦或者即将变成犹太国家的巴勒斯坦地区驱走本来就存在于犹太复国主义的理念之中,但是在战争之前犹太复国主义者并没有把阿拉伯人从即将出现的犹太国家赶走的计划。④ 战争把难民问题白热化,阻止难民回归的政策也应运而生。这便是战争的悲剧所在。失去土地和家园无疑

---

① S. Yizhar, "Khirbet Khizeh," p. 83.

② Ibid. , pp. 83 – 84.

③ Amos Oz, "Hirbet Hizah ve sakanat nefashot," *in Davar*, Feb 17, 1978.

④ Benny Morris, *The Birth of the Palestine Refugee Problem Revisited*, Cambridge:Cambridge University Press, 2004, pp. 39 – 64.

导致了巴勒斯坦阿拉伯人对犹太人的刻骨仇恨，也埋下了日后巴以冲突的祸根。小说通过对一个阿拉伯女子及其手中领着的一个七岁孩童的描写，典型地再现了被驱逐的阿拉伯百姓的悲伤、愤怒和潜在的仇恨。按照作家的描述，这位女子坚定，自制，脸上挂满泪珠，"似乎是唯一知道真正发生了什么的人"。孩子似乎也在哭诉"你们对我们究竟做了些什么"。[①] 他们的步态中似乎有一种呐喊，某种阴郁的指责。女子凭借勇气忍受痛苦，即使她的世界现在已经变成废墟，可她不愿意在我们面前崩溃。而孩子的心中仿佛蕴涵着某种东西，某种待他长大之后可以化作他体内毒蛇的东西。

参加驱逐行动的以色列士兵虽然在军事力量上是强者，是胜利者，但他们不仅要经历良知与道义的拷问与困扰，而且从眼前阿拉伯受难者的命运，联想到本民族近两千年来颠沛流离的流亡命运：

> 有些东西像闪电一样冲击着我。立刻一切似乎意味着某种截然不同的东西，准确地说：流亡。这是流亡。流亡就是这个样子。
>
> 我从来没有经历过大流散——我对自己说——我从不知道大流散是什么样子……但是人们已经从各个角度，在书上，报纸上，在所有的地方和我说起，讲起，教授起，一遍遍地重复：流亡。他们影响到我的每根神经。我们民族对世界的抗议：流亡！它显然同母亲的乳汁一道注入我的体内。啊，我们今天在这里干了些什么?! 我们犹太人，把其他民族送去流亡。[②]

在时下以色列人驱逐一个弱势群体的行动与犹太人受迫害的屈辱过去之间建构起类比关系，触及了阿以关系问题上一个长期被阿拉伯世界，甚至欧洲世界提及的问题：欧洲用帝国主义、殖民主义、剥削和镇压等手段伤害、羞辱、欺压和迫害犹太人，最终听任甚至帮助德国人将犹太人从欧洲大陆的各个角落连根拔除。而这些受迫害的犹太人试图在巴勒斯坦地区

---

① 　S. Yizhar "Khirbet Khizeh," p. 103.

② 　Ibid. , pp. 104 – 105.

建立家园，却无情地损害了另一个无辜民族的利益，那就是巴勒斯坦阿拉伯人的利益。他们的阿拉伯兄弟试图伸手相救，但是未能贯穿终始，巴勒斯坦阿拉伯人又成为阿拉伯人与犹太人交战的牺牲品。第一次中东战争非但没有消灭新建的犹太国家，反而使巴勒斯坦阿拉伯人失去了分治协议中划归在其名下的"阿拉伯"土地，而这部分土地被以色列、埃及和约旦三国瓜分，巴勒斯坦的阿拉伯百姓从此流离失所，成为新的难民。巴勒斯坦人心目中的阿拉伯朋友与以色列敌人几乎是联手将其推向祭坛。就像萨伊德这样的巴勒斯坦公共知识分子所说："今天，每当巴勒斯坦人聚在一起的时候，人们总是在讨论一个越来越重要的主题：阿拉伯朋友和以色列敌人是如何对待我们的。有时候，很难说是谁在哪里对我们更糟糕。"[1]

倘若说 1948 年的战争将以色列犹太人的身份从受难者，或者是巴勒斯坦地区殖民者转为拥有独立国家主权的社会存在物，那么，与之相反，巴勒斯坦阿拉伯人的身份则从自己土地上的社会存在物转化为难民，即新的受难者。这样的结局无疑挑战着伊兹哈尔和 1948 年一代作家的道德极限。就像伊兹哈尔在一次访谈中所提到的，他并非全然反对"独立战争"，战争中也有许多美好的时光。但是，战争最后阶段目睹的对阿拉伯人采取的非正义行为促使他提笔写作。作为在雷霍沃特长大的一个犹太人，他曾相信阿拉伯人和犹太人之间没有根本的冲突。两个民族可以共同居住在一片土地上。因此，他在写作时并非"作为与阿拉伯人对立的犹太人"，而是作为一个被伤害的人，发生的某些事情令他整个意识无法接受，与他的整个世界观发生了矛盾。[2] 于是，他借叙述人之口对 1948 年以色列建国而导致被一些历史学家们称作"原罪"的问题进行反省：

《赫伯特黑扎》不仅是希伯来文学作品中少见的反映以色列"独立战争"历史的小说，而且成为以色列历史，至少是以色列集体记忆中一篇重要的文献。[3] 犹太历史学家阿尼塔·沙培拉（Anita Shapira）发表于 2009

---

① 爱德华·萨伊德：《最后的天空之后：巴勒斯坦人的生活》，金玥珏译，新星出版社 2006 年版，第 5 页。

② Gila Ramras - Rauch, *The Arab in Israeli Literature*, p. 69.

③ Todd Hasak - lowy, "Sixty Years Late and Timely all the Same," provided by the Institute for the Translation of Hebrew Literature.

年第 7 期《犹太社会研究》杂志上的论文《在记起与忘却之间》，曾经把小说所引起的公众回应划分为两个阶段。第一阶段即为 1949 年到 1951 年小说发表初期引起的争议阶段，当时的许多读者亲历战争时期的军事行动，其关注焦点主要置于战争期间的良知与道义问题上。当《赫伯特黑扎》与《俘虏》在 1949 年 9 月结集出版后，很快便成为畅销之作。到 1951 年 4 月为止，便已经出售 4354 册，而且出现了大量的书评和评论文章，多数对作品表示赞同，少数加以否定。多数批评家赞赏伊兹哈尔作品的文学品质，比如，作家描述事件的能力、独特的风格、士兵们在会话中使用希伯来口语进行交流、自然风光的描绘乃至描写阿拉伯人的方式等；但在对作品的内容与理解上却表现出多元倾向。①

其富有代表性的观点有：第一，多数批评家称赞作家的坦诚，有勇气公开士兵们在战争期间的所作所为。认为作品向年轻一代表明，在激烈的战争期间，人道主义意识不能麻木。称其是关于自身的文学创造，也对我们丑陋、可怕的自我形象以及带有普遍性的以色列良知加以评论。强调战争期间的人道主义。反映出有良知作家的内在痛苦，等等。② 第二，一些批评家相信，伊兹哈尔披露了以色列"独立战争"后人们不仅目睹了新建国家逐渐走向繁荣，同时又趋于野蛮，把基本的道德价值踩在脚下的过程，敏锐地意识到："昨天受折磨的受难者变成眼下捡起皮鞭折磨人的人，昨天遭驱逐的人而今在驱逐别人。那些多少世纪遭受非正义对待的人自己变成了迫害者。"③ 第三，一些批评家认为伊兹哈尔过于片面，他把阿拉伯人描写为无辜的任人摆布的羔羊，没有提到阿拉伯人经常制造恐怖活动、屠杀犹太人的行径。评论家莫代海·沙莱夫在 1949 年夏季和 1950 年的秋季杂志上发表的《论以色列战争文学》中指出，伊兹哈尔对 1948 年一代以色列人的描述是真实的，但他没有能力解释其主人公体验到的心理变化，即从纯洁之人突然变成比纳粹还要恶劣的施虐狂。他说，富有反讽意味的是，以色列人从战是因为受到袭击，被迫如此，没有想赢的愿望，但

---

① Anita Shapira, "Hirbet Hizah: Between Remembrance and Forgetting," in *Jewish Social Studies*, vol. 7, no. 1, pp. 11–12.

② Ibid., p. 13.

③ Ibid.

伊兹哈尔不明白为什么他们在不再受到攻击时却需要继续作战。①

　　第二阶段是 1978 年围绕《赫伯特黑扎》电视脚本的上演与否，展开的激烈争论。事情的导火线在于：1978 年，以色列电视台将《赫伯特黑扎》拍成文献纪录片，但是以色列教育文化部却在纪录片上演前夕下令禁演。20 多位作家对此提出抗议。这不仅涉及媒体自由问题，也涉及以色列公共生活是否有道德勇气进行真正的自我评估问题。② 人们甚至把请愿书送到了高级法院。一个名叫马克·塞戈尔的新闻记者指出，纪录片制作人的目的并非是要艺术地再现战争，而是要表明犹太人是侵略者，阿拉伯人是烈士，进而具有反犹太复国主义的含义。③ 一位以色列国会议员甚至主张，这部纪录片应该与阿拉伯人屠杀以色列人的纪录片一起上演。最后，以色列教育文化部取消了禁令，纪录片在以色列得以公演，引起轩然大波。

　　如果说以前的争论集中在一个民主国家里是否拥有媒体自由等问题，那么这次则转向脚本本身的内容上，即故事本身是否反映了历史真实？是否在以色列"独立战争"时期具有普遍性？为什么电视片只表现了以色列军人驱逐阿拉伯难民，而没有表现阿拉伯人对犹太人所施行的种种暴行？为什么要重揭旧日的创伤？等等。一些人甚至也对作品本身提出质疑，认为它曲解了以色列"独立战争"的形象。尤其是把以色列人用卡车运送阿拉伯人的行动比作犹太人在历史上被迫经历的死亡之旅，更令一些人无法接受，认为会给以色列的敌人以口实。

　　右翼人士认为，犹太人渴望并应该回到先祖生存的土地上，阿拉伯人，无论正直与否，反对犹太人的做法。这是历次中东战争的根本原因。而国外在看到伊兹哈尔的小说以及由此改编成的电影时，则会看出以色列国建立于赫伯特黑扎的废墟之上的含义。但是，另一派人士则认为纪录片本身反映了战争悲剧，一个必须直接面对的方面，即巴勒斯坦难民问题。但是"独立战争"对以色列人来说，确实是一场生死之战。而影片脱离了

---

① Anita Shapira, "Hirbet Hizah: Between Remembrance and Forgetting," pp. 16 – 17.

② Gila Ramras – Rauch, *The Arab in Israeli Literature*, p. 68.

③ Ibid.

1948 年的历史语境，人们的视点则从对以色列究竟可以继续存在还是会遭到毁灭的问题转向巴勒斯坦人的生存问题，这种以偏概全的方式势必造成对作品本身的某种曲解。①

无论如何，《赫伯特黑扎》的上演可以说重新塑造了以色列人对 1948 年战争的记忆。因为在过去的许多年间，以色列的宣传媒介一直在散布说：我们来到这里并非要把任何人赶走，我们没有发动战争，而是被迫进行自我防御；我们没有驱逐阿拉伯人："独立战争"期间离开家园的成千上万之人这样做是因为在呼应阿拉伯领袖们的"建议"；这部影片虽然讲述的是人尽皆知的事实，但上映后，整个世界会认为自返回锡安运动开始以来，我们所有的行动基本上就是赶走阿拉伯人，杀害无辜，驱逐老人、妇女和孩子；并非《赫伯特黑扎》小说或作品本身破坏了以色列人的声誉，而是把一个民族从其土地上赶走这一行动本身是不光彩的，定居到人家的居住地的行动是耻辱的。② 上述解析动摇了犹太复国主义事业的正义性和以色列国家的合法性。伊兹哈尔的小说反映出"独立战争"时期的历史真实，批评这篇小说与阻止其电影脚本的上演无异于试图掩饰犹太复国主义者在实现自己返回锡安的梦想过程中的劣迹。就像作家奥兹所剖析的那样，"我们的做法就像把一具死尸藏在地下室里"，"我们正在掩饰将要化脓的伤口"。③ 而在过去的几十年间，以色列人正是在复国与负疚的困扰中不得释怀。

如果说 20 世纪 50 年代，《赫伯特黑扎》在参加过以色列"独立战争"的人们中间引发的是一场道义的争论，那么到了 20 世纪六七十年代，以色列经历了"六日战争"和"赎罪日战争"，政治现实又发生了变化，曾经伴随"独立战争"结束而淡出人们观察视野的诸多问题此时又浮出地表，以色列人更为关注的则是由道义延伸开来的国家政治形象问题，以及对巴勒斯坦的政策问题。战争历史本身虽然已经成为过去，但是历史学家、文学家、公共知识分子和普通大众对战争的解析并没有完成。

---

① Hanoch Bartov, "Mehandesei ha‐nefesh," in *Ma'ariv*, Feb. 17, 1978.

② Anita Shapira, "Hirbet Hizah: Between Remembrance and Forgetting," pp. 36 – 40.

③ Amos Oz, "Hirbet Hizah ve sakanat nefashot," in *Davar*, Feb. 17, 1978.

五　摩西·沙米尔和新希伯来主人公

　　与伊兹哈尔一样，1948 年代的另一位重要作家摩西·沙米尔也从自己的生活经历中撷取创作素材和人物形象特征，创作出希伯来文学史上"战斗着的本土以色列人"形象，这些身为拓荒者的世俗人，或说是追求自我实现的革命者，与格尼辛和布伦纳小说中出现的没有归属的犹太知识分子截然不同。如果意第绪语和早期希伯来语出版物把犹太人描绘成上了年纪的漂泊者，手上拿着拐杖，因负重而驼背的话，那么犹太复国主义者的出版物则把他描绘成身穿短裤的"年轻小伙"，头上戴着软布帽，身披蓝色或土黄色汗衫，腰挎行囊，肩上扛着冲锋枪。[①] 为更好地把握沙米尔的主人公，我们首先对作家生平予以回顾。

　　沙米尔生于以色列北部的海滨城市萨法德，年幼时随家人迁到特拉维夫，后家里又出生了两个男孩，其中名叫埃里克的男孩在 1948 年"独立战争"中丧生。从 1941 年到 1947 年，沙米尔居住在基布兹，1947 年与妻子一起搬回特拉维夫，开始创办文学、政治、军事期刊，撰写政治杂文与随笔，逐渐成为以色列文学和政治生活中一位富有影响力的人物。在 1948 年以色列"独立战争"中，他也是"帕尔马赫"中的一员。

　　与多数以色列本土作家一样，沙米尔由于语言和阅读的局限，主要接受社会主义和犹太复国主义思想的影响。早在以色列建国前后，沙米尔属于左翼阵营中的一员，甚至热衷于马克思主义。但是从 50 年代开始，他便发表文章，指出马帕伊理念中的犹太复国主义因素与其马克思主义思想基础是相冲突的，甚至攻击所谓的无产阶级专政，故而被称作背叛马克思主义。[②] 对此，沙米尔回应说承认自己对马克思主义的理解支离破碎，并表示在今后的日子里进一步接受马克思主义思想。不过当时，沙米尔依旧主张应给予以色列阿拉伯人与犹太人一样的平等权利。1967 年"六日战

---

　　① 参见谢克德 *Hasiporet ha' ivrit*, vol. III, p. 199。又参见 Ezra Spicehandler, "The Fiction of the 'Generation in the Land,'" in *Israel: The First Decade of Independence*, p. 319。

　　② Gila Ramras—Rauch, *The Arab in Israeli Literature*, p. 86.

争"前后，他自称深切意识到以色列国家尽管建立了 19 年，但犹太人仍然没有摆脱生存危机，[①] 其政治立场发生彻底变化，从左翼转向右翼，于 1977 年到 1981 年以利库德成员的身份当选为国会议员，并成为 80 年代具有强烈民族主义倾向的复兴运动的发起人之一。而后逐渐淡出政坛，专注于文学创作。

在文学创作上，沙米尔推崇普列汉诺夫和卢卡契的创作，强调文学与现实生活的密切联系。具体地说，便是将文学与社会主义和犹太复国主义理念结合起来，把文学当成国家事业的一部分。沙米尔从 20 世纪 40 年代开始走上文坛，迄今已经发表了 50 多部作品，包括《他走在田野中》（1947）、《在阳光下》（1949）、《用自己的双手》（1951）、《血肉之王》（1954）、《你赤身露体》（1958）、《边界》（1966）、《我和以实马利一起生活》（1968）等长篇小说和《新娘的面纱》（1985）等长篇三部曲，此外还有大量的短篇小说、诗歌和戏剧，曾获"布伦纳奖"（1951）、"比阿里克奖"（1954）和"以色列奖"（1988）。

奠定沙米尔希伯来经典作家地位的是他以 1948 年"独立战争"为背景创作的长篇历史小说，即他发表于 40 年代末期和 50 年代初期的作品，创作这些作品的目的在于叙述以色列当代历史，描述战后一代土生土长的犹太人在以色列的生存状况，悲悼他们必然要经历的残酷命运。

摩西·沙米尔发表于"独立战争"前后的早期作品《他走在田野中》（*Hu Halach Basadot*）、《在阳光下》（*Tahat Ha - shemesh*）、《用自己的双手》（Be - Mo Yadav），均以生活在阿里茨以色列土地上，"并代表着未来国家潜能"[②] 的年轻人作为主人公。其中《在阳光下》曾被美国学者视做沙米尔最好的一部长篇小说。小说以 30 年代以色列的集体农庄为背景，年轻的主人公阿哈隆的性格本身带有当时本土以色列人的共性。他被描述成树木、牧童、干涸谷道和铁路桥的朋友，对于周围环境，确切地说对脚下这片土地，具有一种无法言状的依依深情。他用脚丈量土地时，脑海里

---

① Gila Ramras - Rauch，*The Arab in Israeli Literature*，p. 87.

② "代表着未来国家潜能"一词，出自英国学者 Leon I. Yudkin，*1948 and After：Aspects of Israeli Fiction*，Manchester：University of Manchester，1984，p. 40。

便浮现出《圣经·创世记》中上帝对亚伯兰的命令："你起来，纵横走遍这地，因为我必须把这地赐给你。"他想了解这片土地，就像是要了解自己的女友，而根据《圣经》典故，男人"了解"女人，则有与之融为一体的含义，从这个意义上，我们可以说主人公对土地具有一种强烈的依恋、探寻与归属意识。沙米尔抓住现实，用语词在艰难的环境中建立起主人公的自我意识，凸现出犹太人欲在巴勒斯坦实现复国的梦想无形中同生活在这片土地上的阿拉伯人的利益发生冲突。小说中曾描写两个基布兹成员在马车上遭到阿拉伯人的袭击，其中一个丧生，以阿哈隆为首的年轻人组织力量进行抵御，可老一代人却依旧陶醉在自我欺骗中，认为自己的力量可占优势。小说的题目"在阳光下"象征着本土以色列年轻人广阔的生存空间，而与其生存命运相关的重要事件便是劳动、战斗与死亡。① 劳动体现出对犹太复国主义所倡导的与土地肌肤相亲的主张，战斗与死亡则是为保护这片土地而履行的义务与做出的牺牲。

在社会影响上，《他走在田野中》与《用自己的双手》则成为过去几十年间以色列塑造国民精神与民族身份的主要依据。《他走在田野中》是沙米尔创作的第一部长篇小说，在文坛及社会上引起极大的关注，成为 20世纪 40 年代希伯来文学的里程碑，1948 年获得"乌西施金奖"。根据伊戈尔·施瓦茨的说法，小说的第一版精装本印刷了 3000 册，第二版印刷了 2 万册，在不到半年时间里全部售出，而当时巴勒斯坦的犹太居民大约60 万人，其中一部分是孩童。小说从 1948 年到 1984 年在原出版社连续再版 7 次，另一家出版社阿姆奥维德从 1972 年到 1991 年又将此书再版 7 次，到 2001 年总计印刷约达 10 万册。②

小说之所以得到广泛接受的重要原因在于它塑造出了反映时代精神的希伯来新人形象。小说中的故事发生在 1947 年，主人公名叫尤里·卡哈纳，19 岁，是他居住的基布兹中出生的第一个男孩，用谢克德的话说，尤里"乃一代具有理想主义、自我牺牲精神的土生土长以色列人的典范"。③

---

① Leon I. Yudkin, 1948 *and After*, p. 46.

② Yigal Schwartz, *Hayida' at et ha' aretz sham halimon purach*, Knneret, Zmra – Bitan, – Dvir Publishing House Ltd. , 2007, p. 240.

③ 谢克德:《现代希伯来小说史》，第 177 页。

他年轻潇洒，体魄强健，长着一头贝督因人似的卷发。而且思维敏捷，行动迅速，具有很强的自信心，热爱他所生存的阿里茨以色列土地，对集体事业与犹太复国主义信仰非常忠诚，意识到自己所应该担负的社会责任。这些都是在犹太复国主义教育体制下所倡导的新希伯来人应该具备的特征。但是尤里对周围环境却缺乏深思熟虑，有时会因为个人的内在冲动与需求而心烦意乱。

　　这部小说与出自 1948 年一代作家手中的许多作品一样，植根于以色列社会主义现实主义小说创作的理想，试图在集体事业与个人理想之间建立起一种和谐关系。作品体现出一种主导思想：人生在世，就像硬币的两面，一面体现出个体需求（如爱情与家庭），另一面则表现出集体意识（如对基布兹、工作、社会生活、帕尔马赫和战争应承担的责任）和同志亲情。尤里热切地希望把集体主义与个人主义很好地结合起来，既能实现自我理想，又能成功地成为社会和集团中的一员。但最后以死亡而结束了年轻的生命，预示着其精神理想的探索也以失败告终。也许集体主义与个人主义的二元对立在本土作家笔下成为无法解决的矛盾，只有到了 60 年代新浪潮作家笔下主人公在集体与个体之间做出了大胆抉择，希伯来文学才就这一问题找到了一种解决方式。

　　小说在叙述过程中展示了新型希伯来人与旧式犹太人之间的冲突，也展示了土生土长的以色列人与父辈之间的冲突。尤里有一个年轻的女友名叫米卡，米卡在二战结束后来自欧洲波兰。在米卡身上，具有连接犹太民族过去的纽带，而尤里则更多地代表着一个新兴国家的未来，与土地及国家的联系比较执著。他们象征着以色列建国过程中既要张扬新希伯来精神，又要对新移民进行改造。以尤里父亲为代表的老一代基布兹奠基者却有着不同的生活准则与价值观念，他们本能地意识到自己只能生活在基布兹，只有像一株土生土长的本土植物，在自己特定的土壤中存活。《他走在田野中》虽然是一部历史小说，但没有过多地提到泛文化意义上的犹太人及犹太民族意识，而是把犹太人塑造成生活在中东的一个特殊群体。即使是本土植物，也很难在充满敌意的环境中生存，沙米尔正是借此来表达自己的沉重体验与悲剧性失落。

　　尤里的狂热代表着一个年轻世界中"帕尔马赫"青年的特点。在众人眼里，尤里象征着犹太人的新型模式，彻底改变了前代作家塑造的宗教学者和愤世嫉俗的知识分子形象模式。以色列文学作品中的许多人物都带有他的影子。根据《他走在田野中》改编成舞台形象的尤里典型地体现出以色列人的性格特征：头发蓬乱，头戴与众不同的以色列式小帽，皮靴笨重，身着短裤、蓝色或土黄色上衣，肩挎挎包。尽管许多作家均想摆脱沙米尔笔下尤里的影响，创作其他模式的主人公，但直至今日，这一形象的投影依然继续在以色列文学中徘徊不去。①

小说很快被改编成剧本，并在 1948 年战争期间公演，成为社会文化生活中的一件大事，为描述本土以色列英雄定下了基调。② 到了 20 世纪 60 年代，《他走在田野中》被改编成电影，发表于 1947 年的作品与改编于1967 年的电影之间相隔了 30 年，这当中又发生了三场战争，编者约瑟夫·米洛的世界观与所处的文化语境显然不同于摩西·沙米尔。如果说在小说中，尤里对土地的依恋胜于对女友的依恋，并试图在集体主义与个人主义之间寻找和谐，那么到了影片中，他则在两种价值体系之间摇摆不定。在影片的上半部分，尤里似乎背离了给他生活带来意义的民族目的，沉湎于爱情，电影演了一半，才突然变为一个常规英雄。③ 由此也可以透视出希伯来文学中的又一个变革。

《用自己的双手》④ 的副标题是"埃里克的故事"。沙米尔写这部作品的初衷是为悼念在 1948 年"独立战争"期间丧生的弟弟埃里亚胡，并慰藉父母的伤痛心灵。以色列大学的文学课上一般将其当成本土以色列作家的代表性文本进行讲解与分析。与长于勾勒战争中以色列士兵群像并表现人物心灵冲突的伊兹哈尔不同，沙米尔注重个体形象的塑造，善于描述人物的成长过程与成长环境。这在某种程度上促成沙米尔塑造出代表某一个特定历史时代的典型形象，埃里克因之成为继尤里之后的又一个本土以色

①　谢克德：《现代希伯来小说史》，第 177 页。

②　Gila Ramras‐Rauch, *The Arab in Israeli Literature*, pp. 86, 90.

③　Nurit Gertz, "The Book and the Film: A Case Study of *He Walked through the Fields*," in *Modern Hebrew Literature*, FALL/WINTER, 1995, p. 22.

④　Moshe Shamir, *With His Own Hands*, trans. Joseph Schachter, Jerusalem: Institute for the Translation of Hebrew Literature, 1970.

列人的偶像。这个形象之所以取得成功，很大程度上在于他符合当时以色列人的心理期待。

小说以回忆的形式叙述埃里克的成长历史。开篇写道："埃里克从大海上出生。""从大海上出生"本来是父亲在与幼子嬉戏时的一个玩笑，但是在强调本土以色列人与大流散犹太人有着本质区别的以色列建国初期，把这句话用在小说句首或许具有某种多重意义，而在以色列建国后的几十年间，人们在阅读这句话时则根据时代精神的需要增进了多重理解：一是表明埃里克并非以普通方式出生在普通人家庭的普通人，其身世具有一种神秘感。二是表明他与流散地时期的犹太历史没有关联，没有过去，没有历史，这是一个截然不同的新开端。三是表明他与自然环境具有一种割舍不掉的联系，但同时又超乎真正的现实生活。这样一来，小说从一开始就带有了某种犹太复国主义教育小说的味道。在 20 世纪四五十年代，无论在小说中，还是在现实生活里，埃里克均代表着对父辈愿望的实现，这个愿望便是，他们的子孙与大流散时期软弱委琐的犹太人不同，那些人似乎早为新兴的犹太民族事业抛弃。读者需要的也是与犹太历史割断联系的健康主人公。

在小说中，埃里克在童年时代与其他犹太孩子相比便具有一种超常气质，至少表现出作家沙米尔时代人们对英雄人物所持有的审美想象。小说写道：尽管埃里克从大海上出生，这种说法也许只是开开玩笑，但埃里克似乎比大家对大海更为亲近。他对大海拥有一种挚爱。大海本身便是自然的象征。而埃里克与自然界中的生灵，犬马、孩童、山羊、树木、建筑、沙坝、机器的关系比其他人都更为密切。埃里克性情顽劣，留在作家记忆中的第一幅画面便是他骑在阿伦比防御海潮的高墙上，金色的卷发在湛蓝的天空中随风飘动。从中可以判断出他是欧洲犹太人的后裔，即符合梦想创造"新型犹太人"的犹太精英心目中的审美标准。

埃里克思维敏捷，总是提出各种新奇的想法。他喜欢用自己的双手干活，对劳动者充满了羡慕，希望用自己的双手从土地上培育出果实，来养育自己。出生在中东、热爱自然、热爱劳动、自食其力，这些特征标志着埃里克是一个不折不扣的本土以色列孩子。他快乐好动，思想新颖，行动果敢，富有活力，心灵纯净，没有阴影，有别于经历过大流散或者大屠杀后移民到以色列的孩子。

"用自己的双手"这句话不仅体现着埃里克个人的性格特征,而且典型地概括出犹太复国主义理念,即本土以色列新人的生活方式不同于传统的犹太人,新型的犹太孩子不再拘泥于经院生活,终日研习《圣经》和《塔木德》,唱颂赞美诗,进而导致精神上的衰退。在埃里克童年时期的20年代,基布兹学校教育已经相当普及,其内核在于进行职业技能培训,培养带有实用性的工作人员,鼓励孩子们进行田野操作。这样做的目的不仅是为了支撑犹太复国主义理念,而且是为了培养手把锄犁的国家栋梁,而不是手握钢笔或手拿试管的科学家。埃里克尽管生活在特拉维夫城,但是喜欢和兄长们用自己的双手在花园里栽种蔬菜,具备了成为未来国家栋梁的初步素质。

埃里克的成长过程,也在很大程度上反映出以色列新人的成长过程。接受学校教育是一个本土以色列孩子受到纪律约束并树立未来理想的重要环节。以色列的建国领袖们意识到其事业的成败与否依赖于年轻一代的成长与行动,进而注重学校教育。以色列的教育体制受到欧洲教育体制的影响,强调民族语言、民族历史、民族的创造、身体适应能力以及公民对政治体制的责任。然而,以色列教育的关注焦点在于培养"新人",建立"新世界"。① 在教育中注入拓荒者的思想成为教育工作者的头等大事。

但是,在沙米尔《用自己的双手》中,埃里克却并不完全接受老师们(犹太复国主义教育者的象征)的训导,而是表现出一种"反智"(anti-intellectualism)倾向。吉拉虽然在比较伊兹哈尔和沙米尔的主人公时使用了"反智"一词,② 但是把着眼点放在了沙米尔作品中的阿拉伯形象问题,并未将其用于分析埃里克的形象。其实,在埃里克接受教育的过程中,渗透着鲜明的"反智"倾向。理论上说,本土以色列人的"反智"在相当程度上源于对父辈的公然违抗。这种违抗产生于年轻一代需要寻找新领域。该倾向最早出现于20世纪30年代德国移民移居巴勒斯坦试图建立城市中产阶级的第五次移民浪潮时期。劳工运动官僚主义成为中产阶级

---

① Oz Almog, *The Sabra*, p. 25.

② Gila Ramras - Rauch, *The Arab in Israeli Literature*, p. 88.

的一个组成部分，至少在生活方式上与拓荒者特质形成矛盾。劳工中产阶级倾向于"帮助孩子们在生活中找到位置，为官也好，从商也好，从事自由职业也好"。这种带有违抗理念的文化导致了学生对教师的反叛。[①] 在现实生活里，早在40年代初期，农业中心便号召城市学校的在校生或去工作，或去保家卫国。赫茨利亚中学一些十几岁的学生（多为城市青年）在1943年联名写信号召同学们不再读书，放弃学业从军，服务于民族事业。有些青年学生，如果其要求未得到满足，就会擅自作出决定，或从军，或从事体力劳动。此乃"严格革命体系中的微小反叛"，用社会学家阿尔莫格的话说，这种"微小的反叛"显示出贯穿于整个本土以色列文化中的"为全面实现而不是有保留地实现犹太复国主义理想而奋斗"的思想。[②]

弄清这种"反智"理念，有助于我们更好地理解为什么埃里克在犹太复国主义教育体系中会成为带有反叛色彩的学生。这种反叛貌似违背犹太复国主义戒律，实际上是为了全面实现犹太复国主义理想。在学校里，表现出友好和善意的老师，赢得了埃里克的喜爱与忠诚，尽管有时他和他们也有一些微小的摩擦；但对于那些对学生不感兴趣的老师，他则表现出厌恶与蔑视。有时甚至喜欢那些虽然不断"找麻烦"的老师（这样的老师或许比较关心他），痛恨那些对他基本上不理不睬的老师。

小说比较详细地勾勒出几位老师在幼年埃里克心目中的形象，他对学校教育的感觉在同龄孩子中带有普遍性。虽然学生们渴求知识，但由于老师的教育方法、教学内容与师生关系等诸多客观因素的影响，以前渴望了解的知识如今变成了沉重的负担，以前可从中获得快感的求知变成了浪费时光。学校时光简直成了他的艰难岁月。偶尔，在灰色的生活上会闪烁着一些亮光，那便是埃里克偶尔会发现一些令他产生强烈热情的东西，如地理概况，户外花园里的自然课，物理、化学课上的机械原理，沙洛姆·阿莱海姆的有趣故事，巴尔－科巴赫等英雄人物等。这些内容均与犹太复国主义教育理念有关。如，自然、地理教学可以激发对土地的热爱，熟悉古代英雄人物可以激发为民族献身的热望，等等。因此从这个意义上说，埃

---

①　Oz Almog, *The Sabra*, p. 148.

②　Ibid. , pp. 148－149.

里克在学校里并没有拒绝接受犹太复国主义思想的熏陶。但另一方面，苛刻的学校教育与他"骇人的个性"产生对立。在老师眼中，他也许是个"坏学生"、"粗野的人"；而在同学看来，他也许是个"勇敢的孩子"、"真正的人"。同学所称道的乃是他性格中的社会化特征，而老师所反感的则是他性格中的反社会化倾向。这两种倾向在埃里克身上相互作用，使他的性格之中充满了矛盾。

　　如果说"反智"特征使埃里克的学校教育成为一段艰难岁月，那么日后注重田野劳作与实践技能的农业学校，尤其是注重军事训练的"帕尔马赫"军营生活逐渐练就了埃里克强悍、自信、刚毅、顽强等品质。埃里克年届 15 岁时，与那时的许多孩子一样，投身于一所农业学校。根据作品描写，这所农业学校位于特拉维夫－雅法附近，即最早建立于巴勒斯坦的犹太农业学校"以色列希望"。农业学校是早期犹太殖民者在巴勒斯坦地区建立起来的有别于宗教学校的新型学校，目的是要培养在土地上劳作的新型劳动者。这是埃里克人生中的一个新起点，标志着他与城镇生活决裂的开端。在这所学校里，集体目的胜于个人兴趣。大家在这里人人平等，同学之间，同学与老师之间具有一种同志情谊。孩子们以劳动为荣，逐渐具备了与劳动者同吃、同劳动、共同创造价值的乐趣。农业学校不仅培养了埃里克使用农耕器具的技能，而且培养了他清晰的分析与思考能力，并且学会了如何表达思想，懂得维护自己的权益，甚至用罢课、绝食等方式来改善伙食和生活条件。在这些行动中，埃里克成为学生领袖，显示出强有力的组织才能。与朋友们一样，他开始思考自己的未来，以及自己在世界上的位置。也是在农业学校的最后一年，埃里克和他的伙伴们开始听说第二次世界大战，了解血雨腥风的苏联前线和伦敦战场。不久，特拉维夫城市也遭到了轰炸，一百多人死于非命。在这样的历史关头，埃里克怒火中烧，发誓弃农从戎，用自己的双手去杀死德国人。此时，隆美尔的军队已经向埃及和北非挺进，整个巴勒斯坦地区陷于焦虑之中。埃里克正是在这样的历史背景下，结束了农业学校的生涯，成为"帕尔马赫"的一员。

　　从历史上看，"帕尔马赫"建立于 1941 年 5 月，是英国托管巴勒斯坦时期犹太社区内进行自我防卫抵御阿拉伯人准军事组织哈加纳中的先锋力量，由英军和哈加纳共同建立，目的在于帮助英军抵御纳粹威胁。英国专家曾对其成员进行系统而严格的军事训练，并给他们装备弹药和武器。后来，英国当局下令解散"帕尔马赫"武装，于是从 1942 年开始，"帕尔马赫"成员便转入地下活动，并分散到基布兹参加农业劳动，这样便可以从基布兹那里得到最起码的生计供给，以解决资金短缺问题。"帕尔马赫"成员每月需要劳动 14 天，训练 8 天。这种把军事训练、农业劳动和犹太复国主义教育结合起来的方式叫做征兵训练。1948 年以色列"独立战争"中，"帕尔马赫"成为战争中的中坚力量。而"帕尔马赫"对以色列文化与精神特质的影响更胜于其军事贡献。许多年间，"帕尔马赫"成员成为以色列国防军将领中的骨干，为以色列国家的政治、文学与文化作出了卓越贡献。[1]"帕尔马赫"那代人强调独处，是孤独的典范。[2] 这是因为，基布兹生活，以及后来的战争造成他们与父母和家人的分离。所接受的反大流散教育又使之与犹太传统的关系发生断裂。战争中遇到的血腥与残暴使之受到良知的挑战，成为脱离社会的孤独英雄。

七年"帕尔马赫"生涯不仅是锤炼埃里克语言、思想和行动的熔炉，也是他完成以色列英雄人物角色塑造的一个过程。与带有传奇色彩的政治家、"帕尔马赫"指挥官伊戈尔·阿龙的正面接触使埃里克一度感到枯燥乏味的日常军事训练生活变得富有活力和意义，他和同伴们意识到"帕尔马赫"武装具有独立、独创与效力三个重要因素，意识到自己的价值，增加了民族认同与民族自豪感。而在基布兹劳动也由最初的谋生之举变成仅次于军事训练的又一个重要使命。在土地上劳作因之成为最美好的时光。同时，埃里克还试图缓和与周围不断前来行窃的阿拉伯人之间的关系，并在日常生活里积累着阿拉伯语词汇，似乎是在自觉地实现了与阿拉伯邻邦和睦相处的所谓犹太复国主义理想。从某种意义上，"帕尔马赫"军营无异于又一所犹太复国主义学校。埃里克在这里实现了儿童时代的理想，并当上了一名希伯来军官。

---

① 关于"帕尔马赫"的解释，参见 http：//en. wikipedia. org/wiki/Palmach。

② Efrat ben – Ze' ev, Edna Lomsky – Feder, "The Canonical Generation：Trapped between Personal and National Memories," in *Sociology* (43)，2009, p. 1054.

　　但是，政治犹太复国主义者要想在巴勒斯坦地区实现建立犹太国家的理想，就不可避免地会威胁阿拉伯人的利益。埃里克学到的阿拉伯语虽然用于和阿拉伯人的交流，但不是光用在友邻亲善之际，也用在"帕尔马赫"成员在巡夜中与阿拉伯人的冲突与交锋之时。此乃当时社会背景下阿以关系的一个缩影。摩西·沙米尔在《用自己的双手》中专门列专节描写 1947 年 11 月 29 日联合国颁布巴勒斯坦分治决议的那个夜晚，与奥兹在《爱与黑暗的故事》中描绘出的那个夜晚不同，沙米尔未描绘耶路撒冷的犹太人（多数是经历过流亡的犹太人）聚在一起在收音机前等待联合国投票结果前万分紧张、投票结果出来后激动不已、载歌载舞的群体表现；而是集中展示埃里克的孤独行为。他先是热血沸腾地期待投票结果，也曾打开收音机，但随即独自躲在黑暗中，独自走到街上，找到自己的女友。特拉维夫街头同样聚集着忐忑不安的犹太人，他们同样为可以在巴勒斯坦建立一个犹太国家欢歌雀跃，啜饮店铺里免费提供的酒水和饮料。但即便此时，埃里克仍然孤独地站在欢快的人群之外，孤独地注视着欢快的场面，听人笑语。就像那时文学作品中的多数本土以色列主人公，埃里克在听到可以在巴勒斯坦地区建立犹太国的消息时，涌上心头的并非欣喜的快感，而是一个可怕的声音，"我们将为此付出代价"。

　　1947 年联合国分治决议加剧了巴勒斯坦地区阿拉伯人的愤怒与恐慌，阿拉伯世界的宗教领袖聚集在清真寺，号召向犹太人发动圣战。很快，阿拉伯人全面向犹太人发起袭击，在高速公路上袭击犹太人乘坐的公共汽车，打死打伤乘客，用轻型武器和机关枪袭击城市外围和偏远的定居点。诸多历史学家已经把 1947 年 12 月到 1948 年 5 月英国撤离巴勒斯坦地区阿拉伯人与犹太人之间的武装冲突当成中东战争的第一阶段，即内战阶段。[①] 根据书中描写，尤其是从沿海平原到耶路撒冷的高速公路上，犹太人的交通工具经常遭到阿拉伯游击队的袭击，行动非常危险。犹太乘客出行，或军需物资运输都需要由犹太定居点的警察和哈加纳成员护航，后者因为运输非

---

　　① Yoav Gerner, "The Israeli – Arab War of 1948: History versus Narratives," in *A Never – ending Conflict: a Guide to Israeli Military History*, ed., Mordechai Bar – On, Westport, Connecticut, London: Praeger, 2004, p. 49; Ilan Papper, Benny Morris 也有类似的论述。

法武器容易被英国警察抓获。① 埃里克本人正是在这样的历史背景下承担公共汽车护航任务，在前往耶路撒冷的途中遭到阿拉伯人的伏击身亡。

50 年代以色列文学创作的目的之一在于发挥文学的社会功能，塑造正面的英雄人物，按照生活的本来面目去反映和描写生活。伊兹哈尔作品中的主人公虽然并非均以性格鲜明的正面形象登场，但绝对不是反面人物。②。较之乐于塑造主人公人物群像的伊兹哈尔，沙米尔更倾向于刻画性格鲜明的个体人物，表现人物的个性化特征。埃里克虽然不是一个高大全似的完美英雄，但是他却是一代以色列新人的代表。他自出生起，便与犹太人的历史割断了联系，对巴勒斯坦土地情有独钟。在成长过程中，接受的是现代希伯来语和现代犹太复国主义思想教育，在农业学校和"帕尔马赫"军营把自己训练成一个强健的以色列战士。尽管他拥有私人情感，但是必须为了使命而放弃乃至牺牲这种情感，最终为使命而献身。谢克德认为，《用自己的双手》呈现了"沙米尔那代人的主人公带有社会色彩的故事"，为作家自己的其他作品和他那代人的作品树立了榜样。③

尽管《用自己的双手》是一部带有自传色彩的回忆录，但是与当时流行的本土以色列回忆录相比，它表现出小说的特征。不过不应否认的是，由于作家受到文学要表现某种社会功用这一文学观念的影响，仍然把某些概念化的特征加到了人物身上，在某种程度上削弱了小说的审美价值。以色列文化的独特性之一在于把本土以色列人的神话与阵亡将士形象合而为一，本土以色列人形象在同战争相关的记忆中占据了重要位置，原因来自塑造集体记忆中的诸多技术性因素。多数新移民子身一人来到以色列地，在不具备用希伯来语侃侃而谈的能力时便默默地战死，除农业社区外，几乎没有人会记住他们；相形之下，本土以色列人的家人会铭记他们，并在某种程度上使这种记忆社会化。由于本土以色列人身上具有希伯来人属性，记忆文学也在强化阵亡者的本土以色列人特征，将其塑造成为民族事

---

① Moshe Shamir, *With His Own Hands*, p. 216.

② 参见 Glenda Abramson, "Israeli Literature as an Emerging Literature," p. 340。

③ Gershon Shaked, *Hasipporet haivrit*, p. 246.

业而献身的英雄。①

在沙米尔笔下，埃里克虽然表现出新希伯来人的诸多特征，并在成长过程中主要接受的是犹太复国主义价值，具有在民族处于危亡之际为之效力的愿望，但他的性格中充满着矛盾，这种矛盾尤其表现在他对把武器用于战争的做法表示怀疑。即使在以色列开国元勋前来检阅"帕尔马赫"的军事演习上，在人们欢呼"以色列民族生存下去"的口号声中，埃里克不禁发问要为这种民族生存付出何种代价，这种担忧在联合国宣布建立犹太国家之际达到高峰，他预感即将为在巴勒斯坦建立犹太国家的做法付出代价。而埃里克之死则是付出代价的具体化表现形式。埃里克并非"帕尔马赫"一代作家笔下的"正面"主人公典型，没有张扬"帕尔马赫"精神或标准，其性格弱点显示出"帕尔马赫"文学的另一种属性。也许，这种属性正是随着以色列民族回归巴勒斯坦试图在那里建国等历史进程而埋藏在以色列民族的灵魂深处。

可以说，本土以色列人在民族建立过程中献出年轻的生命，无疑复拓着"以撒受缚"的古老模式。不同的是，古代的亚伯拉罕为保持对上帝的忠诚，只好忍痛献出自己的长子以撒；而在当代社会里，第一代本土以色列人亦可被视作正在创建中的犹太国家的长子，他们父辈的最高命令者由上帝变成了犹太复国主义的建国理想，而他们本人则成为履行父辈理想的牺牲品。小说以埃里克之死作结，不仅为一部英雄主义小说蒙上了一层悲凉色调，而且也在挑战着标准的犹太复国主义价值，呼应着文中流露出的对犹太人对在巴勒斯坦地区征用阿拉伯人土地是否具有合法性的追问。

六　他们是另类人——本土作家笔下的新移民

以色列建国之前的犹太定居点与基布兹生活，以及以色列"独立战争"构成了本土作家小说中的重要背景。但是，一旦新建立的国家逐步稳定下来，以色列政府一方面要建立以西方社会为参照系的多党并存、三权

---

① Oz Almog, *The Sabra*, pp. 121 - 123. Philip Hollander, "Beyond Martyrdom: Rereading Moshe Shamir's *With His Own Hands*," in *Hebrew Studies* 49 (2008), p. 263.

分立的议会民主体制，另一方面要接纳源源涌进的新移民，这些移民有的来自波兰、罗马尼亚等东欧国家，有的来自也门、伊拉克等穆斯林国家，首当其冲的便是大屠杀幸存者。随着 1951 年《回归法》和 1952 年《国籍法》的颁布，移民浪潮愈加汹涌，到 1951 年，大约有 70 万犹太移民来到以色列，[①] 使以色列国家人口迅速地增长。但是，多数新移民并不拥有以色列建国之前伊舒夫居民所持有的犹太复国主义理念，这对于建国初期形成的国家政体不能不说是一个新的挑战。

作家们的关注点也相应发生了转移，从战争场景和基布兹生活转向灰暗的城市生活、官僚体制和新移民聚居区，以及致力于被本土以色列人按照犹太复国主义理念进行改造的新移民。"自信而充满理想的革命战士被幻灭的退伍兵取代"，"英雄小说让位给'愤怒的青年'小说"。[②] 与此同时，作家们把目光投向新建国家中的另一个营垒——大屠杀幸存者。

以色列的反大流散理念在文学作品中一方面表现为塑造希伯来新人，另一方面则是要重新塑造大屠杀幸存者。在 20 世纪 40 年代和 50 年代的许多希伯来文本，包括短篇小说、长篇小说和戏剧中，大屠杀幸存者则是大流散文化和历史的具体代表，其身份、文化世界与命运和希伯来文化、以色列地的历史以及犹太复国主义纲领大相径庭。刚刚到来的大屠杀幸存者需要接受教育，把大流散的犹太人身份转变为希伯来 - 以色列人的身份，最后成为纯粹的以色列人。[③] 实际上，前文提到的摩西·沙米尔《他走在田野中》的主人公尤里的女友米卡就应该属于此类人物。哈努赫·巴托夫出生在佩塔提克瓦，曾在英军犹太军团中服役，后又参加以色列"独立战争"。巴托夫创作的长篇小说《人人有六只翅膀》（*Shesh Knafaim Le - Ehad*, 1954）也给我们提供了一个例证。小说背景置于耶路撒冷一个旧日阿拉伯人居住区，阿拉伯人在战争中已经逃走，住在那里的多是大屠杀幸

---

① 关于犹太移民潮问题的详述，参见张倩红《以色列史》，人民出版社 2008 年版，第 252—256 页。

② Ezra Spicehandler, "The Fiction of the 'Generation in the Land'," p. 320.

③ Nurit Gertz, "'I am Other': The Holocaust Survivor's Point of View in Yehudit Hendel's Short Story 'They Are Others'," in *Divergent Jewish Culture*, eds., Devorab Dash Moore & S. Ilan Treen, New Haven: Yale University Press, 2001, p. 217.

存者，还有本土以色列老师阿芙妮。阿芙妮的学生中有当地人，也有新移民，他们在语言、生活习惯、行为举止、教育背景上参差不齐，27 个人来自 27 个不同的世界，有的学生已经三十七八岁，有的学生上学就是为了吃中饭，喝牛奶。有的人根本不懂希伯来语，经常提些令人啼笑皆非的问题与要求，课堂秩序松散，有的学生甚至为了卖报纸在教室里数起零钱，在年轻教师的眼中，他们成了脏兮兮的动物。在某种程度上，教室堪称以色列社会的微缩景观，喻示着文化背景各异的新移民要在以色列找到自己的位置十分艰难。作家利用市政当局拒绝一位新移民开面包店的请求这一事件，批评政府对新移民关心不够；但结尾又安排了新移民反对市政当局的斗争取得成功这一光明的尾巴，象征着他们逐渐为以色列社会所接纳。

这里说的"他们是另类人"一句话出自女作家耶胡迪特·亨德尔（Yehudit Hendel）发表于 1949 年的同名中篇小说，这是"1948 年一代作家中唯一的从大屠杀幸存者角度出发而写就的作品"。[①] 与当时多数描写大屠杀的作品不同，《他们是另类人》（"Anashim Acherim Hem"）中既没有复述犹太复国主义叙事话语，也没有摧毁那个话语。[②] 小说主人公鲁宾·谢夫特尔的家人均在大屠杀中丧生，他在"独立战争"期间乘船来到巴勒斯坦，向往着在那里过上新的生活。在船上，他结识了另外一位孑然一身的大屠杀幸存者葆拉。但是他们在雅法上岸后不得不分开，前去军营。在军训中，谢夫特尔与一个在心理上和生理上都有毛病的怪人莱斯成了朋友。后来，二人上了前线，谢夫特尔并非合格的军人，他误解了本土指挥官的命令，造成后者的意外死亡。他与莱斯来到海法，越来越感到与当地社会的人格格不入，感到自己低人一等。

这篇作品反映出新移民要想融入以色列社会是一个艰辛的过程，其原因既来自自身旧日的生活习惯与信仰同一向以沙漠仙人掌自居的本土以色列人格格不入，也来自当时以色列社会的偏见与排斥。因此，尽管以色列社会一直重新塑造大屠杀幸存者，接纳他们，但是大屠杀幸存者始终处于

---

① Avner Holtzman, "They Are Different People," in *Yad vashem Studies* xxx, ed., David Silberklang, Jerusalem: Yad vashem, The Holocaust Martyrs' and Heroes' Remembrance Authority, 2002.

② Nurit Gertz, *Myths in Israeli Culture*, p. 218.

以色列社会之外，无法与之同化。两种历史，两种身份，犹如两条无法交汇的平行线。谢夫特尔等大屠杀幸存者在本土以色列人眼中是另类，相反，本土以色列人在大屠杀幸存者眼中也是另类，就像谢夫特尔对莱斯所说，"他们是另类人"，"纯朴而自然"，进而从局外人的眼中描述了以色列社会的特征。多重视角的组合造成"自我"与"他者"多种身份的组合，进而表现出"20 世纪 50 年代的希伯来文化乃是一种杂交文化"。[①]

七　大屠杀与英雄主义文学

（一）"官方记忆"与"边缘记忆"：大屠杀英雄主义的双重意义

在以色列刚刚建国之后的 20 世纪 50 年代，不同身份的以色列人对于大屠杀英雄主义有着不同的理解。对于那些出生在以色列土地（巴勒斯坦地区），或自幼移居到那里并在其教育体制下成长起来的本土以色列人来说，大屠杀英雄主义指的是大屠杀期间欧洲犹太人所发动的反对纳粹的武装反抗；但是，大屠杀幸存者则把自己在苦难与屈辱中争取生存下来当成英雄主义行动，当成另一种形式的反抗。[②] 武装反抗的英雄主义在以色列建国初期塑造大屠杀集体意识的过程中占据着重要地位，成为国家推重的"官方记忆"（official memory）的基础。而争取生存的英雄主义则处于"官方记忆"有意忽视了的边缘地带，可称之为"边缘记忆"（marginal memory）。[③]

以色列在建国初年对大屠杀的记忆具有选择性，尤其注重强调以"华沙隔都起义"、[④]"游击队反抗"为代表的大屠杀中的英勇抗争。这是因为

---

① Nurit Gertz, *Myths in Israeli Culture*, p. 219.

② Hanna Yablonka, *Survivors of the Holocaust：Israel after the War*, Basingstoke：Macmillan Press, 1999, p. 55.

③ "官方记忆"这一术语，出自本尼迪克特·安德森《想象的共同体：民族主义的起源与散布》，吴叡人译，上海世纪出版集团 2006 年版，第 191 页。

④ 第二次世界大战期间，德国人下令在波兰等地建立一批隔都，并对其进行封锁与看管。建于 1941 年的华沙隔都是当时欧洲最大的隔都。1943 年 1 月，华沙隔都里的犹太人用走私来的武器朝德国人开火，试图阻止德国人把隔都里的犹太人运进死亡营。德国士兵退却了。这一小小的胜利鼓舞着隔都犹太人酝酿着进一步的反抗。1943 年 4 月，当德国士兵和警察准备运走那里的犹太人时，700 多名犹太战士奋起反抗，这便是犹太历史上所称的华沙隔都起义，起义持续了近一月，最后被德国人镇压。5 万多犹太人被俘虏，数千人被杀，余者被送往死亡营或劳动营。

以色列在 20 世纪 50 年代既担心遭到周围阿拉伯世界的毁灭性回击，又要设法接纳并重新安置从欧洲涌入的数十万犹太难民。而在自称新型希伯来人的本土以色列人看来，这些拥有大流散体验的犹太难民，肉体和精神受到损伤，需要通过教育、在田野中劳作等手段将其塑造成新型的以色列人，以适应新型犹太国家建设的需要。在这种情况下，以色列第一任总理大卫·本－古里安确信，犹太历史上所发生的可怕悲剧可以被当作力量之源，激励一个新兴国家奋发向上，以保证新的犹太国家今后能够在阿拉伯世界的重重围困中取得生存。① 1953 年，以色列议会通过有关法令，要建立大屠杀纪念馆，并将其定为纪念大屠杀的国家机构。大屠杀纪念馆坐落在赫茨尔山国家公墓旁边，公墓里埋葬着民族领袖、犹太复国主义先驱者和为以色列国家捐躯的士兵，其中包括我们后面将要讨论的大屠杀期间为民族利益献身的女英雄汉娜·塞纳士，这一地理位置的确立表明了以色列人在 20 世纪 50 年代在对待大屠杀问题上的价值取向，即，试图在大屠杀记忆与武装反抗的英雄主义之间建立联系。② 1959 年，以色列又规定将大屠杀纪念日定为"大屠杀与英雄主义日"。

由于国家记忆过于强调大屠杀期间的英雄主义反抗，造成了本土以色列人非但未对大屠杀幸存者的不幸遭际予以足够同情，反而对数百万欧洲犹太人"像羔羊一样走向屠场"的软弱举动表示不理解，甚至怀疑大屠杀幸存者在战争期间的受难者身份，对幸存者如何活下来的经历表示怀疑。幸存者推重的争取生存的英雄主义，同主流的政治话语产生了距离，在公共场合没有立足之地，成为真正的"边缘记忆"。

多数幸存者为了新的生存需要，不得不有意遗忘过去。身为幸存者的作家阿佩费尔德（Aharon Appelfeld）曾经回忆说"战后抵达以色列的最初岁月让人感到压抑，否定你的过去，在铸造你的个性特征时不考虑你曾经经历了什么，你是谁……人的内在世界仿佛不存在。它缩成一团，沉浸在睡眠之中……存活下来并来到这里的人也带来了沉默。缄默无语地接受这

---

① 关于本－古里安对大屠杀的态度，参见 Shabtai Teveth, *Ben－Gurion and the Holocaust*, New York：Harcourt, Brace and Company, 1996, p. xli。

② 关于大屠杀纪念馆地理位置确立方面的资料，可以参见 James Young, *Texture of Memory*, New Haven and London：Yale University Press, 1993, p. 250。

样的现实：对有些事不要提起。对某些创伤不要触及。"①

但 1961 年的"艾赫曼审判"②在很大程度上颠覆了以色列大屠杀"官方记忆"形态的基础。在审判中出庭的 100 多名证人，多数并不是"隔都"战士或游击队员，而是在日复一日地承受恐惧和屈辱中幸存下来的普通犹太人。审判揭示了集体屠杀的恐怖，促使以色列年轻一代意识到，犹太人在大屠杀中并没有像以色列在"独立战争"中那样取得以少胜多的胜利，而是大量地被送进焚尸炉。审判不仅使以色列人更为深刻地意识到了历史创伤，同时也使他们重新思考建国期间以色列根据国家利益创造的英雄主义幻象，开始对大屠杀期间"所有形式的反抗"均是英雄行为的说法开始表示认同。③

"边缘记忆"真正转化为"官方记忆"是在 1973 年的"赎罪日战争"爆发之后。"赎罪日战争"的灾难对犹太世界和阿拉伯世界均产生了巨大的心理冲击，以色列人虽然在战争中转败为胜，但深刻的身份危机意识让他们开始认同犹太人在大屠杀年代无力反抗的遭际。以色列教育官员、大屠杀纪念馆负责人伊扎克·阿拉德对大屠杀中的英雄主义重新作出解释：英雄主义并不仅指在"隔都"和死亡营里的反抗，不仅指东欧和巴尔干山脉的犹太游击队员和整个欧洲犹太地下战士的反击，而且也包括普通犹太人，在"隔都"和死亡营的艰苦环境中，保持自己做人的形象，日复一日地争取生存，为整个犹太人民族的生存而斗争。④ 这样一来，英雄主义的双重意义在民族记忆中均占据了合法性。

希伯来文学作为犹太集体意识的载体，早在 20 世纪 50 年代便表现了大屠杀英雄主义的双重含义。但这种文学表现及其接受显然凸现出以色列

---

① Gulie Ne'eman Arad, "The Shoah as Israeli's Political Trope," in *Divergent Jewish Cultures*, eds., Deborah Dash Moore & S. Ilan Troen, New Haven: Yale University Press, 2001, p. 194.

② 艾赫曼在第二次世界大战期间是负责组织把犹太人送进集中营的中心人物之一，二战结束时逃到阿根廷，从此更名换姓，在布宜诺斯艾利斯郊外靠做工为生。1960 年，以色列特工人员将艾赫曼逮捕（亦称"绑架"）并悄悄押解到以色列。1961 年 2 月以色列法院对艾赫曼进行公开审判，同年 12 月判处艾赫曼死刑，1962 年 5 月 31 日艾赫曼被执行绞刑。

③ 参见 *Israel Studies*, Fall, 2003, p. 4。

④ 参见 Yizhak Arad, "Dedication of the Pillar of Heroism on Harzikaron," in *Yad Vashem News* 5 (1974): p. 19。

国家在建国初年对大屠杀记忆的有意塑造。本土以色列作家并未亲历大屠杀，无法写出类似埃里·维塞尔（Elie Wiesel）的《夜》和普里默·列维（Prime Levi）的《生存在奥斯维辛》等那样经典性的回忆录，来见证过去，这些本土人的创作，以及一些出自前"隔都"起义领袖或游击队抵抗者之手的作品，都在有意接近以色列的"官方记忆"与集体期待，讴歌武装反抗的英雄主义；但是少数在纳粹集中营，或者战后临时难民营中受尽煎熬的受难者虽然在其作品中讴歌幸存者力求生存的艰苦卓绝的努力，但因为国家推崇抵抗的英雄主义，他们不仅成为本土以色列人眼中的"异物"，其作品所表现出的悲伤、对残暴与非人道的描写也难以在幸存者之外找到广泛的社会支持，甚至遭到误读。两种英雄主义遭受了不同的命运。笔者在这里拟选择 20 世纪 50 年代两个具有代表性的文本，即本土作家阿哈龙·麦吉德的剧本《汉娜·塞耐士》（*Hanna Senesh*，1958）① 和幸存者作家卡 – 蔡特尼克（Ka – Tzetnik，1917 – 2001）的长篇小说《玩偶屋》（*Beit Ha – Bubots*，1959）② 加以讨论，对上述问题做进一步阐述。

（二）《汉娜·塞耐士》：集体期待的积极英雄主义

《汉娜·塞耐士》以大屠杀期间为拯救欧洲犹太人而献身年轻生命的女英雄汉娜·塞耐士的真实故事为原型创作而成。塞耐士是一位匈牙利籍犹太人，1921 年出生在布达佩斯一个被同化了的犹太人之家，其父乃匈牙利著名的犹太作家和艺术家，在她幼年时期便已去世。塞耐士本人自幼接受过良好的教育，具有出色的文学天赋。但由于接受了犹太复国主义思想的影响，她移居到了巴勒斯坦，先就学于农业学校，而后到基布兹劳动，不久被基布兹选为青年先锋队成员，受到英军的特殊培训。40 年代，巴勒斯坦的犹太人能够在英国军队里从事营救犹太人的特殊服务工作。塞耐士请命到欧洲为英国军队搜集情报，以营救欧洲犹太人。不幸的是，她和另外几个伞兵刚刚在匈牙利着陆便被俘虏，她在严刑逼供面前宁死不屈，被

---

① Aharon Megged，*Hanna Senesh*，希伯来文首版问世于 1958 年，trans. Michael Taub，in *Israeli Holocaust Drama*，ed.，Syracuse：Syracuse University Press，1996.

② Ka – Tzetnik 135633，*Beit Ha – Bubot*（*House of Dolls*），Dvir，1953.

判处死刑，牺牲时年仅 23 岁。

将塞耐士这一现实生活中的人物转化为文学作品中的形象，无疑带有以色列建国初年有意塑造积极英雄主义集体意识的痕迹。从历史上看，犹太复国主义运动，以及在巴勒斯坦建立犹太国的理念出现在 19 世纪末期。从此，犹太人对"应许之地"的向往，逐渐从"明年在耶路撒冷"这一精神宣言转化为身体力行的移民行动。塞耐士从欧洲移居巴勒斯坦的经历，在某种程度上可被视为 20 世纪初期东欧犹太青年共同经历的缩影。这些青年狂热地追求犹太复国主义理想，相信只有在祖辈居住过的土地上才可以找到未来。剧本中的塞耐士，认为自己身为犹太人，在匈牙利属于二等公民，而在巴勒斯坦却可以"高昂着头"，"自由自在地呼吸"，"无忧无虑地生活"。[①] 塞耐士执著于犹太复国主义思想，并敢于为这种信仰献身，无疑代表着以本－古里安为首的以色列犹太复国主义领袖们的政治理想。树立塞耐士这个英雄形象，无疑可以有助于教育国民，培养其为国家利益而献身的意识。而这种意识，对于一个内外交困的新建犹太国家来说，无疑是一笔宝贵的精神财富。

早在 20 世纪 40 年代，塞耐士曾经生活过的萨多特亚姆基布兹便举行集体仪式纪念这位女英雄，朗诵她的诗，歌唱她创作的词曲。1950 年，塞耐士的遗骨被运回以色列，以色列为她举行了国葬。从 20 世纪 40 年代起，塞耐士所拥有的反抗意识和献身精神吸引着许多作家和剧作家，许多剧本便把塞耐士的英雄事迹当作素材进行加工，并在业余剧场、学校和青年运动中公演。以色列国家剧院哈比马专门在 1957 年举行创作塞耐士英雄戏剧的招标活动，以便在 1958 年以色列建国十周年之际举行纪念演出，目的有两个：既要凸显塞耐士在大屠杀期间的反抗精神，又要表明巴勒斯坦的犹太社区在战争期间参与支持反对纳粹的斗争。[②] 出自小说家兼剧作家麦吉德之手的《汉娜·塞耐士》在竞赛中胜出，被搬上了舞台。正如前文所述，麦吉德尽管于 1920 年出生在波兰，但六岁时便随家人移居巴勒

---

① Aharon Megged, *Hanna Senesh*, p. 120.

② Dan Laor, "Theatrical interpretation of the Shoah: image and counter － image," in *Staging the Holocaust: Shoah in Drama and Performance*, eds. , Claude Schumacher, Cambridge: Cambridge University Press, 1998, pp. 96 － 97.

斯坦，其思想意识是在犹太复国主义教育体制下形成的，并参加过 1948
年以色列的"独立战争"，理论上说他属于第一代本土以色列作家。与多
数以色列本土人一样，麦吉德也在建国初期为众多欧洲犹太人在大屠杀期
间的软弱表现而感到不解。他曾与塞耐士同住在一个基布兹，深为塞耐士
的英雄事迹感到自豪。麦吉德之所以决定写《汉娜·塞耐士》这个剧本，
就是要通过塑造"坚强的犹太反抗者的形象"，"表现犹太人在大屠杀期
间进行过反抗的英雄主义精神"，"表达新一代犹太人的理想"。①

　　麦吉德把《汉娜·塞耐士》的戏剧场景主要置于 1944 年夏天布达佩
斯的一座匈牙利监狱，集中描写塞耐士人生中的最后几天：执行营救任务
失败并遭到逮捕的塞耐士被指控为英国搜集情报，背叛她的匈牙利祖国，
因而遭刑讯逼供，甚至连母亲的生命安全也受到威胁，但她毫不屈服，拒
绝接受各种劝降条件，在军事法庭慷慨陈词，痛斥纳粹无故屠杀犹太人、
匈牙利政府却助纣为虐的行径，最后凛然赴死。塞耐士性格中的最重要特
征在于执著地选择了犹太复国主义信仰，并心甘情愿为这种信仰而献身。
她面对死亡时表现出的超常勇气，她对使命的绝对忠诚，甚至她的文学天
赋，均凸显出她作为现代犹太烈士和以色列国家英雄的品质，被视为犹太
人心目中的圣女贞德。

　　虽然剧本是应时之作，但麦吉德作为一个成熟的作家，比较注重展示
塞耐士性格中的多层面特点。他在剧本中穿插进塞耐士童年时代在匈牙利
的生活片段与在巴勒斯坦的活动。从艺术角度看，加进这些早期体验更凸
显了剧本的文献记录特征，交代了塞耐士从一个酷爱文学的少女成长为犹
太复国主义思想的追随者、以色列土地上的拓荒者和先锋队战士的历程，
也展示出塞耐士比较丰富的内心世界。塞耐士尽管在审讯者面前表现得非
常坚强，但是对母亲、对战友却流露出"我想活下去"的强烈愿望。

　　从执著于信仰到为信仰献身的过程，这一带有英雄仪式牺牲色彩的叙
事模式，可以在希伯来语《圣经》文本中著名的"Aqedah"传统中找到
原型。"Aqedah"传统即中国学者所说的"以撒受缚"模式，指以色列先
人亚伯拉罕遵从上帝之命，绑缚自己的爱子以撒，将其送上祭坛，又蒙神

---

①　笔者在 2004 年 6 月对麦吉德的访谈。

恩用羔羊代子献祭的过程。在传统犹太思想中，以撒走向祭坛往往被视作犹太人朝殉难目标朝觐的过程。按照希伯来大学布鲁姆教授借助符号学家格雷玛斯角色模式理论所进行的划分，"以撒受缚"模式中有四种基本角色：下令用以撒献祭的命令者（上帝），绑缚者（亚伯拉罕），受缚者和终极牺牲者（代祭羔羊）。这一仪式——牺牲的叙事模式几乎贯穿整个希伯来文学的发展过程。不过，到 20 世纪 20 年代，当希伯来文学中心从欧洲转移到巴勒斯坦后，上帝考验的角色渐趋弱化，其作用逐渐被历史责任感和犹太复国主义使命感代替。①

如果根据"以撒受缚"模式来考察塞耐士为犹太复国主义使命献身的过程，不难看出塞耐士在这一仪式——牺牲模式中承担着受缚者——牺牲者（以撒与献祭羔羊）的双重身份。但与"Aqedah"原型中角色的区别在于，塞耐士的献身是一种自我选择，她说服埃利亚胡等基布兹领导（20世纪 40 年代犹太复国主义者的化身，"Aqedah"模式中最高命令者的化身）批准她与其他男性伞兵一起去营救欧洲的犹太人，最后慷慨赴死，进而使古代纯粹的受缚——牺牲模式笼罩着一层当代英雄主义光环，为当代以色列人所崇尚，激发他们不断地拓写这一模式。当然，塞耐士在走向祭坛的过程中表现出的那种强烈的求生愿望，不免为仪式——牺牲模式本身蒙上了一层悲悯色调。

作为本土以色列作家，麦吉德则借助塞耐士热爱生命但选择死亡的举动来突出其英雄主义品性，突出其自我牺牲的伟大，表现出一种集体期待中的以色列土地上新希伯来人的英雄主义。塞耐士遭受审判时，匈牙利已经被德国占领，那里的犹太人被一批批运送进集中营。尽管塞耐士本人是匈牙利裔犹太人，但是她所担当的犹太复国主义使命淡化，"甚至抹去了她的外国身份、口音和参照系，富有反讽意味地将其变成本土以色列人勇气的象征"。② 在塞耐士看来，肉体死亡并非悲剧的结束，而是壮烈的牺牲。只要她能感动一些人，并使之奋起反抗，那么她就履行了使命。与之

---

① Ruth Kartun - Blum, *Profane Scriptures: Reflections on the Dialogue with the Bible in Modern Hebrew Poetry*, Cincinnati (Ohio): Hebrew Union College, 1999, pp. 19 - 21.

② Gulie Ne'eman Arad, "The Shoah as Israel's Political Trope," in *Divergent Jewish Cultures*, eds., Deborah Dash Moore & S. Ilan Troen, New Haven: Yale University Press, 2001, p. 194.

相反，她所要拯救的同胞，即匈牙利犹太人，则通过她的律师建议她采取
权宜之计，交出敌方索要的密码，以保全自己生命，也使另外几百犹太人
免遭死亡的厄运。对生与死的不同态度，表明了大流散犹太人和以色列新
希伯来人迥然有别的价值观念。前者以英勇反抗为宗旨，后者以争取生存
为目的，前者为戏剧主人公及其所代表的新一代以色列人首肯，后者则遭
到他们的蔑视。从这个意义上说，《汉娜·塞耐士》是在用符合 20 世纪
50 年代以色列社会特质的话语来解释大屠杀英雄主义中的反抗含义，它无
疑强化了犹太复国主义理念，有益于一个新国家争取新的生存，但是忽略
了受难者的苦难及其在强权面前争取生存的艰辛。

（三）《玩偶屋》：争取生存的英雄主义

与本土作家不同的是，大屠杀幸存者卡 - 蔡特尼克 135633 的创作动
机并非是要塑造英雄人物，而是要记录个人经历，悼念自己在大屠杀期间
丧生的父母、弟弟妹妹和第一任妻子。卡 - 蔡特尼克 135633 这个看似怪
异的名字，暗示出作家具有传奇性的人生和集中营见证人身份。卡 - 蔡特
尼克 135633 原名耶海厄勒·芬纳，他于 1917 年出生在波兰，曾经在卢布
林的犹太经学院就学，从少年时代就开始写诗，在德国占领波兰期间，他
先生活在“隔都”，后被送进奥斯维辛集中营。1945 年获救后移居巴勒斯
坦，与当时许多以色列人一样，他也更改了自己的姓名，把芬纳改为“迪
努”，意思是“烈火的”。从恢复体力的那一刻，他便开始书写自己、家
人和民族的战时遭遇，创造了“萨拉芒德拉”（意为“火蛇”）系列长篇
小说，[①] 主要反映二战之前欧洲犹太人的生活、战时的“隔都”和集中营
生活，以及幸存者在巴勒斯坦和以色列疗治心理创伤、塑造新身份的经
历，在犹太世界里有“犹太家族编年史”之称。而在他本人看来，写下
“萨拉芒德拉”的是那些叫卡 - 蔡特尼克的、“被送进焚尸炉的人”，卡 -
蔡特尼克来自德文集中营 Konzentrationslager 一词的缩写 KZ，135633 是作
家自己臂上的集中营编号。他使用笔名，在于有意回避自己的个人身份，

---

① 包括《萨拉芒德拉》（1946）、《木偶屋》（1956）、《莫尼》（1961）、《时钟》（1960）、《冲
突》（1975）和《代码 EDMA》（1987）。

而宁愿为曾经在集中营里集体匿名的整个受难者族群做代言人，为他们的苦难经历做见证笔录，并且通过展示普通人在集中营和"隔都"里保持做人尊严与争取生存的抗争，从文学角度对大屠杀期间的英雄主义含义贡献了一种新的理解。

《玩偶屋》是"萨拉芒德拉"系列小说的第二部作品。在这部小说中，卡－蔡特尼克通过对"隔都"，尤其是奥斯维辛集中营日常生活的细微描写，包括性侵害，勾勒出犹太人在大屠杀期间所遭受的非人道待遇，表现身陷囹圄的犹太人以各种可能的方式反抗迫害者的暴行，揭示生存和信仰的意义。这部小说的主人公丹尼埃拉是个 14 岁的犹太少女，她在战争爆发之际不慎与一起郊游的同学走失，遭遇德国士兵，先被送进"隔都"的工厂，后被送进奥斯维辛集中营，最后被迫进了玩偶屋。根据卡－蔡特尼克的描述，玩偶屋是奥斯维辛里的一个特殊营房，被强行做了绝育手术的犹太女子被迫在那里"接待"从前线来的德国士兵。[①] 在玩偶屋，姑娘们尽管能够吃上饱饭，不必像劳动部的女子那样忍饥挨饿、从事体力劳作，但备受更令人发指的肉体与精神摧残；如果有德国士兵对她们提供的性服务表示不满，姑娘们就会收到一份罪责报告，收到三份罪责报告后就要被处死。

令人窒息的非人道环境不可能给丹尼埃拉这个柔弱的花季少女提供机会，使之像汉娜·塞耐士或其他抵抗战士那样手持武器与敌人交锋。即便如此，丹尼埃拉仍然幻想持刀捅入侮辱自己的德国兵的身体，这种朦胧的复仇意识也曾导致她在玩偶屋进行被动的反抗。比如，尽管她深知要想满足德国人，就得吃东西，但她拒绝进食，在精神上保持对上帝的忠诚与坚贞。当发现让德国人"以血还血"的期待纯属无望时，她选择了逃跑这一带有象征意义的反抗方式，最后被德国卫兵打死。

丹尼埃拉在受难中进行微弱反抗、最后丧生，代表着大屠杀期间生活

①　尽管近年来许多犹太历史学家不否认集中营里发生过多起性侵犯行为，但认为玩偶屋实际上并不存在，因为这在逻辑上不符合希特勒施行的种族纯化政策；但是奥斯维辛集中营如今确实保留着一排营房，窗子用黑布紧紧遮盖着，不公开对外开放，那里曾经是德国医生用犹太女子做妇科医疗试验的地方，战时的一些德国医生已经就此写过证词。笔者在此无意过多谈论玩偶屋是否是一种历史存在以及大屠杀和文学想象的关系，而是把关注点放在弱者在强势逼仄下所负载的精神与道德冲突，探讨大屠杀幸存者所表现的生存英雄主义。

在"隔都"与集中营的众多犹太人的命运。正如哲学家阿多诺所说，奥斯维辛集中营"证实了死亡是一种纯然的哲学身份"。[①] 在那里，反抗没有意义，很少看到友谊。只有宗教信仰才能赋予生与死以意义。因此说，奥斯维辛的反抗是精神性的。对于犹太人而言，这种以宗教信仰为基础的精神性反抗的第一层含义就是要争取生存，坚持活下去，因为生命属于上帝，如果人们愿意走进德国人的火焰中，那么则是刽子手的帮凶。[②] 通过争取个人生存，来繁衍整个民族，以挫败希特勒企图消灭整个犹太民族的目的，这在某种程度上等同于为争取整个民族的生存而抗争，也是一种为近年来的犹太思想家、教育家、政治家所认可的英雄主义。不过，战争期间的犹太人或许难以把日复一日的个人生存理解为争取民族生存的斗争，他们更多的则是在维护传统的宗教信仰。正统的犹太思想不主张犹太人主动自杀，编纂于16世纪、今天仍为正统派犹太教人士视为法典的《布就筵席》（*Shulchan Aruch*）在21章中曾经明确指出，"自杀乃罪恶之首"。公元前1世纪犹太人在反抗罗马人起义失败后退到马萨达、因不愿受辱而集体自杀。这种常人眼中的英雄主义壮举，也在犹太思想史上引起了无休止的争论。正因为如此，《玩偶屋》中主人公们在无法想象的恐怖与超常虐待中咬牙活下去才具有某种特殊的含义，与20世纪50年代以色列人普遍接受的反抗英雄主义理念形成反差。

　　但是，在大屠杀期间争取生存是一个非常复杂的问题，并非所有形式的保全性命都可被视为争取生存的英雄主义。"一个真正的犹太人会像任何人那样想活下来，但不是不惜一切代价；并非以牺牲人生意义为代价"，[③] 这便涉及争取生存的英雄主义中另一个重要因素，即保持做人形象与维护人的尊严。而在"隔都"和集中营等极端状态下，犹太人所谓的维护做人尊严又与传统的宗教信仰密切地联系在了一起。作为奥斯维辛集中

　　① Theodor. W. Adorno, *Notes to Literature*, trans. Shierry Weber Nocholsen, New York: Columbia University Press, 1991, vol. 2, pp. 76 – 94.

　　② 卡－蔡特尼克曾经在自己的另一部描写儿童性侵害的小说《暴行》（*Kar' u Lo Piepel*, 1961）中有过类似的表述。

　　③ Eliezer Berkovits, *With God in Hell: Judaism in the Ghettos and Deathcamps*, New York, London: Sanhedrin Press, 1979, p. 96.

营的幸存者，卡－蔡特尼克在《玩偶屋》中没有像有些大屠杀作家那样把信仰讨论和人文主义思辨带入文本，而是通过丹尼埃拉等诸多人物的心理活动与行为方式来传达价值与意义，表达作家对传统信仰的理解。《玩偶屋》中的丹尼埃拉在奥斯维辛始终珍藏着家人的照片，把对亲人的美好回忆当成活下去的精神支柱；她关心别人，在集中营里，当其他人为争抢食品而争先恐后时，她把口粮送给饥饿难耐的难友。丹尼埃拉的哥哥哈里利用自己在集中里做医生的身份之便，偷偷给其他囚犯送食品，甚至敢于抗上，来保护一个受伤的犹太工人。孤立无援传统的犹太信仰主张家庭是犹太社会生活的基础，[①] 主张要爱人如己，[②] 主张热切渴望为孤立无援的人提供帮助，[③] 因此，在极端状态下，父母之爱、兄妹之情、朋友互助这些平时看来十分普通的人类体验都具有了新的含义，像主人公这样保持善良、诚实、乐观、博爱、笃信上帝、珍惜生命等犹太信仰中所提倡的美德则是在维护人类的道德准则与尊严。

诚然，在集中营等极端环境下，坚守宗教信仰、带着尊严生存本身就是一个充满悖论的话题。维护信仰还是背弃信仰、体面死去与苟且偷生，令许多犹太作家和思想家包括卡－蔡特尼克本人难以释解，结果造成他在处理人物命运时陷于重重矛盾。他在作品中，设定丹尼埃拉在身体遭受凌辱、精神饱经摧残的走投无路之际逃跑，并死于纳粹卫兵的枪口下，无疑是在信仰与现实之间的矛盾中寻找一种调和方式，在某种程度上为主人公寻找到彻底逃离现实苦难、摆脱非人道境况的一种方式。相反，丹尼埃拉的哥哥哈里则不堪巨大的外在恐怖与内在冲突，成为精神上束手待毙的行尸走肉（Mussulman）。也就是说，哈里在生存中失去的尊严，让丹尼埃拉通过死亡而保存下来。

带着尊严而死，源于中世纪以来欧洲犹太人的忠诚理念"为了上帝之名"（Kiddush ha－shem）。在宗教领域里，"为了上帝之名""往往是对犹太人殉难而做出的最常见阐释：殉难是听从和笃信上帝的终极行为；是对

---

① 亚伯拉罕·柯恩：《大众塔木德》，盖逊译，傅有德校，山东大学出版社1998年版，第180页。
② 《圣经·利未记》第19章第18节。
③ 柯恩：《大众塔木德》，第250页。

信仰的检验与呼应，是宗教英雄主义的极致"。①以色列大屠杀纪念馆曾根据中世纪犹太思想家麦蒙尼德"一个犹太人并非因为拒绝改宗，而仅仅因为身为犹太人而被杀，那么他就是烈士"的主张，把在大屠杀期间被杀的犹太人称为烈士。② 由此可见，《玩偶屋》中所体现的大屠杀期间被动英雄主义的核心在于在争取生存并保持做人尊严，一旦尊严丧失，肉体的生存便失去了意义，接受死亡则在某种程度上成为徒然付出所有努力之后而维护信仰的宗教英雄主义。

（四）英雄主义文学的接受与修正

从《汉娜·塞耐士》和《玩偶屋》的讨论中可以看出，出自经历了1948 年以色列"独立战争"的新希伯来人和经历了大屠杀的大流散犹太人之手的文本，反映了 20 世纪 50 年代本土以色列人和大屠杀幸存者对大屠杀英雄主义的不同界定，由此展示出本土以色列人和大屠杀幸存者两个社会群体记忆过去的方式。

正如前文所讨论的，以色列建国初年，"官方记忆"只注重强调大屠杀期间的英雄主义反抗，反映这类主题的英雄主义文学，有意强化了民族过去的辉煌，并与时下在国家建设语境中确立新型的民族身份建立了某种象征性的联系，也因此成为符合国家兴趣的"合法文学"。麦吉德的《汉娜·塞耐士》采用完全适合以色列社会精神特质和政治需要的方式所塑造的犹太女英雄形象，为新以色列人树立了一种英雄主义模式。这个人物所代表的英雄过去和集体荣誉显然成为支撑以色列国家观念的社会资本，激励国民勇于为民族利益而献身，是新建以色列国家的社会支柱。而匈牙利犹太人则被描述得软弱怯懦，或任人宰割，或寻求苟且求生等性格特征，代表着与以色列的新希伯来人相反的价值观念。从这个意义上，麦吉德的《汉娜·塞耐士》是一个"在正确的时间里上演的正确剧本"，③ 故而得到

---

① Steven T. Katz, *Post – Holocaust Dialogue*: *Critical Studies in Modern Jewish Thought*, New York & London: New York University Press, 1985, p. 164.

② Tom Segev, *The Seventh Million*: *The Israelis and the Holocaust*, trans. Haim Watzman, New York: Hanry Holt and Company, 1991, pp. 424, 11.

③ Leah Porat, *Lamerhav*, June 6, 1958.

以色列观众毫无保留的接受。仅在 1958 年和 1959 年之交，剧本《汉娜·塞耐士》就上演了 100 多次，是其他同期剧本上演量的两倍，并且在后来的大屠杀纪念日前夜所有剧院关门之际可以破例公演，直到 80 年代才逐渐淡出以色列人的集体记忆舞台。

接受武装反抗的英雄主义文学，从某种程度上进一步强化了以色列人在反大流散教育背景下形成的价值观念，即怀疑幸存者的受难者身份，将其视为新建国家的耻辱。其结果造成本土以色列人更难以认同大屠杀期间争取生存的英雄主义对延续犹太民族的意义，甚至连阅读卡－蔡特尼克等创作的大屠杀文学的目的也与官方的教育期待大相径庭。具体地说，在 20 世纪 50 年代和 20 世纪 60 年代，以色列年轻人阅读卡－蔡特尼克，尤其是以《玩偶屋》为代表的反映集中营生活的早期几部作品时，多出于某种有问题的动机。也就是说，年轻的以色列人阅读大屠杀小说并非是要了解所谓的历史悲剧或者创伤，而是从被布朗大学欧麦尔·巴托夫（Omer Bartor）教授命名为"性系列"（sexset）的集中营小说中享受到某种感官的刺激与快感。① 这是因为，此类集中营小说具备了以色列当时悄悄流行的某种所谓的战俘集中营小说（Stalags），即由匿名作家创作的反映看守与囚犯性关系的色情文学的某些特征。对于出生在 20 世纪 40 年代至 20 世纪 50 年代的以色列人来说，在一个依然纯净和封闭的社会里，卡－蔡特尼克是唯一反映性兴奋和施虐内容文学的合法源泉，结果，他们脑海里的大屠杀不知怎么变成了既令人生厌又引人入胜的色情形象。②

造成误读的原因之一首先来自经历了大屠杀的幸存者和具有优越感的本土以色列人之间的价值差异与心理距离。身为大屠杀幸存者，卡－蔡特尼克对暴行和受难者的描述容易使拥有类似经历的幸存者产生共鸣；而对于刚刚在 1948 年"独立战争"中取得胜利的本土以色列人来言，大屠杀期间数百万人羔羊般走向屠宰场始终是令人难解的耻辱。其次，来自用编年史、小说或个人传记等文学类型对大屠杀进行文学表现的手段和读者期

---

① Omer Bartov, "Kitsch and Sadism in Ka－Tzetnik's Other Planet: Israeli Youth Imagine the Holocaust," in *Jewish Social Studies* 3, 2 (1997), p. 42.

② Ibid., pp. 49-59.

待之间的落差。诺贝尔和平奖得主、美国作家维塞尔曾经说过："描写玛伊达奈克的小说，既不是小说，写的也不是玛伊达奈克。"① 显然，维塞尔作为大屠杀幸存者，对见证叙事之外的虚构文类能否陈述事实表示怀疑，也表现出作家在表达难以想象的历史体验时所面临的挑战。当然，某一历史事件一旦成为想象中的现实，一旦成为作家笔下的素材，那它就不再是无法表达的事物。但是，每一位作家对大屠杀的表述均有各自的不同方式，如何艺术化地再现想象中的真实或体验过的真实，如何深入挖掘人物并使其达到象征水准，确实会影响到读者的接受程度。卡-蔡特尼克几乎没有采取任何奇巧的构思与创作设计，他以平铺直叙的叙事方式将读者带到恐怖与非人道世界的中央，具体地说就是集中营世界内部，通过描述人物之间的关系与日常生活来表现普通犹太人怎样在日常苦难中生存，令读者沉浸在阅读故事的真实感受之中，并难免对一些离奇或引发色情联想的内容更感兴趣，而难以像阅读格罗斯曼《证之于：爱》（*Ayen Erekh*：*Aha-vah*）等用象征、荒诞手法描写集中营情状、用密集意象来想象集体受难环境的作品那样，与历史拉开距离并"看到日常生活里看不到的东西"，更不用说站在一个高点上去深入反思已经发生的历史了。

　　文学既是历史过程中的一个产品，又是历史进程中的促成因素，这是因为文学具有强大的感染与知性诉求作用，并在国家发展过程中发挥着作用。② 而在把大屠杀转变成文学和艺术话语方面，事实与虚构、历史和文学表现之间的界限确实难以界定。犹太历史学家耶鲁沙米曾经指出，大屠杀的形象"并非在历史学家的铁砧上，而是在文学家的坩埚里"锻造而成。③ 只要事实本身以虚构的形式表现出来，那么虚构品就变成了事实，事实与虚构的界限难以区分，④ 以色列建国后，教育部把大屠杀小说列为

① Elie Wiesel, "Does the Holocaust Lie Beyond the Reach of Art?" in *Against Silence*：*The Voice and Vision of Elie Wiesel*, ed. , Irving Abrahamson, New York：Holocaust Library, 1985, vol. 2, p. 126.

② Pericles Lewis, *Modernism*, *Nationalism*, *and the Novel*, Cambridge：Cambridge University Press, 2000, p. 11.

③ Yosef Hayim Yerushalmi, *Zokhor*：*Jewish History and Jewish Memory*, Seattle and London：University of Washington Press, 1982, p. 98.

④ James Young, *Writing and Rewriting the Holocaust*：*Narrative and the Consequences of Interpretation*, Bloomington：Indiana University Press, 1984, p. 35.

青年人的必读书目，辅助青年一代了解历史创伤。加上，希伯来文学一直具有载道色彩，大屠杀文学具有介入意识形态论争并教育读者的功能，早在以色列建国之前，文学作品便把英雄思想带入集体意识之中，起到比历史教科书更为活跃的作用，[1] 在塑造民族记忆过程中承担着活跃的角色，这一传统一直延续下来。因此，阅读大屠杀文学作品已经不只是单纯的文学欣赏活动，而且也是以色列读者了解和认知大屠杀历史的重要途径。以色列读者在接受英雄主义文学时出现的偏差，会在相当程度上造成对大屠杀历史的误解与歪曲。

卡－蔡特尼克在1961年艾赫曼审判的见证席上被问及为何他的书不署真名时，昏倒在地，披露了自己大屠杀幸存者的真实身份。这一事件标志着以色列记忆历史上一个引人注目的转折点。对大屠杀恐怖的认知，尤其是当本土以色列人在1973年"赎罪日战争"后意识到犹太民族再次面临着毁灭的危险时，才开始认同大屠杀幸存者的遭际，顺理成章在大流散体验与以色列建设之间建构起了一种联系，把大屠杀当成以色列历史的构成因素，把大屠杀幸存者创造的争取生存的叙述，当成主流民族叙事的构成因素。之后，在很大程度上，以色列读者对《玩偶屋》的接受，注意到在过去、现在与未来的民族身份之间建立起一种关联，开始关注受难者的不幸和自身强大的重要。举例来说，1967年"六日战争"之后再版的《玩偶屋》，在结尾处加进了一位以色列士兵在牺牲前不久写给女友的一段话："我刚刚读完卡－蔡特尼克的《玩偶屋》"，"我感到从恐怖与无助中，涌起一股想强大起来的巨大力量……我们要是强大起来了！强大而自豪的犹太人！就将永远不会再次被送去屠宰……"从这个意义上看，文学只是在反映历史，而真正的读者则通过阅读文学作品在重新解析与建构历史。只有当过去的某种民族体验与时下的民族身份和民族体验具有某种关联时，人们才会关注并逐渐认同那种体验，并反思时下的生存问题，从而修正对历史的认知与记忆。诚然，以色列的强国强民政策又危害了其他无辜民族的利益，进而使许多以色列人难免陷入新的道德危机。

---

[1] Yael Zerubavel, *Recovered Roots*: *Collective Memory and the Making of Israeli National Tradition*, p. 83.

八　希伯来语新诗

1948 年的以色列"独立战争"对以阿尔特曼为首的以色列左翼诗人产生了巨大冲击,阿尔特曼从犹太人的视角出发,撰写了大量的爱国主义诗篇。发表于 1947 年的诗歌《银盘》堪称此类诗歌中的典范。《银盘》表现出一个民族在建立之初对未来的向往:"大地缄默不语,天空发红的眼睛缓慢地给烟腾腾的边界罩上一层薄雾,一个民族屹立着,用破碎的心呼吸着,准备接受一个奇迹,一个无与伦比的奇迹。"① 而此时,从雾中出现的一对青年男女朝着这个民族缓步走来,喻示着犹太人建国的历程,这对青年男女"身着便装,腰扎皮带,足蹬沉重的鞋子,他们缓慢地爬上小路,默默无语,他们没有改变,没有用水滴抹去,白天劳碌的残迹,夜晚熊熊的烈焰"。② 这两位身上流淌着希伯来青春露滴的青年男女或许可以理解为立志用双手来改造这片土地的拓荒者。这一点从"他们自称银盘,盘上托着犹太人的家园"两句诗中得到了印证。但诗歌结尾,"他们倒在地上,幻化成一片阴影,印在人们的脚下,其余的事情,将在以色列历史中讲述"。似乎语义双关,人们不知道他们是活着还是死去,但他们确实"倒在了民族的脚下并为她的阴影笼罩",③ 既可理解为一种虚无,也可理解为他们为犹太历史所铭记。

在多数人看来,1948 年的以色列"独立战争"是以色列人争取生存的一场战争,非打不可,此话在今天看来似乎无可厚非。但是,在一些犹太诗人或者文人眼里,创建了一个新国家的年轻希伯来人,在错误的时间为了错误的原因与错误的敌人打了一仗。④ 他们本来应该和本营垒中的极端主义分子斗争,不料却被新移民们搅乱了阵脚,为了使自己的文化不被污染,他们在采用强取手段时有过之而无不及,背弃了犹太复国主义使命。

---

① 高秋福:《百年心声》,第 60 页。

② 同上。

③ Dan Miron, *The Prophetic Mode in Modern Hebrew Poetry and Other Essays on Modern Hebrew Literature*, p. 434.

④ Yonatan Ratoch, *Shirey Yonatan Ratosh*, Tel Aviv: Hadar, 1984, pp. 67 – 69.

与伊兹哈尔等富有良知的作家一样，阿尔特曼在歌咏以色列国家建立的同时，也对以色列军队屠戮阿拉伯村民的做法深表愤慨。但与同代的许多诗人乃至思想家不同的是，阿尔特曼对以色列建国这一历史事件有不同寻常的理解。其他作家主要关注生与死等战争导致的创伤与道义等问题，他则更多地关注究竟是否可以把 1948 年战争称作"解放战争"，当作犹太复国主义理想的极致，当作本土以色列年轻人的成就。在他看来，已经约定俗成了的历史定义，如"独立战争"，"解放战争"都是用词不当。应该把 1948 年战争称作"犹太战争"，与历史上约瑟弗斯所记载的那场战争一样。其次，1948 年的战争既不始于 1948 年 5 月本－古里安宣布建立犹太国家之后，也不始于 1947 年 12 月联合国宣布巴以分治决议之后，而是始于 1946 年当"哈加纳"开始把欧洲难民营的大批难民非法运入巴勒斯坦之际。在 1948 年的战争中，巴勒斯坦犹太定居点的青年男女与新移民相遇并混为一体，新移民几乎在一无所知的情况下就抛洒了自己的鲜血。[①]即使不把推翻英国人统治、克服阿拉伯人威胁当成头等大事，仅将这两个群体融合在一起就足够令犹太复国主义领袖们殚精竭虑的了。

阿尔特曼的这一观点对中国从事中东问题研究的学者其实倒应该具有比较大的启迪作用，或许在某种程度上应该能够帮助解决困扰中国中东学研究的一个问题。这是因为，国内中东学界的一些学者一向认为 1948 年的阿拉伯人和以色列人之间的战争不应该像以色列人那样称之为"独立战争"，或者"解放战争"；当然也很少有人像阿拉伯世界那样称之为"大灾难"，而是将其称作第一次中东战争。如果像阿尔特曼那样把战争的起点上溯到 1946 年大屠杀幸存者非法偷渡巴勒斯坦，第一批士兵与伤残人士为历经二战的男女老幼，那么 1948 年战争可能就是犹太人移居巴勒斯坦运动的延伸，或者进一步说是犹太复国主义运动的一个有机的组成部分。迄今，任何学者也没有指出，1948 年建立的以色列国家实际上是一个新旧兼济的国家。两大阵营，即大屠杀幸存者和本土以色列人在思想观念与生活习俗上格格不入，甚至连语言也不相同。

---

① Dan Miron, *The Prophetic Mode in Modern Hebrew Poetry and Other Essays on Modern Hebrew Literature*, pp. 452 – 453.

　　这一时期，老诗人格林伯格在希伯来语诗歌，或者广义地说，在希伯来语文学领域的不同寻常之处便是，当以色列社会和以色列文坛尚对大屠杀这一历史现象保持沉默时，他便率先面对大屠杀主题。格林伯格一直在华沙待到 1939 年 9 月，而后转道罗马尼亚的黑海岸边，从那里登船重新去往巴勒斯坦。而他的家人全部在战争期间丧生。在战时的几年间（1939 – 1945），格林伯格一直对当时欧洲发生的一切保持着沉默。在德国已经战败、远东战火依然燃烧的 1945 年，格林伯格开始发表题为《致尘世会众》的诗歌，呼吁犹太人，尤其是巴勒斯坦犹太居民区的百姓要勇敢正视同胞遭到屠戮这一历史事件。呼吁失去了三分之一同胞的犹太人不要再沉湎于内部争斗，因为内部争斗不利于平复民族创伤。这首诗在读者中引起重大反响，以色列《国土报》很快便向格林伯格约稿。诗人很快便得到众多读者的认同。但是，一度是他亲密战友的修正主义者却不愿意与广大读者分享他们自己的诗人，也不认可格林伯格善于表达悲悼情感的方式。在那些人看来，格林伯格应该更多地关注时下犹太地下武装的抗英斗争。即使写二战，也要写华沙战士与游击队队员的英雄抵抗，而不是写数百万人像羔羊一样走向屠场。在对待大屠杀的态度上，犹太复国主义修正派竟然与日后本 – 古里安政府并无二致。

　　从二战结束后到"艾赫曼审判"这段时间内，格林伯格的诗歌创作应该名列最为重要的大屠杀文学创作。换句话说，在 40 年代末期和 50 年代初期，虽然出现了一些反映欧洲犹太社区遭到毁灭的纪实报道，也出现了一定数量的纪实文学创作，但确实缺乏富有想象力的重要文学作品。[①] 从这个意义上说，格林伯格在 1951 年出版的诗集《河道》（*Rechovot ha – na-har*）可以称作是大屠杀文学领域的一个突破，也被阿兰·民茨称作是格林伯格创作中最为出色的作品。也许是因为格林伯格是一位来自死亡世界的诗人，其至亲在大屠杀期间全部丧生，所以格林伯格对待大屠杀的态度与他的犹太复国主义修正派阵营截然不同。按照丹·米兰的说法，他有意不去强调少数人的英雄主义，而是全神贯注于描写多数人的死亡上，这些

---

① Alan Mintz, *Hurban*: *Response to Catastrophe in Hebrew Literature*, New York: Columbia University Press, 1984, p. 158.

人就像他本人的父亲母亲、姐姐妹妹和小外甥一样被动地承受自己的命运。而作为诗人，他需要表现受难者的痛苦、生还者的负疚、普通犹太人对德国人及其帮凶的那种难以化解的仇恨，以及思想家对上帝是否存在、奥斯维辛时期上帝在哪里等带有悖论色彩问题的思考。[①] 以色列建国后，格林伯格当选为国会议员，曾在演说中抨击关于对待德国赔款的政策。

《河道》是较早描写犹太民族灾难体验与欧洲犹太民族濒临毁灭的诗作，早在 1918 年亲历利沃夫欧洲犹太人遭到集体迫害与屠杀之日起，格林伯格就感觉到犹太人正在面临走向毁灭的历史变革时期。这一历史进程一方面由于欧洲意识形态与人文心理所致，同时又和犹太人自我选择随遇而安、被动顺应历史环境的生活态度相关。即使犹太复国主义运动也没能更好地修正这一问题，从这个意义上说欧洲的反犹主义没有遭逢到可以与之抗衡的民众抵抗。[②] 这部诗集虽然由几组诗歌组成，但可以视为一个连贯的整体。既表达出深切的个人情感，又述及民族的兴衰历程；既有对历史上犹太人灾难的描述，对大流散期间欧洲犹太人命运的思考，又有对大屠杀期间亲人们不幸命运的伤悼；既具有强烈的抒情色彩，又具有民族史诗的特征。

感人心者，莫先乎情。对逝去亲人的伤悼恐怕是《河道》诗集中最感人至深之处。格林伯格唯一的外甥施穆埃尔令人心痛地发问：舅舅怎能抛弃我们只身去往耶路撒冷？怎能离开亲人独自生活？格林伯格的母亲和姐妹被剥光衣服，赤裸裸地躺在尸坑中。而在这撕心裂肺的发问与痛苦的回忆中，展示出诗人强烈的负疚心理，为自己无力拯救自己的亲人而负疚，为自己抛弃亲人寻求生路而负疚。诗人把这样的生存视为"拯救了我的肉体"，但没有"拯救我的灵魂"。这种灵与肉的分离感在失去亲人的大屠杀幸存者当中具有普遍性，是以色列在战后接纳的 50 多万幸存者集体意识的反映。由个人与家庭悲剧引发出了对上帝与犹太人关系的追问与思考。当上帝不肯接受众多的信仰者时诗人岂能依旧向上帝祈祷。信仰上的

---

① Dan Miron, *The Prophetic Mode in Modern Hebrew Poetry and Other Essays on Modern Hebrew Literature*, p. 235.

② Ibid. , p. 238.

危机又导致了对生活的怀疑，黄土陇下白骨累累，生者岂能心安理得地寻求欢乐与爱恋，诗人岂能心无旁骛地履行民族先知的身份？而只有通过救赎，诗人才能恢复自己作为民族先知的身份。通过救赎，实现一个新民族的崛起。

在《河道》中，格林伯格与数十年前比阿里克描写基什尼奥夫屠杀的诗作同样表现出一种愤慨，表现个人感受与集体体验，但也透露出明显的区别，他更注重描写废墟、受难、失落、悲悯与死亡场景，一方面意在唤起悲情与毁灭等张力，一方面又试图对废墟加以修复，这一点可以说在希伯来文学反映灾难的历史中别具一格。阿兰·民茨曾就这一主题把格林伯格与比阿里克的创作进行比较。认为比阿里克在阐释犹太灾难时，延续着从犹太人与上帝、犹太人极其自身的内部关系中进行阐释的这一古典传统。《哀歌》与《密德拉希》的作者热衷于把敌人这一角色置于从属地位。《在屠城》强调的则是受难者对灾难的回应，而不是敌人的作用。可格林伯格却有所不同，他在许多诗作中，描写愚蠢的非犹太人极其残忍，描写血淋淋的历史。其次，在格林伯格的许多诗作中表达出带有解脱色彩的末世论思想。但这种观点并非指传统犹太思想中具有神学意义的解脱，而是与民族的伟大有关。①

在 50 年代的以色列文坛上，本土出生的以色列诗人已经初露端倪。在他们当中，有与比阿里克、阿尔特曼并称为希伯来文学史上三位最杰出民族诗人的海姆·古里，以及给现代希伯来诗歌带来革命性变化的纳坦·扎赫。

海姆·古里出生于特拉维夫，第二次世界大战后参加过营救犹太难民的工作和 1948 年以色列的"独立战争"，从 40 年代开始从事诗歌创作，曾经出版了《火之花》等十余部诗集。1961 年"艾赫曼审判"期间，曾经以记者身份亲历了整个审判，写下了报告文学《面对玻璃亭》（1962）和长篇小说《巧克力交易》（1965）。古里对希伯来文学的贡献首先在诗歌创作方面，第二次世界大战与"独立战争"时的体验与感受构成他作品

---

① Alan Mintz, *Hurban*: *Response to Catastrophe in Hebrew Literature*, New York: Columbia University Press, 1984, pp. 173, 169 – 170.

的中心主题。古里早期的作品，尤其是在 1948 年"独立战争"期间的作品，多以士兵的身份向国人说话，体现着一代人的精神与体验。

在 50 年代登上文坛的以色列希伯来语诗人中，纳坦·扎赫最富有颠覆意识，是以色列仅次于耶胡达·阿米亥的最杰出诗人。在 20 世纪 50 年代的耶路撒冷，一群年轻诗人和批评家（多为青年学生）经常聚集在简陋的阁楼，争论文学与社会问题，发表油印期刊，最后以其中一本期刊"前进"的名字来命名自己的组织。这些年轻人深感有责任变革希伯来诗歌，他们蔑视前一代诗人的象征主义传统及其具有洞察力的暗示，扎赫就是其中的一员。作为诗人、编辑、翻译和批评家，扎赫对现代希伯来语诗歌的发展产生了至关重要的影响。他早期的两部诗集《最初的诗》（*Shirim Rishonim*，1955）和《不同的诗》（*Shirim Shonim*，1960）在主题与结构方面改变了以色列诗风。可以说，纳坦·扎赫与"前进派"一起，与史龙斯基和阿尔特曼引领的那一时代的文学与政治机构分道扬镳，不仅挑战着那一时代的文学传统，而且挑战着统治以色列话语的神话与叙事。

扎赫强调诗歌与现实的关系，他主张，"得体的诗歌"应该短小，只有一种意象或比喻，从外部给读者提供一个能够直接理解的物体或景致。不得包括情感印象或者引申了的抽象意义。扎赫也许是现代希伯来诗歌历史上第一位后现代主义者，是重新审视犹太复国主义叙事话语的新历史主义学家中的前驱人物。[1] 以色列人从幼年时代起，就将《圣经》文学融入自己的血脉之中，扎赫的诗歌注重使用《圣经》中的诗句，将其视作以色列体验中的神秘依据，并赋予一种新的解释，使之同时具有反讽意味与哀伤情调。他以一种消瘦干瘪、近乎口语的语言，加上新的口头节奏，与讲究崇高与音韵美的现代以色列诗歌那丰富的诗体韵律标准形成鲜明的对照。[2]

此外，还有一类诗人，他们在欧洲经历了大屠杀，而后移居以色列。阿巴·库夫纳（Aba Kovna，1918–1987）是他们当中杰出的一员。库夫

---

[1] Reuven Shoham, "Intertextuality and Its Meaning in Natan Zach's 'Enosh Kehazir Yamay'（As for Man, His Days Are as Grass），" in *AJS Review* 30：1 （2006），pp. 147–166.

[2] Ibid.，p. 148.

纳是维尔纽斯起义中的领袖，在二战期间曾经是欧洲地下游击队抗击纳粹武装的一员，移居巴勒斯坦后后又参加了以色列的"独立战争"。库夫纳从 40 年代开始发表诗歌作品，1948 年战争后到基布兹居住，边劳动，边从事文学创作。他的著名作品或以东欧地下抗敌武装的经历为背景，或怀念自己在战争期间失去的家人。代表作《我的小妹》（"Ahoti Ha - Ketan-ah"）是一组悼亡诗，悼念自己的家人，也悼念自己的同胞。读者透过"会说话的骨灰"等意象，通过已经"皈依另一个神"的直接描写，不难判断库夫纳在大屠杀期间失去了自己的至亲。而身为一名地下武装战士，库夫纳对那个夺去小妹妹生命的世界充满了愤慨，也通过妹妹的遭际表现出犹太民族在大屠杀期间的无助："世界眼看着后退。他们把她漂亮的布娃娃，父亲的礼物，碾碎在雪里。没有母亲，没有兄长，双手交叉在她日渐成熟的胸前，他们挥手让妹妹穿过那道门……柔弱的妹妹！没有港口——背叛——没有岛。只有一张收起的帆在风暴里。"[①] 柔弱的妹妹站在门旁这一意象在诗中数次重复，既谕旨犹太人的孤独无助，也暗示着非犹太世界对犹太人苦难的无动于衷。

作为昔日犹太地下武装战士和大屠杀幸存者，库夫纳对 1948 年以色列"独立战争"的描写倒与当时的本土以色列作家和诗人迥然不同。作为部队的一名文化官，他需要写东西来鼓舞战士们的士气；但作为大屠杀幸存者，他对生与死、胜利与失败、敌与我等问题有着一种特殊的理解。库夫纳在自己的诗歌中，描写了南方比尔谢巴一带的阿拉伯村庄遭到焚毁，与伊兹哈尔笔下的小说有着异曲同工的作用。按照丹·米兰的说法，这是以色列主流诗歌中最早再现巴勒斯坦人灾难的作品。[②] 作为一名以色列军人或者说以色列犹太人，参加战争是他的使命，但是他却透过阿拉伯人的眼光来描写战争，让自己和读者都不免从人性与道德的角度进行深入思考。库夫纳本人虽然经历了大屠杀，但没有像主流犹太复国主义话语那样把阿拉伯人当成新纳粹，而是实事求是地描写出新的受难者的心声，这一

---

① 阿巴·库夫纳：《我的小妹妹》，陈子慕译，《世界文学》2003 年第 6 期。

② Dan Miron, *The Prophetic Mode in Modern Hebrew Poetry and Other Essays on Modern Hebrew Literature*, p. 445.

点应该说是难能可贵的。此外，他还探讨了死亡与失落等母题。疲惫的士兵衣衫褴褛地离开了战场，离开了荒凉的内盖夫沙漠，而他们的精神也忍受着痛苦的折磨，经历着良知的拷问。在语言上，库夫纳追求简练平实，应该说是又一种文学格调的倡导者。

第六章
60 年代之后

一　新浪潮作家与新生代作家

　　以色列是一个在争执中诞生，又在战火中巩固起来的国家。在以色列，战争爆发时期，或执政党权力交替时期，往往是意识形态转型的关键时期，无疑会给文学创作带来冲击，导致其发生全方位的变革。

　　1956 年 10 月 29 日到翌年 11 月 6 日的第二次中东战争，即以色列人所说的"西奈战争"中，以色列在一心夺取苏伊士运河管理权的英国和法国的怂恿下，与英法达成联合出兵埃及的协议，先发制人，在军事上战胜了埃及。虽然在国际社会的谴责与美苏的严正警告下，英、法、以接受了停火协议，以色列不得不于 1957 年 3 月撤出西奈半岛，但拥有了蒂朗海峡水面航行和空中飞行权，加沙地带和亚喀巴湾沿岸地区由联合国部队接管，以色列与埃及边境之间在相当一段时间内相对平静，使以色列南部地区不再遭受阿拉伯人的骚扰与威胁。但是，对于许多以色列人，尤其是开明的知识界人士来说，"西奈战争"不同于 1948 年的"独立战争"。如果说"独立战争"是以色列人为保住新建的国家而进行的一场别无选择的争取生存之战，那么"西奈战争"则是人为的选择，是以色列为消除南部边境隐患而与各怀目的的英法国家联手，向埃及发动的一场突然袭击。也正是在这场战争期间，以色列人不仅在加沙地带目睹了大量的阿拉伯难民，而且在境内杀害宵禁后从田野归来的阿拉伯村民，震惊了整个犹太社区。"独立战争"期间即已经触及的良知问题此次再度浮出水面，由战争导致的厌战情绪与"矛盾心态给小说创作的内容与形式均带来了变化"。①

其后的"艾赫曼审判"、拉翁事件、对当时本－古里安政府的反叛、"六日战争"、"赎罪日战争"、20 世纪 70 年代末期的政治动乱等历史事件在不同年龄段的以色列人心目中引起不同寻常的反响，促使以色列人重新思考流亡、大屠杀、以色列建国等民族历史体验，以及占领吞并阿拉伯领土、以色列政府政治体制、新老两代人的冲突等时下问题。

与此同时，以色列文化与文学日渐向西欧和美国开放。一旦文学创作和西方世界的关系得以强化后，俄国文化与其他东欧国家文化的影响就相对减弱了。这些原因，导致了从 50 年代末到 70 年代末的希伯来文学创作也发生了相应的变革，从第一代以色列作家注重在战争、复国、重建家园等重大背景中烘托人物性格，向探索人物内在的心灵世界和内在生活空间转移，出现了现代希伯来文学史上的新浪潮作家。

新浪潮作家是继"帕尔马赫"作家之后而出现的新一代以色列作家的代名词，也被称作"国家一代作家"或"第二代以色列作家"。这批作家大多出生在 20 世纪 30 年代，在 20 世纪 50 年代中后期或 60 年代初期开始登上文坛。尽管他们也在以色列长大，但是所奉行的社会与文化准则与战争期间的一代人迥然不同。

最早使用"新浪潮"这一名词术语的是本土作家中的代表人物之一阿哈龙·麦吉德，1962 年，麦吉德在为《旅程》杂志的文学增刊做编辑时，曾经在一篇文章的题目中使用"新浪潮"一词。他意识到，一代新人正在悄然成长，这些人是独具个性的年轻人，几年后将会崭露头角。他们会一起出现，将独自发挥着作用。② 这批新人当中有并称为"三杰"的阿摩司·奥兹、亚伯拉罕·巴·约书亚和阿哈龙·阿佩费尔德，以及耶胡达·阿米亥、约书亚·卡纳兹（Yehoshua Kenaz, 1937 – ）、伊扎克·奥帕斯（Itzhak Orpaz, 1923 – ）、约拉姆·康尼尤克（Yoram Kaniuk, 1930 – ）、女作家阿玛利亚·卡哈娜－卡蒙（Amalia Kahana – Carmon, 1930 – ）。70 年代，又有雅考夫·沙伯泰（Yaakov Shabtai, 1934 – 1981）、伊扎克·本－奈

---

① 谢克德：《现代希伯来小说史》，第 232 页。
② 同上书，第 241 页。

尔（Yitzhak Ben - Ner, 1937 - ）、女作家露丝·阿尔莫格（Ruth Almog, 1936 - ）等人加盟其中。但需要指出的是，如果要将"帕尔马赫"作家与新浪潮作家真正区分开来则比较困难，有些新浪潮作家出生在 20 世纪 20 年代，是第一代作家的同龄人，但在创作风格、创作手法和创作精神特质上与同龄人迥然不同，反而与新浪潮作家息息相通。由于第二代作家登上文坛之际，第一代作家依旧非常活跃，所以两代作家在创作方法与风格上存在着交互影响。

与致力于表现以色列问题的第一代作家相比，第二代作家比较倾向于描写带有普遍色彩的文学传统意义上的主题，如生与死、爱与欲、人生目的与权利等，换句话说，他们表现的不仅是作为犹太人和以色列人的意义如何，而是表现作为人的意义何在。但其中，也有作家执著地表现以色列人的生存境况，或者表现对整个犹太民族心理定式产生重大影响的历史事件，以及这些历史事件对当代以色列人的心灵冲击。在创作表现手法上，这些作家也不同于他们的文学前辈，而是挑战传统的现实主义创作方式，善于吸收西欧和美国文学的表现手法，如象征主义、表现主义、超现实主义、荒诞主义等手法。作家奥帕斯在 1965 年发表的《论实验小说》中证实了西方文学，尤其是卡夫卡、加缪等存在主义作家的创作对希伯来语作家的吸引力。此外，西方意识流小说家弗吉尼亚·伍尔夫、詹姆斯·乔伊斯、普鲁斯特、福克纳，善于使用讽刺与荒诞手法的君特·格拉斯、迪伦马特（F. Dürrenmatt）以及许多美国现代作家均对 20 世纪以来的希伯来小说产生了重大影响。20 世纪 70 年代初期，南美作家加西亚·马尔克斯《百年孤独》的希伯来语译本问世，对形成以色列文学中的魔幻现实主义特征形成了至关重要的挑战。[1] 不出麦吉德所料，这批文学新人在未来的岁月里，不仅成为以色列文坛的中流砥柱，而且将以色列文学推向世界，证明其有资格在世界文学之林占据一席之地。

随着希伯来文学创作逐渐从在战争、复国、重建家园等重大背景中烘托人物性格向探索人的心灵世界和内在空间转换，边缘人和个人主义者逐渐取代了集体主义英雄，成为文学作品的主人公。女作家逐渐找到

---

[1] 参见钟志清《当代以色列作家研究》，第 298 页。

了可以表达的主题，虽然这一时期只有阿玛利亚·卡哈娜－卡蒙、露丝·阿尔莫格、达莉亚·拉维考维茨（Dalia Ravikowich）、约娜·瓦莱赫等五六位女作家和诗人活跃在文坛，但其作品的数量和质量却不容忽视。卡蒙的创作深受英国女作家弗吉尼亚·伍尔夫的影响，强调人物的心理分析，擅长描写人物的内心独白，尤其对女性主人公的描写十分细腻、传神。她大量借用《圣经》、《塔木德》和祈祷书中的古语，语言简洁，富有节奏和音韵美，并使用大量的比喻，显示出希伯来语的文体特征。其风格庄严而典雅，当之无愧地在希伯来文坛上与男作家分庭抗礼，为希伯来女性文学赢得了一席之地。女诗人拉维考维茨的诗歌善于从历史、宗教、神话中攫取诗歌意象，并注入了强烈的个人体验，传达出孤独、失落与精神崩溃等情绪处于极端状态下的人类体验，将诗歌、爱情与信仰的迷茫一并展示在读者面前，尤其是淋漓尽致地表现出在强烈的创作冲动与静默柔弱性格特征间挣扎的女性体验，被当时的以色列读者广泛接受。瓦莱赫的诗歌受到荣格心理学的影响，又融进了街巷俚语等诸多文化成分，表现出女性强烈的性意识与灵魂深处的苦痛和呐喊，给希伯来女性诗歌带来了强烈的文化冲击。

新生代作家是借用中国当代文学批评中的术语界定第三代以色列作家，但在希伯来文学语境下，新生代作家的内涵与外延均不等同于它在中国文学评论中的意义，并非特指 60 年代以后出生，90 年代走上文坛的一批作家。希伯来文学中的新生代作家虽然多出生于 20 世纪 60 年代，但也有部分人生于 50 年代，甚至 40 年代末期，在 20 世纪 80 年代即开始文学创作生涯，以色列评论界通常将其称作中青年作家。

新生代作家在一种多元政治与文化语境中成长起来。这些作家在童年时代与以色列国民一道体验着国家战争记忆、大屠杀记忆，又在成长过程中经历了以色列社会的重大变迁，目睹了步履维艰的中东和平进程。1982 年以色列与黎巴嫩的战争，即"第五次中东战争"，以及 1987 年的巴勒斯坦起义不仅再度改变了奥兹等老一辈作家的创作主题，创作了《在以色列土地上》（*Po ve - sham Be' Eretz Yisra' el*）、《黎巴嫩斜坡》（*Mi - Mordot Ha - Levanon*）等政治随笔集，也促使正在起步的年轻一代作家"进一步脱离犹太复国主义主导叙事",① 对阿以关系和历史上的民族灾难进行重新反思，如大卫·格罗斯曼的《羔羊的微笑》（*Hiyukh Ha－Gdi*）、《黄风》（*Hazman Hatsahov*）等作品。1993 年，阿拉法特和拉宾在奥斯陆达成协议，揭开了中东和平进程新的一页。但 1995 年拉宾遇刺，中东和平进程搁浅，恐怖事件接连不断，威胁到人们的日常生活。许多作家开始厌倦大是大非，厌倦为犹太民族的命运进行呐喊，甚至开始怀疑具有《圣经》、《塔木德》等文化意义暗示的希伯来话语，在世界上感到孤独，在家园内感到无力。与此同时，在全球化的语境下，以色列社会的城市化、西方化倾向愈加明显，犹太复国主义信仰遭到新的挑战，与之相关的意识形态诸多标准也发生了变化。

具体到文坛领域，作家们不仅像以前那样，专注于创作与民族利益息息相关的严肃文学创作，而且在文学体裁上进行多方尝试，用希伯来语创作侦探小说、恐怖小说、浪漫传奇和历史小说。在创作同民族情结密切相关的历史小说时打破传统禁区。同时，更为偏向表现个人体验。

从文学表现手法上看，新生代作家实现了更新文学传统的革命。以色列是一个受世界各族文化影响极强的国家，以色列文学始终同世界文学保持着对话关系，尽管这种外来影响有时会出现滞后。如果说本土作家主要承袭的是俄国现实主义文学的衣钵（也有例外，如伊兹哈尔在《在洗革拉的日子》里采用了大量的意识流描写），新浪潮作家得益于福克纳、卡夫卡等人的现代主义小说传统，那么新生代作家深受后现代主义文学，特别是西方荒诞主义文学和拉美魔幻现实主义小说技巧的影响。诚然，20 世纪80 年代中期之前，诺贝尔文学奖得主阿格农、新浪潮代表作家约书亚、凯纳兹等人在创作中曾采用荒诞主义表现手法，但是批评家、读者乃至作家群体在评价这些作家的创作时往往将上述特点放在边缘位置。从这个意义上说，后现代主义文学作为一种思潮出现在以色列也就是 80 年代中期以后的事。② 在革新文学表现手法方面表现突出的作家除大卫·格罗斯曼外，

---

① 谢克德:《现代希伯来小说史》，第 284 页。

② Rober Alter, "Magic Realism in the Israeli Novel," in The *Boom in Contemporary Israeli Fiction*, ed., Alan Mintz, Hanover and London: Brandeis University Press, 1997, p. 18.

还有梅厄·沙莱夫（Meir Shalev，1948 - ）、约珥·霍夫曼（Yoel Hoffman，1937 - ）等。梅厄·沙莱夫的《蓝山》（*Roman Russia*，1988）连续数年在以色列位于畅销书之列，在欧美世界亦反响很大，有的批评家甚至将其称作"以色列最好的长篇小说"。霍夫曼的《约瑟书》（*Sefer Yosef*，1988）结构支离破碎，有些东西要么没有说出，要么没有清晰表达，堪称后现代主义文学的典范之作。其后最受欢迎的年轻作家当推埃德加·凯里特。凯里特的成名作《想念基辛格》（*Ga'aguai Le - Kissinger*，1994）采用平铺直叙的话语，简短精练的句式，将现实中的诸多现象加以变形，有时甚至将《圣经》中的许多暗示玩弄于股掌之间，富有讥讽意味。

二 典型而冲突的以色列特色：奥兹的创作

阿摩司·奥兹之所以堪称新浪潮一代的代表作家，在于他不断地革新传统，又在不断地超越自身。

阿摩司·奥兹原名叫阿摩司·克劳斯纳，1939 年 5 月 4 日生于耶路撒冷。奥兹的父亲阿利耶·克劳斯纳与母亲范尼亚·穆斯曼都不是土生土长的巴勒斯坦人。阿利耶出生在乌克兰的文化之乡敖德萨，母亲范尼亚出生在波兰的一个家境殷实的磨坊主之家。奥兹的父母都是热诚的亲欧人士。他们在 20 世纪 30 年代移居巴勒斯坦，虽然在某种程度上可以说是受到了犹太复国主义思想的影响，但是他们自己并非坚定的犹太复国主义者，与许多欧洲犹太人一样，他们的移居主要是在欧洲排犹声浪日甚中，希望在巴勒斯坦找到一块栖身之地。奥兹的父母都具有很高的文学素养。父亲耶胡达·阿里耶·克劳斯纳博学多才、嗜书如命，懂十几门语言，一心想做耶路撒冷希伯来大学的比较文学教授，但始终未能如愿，于是便把光耀门庭的厚望寄予到儿子身上。母亲范尼娅也懂数种语言，她不仅漂亮优雅，而且具有出色的文学天赋，是讲故事的高手，她给孩子讲各种扑朔迷离的爱情故事，启迪了孩子的奇思妙想，构筑了孩子想象中五色斑斓的世界，这也许就是奥兹日后从事文学创作的动因之一。

奥兹 12 岁那年，母亲无法忍受生活中的贫穷困苦与精神上的孤独无助，以自杀方式结束了自己 38 岁的生命。母亲自杀给奥兹的心灵深处带来了无法治愈的创伤。

20 世纪 50 年代，以色列年轻人反叛家长压迫的极致便是去往基布兹。早在母亲在世时，父母不睦的家庭生活，父亲因人生不称意而产生的压力，母亲的伤痛与失败，令奥兹倍感压抑，他想逃避这一切，想像基布兹人那样生活。在他看来，基布兹人是一个吃苦耐劳的新型拓荒者阶层，他们强壮，执著但并不复杂，说话简洁，能够保守秘密，既能在疯狂的舞蹈中忘乎所以，也能独处，沉思，适应田野劳作，而且具有丰富多彩的文化与精神生活，情绪敏感而从容。他愿意像基布兹人，而不愿意像父母或耶路撒冷那些忧郁苦闷的逃难学者那样生活。但这种想法一度遭到父亲的强烈反对。母亲去世后，父亲再婚，奥兹的学习一落千丈。1954 年，他把自己的姓氏从克劳斯纳改为奥兹，表明与耶路撒冷和父亲的家庭彻底断绝联系，加入到耶路撒冷附近的胡尔达基布兹。从此，"奥兹的个人历史就围绕着耶路撒冷和胡尔达基布兹两条地理轴线运转"。"这两条地理轴线在孩子的意识以及后来的成人意识中变成两个区域。耶路撒冷的家记载着所有充满魅力的美好往事，而且也记载着某些以灾难而告终的往事。基布兹的世界则截然相反，得不惜一切代价加以保留，因为别无他处。"[1]

胡尔达基布兹最初是奥兹为摆脱思恋母亲的痛苦、反叛再婚的父亲而寻找的一片栖身之地，也是赋予他创作灵感，启迪他一步步走向文学道路的地方。犹太民族是书的民族。在基布兹，即使是最为地地道道的农业劳动者也在夜晚读书，终日探讨书。即使在劳动时也在争论着托尔斯泰、普列汉诺夫和巴枯宁，争论着各种各样的价值冲突，争论着现代艺术，这些劳动者甚至发表文章，抨击时政。奥兹也不例外，他在基布兹贪婪阅读卡夫卡、加缪、雷马克、托尔斯泰、屠格涅夫、契诃夫、托马斯·曼、海明威、福克纳等世界级作家，也读莫辛松、沙米尔、布伦纳、戈尔德伯格等希伯来语作家，并尝试着进行文学创作。后来，基布兹将其保送到耶路撒冷希伯来大学攻读文学与哲学学位，毕业后又回基布兹任教。

1986 年，奥兹携家人到阿拉德居住，这次搬迁的原因是唯一的儿子丹尼爱拉患上了哮喘病，医生说沙漠的干燥气候和新鲜空气有助于儿子痊

---

[1]　Nurit Gertz, *Amos Oz: A Monograph*, Tel Aviv: Sifriat Poalim, 1980.

愈，于是奥兹便在妻子尼莉的一再劝说下，下定决心，离开了生活了三十多年的胡尔达基布兹，在阿拉德这座偏远的沙漠小镇一住就是二十多年，边创作，边在本－古里安大学教授文学创作和文学欣赏。

60 年代以来，奥兹发表了《何去何从》（1966）、《我的米海尔》（1968）、《沙海无澜》（1982）、《黑匣子》（1987）、《了解女人》（1989）、《莫称之为夜晚》（1994）、《一样的海》（1998）、《爱与黑暗的故事》（2002）、《咏叹生死》（2007）等 13 部长篇小说，《胡狼嗥叫的地方》（1965）、《乡村生活图景》（2009）等 4 个中短篇小说集，《在以色列国土上》（1983）、《以色列、巴勒斯坦与和平》（1994）等多部政论、随笔集和儿童文学作品。他的作品被翻译成四十多种文字，曾获多种文学奖，包括法国费米娜奖，德国歌德文化奖，以色列奖，西语世界最有影响的阿斯图里亚斯亲王奖，并多次被提名角逐诺贝尔文学奖等，是目前最有国际影响的希伯来语作家。

奥兹一向主张，对于作家来说，"你身在哪里，哪里就是世界中心"。作为 20 世纪 60 年代崛起于以色列文坛的新浪潮作家的杰出代表，奥兹把笔锋伸进玄妙莫测、富有神秘色彩的家庭生活，善于从日常生活里捕捉意义，引导读者一步步向以色列家庭生活内核切近。又以家庭为窥视口，展示以色列人特有的社会风貌与世俗人情，揭示当代以色列生活的本真和犹太人所面临的诸多现实问题和生存挑战。其文本背景多置于富有历史感的古城耶路撒冷和风格独特的基布兹，形成典型而突出的以色列特色。此外，奥兹某些小说的叙事背景还扩展到中世纪十字军东征和希特勒统治时期的欧洲，描绘犹太民族的历史体验，以及犹太人对欧洲那种求之而不得的爱恋。他善于对主人公内在的心灵世界进行哲学意义上的思考，展示个人与社会、性欲与政治、梦幻与现实、善良与邪恶的冲突。

（一）一个微型宇宙：奥兹笔下的基布兹

尽管奥兹本人曾经在《时下的基布兹》一文中写道，我并不相信有诸如"基布兹文学"之类的东西，基布兹并没有促成希伯来文学中的任何变化，[①] 但是，他自己却创作了以基布兹生活为背景的短篇小说集《胡狼嗥

[①] Amoz Oz, *Under this Blazing Light*, p. 127.

叫的地方》（1965）、长篇小说《何去何从》和《沙海无澜》，为我们展示
了遥远世界中的奇异生活场景，形形色色的人物，展示了梦想与梦想者的
距离，拓展了希伯来文学的新领域。从这些作品中，我们看到年轻的奥兹
既保存着对基布兹生活的记忆，真实地再现基布兹那个栩栩如生的微观世
界；他试图通过自己笔下的人物遭际，表达自己的人生理想，告诉人们什
么该做，什么不该做。在对基布兹寄予的浓郁深情中又包含着揶揄、反讽
乃至批判。

　　基布兹是以色列社会的一个特殊的产物，20 世纪初期由第二次移居到
巴勒斯坦地区的拓荒者居民所建。这些充满激情的新移民怀揣着改变世界
的梦想来到以色列地，看到的却是坚硬而陌生的土地，与那些多愁善感歌
词中描绘的我们父辈居住过的土地截然不同。展现在眼前的不是辽阔的俄
罗斯平原，而是贫瘠的沼泽、沙漠、湖泊，气候恶劣，无法可依，其住所
经常遭到游牧民族贝督因人的袭击。在这种情况下，集体居住似乎是最合
乎逻辑的方式。加之，这些主要来自俄国的年轻人，受到社会主义思想的
浸染，梦想的是为自己工作，建设自己的土地。此外，建立集体农场还可
以从经济上积聚资本，为长期生存做打算。于是从 1909 年开始，便有了
由十几个青年男女们组织起来的劳动团体"德加尼亚"，这便是巴勒斯坦
土地上第一个基布兹的雏形。

　　在基布兹，人人平等，财产公有，颇具原始共产主义的味道。在这
里，大家从事不同形式的农业劳动，一起在集体食堂吃饭，儿童们住在集
体宿舍，由基布兹统一抚养，只有周末才回家与家人团聚。在基布兹，来
自流散地的犹太人不仅在形式上有了归属感，而且有了家的感觉，这是小
家的延伸。人们在这里找到了爱，找到了关怀，找到了可以交流倾诉的对
象。当你受到伤害时，整个社区如同一个器官那样做出回应，与你一同受
到了伤害。如果你伤害了别人，整个基布兹也感到受到了伤害。[1] 可以说
整个基布兹的人们一损俱损，一荣俱荣。这里的一切会让人感到温暖和安
全。但是，就像奥兹所说，"人不是神，人有其弱点"，[2] 人性中与生俱来

---

[1]　Amos Oz, *Under this Blazing Light*, p. 129.
[2]　笔者对奥兹的访谈，1997 年。

的自私与欲望拉开了理想与现实的距离。也正是在这样一个集体主义至上的地方，人的一切想法与行动均暴露在光天化日之下，人的隐私得不到保护，人性中的某些基本需求也遭到压抑。加上，对于来自不同国家不同城市的犹太人来说，基布兹的生活条件显然十分艰苦，而且还会遭到周边贝督因人或阿拉伯人的袭击，因而使人们产生一种不安全感，不知道将来会发生什么。奥兹自己曾经回忆他初到基布兹的情形：那时，我们白天在棉田劳动，夜晚能听到田野里传来的胡狼叫声，偶尔也听到枪声。我似乎听到了基布兹人的呻吟。[①]

这些人大多是来自不同国家的难民，许多人亲眼见过魔鬼，他们思旧、偏执、富于幻想，期盼救世主的来临。我情不自禁地想：我们为什么到此？我们一直希望在此寻找什么？又真正找到了什么？为什么不同时代不同地方的人都憎恨我们，希望我们死去。在基布兹这个一切公有的地方，除了经历与回忆，人什么也留不下。[②]

奥兹是一位很有现实敏感性，并富有社会参与意识的作家。早在处女作、短篇小说集《胡狼嗥叫的地方》里，奥兹就触及基布兹中新移民的生存境况、基布兹与周边民族的关系以及新老两代人冲突等多种主题，这些问题其实小中见大，不仅反映出基布兹所面对的危机，而且折射出以色列国家时下无法回避的问题。

1.《胡狼嗥叫的地方》

短篇小说《胡狼嗥叫的地方》（"Artzot Ha‐tan"）[③] 在 1965 年首版问世时收入了九个短篇小说，除《紫色的海岸》外均以基布兹为背景，而在 1981 年问世的英文版中只选择了八篇以基布兹为背景的短篇小说。

《胡狼嗥叫的地方》从基布兹居民达姆科夫邀请基布兹创始人之一萨什卡的女儿盖丽拉晚上前去他的斗室看画布和颜料写起。达姆科夫是战后来到基布兹的保加利亚移民，盖丽拉实际上是他的亲生女儿，因为当时他们尚未相认，所以达姆科夫下请帖的目的既令盖丽拉匪夷所思，也给读者

---

① 笔者对奥兹的访谈，1997 年。

② 阿摩司·奥兹访谈，资料由希伯来文学翻译研究所提供。

③ 奥兹：《胡狼嗥叫的地方》，汪义群译，《世界文学》1994 年第 6 期。

留下了悬念。甚至造成达姆科夫与盖丽拉之间可能会发生男女之事的假象，如作品写道，他"那猴子似的身体却在她心里引起某种刺激"。他给她讲述种马和母马的交配。她在看画布时用画笔的毛触摸画布时而流露出的天真无邪的感觉，传递给他，竟然令他产生了一阵欲望的波动。而后，他用一只手撼动着姑娘，用一只残废的手抚摸她的头颅，要她和他逃往南美。他有力地、一声不响地抱住她。她说："我父亲明天会把你杀了。我跟你讲了，放开我。"在这紧要关头，作家笔锋骤转，让达姆科夫向盖丽拉捅破了他们之间的父女关系。盖丽拉尽管难以接受这一事实，但最后还是从口中迸出了"爸爸"两字。

《胡狼嗥叫的地方》虽然写于 20 世纪 60 年代，但奥兹通过移民达姆科夫与基布兹创始人萨什卡这两个人物的鲜明对比展示出基布兹乃至以色列社会的两大族群，即以色列国家的创建者和流亡者。在奥兹的描绘里，基布兹创始人之一萨什卡具备了某些新希伯来人的典型特征。他身材壮实，脸色红润，戴着一副眼镜，一张英俊而敏感的面庞，脸上总是流露出父亲般沉着坚定的表情。他是一个生机勃勃、精力充沛的人。一直提醒自己保持充沛的精力与机警。而达姆科夫则身材矮小，既瘦又黑，浑身都是骨架和筋肉。他的眼睛细细的，眼窝深陷。他不但外表不符合希伯来人的特征，而且是在二战之后来到了基布兹，他从未向大家讲述自己的经历。他的左手只有一根拇指和一只小指，两指之间是一段空白。达姆科夫说，"在战争年代"，"人们蒙受的损失远远不止三个指头"。手指之间的空白与达姆科夫的话语中渗透着作家的修辞用意，如果说拇指和小指代表着达姆科夫的早年和如今，那么丢失了的中间地带，则有意无意象征着以色列社会的许多难民，尤其是有过大屠杀经历的难民试图隐藏自己的过去。

达姆科夫和后来的流亡者一样，对基布兹创始人萨什卡"那种燃烧着的渴望和那种诗人热血沸腾的献身根本就一无所知"。所以达姆科夫即使身居基布兹，却始终是个局外人，是多余的人，难以被基布兹这个大家庭所接纳。其心灵深处陷于无法摆脱的孤独之中。这些感受实际上概括地呈现出当年抵达以色列的新移民的共同感受，这些经历过战患的难民来到以色列的目的比较单纯，基本上是为了生存，他们永远无法理解基布兹创始人的拓荒者价值。

《胡狼嗥叫的地方》细腻地描写了基布兹农庄的自然环境。它时而受到热浪的袭击，时而遭到周围胡狼的困扰与威胁。与父女相认这一情节并进的是胡狼们吟唱的夜曲。困在捕捉器上的胡狼发出的悲鸣引来一群胡狼的出现，它们对无辜者既怜悯，又掩饰不住心中的快乐，它们没命地欢腾跳跃，发出夹杂着悲哀、狂怒、怨恨、喜悦恐吓等多种声音混在一起的绝望嗥叫。如果说父女相认打破了基布兹内部约定俗成的社会秩序，那么胡狼共舞不仅为我们展示出一个奇异的世界，而且暗示着基布兹社会有可能面临外部威胁的险境。

《游牧人与蝰蛇》（"Navadim vatsefa"）[①] 进一步描绘出基布兹人所面临的来自外部世界侵袭的危险。小说描写的是一个饥荒之年，生活在沙漠中的贝督因人被迫赶着羊群和牲畜向基布兹靠拢，基布兹的牲口染病，庄稼遭到破坏，甚至出现了失窃。基布兹成员不得不开始讨论日益加剧的外部威胁，即由贝督因人破坏所造成的各项损失以及应该采取的各项措施。基布兹社会与贝督因民族成为小说所描绘的两大群体，这两个群体一个从事农耕，一个属于游牧部落，其争执的原型甚至可以上溯到圣经时期的该隐和亚伯（小说中对此亦曾提起）。只是，在《圣经》中，该隐种地，亚伯牧羊，该隐为争夺长子继承权，杀死亚伯。而在奥兹的笔下，牧羊人成为挑衅者，而农耕者成了受攻击的对象。一旦农耕者进行还击，他们的角色则转化为不折不扣的当代该隐。

小说揭示出一个充满悖论的矛盾现象。一方面基布兹领导人（社会权威的代表）强调对贝督因人采取友好亲善的态度，警告主张用武力还击的年轻人不要走极端，不要搞报复行动。在与贝督因长老的接触中，强调如果（指贝督因人）能把赃物全部归还，立即停止一切破坏活动，摒弃前嫌；则在两个社区关系上翻开新的一页。另一方面，贝督因人已经多次潜入基布兹行窃，其身形有时与前来进犯的野兽混在一起，难以分辨，给基布兹世界带来威胁。这一威胁在盖乌拉之死这一场景中被推向高潮。

盖乌拉是个 29 岁的基布兹姑娘，她热心地参与社区各种文化活动，

---

① 奥兹：《游牧人与蝰蛇》，王守仁译，见徐新主编《现代希伯来小说选》，漓江出版社 1992年版。

热心地为大家服务，喜欢傍晚时分独自到果园散步。就在大家讨论如何抵御基布兹外部威胁的当天，盖乌拉在果园中和一个逃荒而至的贝督因青年男子邂逅而遇，她与贝督因人的交流，对贝督因人的观察、感觉与冲动，以及最后被蝰蛇咬死的细节描写构成了这个短篇的重要内容。

盖乌拉与贝督因青年男子（独眼）分别属于农耕者与游牧民族两大营垒，我们实际上可以把他们在果园的交往视为两个对立民族交流的隐喻。这种交流其实已经超越了民族界限。盖乌拉对贝督因男子最初十分冷漠，继之感觉到他的英俊与奇异，"他与盖乌拉所知道的男人不一样，他身上的气味、肤色及呼吸也是异样的"。"两片嘴唇薄而美，比她自己的双唇要美得多。"尽管此时盖乌拉仍然对贝督因人感到厌恶，但开始接受他给的香烟，盘问他是否来偷东西，甚至在已经听到对方尚未有女友的表白时用口哨为他吹一首旧曲，令对方销魂般地聆听。

这些细腻的描写既具个性化，又带有集体主义色彩。一方面体现出盖乌拉与贝督因男子之间在感官上的相互吸引，也喻示着犹太民族和贝督因民族和睦相处的愿望："她是多么渴望和解，渴望宽恕。不去恨他，不再希望他去死。也许应该爬起来去找他，到溪谷里找到他，然后宽恕他，再也不回来。"这正反映出奥兹在年轻时代渴望用妥协让步方式解决民族争端问题的主张。但是盖乌拉对贝督因人的情感是矛盾的。既有渴望，又有厌恶和恐惧。她与贝督因男子之间未曾发生的交媾或许在某种程度上说明民族之间深层次交流的艰难。她最后没有死于贝督因人之手，而是被一条蝰蛇咬伤，中毒而死。

蝰蛇实际上是一个喻体，蝰蛇伤人则把游牧贝督因人的潜在威胁化作了现实。这里，游牧人与蝰蛇这两种意象交叠在一起，威胁着基布兹社会的安宁。而盖乌拉之死，不仅说明女性在外来势力的侵袭中成为牺牲品，而且成为年轻人用暴力向游牧人复仇的导火索。从这一点上我们可以看到，早年的奥兹对贝督因人，或者说对阿拉伯人的心态也充满着矛盾。

2. 本土英雄神话的破灭：《风之路》

创建基布兹是个出色的理念，以色列建国后，一些曾为建立以色列国立下汗马功劳的人们到基布兹务农，用自己的双手建立家园，而且希望自己的后辈们也能成为健康的强者，成为继往开来的建设者。但事与愿违，其后辈往往不堪重负，既不能实现父辈的愿望，又不能自我实现，拥有一番作为，因而成为与摩西·沙米尔笔下的尤里和埃里克形成鲜明对照的反英雄。

奥兹在收入《胡狼嗥叫的地方》中的第三个短篇小说《风之路》（"Derech Ha－Ru'vach"）①中展现的便是先驱者申鲍姆与儿子吉戴恩之间的父子冲突。小说集中描写独立日的军事飞行表演，以及儿子吉戴恩的丧生。吉戴恩是个年轻伞兵，他虽然生活在基布兹，但缺少本土以色列人一向引为骄傲的阳刚之气。在工作中并不出类拔萃，在生活中也不引人注目。他行动迟缓，多愁善感。虽然皮肤黝黑，但性格和蔼，具有几分女性美。与之相对，他的父亲申鲍姆则是希伯来工人运动中的一位重要人物。数十年来，他全身心地奋斗，把自己的全部经历投身于创造理念上。为了这项毕生的事业，他牺牲了温馨的家庭生活。不过他也没有像苦行僧那样生活，他的性格对女性颇具吸引力，女性对他趋之若鹜，据说基布兹里至少有一个小顽童是他的种。56 岁那年，申鲍姆才娶妻生了吉戴恩，而后又弃妻而去，置身于工作之中。申鲍姆与其他基布兹创建者一样，显然希望儿子能够延续他的标志和姓氏，从吉戴恩六七岁起申鲍姆就开始培养他，但吉戴恩的表现却屡屡令人失望，难成大器。吉戴恩在外表和性格上流露出阴柔之美显然得不到父亲的认同。

加入伞兵是吉戴恩个人的选择。按照规定，加入伞兵需要父母双方提供的书面证明，但吉戴恩的母亲拒绝签字。父亲申鲍姆则希望加入伞兵是儿子"发展过程中一个令人鼓舞的转折点"，儿子会在那里被塑造成一个男子汉。于是平生第一次恳求旧日战友帮忙，以成就儿子的梦想。

读者会逐渐意识到，吉戴恩与沙米尔笔下的埃利克一样，也不是个普通人，同样肩负着父辈的期望与民族的责任。其命运仿佛在复拓《圣经》中的参孙神话，在出生之前就注定要为民族献身。加入伞兵的吉戴恩应该说是逐渐在把父辈的希望化作现实，跳伞的美妙瞬间给他带来了自豪感，他向往在独立日基布兹上空的飞行表演中大显身手，成为基布兹人心目中的英雄，让父母和自己一起享受成功的喜悦与辉煌；父亲申鲍姆也盼望着

---

① 奥兹：《风之路》，钟志清译，见《爱的讲述》，译林出版社 2004 年版。

到现场迎接凯旋的儿子，甚至对未来吉戴恩的人生，乃至第三代做出了美妙的想象与期待。

吉戴恩之死乃是这篇小说的高潮，可以说主人公在实现父辈愿望的过程中毁灭了自身。吉戴恩本来顺利完成了跳伞任务，徐徐落地，经历着铺天盖地、令人激动的爱。但为了让父老乡亲"设法在如林的降落伞中认出他们唯一的儿子"，"把焦灼、关爱的目光集中到我一个人身上。妈妈、爸爸、漂亮的女孩子、小孩儿，以及所有的人"。我们姑且将此称为受某种英雄主义冲动的左右，他拉开了为应对紧急状态才使用的备用伞。撞到电缆上，触电身亡。而在死去的前夕，吉戴恩并没有表现出一股视死如归的英雄豪气，而是哭哭啼啼，不知所措，表现得胆怯、软弱与笨拙。这种带有反讽方式的手法表现出作家对先驱者价值或者说新希伯来人价值的怀疑。讽刺以色列的建国英雄们为了实现自己所谓的英雄主义理想不惜把子孙当成牺牲品。表现出作家对已经确立的本土以色列人神话以及塑造这个神话的阶层所进行的一种朦胧的抗议。

小说的精彩之处在于其结尾。痛失爱子的父亲，这一称谓本来能够给人投上一层受难的光环，换句话说，吉戴恩活着时未能令父亲骄傲，甚至有可能颠覆父亲所信仰的价值，却用自己死在独立日这一天（尽管带着焦虑与恐惧）给父亲带来最后的孤独的辉煌，但那时的申鲍姆却顾不上这层光环。他想回到儿子母亲的身边，不幸的是瘫倒在花圃里。是吉戴恩的生命唤起了父亲的柔情。也使这些一向高高在上、傲视一切的以色列英雄开始认同他者的优长。

小说描写了一个名叫扎基的基布兹半大孩子，有学者分析也许他就是申鲍姆的一个私生子。① 这个孩子缺乏本土以色列人倡导的威风凛凛的外表和举止，经常大喊大叫，吐舌头，做鬼脸，像只顽皮的猴子，被申鲍姆视为小流氓，小畜生。然而正是这个缺乏修养的孩子临危不惧，在众人束手无策之际，敏捷地爬上高高的梯子，前去营救吉戴恩。尽管没有成功，但赢得了人们的称赞和同龄人的羡慕，也赢得了老申鲍姆颤巍巍的抚摸，

---

① Yair Mozor, *Somber Lust: the Art of Amos Oz*, trans. Marganit Weinberger - Rotem, Albany: State U-niversity of New York Press, 2002, p. 33.

这是他平生第一次抚摸孩子。

借助这样的描写，奥兹向读者透视出，以色列建国过程中所标榜的英雄主义神话有许多值得反思和令人怀疑之处。正如雅伊尔·玛佐尔所说："逐渐形成了拒绝信奉本土以色列人神话、向集体主义传统膜拜的新的精神特质。这种新的精神特质反对使个人全面屈从于民族标准。"[①] 这是希伯来文学史上首次，至少自别尔季切夫斯基、费尔伯格、格尼辛、布伦纳和阿格农以来，笃信社会完美、秩序复原、逻格斯至上的主人公遭到摒弃与取代。[②]

3. 《何去何从》与《沙海无澜》中的基布兹冲突

奥兹在自己的第一部长篇小说《何去何从》（*Makom Aher*）[③] 的献辞中指出："别以为麦茨塔特·拉姆是个缩影。它只是想反映一个遥远的王国，在海边，或别处。"

奥兹通过这个遥远的王国，向读者展示出一系列的主题，如超越民族与家庭的爱与温情和宽容、基布兹的内部冲突与外在挑战等，这些主题在其日后的创作中不断地得以重现和拓展。这里我主要谈《何去何从》中所表现出的基布兹冲突，这些冲突既体现在代际之间，也体现在来自不同文化背景的犹太人之间、以色列与欧洲之间、人的主观意愿与现实生活之间等各个方面。

置于这些冲突中心位置的一个重要人物便是基布兹诗人、导游和教师鲁文·哈里希。鲁文·哈里希是一位"公认的德国犹太人"，为人宽容，情感细腻，他严谨的诗歌、亲切的谈话和真挚的同情赢得了基布兹人的喜爱，被叙述人视为"最卓越的人之一"。在作品开篇，我们便知道鲁文的妻子伊娃抛弃他和年幼的一双儿女，与前来基布兹观光旅行的堂兄以萨克·汉伯格私奔德国。伊娃与堂兄以萨克青梅竹马，幼年生活在欧洲时便定下了婚约，但后来伊娃在没有得到母亲祝福的情况下加入拓荒者的行列来到巴勒斯坦，又嫁给了纯朴的鲁文。

---

① Yair Mozor, *Somber Lust: the Art of Amos Oz*, p. 31.
② Ibid.
③ 奥兹：《何去何从》，姚永彩译，译林出版社 1998 年版。

当伊娃与汉伯格在基布兹重聚时，伊娃说苦难使汉伯格变坏了，她讨厌他，自称和他私奔是为了净化他，拯救他。这当然是一个充满矛盾的说法。小说中并没有写伊娃对丈夫鲁文没有感情，而是写她曾常用倾斜的字体抄写鲁文早年的诗歌，到德国后还给鲁文写一些脉脉含情的书信。而且，小说也没有说伊娃对堂兄怀有任何感情，只写了后者对她充满了爱与依恋。因此，伊娃情愿和表兄私奔显然不是一种情感选择，而是一种文化选择。

鲁文和汉伯格从本质上应该是两种文化的代表。鲁文虽然"被公认为出生在德国，实际上他却是遥远的波多利亚村庄的一个纯朴的屠夫的儿子"；而汉伯格却是地道的德国犹太人的后裔。鲁文生活在物质生活贫困、精神生活寂寞贫乏、终日被闲言碎语困扰、一切都不能自由选择的基布兹；汉伯格生活在风景与气味截然不同的慕尼黑。合理的解释应该是，精力旺盛而又讲求实际、有着卓越想象力和艺术天赋的伊娃在基布兹势必感到压抑。在基布兹，女子过的是苦行僧般的生活。小说曾经有这样的描写，（基布兹女子的）容貌令人难过。由于思想观念的原因，基布兹不容许女成员用化妆品来保护她们的容貌，你丝毫也看不到染发、胭脂、染过的睫毛或口红，她们虽然具有纯朴、天然的外貌，但整体看来她们很像男人：她们充满自制力的多皱的面容，她们嘴周围的坚定的纹路，她们毫不娇美的黑皮肤，她们那灰色的或白色的或稀疏的头发。她们的步态，也像年纪大的男人们的步态一样，表达出自内心的安全感和信心。而伊娃从少女时代就长得优雅秀丽。基布兹女子的今天势必成为她的明天，这样的苦行生活势必令富有浪漫想象力的她感到格格不入。

对于伊娃来说，女人最重要的不是责任与使命，而是激情与幸福。而这些她在基布兹无法得到，只有在另一个所在才能得到。奥兹在与以色列作家约书亚·卡纳兹的谈话中曾指出，《何去何从》中的德国，不是政治意义上或者历史意义上的德国，而是幻想中的德国，要不就是存在于几个主要人物脑海里的梦想。它实际上是"另一个所在"，表达出威胁本书中某些人物的深刻力量。[①] 在德国的慕尼黑，"汉伯格能满足她的一切需要，

---

　　① 转引自 Avraham Balaban, *Between God and Beast*: *An Examination of Amos's Prose*, University Park, PA: The Pennsylvania State University Press, 1993, p. 149, n. 5。

物质上的和知性上的"。"在她（伊娃）身上显示出意想不到的才能"（这种才能在基布兹至少得不到应有的发挥），她敏锐的鉴赏力给丈夫与人合开的餐馆带来了不同寻常的情趣，"顾客们为获得一种令他们着迷的罕见娱乐而涌向这里"。

作为坐落在地中海地区犹太人的集体农庄，基布兹的文化气韵显然无法同德国相比。这便涉及奥兹毕生关注的以色列文化与欧洲文化的差异问题。伊娃的抉择表面上看来是个人的选择，实际上代表着一批人，甚至几代犹太人的亲欧倾向。这一主题在奥兹后来的小说《恶意山庄》、《地下室里的黑豹》中得以不同程度的延伸与拓展，而到了 2002 年《爱与黑暗的故事》中上升为理性的沉思与概括：即按照奥兹父母的标准，越西方的东西越被视为有文化。"虽然托尔斯泰和陀思妥耶夫斯基非常贴近他们的俄国人心灵，但德国人——尽管有了希特勒——在他们看来比俄国人和波兰人更文化；法国人——比德国人文化。英国人在他们眼中占据了比法国人更高的位置……"从这个意义上看，《何去何从》中的德国既是一个具体所在，又泛指基布兹之外具有先进文化和物质生活水准的地方。

14 岁便到基布兹生活，并把基布兹视为世界上最不坏的居住地的奥兹，尽管对基布兹的某些价值属性和生活方式持批判态度，但是怀着依依深情描绘了老一代基布兹创建者们信奉的优秀品质和道德准则，表现出新老两代人的价值冲突。按照老一代人的价值标准，拓荒者带着执著的信仰来到巴勒斯坦地区试图建设与改造先祖生存土地的 30 年代依旧是一个难忘而值得夸耀的年代。在基布兹运动的代表大会和先锋青年的会议上，人们经常吟唱着鲁文那鼓舞人心的诗句："约旦河歌唱并拍打着岸边，我们的山谷充满着劳动的声音和希望，闪烁着力量与美景的灿烂火光，岩石的山坡被绿色的火舌舔光。"在他们看来，伊娃与表兄私奔"是件卑鄙的事情"。

鲁文失去了妻子后，与同他之间"存在一种柏拉图式的爱情"的基布兹老师布朗卡·伯杰发生了肉体关系。这种感情虽然暖人心扉，但在基布兹人的心目中属于不道德。因为布朗卡有丈夫和两个儿子，丈夫埃兹拉是基布兹的卡车司机，是来自俄国的犹太移民。俄国移民显然不同于德国移民，埃兹拉不属于基布兹的知识阶层，他的位置在谦虚、直率的劳动者中间。埃兹拉身体结实，长着粗毛，肚子稍大，四肢粗壮，虽然从外表上不像鲁文那么细腻，但他们同样忍受着妻子不忠的痛苦，也都在克制着痛苦。鲁文对孩子倾注了更多的关怀与爱，全身心投入教学工作。埃兹拉决定承担两位司机做的工作，从早上六点忙到将近半夜。

也是按照老一代人的价值标准和道德准则，人们对犯有过失但依旧想留在基布兹的人仍然敞开胸怀，宽容地接纳。相反，对于那些不愿意留在基布兹，甚至做出危害基布兹利益的人则毫不姑息。对基布兹的深情与维护奋斗者信仰可谓是相辅相成。从某种意义上，离开基布兹等于背弃了拓荒者的信仰，而留在基布兹则在维护着那个信仰。人们虽然鄙视伊娃与表兄私奔这一事实，但是仍然期待着她有朝一日能够回到基布兹的怀抱，人们不相信伊娃在德国会得到快乐，因为金钱买不到幸福。这种假设中渗透着基布兹人朴素而执著的信念，以及宽容的美德。而伊娃的可能回归这一事件本身既包含着伊娃对小家庭的依恋，又表明她无法放弃对基布兹这个大家庭的深情，意味着她有可能在基布兹与德国两种文化之间做出新的抉择。直到作品结束，这种假设也没有在伊娃身上化作现实，相反，伊娃还希望女儿诺佳能够离开基布兹，和她一起到德国生活。

从某种程度上，诺佳延续着母亲的人生，诺佳最终选择生活在基布兹则是在实现基布兹人对母亲的一种期盼。诺佳出现在读者面前时已经是一个亭亭玉立的 16 岁少女，她身材瘦高，眉清目秀，一头秀发，诺佳在成长过程中经常为母亲的离去而伤心不已。她与男友拉米的关系若即若离。拉米是在基布兹出生长大的青年。其父奥尔特·罗米诺夫是基布兹的创建者之一，艰苦的生活与劳作虽然摧毁了他的体魄，但没有摧毁他的意志，他有一种固执的骄傲，拒绝离开基布兹去过文明人的生活，最后在冒着热浪干活时死去。哥哥约什也在苏伊士战争中牺牲。母亲虽然不喜欢基布兹生活，但热心地坚持基布兹原则。生活在这样一个家庭的拉米成为典型的本土以色列人，敢于行动，敢于献身，缺少柔情。拉米在服兵役之前下决心像"征服一个女人"那样征服自己的女友，但遭到诺佳的断然拒绝，紧要关头埃兹拉破门而入为诺佳解了围，恼羞成怒的拉米只得离去。

诺佳对年龄与自己父亲相仿的埃兹拉素有好感，从此更主动地与他接近，这一方面是因为爱，另一方面也是出于对父亲的怨；信守老一代人的伦理道德规范的埃兹拉尽管努力克制自己的情感，但有时难免对诺佳想入非非，最后无法自持，致使试图与他亲昵又不谙男女之事的诺佳怀孕，有的基布兹人将此视为埃兹拉报复鲁文与布朗卡有染的方式。鲁文对女儿深感负疚，与布朗卡分手，埃兹拉重新回到结发妻子的身边，曾经一度希望诺佳做儿媳的拉米母亲弗罗玛·罗米诺夫则将此事视为伤风败俗，认为诺佳的血管里流着母亲淫荡的血。诺佳不肯堕胎，也不肯接受母亲的安排前去德国，而是决定留在基布兹，准备接受惩罚和责任。

诺佳究竟是离去，还是留下；是接受处罚，还是应该得到爱与宽容，确实是一个无法回避的问题。基布兹人与海外犹太人表现出截然不同的方式。在集体主义高于一切的基布兹，不可能让所有的人从一开始就对诺佳与有妇之夫怀孕之事表现出一种宽容与友好。基布兹领导人赫伯特·西格尔承担了开导公共意识的重任，西格尔属于德国犹太人，而在基布兹，德国犹太人则等同于文化人。小说称其是具有特殊才能和广阔视野的人，他不流于世俗，利用晚上时间阅读马克思、黑格尔、蒲鲁东、杜林、拉萨尔、圣西门和罗莎、卢森堡的著作。他处理事情明智、敏锐而得体，凭借自己的威信与真诚，扑灭了人们炽烈的道德愤怒，使诺佳所在的学校和诺佳的同学理解诺佳，使整个基布兹用同情和关怀来温暖诺佳。更重要的是，使诺佳摆脱了来自德国的泽卡赖亚的纠缠与引诱，重新赢得了拉米的感情。在父亲已经去世，还有数周即将分娩前与已经丧母的拉米举行了婚礼，两个孤儿重新组织起一个家庭。西格尔的所为，表现出基布兹群体敢于坦然正视自己、接纳并包容自己不慎犯下过失的成员，用爱与宽容来对待她和她的家庭，始终把他们当作共同体中的一分子。

与基布兹人显示出的爱与宽容相对，泽卡赖亚这个海外犹太人在对待诺佳的态度上却表现得自私、冷酷与虚伪。泽卡赖亚是小说第二部中出现的一个人物，他是埃兹拉的弟弟，来以色列的主要目的是到特拉维夫处理紧急商务，给他的咖啡馆招收舞蹈演员并展示富有以色列风情的女子。是怀旧之情将其吸引到了基布兹。在得知埃兹拉与诺佳之间的私情后，他首先想用钱来收买诺佳，而且，为了达到目的而不择手段，利用伊娃与诺佳的母女之情，利用德国优越的生活条件劝说引诱诺佳离开基布兹："到你母亲的家里去。那儿有森林和湖泊，有金黄色的树叶和低低的、灰色的云朵和绿色的、如梦境一样安静的小山……你不属于这里。你属于我们。你是我们的一员。"基布兹人对泽卡赖亚鄙夷不屑，把他的行为视为"狡猾的拉皮条的人，他把一个困难无助的姑娘置于他的羽翼之下，帮助她把私生子带到这个世上来并获得对她的肉体和灵魂的绝对支配权"。

作家在塑造泽卡赖亚这个人物时，还赋予了他一些令基布兹人不齿的特征。比如，他在 1948 年曾经以难民身份来到以色列，但很快离去；他生活奢靡，追求享受，外表上打扮奢侈，每周一次到特拉维夫或海法召妓。这些特征表明泽卡赖亚尽管声称喜欢留在基布兹，观察古老民族的新国家建设，但是在作家和多数基布兹人的眼中，他不仅背叛了以色列国家，甚至配不上"好犹太人"的称谓。小说的结尾，泽卡赖亚在诺佳和其他基布兹人的强烈要求下，悻悻离去，而诺佳和她的家庭却留在了那里，显示出基布兹人具有爱憎分明的道德水准，对于背叛共同体理想、背叛犹太人行为准则的人绝不姑息。

与《何去何从》相比，奥兹另外一部反映基布兹生活的作品《沙海无澜》（*Menuhah nekhonah*）①则围绕基布兹青年约拿单·利夫希茨离家出走这一事件，再现了基布兹人所面临的价值冲突。

小说的背景置于 20 世纪 60 年代的基布兹。小说开篇，主人公约拿单·利夫希茨决定离开基布兹，到另一个地方去。另一个地方在某种程度上与《何去何从》的希伯来语标题形成互文。但是与《何去何从》中的泽卡赖亚不同的是，约拿单并非来自流散地，而是一个土生土长的基布兹小伙子。因此，他的出走便不再体现为流散地犹太人与以色列新希伯来人之间的冲突或者冲突之后的选择，而是基布兹内部的代际冲突和价值冲突。

造成约拿单离开家园的原因来自多个方面。首先是基布兹的生活闭塞，人的个性在此受到压抑。无论在童年还是青少年时期，乃至在服兵役时期，约拿单"都被困在一个小圈子里，那里的男男女女总是想方设法不让他迈出圈子一步。他开始感到他们在阻拦他、妨碍他，他觉得不能让他们继续下去了"。人们终日喋喋不休，就某个怪诞问题进行枯燥乏味的争论，他时常感到自己在虚度年华，在喧闹争吵中耗去生命。而且，他也不

---

① 奥兹：《沙海无澜》，姚乃强等译，译林出版社 1999 年版。

认同基布兹的价值观念。当基布兹领导人在大谈平等权利、集体领导和诚实品德时，他会独自躲在角落里，在餐巾纸上勾画海军驱逐舰。对基布兹生活的厌倦，对基布兹集体价值的抵触，促使他打算到一个遥远的地方，那地方要尽可能不同于基布兹，那里一切都可能发生：爱情，危险，神秘的邂逅和突如其来的征服。

造成约拿单出走的另一个原因来自家庭。约拿单的父母是基布兹元老，在他们身上体现着老一辈拓荒者的价值观念与行为准则。父亲约里克是前任内阁成员、工党领袖，现为基布兹书记，专横跋扈而热衷政治，沉醉于往昔拓荒者们建功立业的辉煌岁月，他对年轻一代所向往的自我实现鄙夷不屑，认为那是些刚愎自用、反复无常的胡说八道；母亲哈娃盛气凌人，年轻时代曾受到约里克之外的另一个来自乌克兰的青年男子的热烈追求，差点闹出人命，甚至连约拿单的身份也有几分存疑。妻子里蒙娜温柔漂亮，但头脑简单。夫妻生活平淡如水，缺乏交流与激情。与奥兹笔下许多年轻的女主人公一样，里蒙娜有其弱点。她尽管漂亮，但缺乏心智，基布兹的许多人觉得她智力迟钝。但更多的是表现为一种单纯，而不是愚蠢。但是，她的善良、忍让与逆来顺受换来的却是约拿单的蔑视。[1] 更有甚者，里蒙娜两次怀孕，两次遭遇不测，第二次竟然生下一个死婴。失衡的婚姻使约拿单更坚定了收拾行囊出走的决心。

俄罗斯青年阿扎赖亚的到来是导致约拿单出走的又一个原因。阿扎赖亚是一位笃信斯宾诺莎哲学的年轻志愿者，在约里克眼中，阿扎赖亚是"上帝赐予我们（基布兹人）的礼物"，有思想，懂一些机修技术。在某种程度上，阿扎赖亚可以被视为约拿单的对立物，代表着两种不同类型的基布兹年轻人，或者说两种截然相对的生存方式。

与陷于孤独、渴望逃避的约拿单相对，阿扎赖亚渴望赢得基布兹成员的爱，渴望与人交流，深层次地触及他们的私人生活，通过表演吉他，打动他们当中最萎靡不振的心灵，宣传自己对正义、爱情、艺术和人生价值的看法。但他也不是作家心目中值得赞扬的新型犹太人，阿扎赖亚一方面想融入基布兹的生活之中，一方面又想入非非，夸夸其谈，不切实际，甚

---

① Joseph Cohen, *Voices of Israel*, Albany：State University of New York Press, 1990, p. 169.

至幻想成为总理艾希科尔办公室里的座上客。同时，阿扎赖亚还有可能成为约拿单的替补。他不仅会顶替约拿单在拖拉机库的工作，而且还会顶替他在里蒙娜心目中的位置。当他在一个雨天带着吉他、敲开约拿单家中的房门前去做客时，便为里蒙娜的美貌倾倒。在日后的接触中，他对里蒙娜产生了一种非常特殊的感受。一个雨夜，阿扎赖亚应约拿单之邀留宿在约拿单家中，约拿单意识到此人可以代替自己的位置，说不定可以唤醒里蒙娜这个睡美人。从此，阿扎赖亚几乎每个晚上都来拜访，还常常在他们家留宿。基布兹人将此视为无政府状态，哈娃强烈要求约里克把阿扎赖亚赶出基布兹。约拿单的出走计划延宕了几个月之后，终于得以实施。他离开了基布兹，去寻找一种所谓全然的宁静，即英译本标题中所说的"A Perfect Peace"。约拿单的出走，在基布兹引起了轩然大波，甚至惊动了总理艾希科尔。

约拿单所追求的全然的宁静应该与死亡相关，他在离开基布兹前夕曾经默默地向父亲祈求，请让我"安静地死去吧"。约拿单冲向内盖夫沙漠，他想穿过边境，前往约旦的红石城佩特拉，这种行动本身具有很大的冒险成分，因为他深知，自己在越过边境的那一刻便有被阿拉伯士兵俘虏的危险。在边境，他和以色列军营的一个女兵发生了一夜情，堪称体验到了他一度向往的爱、危险，而且又有了秘密奇遇。一些评论家指出，约拿单发现真正的人生原来就是通向死亡，通向地狱之路。① 这是因为根据他阅读的旅游手册，佩特拉尽管是一座遍布红色庙宇的恢宏城市，但是，然而到这里来的人"经常会碰到人的腿骨、骷髅，甚至是整架尸骨"。令人毛骨悚然，酷似一座人间地狱。从这个意义上，本来寻找生命之光的旅程便与死亡结下了不解之缘。而在边境上与一位犹太长者的交流使约拿单逐渐放弃了前去佩特拉的念头，后者朝他愤怒地吼叫，"活下去，你这个孬种！活下去，继续活下去！"决定重新回到基布兹，与妻子里蒙娜和阿扎赖亚和平共处。里蒙娜已经怀孕，不久生下一个女儿，孩子的生父可能是阿扎赖亚。

约拿单虽然重新回到了基布兹，但是并不意味着他与父亲之间，或者

---

① Avraham Balaban, *Between God and Beast: An Examination of Amos Oz's Prose*, pp. 123 – 124.

说新老两代人之间的冲突得到了解决。父亲约里克是一代犹太复国主义先驱、以色列总理大卫·本 - 古里安和列维·艾希科尔的同代人，在这些人身上体现着以色列建国者们所追求的信仰，他们致力于献身基布兹运动和劳工运动，遵守基布兹的纪律和准则，同时受到以《圣经》为代表的传统犹太文化的浸染，因此他们对土地、国家的感受特殊而执著。与之相对，以约拿单为代表的年轻一代基布兹人显然缺乏上一代人的精神支柱，即上一代人所珍视的生命火花。约拿单出家远游的旅程，从某种意义上也是在寻找内在生命活力的过程。也是他抛弃束缚着他的文化框架——家庭、基布兹和国家进而追求个人自由的过程。① 但是，这种寻找可能更向着个人灵魂深处切近，而远离了集体主义理想。

（二）女性、家庭与国族政治：奥兹的《我的米海尔》

无论是希伯来文学评论家，还是普通读者，乃至奥兹本人，在提到奥兹的最好作品时，几乎无一例外地提到《我的米海尔》（*Mikha' el She-li*）。② 《我的米海尔》发表于 1968 年，它奠定了奥兹的国际地位，在过去的 40 年间，已经再版 60 余次，其中仅英文版就出版了 12 次。小说采用女性话语，使用第一人称，通过耶路撒冷女子汉娜的视角展开叙述，讲述汉娜与丈夫米海尔从相识到成婚，再到夫妻反目的家庭悲剧，其间夹杂着对 20 世纪 50 年代的以色列，尤其是耶路撒冷城市的社会生活场景的描摹，丰富地表达出女性意识与女性心理特征，这在一向注重表现男性的社会兴趣与社会价值的希伯来文学史上具有创新意义。比 20 世纪 20 年代采用女性视角创作《她在盛年之际》的阿格农更向前走了一步。

小说以一段一唱三叹的优美文字开篇："我之所以写下这些是因为我爱的人已经死了。我之所以写下这些是因为我在年轻时浑身充满着爱的力量。而今那爱的力量正在死去，我不想死。"这段文字中牵扯到文学中两个常见的主题——爱与死，而奥兹正是从这一司空见惯的主题入手，通过描写 20 世纪 50 年代一对年轻的耶路撒冷伴侣的婚恋生活，展现出当时以

---

① Avraham Balaban, *Between God and Beast: An Examination of Amos Oz's Prose*, p. 122.

② 奥兹：《我的米海尔》，钟志清译，译林出版社 1998 年版。

色列人所面临的社会矛盾与心灵冲突。

小说的主人公汉娜是一个充满幻想的新女性，具有不同寻常的独立与反叛意识。她自幼受父亲影响，崇拜学者，梦想嫁给一个举世闻名的学者。但命运却使她在刚刚开始希伯来大学文学系学生生涯，刚刚有可能接触著名学者之时与地理系三年级学生米海尔·戈嫩邂逅而遇，一见钟情，很快便决定结婚。用今天人们的审美与道德标准评判，这桩婚姻无可厚非。但当时她所寄宿的正统派犹太家庭女主人塔诺波拉太太却将它比作"普珥节上的转瓶子游戏"，"《圣经》中的偶像崇拜"，是一件注定要付出代价的错事。并声称如果她是汉娜的母亲，即使汉娜再生气她也会说，她不愿意女儿和一个在街上偶遇的人结婚。也许她会有机会碰上另一个截然不同的人，或者什么人也碰不上！这一切将导致什么？导致的是灾祸！[①]当然，按照正统派犹太教礼仪成就的以媒妁之言为中介的婚姻在当今看来有着很多弊端，遭到希伯来女权主义者们的激烈批判，这里我们无意加以臧否，但从《我的米海尔》一书中来看，塔诺波拉太太在汉娜婚前讲的这些话，在今后一直困扰着汉娜，酷似谶语，预示着汉娜与米海尔婚姻的不幸。

汉娜选中的结婚对象米海尔虽然谈不上才华盖世，甚至算不上一个"聪明男人"，但是他在女孩子面前表现出的窘相，还是让汉娜感到开心。原因在于汉娜当时依然无法接受当时多数女孩子的审美标准，把女朋友们所喜欢的时代精英视为粗俗男人。在她眼中，英勇善战的"帕尔玛赫人"壮得"像笨熊"，"倾泻虚情假意"；把劳动者——"粗胳膊粗腿的拖拉机手"视为"从沦陷城市掳掠女人的抢劫犯"。[②] 从这样的表述中，可以看出汉娜对米海尔的选择显然不符合社会标准，而是有意迎合自己童年时代的期冀，"嫁给一个注定要举世闻名的青年学者。在写字台灯的灯光下，我丈夫埋头于成堆成摞的古旧德文经卷中，我蹑手蹑脚地走进去，往他的桌上放一杯茶，倒空烟灰缸，轻轻地关好百叶窗，趁他不注意时悄悄离

---

① 奥兹：《我的米海尔》，第 41 页。

② 同上书，第 8 页。

开"。① 这种迎合之中带有过多想象的因素，是在有意拓写童年时代在非理性状态下形成在脑海里的一幅画面。

作品中的汉娜生活在两个世界中，一个是现实世界，一个是虚幻世界。

在现实世界里，汉娜选中的米海尔是一个从事地质学研究的自然科学家，用汉娜好友哈达萨的话说，"他是个谦虚而聪明的小伙子。也许不太卓越，但很可靠"。何况，米海尔的父亲不愿意承认自己的儿子只是一个平庸的年轻人，而是想让他成为希伯来大学的一位教授，像祖父那样成为知名学者，成为家族传承链条上的一个重要环节。米海尔的四位姑妈虽然各持己见，但一致鼓励米海尔致力于学业，对他的未来充满了期冀。显然，这桩闪电式的婚姻遭到米海尔家庭，尤其是四位姑妈们的不满。婚后不久，汉娜便怀了孕，遭到米海尔一位姑妈的严厉申斥，埋怨她不负责任，将毁掉米海尔的前程。由于身体不适，汉娜不再工作，这对年轻夫妻陷于经济拮据。汉娜需要倾听丈夫关于物价飞涨、水费很贵的诉说。夫妻情感开始降温，开始感到对方的陌生："我们就像两个在漫长的火车旅行中被命运安排在一起的乘客，双方得互相体谅，彬彬有礼，互不干扰，互不侵犯，少打听对方的私事。"② 在小说中，汉娜的思想离周围的现实世界越来越遥远，陷入了全然的精神崩溃与情感混乱中。③ 因而梦境成了她生活中一个虚幻的世界。在这个虚幻世界里，她自己成了但泽城的女王，从城堡的塔顶凝视着整座城市，展开双臂迎接她的百姓。在梦想的世界中，与她幼时的阿拉伯双胞胎朋友，与身强力壮的布哈拉司机相会。在梦中，总是有身强力壮的男子汉来挽救她。

弗洛伊德在《梦的解析》中曾经论证说，孩提时代经验形成梦的来源。④ 我们可以从汉娜的童年经历中寻找形成这些梦中意象的渊源。汉娜

---

① 奥兹:《我的米海尔》，第 10 页。

② 同上书，第 56 页。

③ Nehama Aschkenasy, "Women and the Double in Modern Hebrew Literature: Berdichewsky/Agnon, Oz/Yehoshua," in *Prooftexts* 8, 1988, p. 121.

④ 参见弗洛伊德《梦的解析》第五章第二节，车文博主编:《弗洛伊德文集》第一卷，长春出版社 1998 年版，第 400—425 页。

年幼时（作品中说九岁时）常常期望自己能长成一个男人，而不是一个女人。小时候，她总是和男孩子玩耍，读男孩子的书，摔跤，踢球，爬高。邻居中有一对阿拉伯双胞胎哈利利与阿兹兹。这对双胞胎任由汉娜支配，可以满足她的施虐与强权意识。小说中有这样的描述："我当女王，他们当保镖；我当征服者，他们当将帅；我当探险家，他们当地头蛇；我当船长，他们当船员；我当间谍头子，他们当随从……我统治着这对双胞胎。那是一种冷酷无情的快感，而如今这快感离我是那么的遥远。"① 汉娜 12 岁那年爱上了他们二人，但父亲的忠告又使她对男性持防范心理，因此造成她心理上的某种压抑感。此外，她的性格中还具有一种受虐意识，在年幼时期幻想自己被暴民俘虏，受到监禁、凌辱与折磨。喜欢受难，因为从受难中可产生一种自豪感。因此她在生病时拒绝接受治疗，认为生病在某种程度上可以达到一种自由境界。

抓住汉娜童年经历中这些占据主导地位的心理特征，就不难理解成人后的汉娜性格中的非理性因素以及一种无法祛除的控制欲和施虐意识，甚至可以说心理病症。这种心理疾病造成她对生活、对丈夫具有一种脱离实际的假设甚至虚幻，而当这种实现不了的虚幻在意识中不断反复时，便会导致她的失常，甚至歇斯底里。

文学与地质，都是挖掘深层次的东西，用作品中一位教授的话说，这是"具有象征意义的专业组合"，"寻找珍藏着的宝藏"，② 但是，文学与地质又具有本质的区别，一个植根于想象，另一个则注重实证与真实。这在某种程度上似乎象征着这对年轻夫妇之间的不和谐。米海尔虽然勤奋内敛，在学业上孜孜以求，但不具备汉娜在幻想中所期冀的那种强悍，无法满足她的潜在欲求。汉娜不禁失望、痛苦、歇斯底里，终日沉湎于对旧事，尤其是充满施虐感的童年的回忆，在遐想的孤独世界里尽情宣泄着自己被压抑的期待和欲望。这些梦同诱奸、凌辱、暴力密切相关，而那对双胞胎既是施虐者，又是受虐者。既受汉娜控制，有时又在控制她。尤其是汉娜在举行婚礼两天前梦见自己被双胞胎凌辱，为婚姻生活蒙上了一层

① 奥兹：《我的米海尔》，第 5—6 页。
② 同上书，第 49 页。

阴影。

双胞胎意象经常出现在汉娜的意识中，成为一种挥之不去的跳荡着的隐喻，侵袭到汉娜的心理深处，除表现为一种性别属性、心理属性外，还具有一种民族属性，这是我们在阅读《我的米海尔》这部爱情小说中不应回避的社会与政治问题。[①] 也就是说，如果将主人公的命运放到阿以关系的语境下衡量，则不难看出，以色列建国后，以色列境内阿拉伯人身份的转换给以色列犹太人造成了一些重大的心理负担。汉娜对曾经青梅竹马的阿拉伯双胞胎的那种病态性思恋无疑是这种心理负担的一种外在表现方式。"双胞胎的父亲拉希德·沙哈达是英辖耶路撒冷托管区技术部的一个职员。他是一个很有教养的阿拉伯人，在陌生人面前，举止就像个侍者。"[②] 双胞胎与汉娜一起度过的无忧无虑的童年则象征着 1948 年以色列建国之前阿拉伯与犹太两个民族之间的和睦相处。但是，1948 年"独立战争"的爆发不仅将耶路撒冷一分为二，也迫使这个普通的阿拉伯家庭弃家出走。此后，阿拉伯双胞胎便在汉娜的思绪中和梦境里，裹挟她，威吓她，令她不得安宁。从某种意义上说，1948 年的"独立战争"对汉娜来说是一场个人灾难，由以色列建国而导致的"独立战争"使得犹太世界与阿拉伯世界相互敌对，也使汉娜失去了少女时代的玫瑰梦。

传统的希伯来主流文学多表现男性的社会兴趣与社会价值，20 世纪 40 年代末期到 60 年代中期的以色列作家们更是注重描写代表着国家利益的拓荒者主人公，或者是思想处于激烈变革之中的拓荒者的子辈与时刻准备为国家利益献身的父辈之间的冲突，汉娜虽身为本土以色列人，但显然不属于这两个营垒。虽身为女性，但显然有别于巴伦笔下深受传统礼教束缚的旧式希伯来女性，更有别于麦吉德塑造的犹太女民族英雄汉娜·塞耐士；她身上所体现的独立与反叛意识使之以一个反传统的角色出现在希伯来文学史上。作为妻子，她无法理解丈夫为之终生奋斗的事业，无法承担贤内助的义务，如米海尔参加第一学位考试，考取了第二名，而汉娜却对

---

①　在这个问题上，谢克德也认为，尽管《我的米海尔》不是社会小说，但潜藏其中的历史与社会环境是小说最基本构造中的有机组成部分。又参见 Nehama Aschkenasy, "Women and the Double in Modern Hebrew Literature," p. 121。

②　奥兹:《我的米海尔》，第 7 页。

他的喜悦无动于衷："让他独自庆贺去吧，留我一个人呆着。10 月份，丈夫已开始攻读第二学位。晚上，他疲惫不堪地回来，会主动请令去买杂货，买菜，买药。有一回，我让他去诊所替我取化验结果，他因而没有前去做一个重要实验。"① 她对丈夫缺乏关爱，甚至将其当成自己发泄欲望的工具。"我只和他发生肉体关系：肌肉、四肢、毛发。在内心深处，我知道我一次又一次欺骗了他。用他自己的肉体欺骗了他……我最初的挑逗就让他完全崩溃与屈服。米海尔真能超越疯狂的感情潮水、超越我带给他的屈辱吗？有一次，他竟低声问我是不是重又爱上他了。问话中带有明显的担忧，我二人都知道没有答案。"② 对丈夫的朋友也不感兴趣，对丈夫的女同学更是痛恨有加；作为母亲，她对儿子漠不关心，缺少必要的母爱，将儿子视为"邪恶的孩子"，甚至为了满足自己对童年时代所崇拜的男性英雄人物的幻想，前去勾引邻居的儿子、一个富有梦幻的 14 岁金发男孩；作为以色列公民，她将自己置身于国家政治与民族责任之外。也许，确如奥兹所说："汉娜实现了自己的梦想，她想嫁给学者就嫁给了学者，她想组建家庭就组建了家庭。但她丢失了梦想中的某些东西。她自己并不知道真正丢失了何物。她丢失的是某种火花，某种灵魂的火花。"③ 因此，她终日噩梦缠身，疯狂购物，深为死亡等意念困扰"我会死，卖菜的波斯人会死，拉文娜会死，约拉姆会死，卡迪什曼会死，所有的邻居都会死去，所有的人都会死去，所有的耶路撒冷人也都会死去……就连在厨房里踩死一只蟑螂我都会联想到自己"。④ 这种灵魂的火花，或许就是汉娜在作品开篇中所自称的"爱的力量"，而随着岁月的流逝，"爱的力量"已经死去，但她自己却不想死。乏味的婚姻是爱情的坟墓，也许这是人性的普遍弱点使然。"但以色列读者对此却极端愤慨，他们问：理想主义哪里去了？政治哪里去了？乐观主义哪里去了？国家信仰哪里去了？"⑤

---

① 奥兹：《我的米海尔》，第 56 页。
② 同上书，第 210—211 页。
③ 参见钟志清《以色列文坛之音：阿摩司·奥兹访谈录》，《译林》1999 年第 1 期，第 206—209 页。
④ 奥兹：《我的米海尔》，第 84 页。
⑤ 钟志清：《以色列文坛之音：阿摩司·奥兹访谈录》。

　　这些发问，在某种程度上向我们透视出一种意义，即生活在 20 世纪五六十年代，经历了以色列建国和三次中东战争的汉娜·戈嫩既是一位游离于国家政治生活之外的女性，又不免受到国家政治的困扰。她与阿拉伯人之间的关系，建立在性心理的基础上，她 12 岁时对阿拉伯双胞胎的爱固然出于两小无猜的情感，也出自双胞胎可以满足她的控制欲望；既不带有反对犹太复国主义成分，也不带有亲阿拉伯人成分。但应该说由于受社会语境的影响，这种关系在相当程度上代表着汉娜生存中的个人与政治二重性。当她与感情迟钝的丈夫日渐疏远后，阿拉伯双胞胎出现的密度日渐增大。[①] 而当以色列人在 1948 年战争后把阿拉伯人当成军事恐怖主义者时，汉娜对阿拉伯人所表现出的亲密，则带有摒弃社会道德规范、打破政治界限的情欲色彩。

　　如果说，1948 年的"独立战争"把阿拉伯双胞胎从她的生活中祛除，变成她脑海中的梦魇；那么，在 1956 年的"西奈战争"中，丈夫被迫从军再度搅乱了汉娜的家庭与情感生活，令一向对政治不感兴趣的她一度热衷于时政与战事进展。希伯来文学评论家努里特·戈尔茨把对"西奈战争"的描写当成小说中的一个高潮。她说，在战争期间，以色列国家宣泄了其集体压力。而该书的高潮在于把讲述一个沉浸在白日梦中的女主人公的故事变成叙述整个社会在战争期间实现幻想。它以反讽手法来处理国族事件，给个人的疯狂赋予了社会政治意义。[②]

　　　　九点钟，电台发布消息：

　　　　昨天夜里，以色列国防军挺进西奈沙漠，攻克了孔蒂拉以及拉斯恩纳盖夫。占领并驻扎在苏伊士运河以东六十公里的纳哈尔一带……

　　　　九点一刻：

　　　　停战协议已被废止，不会再恢复。我军一泻千里，敌军纷纷溃退……

---

　　① Nehama Aschkenasy, "Women and the Double in Modern Hebrew Literature," p. 123.

　　② Nurit Gertz, "'My Michael': From Jerusalem to Holywood Via the Red Desert," in *Modern Hebrew Literature in English Translation*, ed., Leon Yudkin, New York: Markus Wiener, 1987, pp. 139–156.

十点半：

西奈沙漠，以色列民族的历史摇篮……

我和耶路撒冷不同。竭力变得自豪和投入。不知米海尔是否带了胃药。一贯那么整洁、干净。他已经跳了五年。第六年就该"向和平鸽道声再见"了。[1]

这段文字的前半部分按照时间顺序报道战争进程，隶属国族政治；而后半部分写汉娜的个人感受，以及对身在前线的丈夫的牵挂，表述离情别绪。与中国文学中妻子送郎上战场的那些留守夫人或者翘首盼君回的怨妇们不同，汉娜对米海尔的牵挂之中似乎又掺杂着一些心不在焉，表明汉娜实际上处于某种不清醒状态，甚或说疯癫的前兆。

接下来的描写愈加证实了汉娜处于一种非理性的思维状态。她的思维跳向了耶路撒冷城边的一个小巷。风在小巷中吹动。打着旋涡。旋风击打着铁百叶窗和用锈铁丝拴住的铁门。一个正统派犹太教的孩子站在窗前，鬓发垂在苍白的脸颊上。孩子一动不动地站着。"那是我的孩子。"这里，正统派犹太教的孩子与汉娜的孩子亚伊尔的形象在汉娜的意识中交叠在一起，说明汉娜已经处于幻觉中。继之，她开始幻想夜间的高级专员会议，幻想她所崇拜的米海尔·斯特洛果夫被几个粗鲁野蛮之徒包围着。刀光闪闪。笑声阵阵。没有词语。像阿兹兹与乌西什金街上的耶胡达·果特利巴在空旷的建筑工地上打斗……尔后思绪驰骋到北海上空低垂的乌云，巨大的冰川，无垠的海水。

如果像众多社会学者那样把政治当成以色列人集体意识中不可或缺的组成部分，那么可以说深受以色列政治困扰的汉娜只能在非理性的状态下才能寻找到一片自由天空。在这个人物身上，负载着奥兹等新浪潮一代作家试图摆脱前代作家铸造的社会与民族模式，注重主人公个性发展与性格多元化塑造的审美主张。

在世界文学画廊中，男作家写女性，固然不乏成功的范例，世界上光彩照人的女性形象往往出自男作家之手，如托尔斯泰笔下的安娜·卡列尼

---

[1] 奥兹：《我的米海尔》，第170—171页。

娜、福楼拜笔下的包法利夫人，① 不过男作家写女性心理的难度还是很容易想见的。心理学家魏宁格称这种尝试从一开始就注定了失败。原因在于，其中的结论不得不以另一性别（即男性）为依据，并且不可能依靠内省得到证实；而女人性格中那些让女人感兴趣的方面并不见得让男人感兴趣；何况即使女人能够并愿意充分地剖析自己，她也不可能愿意去谈论自己。② 但是大家可以看到，奥兹对汉娜的心理刻画细腻而逼真，池莉、徐坤等女性作家和普通的女读者几乎不约而同，感叹奥兹身为男作家竟然如此了解女性，把女性心理描写得如此细腻。究其原因，其生命中第一个女性，即他的母亲范尼亚无疑起着至关重要的作用。

　　笔者在多年前分析汉娜这个人物形象时曾经写道，在以色列的评论界曾经流传着这样一种说法，耽于梦幻的汉娜有些像奥兹的母亲，而奥兹本人就是书中米海尔和汉娜儿子亚伊尔的原型。奥兹的母亲在他 12 岁那年自杀，这件事对奥兹的心理和创作产生了巨大的影响。③ 对此，我们在奥兹发表于 2002 年的长篇小说《爱与黑暗的故事》中可以看到奥兹对母亲范尼亚所做的详尽描写。尽管奥兹在过去的几十年里，一直把思恋母亲的情感埋藏在心灵的坟墓中，他从未向任何人提起过自己的母亲，包括自己的至亲好友，包括自己的妻子儿女；但是，在《我的米海尔》中漂亮而不切实际、最后歇斯底里的汉娜身上隐约可以捕捉到奥兹母亲的性格。汉娜和范尼亚一样具有文学才华，一样偏执，一样对人生抱有不切实际的渴望，最终这种渴望变成了失望。她们一样憎恨虚伪与背叛，就连在寒冷的天气里自虐身体这一细节，都显示出二人的雷同之处。可以说，在某种程度上汉娜就是范尼亚完整性格的一个剪影，让我们依稀辨认出范尼亚的轮廓。也许，对母亲那种铭心刻骨的思恋，对母亲所作所为的锲而不舍的追问，有助于奥兹战胜自己作为男性作家在把握女性语言和女性心理特征上的难度，把对母亲的情感与怀恋蕴积在对主人公汉娜的描摹上，实现了美与悲的同步。

　　而在创作过程中，奥兹起到的作用几乎就是传达女主人公心声的中

① 中国作家铁凝、莫言等与以色列作家大卫·格罗斯曼的交流，2010 年 3 月 11 日。
② 参见奥托·魏宁格《性与性格》，肖聿译，中国社会科学出版社 2006 年版，第 89 页。
③ 钟志清：《当代以色列作家研究》，人民文学出版社 2006 年版，第 54 页。

介。① 在一定程度上，艺术家本人成了创作的奴隶。② 这一点我们在奥兹的一段自述中也可以得到证实，奥兹在回忆创作《我的米海尔》经历时指出，汉娜这个形象曾经困扰了他很长时间："她不放弃。对我说：'我在这儿，我不放你走。你照我所吩咐的去写，否则你将得不到安宁。'我辩解，为自己寻找借口：我告诉她，'你瞧，我无能为力，去找别人吧。去找女作家，我不是女人；我无法用第一人称把你写下，饶了我吧。'可是不，她不放弃。尔后，当我写作时，我想祛除她的影响，回到我自己的生活之中，可是她继续和我争论每一行文字的写法……"③ 与奥兹争论的这位女性，也可以被视为驱使其创作的内在驱动力，对一个当时不到 30 岁的年轻作家来说，这种驱动力无疑与人生中某种难以忘怀的体验相关。由此不难判断，作家在拓写、描摹他脑海里那位女性的同时加进了自己对女性的特殊理解。

自幼目睹父母不幸婚姻并历经家庭磨难的奥兹创作《我的米海尔》，是想探讨婚姻与家庭生活的某种真谛。正如他自己所说："我一直认为，家庭生活最玄妙莫测，富有神秘色彩。不同宗教习俗、不同文化传统、不同社会体制下的家庭生活具有许多相类似的成分，我非常想了解家庭生活的这种神秘性。当然，《我的米海尔》描写的是黎明后的时代，因为四十年代，人们只是渴望建立一个独立的国家，而到了五十年代，人们则应当开始独立的生活。就像人们经历了一个漫漫长夜后迎来黎明，黎明后则要开始一天新的工作与奔波，我只是想探讨现代人怎样生活这一主题。两个普普通通年轻人的婚姻究竟错在了何处？造成这一悲剧的原因在于过于沉重的生活负担。"④

具体地说，这种负担来自家庭的经济状况、战争、童年记忆和死亡的困扰。这种观点在奥兹带有自传色彩的长篇小说《爱与黑暗的故事》中得到了更为清晰的印证。奥兹的父母在耶路撒冷相识并结婚，他们都具有很

---

① Joseph Cohen, *Voice of Israel*, p. 143.

② Esther Fuchs, *Israeli Mythogynies*, Albany：State University of New York Press, 1997, p. 76.

③ Joseph Cohen, *Voice of Israel*, p. 143.

④ 参见钟志清《以色列文坛之音：阿摩司·奥兹访谈录》，《译林》1999 年第 1 期，第 206—209 页。

高的文化修养，能用许多门欧洲语言进行交流。他们和自己的父辈以及身边许多犹太人一样都是热诚的亲欧人士，欧洲对这些人来说是一片禁止入内的应许之地，是大家所向往的地方，有钟楼，有用古石板铺设的广场，有电车轨道，有桥梁、教堂尖顶、遥远的村庄、矿泉疗养地、一片片森林、皑皑白雪和牧场。而在耶路撒冷，这些人不得不居住在阴暗潮湿的公寓里，其中多数人都生活在社会底层。现实与梦想中所期冀的世界相去甚远，甚至与他们曾经在欧洲所过的生活也相去甚远。也就是在耶路撒冷，范尼亚（汉娜的原型）终日把自己囚禁在家里，在生活中经历着贫穷，在精神上忍受着孤独的熬煎，夫妻之间形同陌路，生命之花在一片片凋零，就连他唯一的儿子也唤不起她对生命的热情，最后选择用自杀的方式结束了自己年轻的生命。从这个意义上说，《我的米海尔》所揭示的家庭生活悲剧具有普遍性。汉娜和米海尔这对夫妇可以是你身边的一对伴侣。

《我的米海尔》所开创的"婚姻悲剧"或者说"家庭悲剧"模式在奥兹日后创作的《黑匣子》、《了解女人》、《莫称之为夜晚》等几部长篇小说中得以沿袭并创新，在以色列文坛别立一宗。

（三）《地下室里的黑豹》的多重主题

《地下室里的黑豹》（*Panter Ba – Martef*）是奥兹的第 9 部长篇小说，其希伯来文版首发于 1995 年。这是一篇记忆小说，它以作家的童年经历为基础，又融进了丰富的文学想象。这部作品，可以视为奥兹全部创作素材的储备库，涉及家庭主题、背叛主题、民族主义主题，等等。

小说的背景置于 1947 年夏天英国托管耶路撒冷时期。那是巴以历史上非同寻常的时期，因为数月后，即 1947 年 11 月，联合国大会将在纽约成功湖宣布巴勒斯坦分治协议，允许第二年在巴勒斯坦建立两个国家，一个阿拉伯国家，一个犹太国家，英国人很快就会结束在巴勒斯坦的委任统治，离开那片土地，以色列国将会建立，以色列与阿拉伯世界从此陷于无休止的冲突之中。在历史巨变的前夜，英国士兵、犹太地下武装、阿拉伯民族主义者纷纷行动：枪击、爆炸、宵禁、搜查、逮捕、迫在眉睫的战争与种种可怕的谣传不但给人们的日常生活本身平添了许多不安定因素，也留下了许多令人匪夷所思的谜团。曾在《我的米海尔》、《恶意之山》（中译本名为《鬼使山庄》）和《爱与黑暗的故事》等作品中对这一历史进程做过不同程度触及与把握的奥兹，再次以这个特殊而复杂的历史时期为背景，借助奇巧的构思、睿智的分析、优美的行文在《地下室里的黑豹》中触及诸多发人深省的问题。

小说首先以成年人的口吻交代"在我一生中，有许多次被称作叛徒"，给读者留下了悬念，随之回忆起自己在 12 岁那年因为与当时犹太人的敌对方英国人交往、第一次被称作叛徒的情形。总体看来，小说的主要情节是在家、东宫和特里阿扎丛林三个主要场景中展开的。

大家知道，奥兹素以破解家庭生活之谜见长。他在《地下室里的黑豹》中，再次运用爸爸、妈妈、孩子三个人物构成了家这个场景中的核心：爸爸妈妈来自乌克兰，他们的亲人全死于希特勒手中，这一点显然与奥兹本人的经历有别。爸爸是学者，在爸爸的性格中，理性占了上风，他原则性强，为人热情，对正义忠贞不渝，具有强烈的仇欧情绪；而妈妈则喜欢追忆过去，故乡乌克兰的河湾、河面上星星点点的鸭群、缓缓漂流的蓝色百叶窗、河流和草地、森林和田野、茅草屋顶和薄雾中的悠扬钟声曾令她魂牵梦萦。熟悉奥兹的读者往往会觉得这一切似曾相识，但此次，作家的关注视点有所转移，我们在《爱与黑暗的故事》、《我的米海尔》和其他作品中看到的家庭悲剧和夫妻情感均被置放到了边缘地位，孩子则成了家中的中心人物，也成了整部作品的主人公。他在家中见证的不再是父母那痛苦而缺少生气的日常生活，而是他们颇有几分让人憧憬，甚至惊心动魄的地下活动（爸爸为地下组织编写标语，收藏违禁品，妈妈悄悄救助伤员），亲临了英国士兵前来搜查时的紧张局面。几乎所有的情节设置，都与孩子的所谓"背叛"行为具有直接或间接的关联。

这个孩子年仅 12 岁，他因酷爱语词而赢得普罗菲（教授一词的缩写）绰号、并喜欢写诗拿给女孩子看，继承了爸爸追求理性和妈妈耽于幻想的天性。由于在家中受参加地下活动的父母的影响，在学校和其他场合听成人进行英雄主义宣传："我们处在一个生命攸关的时期"、"希伯来民族要经受住考验"，他立志为民族的事业而战。他提议创办了"霍姆"（希伯来语音译，意为"自由还是死亡"）秘密组织，加盟这个组织的还有他的两个小伙伴本－胡尔和奇塔。他们想用旧冰箱营造火箭，打到白金汉宫或唐宁街10号，把英国人赶出他们心目中的犹太人领土。他们还喜欢看好莱坞影片，模仿里面的英雄人物，普罗菲本人更是为影片中的英雄着迷，经常把自己比作地下室里的黑豹，意思是等待时机猛扑出去，为自己所谓的信念而献身。

但是，他的英雄梦屡屡受挫。在一个宵禁的夜晚，他被一个英国警察所救，这个英国人来自坎特伯雷，讲圣经希伯来语，崇拜古老的犹太文化，热爱耶路撒冷，普罗菲深受吸引，答应与英国人换课，相互学习英文和希伯来文。甚至天真地想借此机会，向英国警察套取情报，完成他所谓的民族主义理想。但事与愿违，小伙伴把他称作叛徒，而他本人也无法确定自己与英国人的交往是否属于背叛行径，经常陷于灵魂的挣扎中。

围绕什么是"叛徒"问题的讨论首先是在家中进行的，那是在某天早晨，家中墙壁上赫然出现了"普罗菲是个可耻的叛徒"几个黑体字之后。爸爸认为"叛徒"是"一个没有廉耻的人。一个偷偷地、为了某种值得怀疑的好处、暗地里帮助敌人、做有损自己民族的事，或伤害家人和朋友的人。他比杀人犯还要卑鄙"。而妈妈则认为"一个会爱的人不是叛徒"。父母的不同观点成为支撑普罗菲理解叛徒意义的两个支点，前者是从理性角度给叛徒下定义，后者从情感角度对前者加以辩驳，体现着背叛本身所具有的悖论色彩，也透视出普罗菲的内心矛盾。他自己也试图通过翻阅百科全书，弄清楚叛徒的诸多字面含义。他甚至对着镜子盘问自己究竟长着一副叛徒的模样，还是地下室里黑豹的模样？

场景之二东宫，名曰东宫，实为摇摇欲坠的棚屋，掩映在西番莲中。这是普罗菲和英国警察邓洛普军士换课并且交谈的地方。普罗菲在和英国警察交往时内心矛盾重重。尽管他不断提醒自己，一刻没有忘记英国人是敌人，不告诉对方自己的姓名，像地下战士那样称自己是"以色列土地上的犹太人"，有时为赢得对方信任才喝下他买的柠檬汽水，有时却不由自主地告诉对方爸爸也懂拉丁语和希腊语，甚至对人家产生了某种"喜爱"的情感，随即又为自己的行为懊悔不已："我的心在胸腔里跳荡，犹如一只地下室里的黑豹，我以前从未做过如此杰出的益事，也许以后也不会了。然而几乎与此同时，我嘴里尝到了酸味，卑鄙叛徒的可耻滋味：如同粉笔刮蹭时的战栗。"

场景之三特里阿扎森林，是普罗菲和"霍姆"组织成员开会、请求批准他执行刺探任务的地方，也是他因犯有所谓的叛变罪而接受审判的地方。普罗菲的两个小伙伴本－胡尔和奇塔模仿美国影片对他进行了持续不到一刻钟的审判，既严肃，又滑稽，颇具黑色幽默的味道。一脸狐相的本－胡尔得出结论："本庭相信叛徒所说他从敌人那里得到了一些情报。本庭甚至接受叛徒没有把我们泄露出去的说法。对叛徒所说他未从敌人那里得到任何报酬的错误证词，本庭表示愤慨并予以驳回：叛徒收了薄脆饼干、柠檬汽水、香肠肉卷、英语课、一本包括《新约》在内的《圣经》，《新约》攻击我们民族。"普罗菲找理由为自己辩解，但无济于事。他一气之下，宣布解散自己创建的地下组织，与朋友们彻底决裂。

表面看来，小说在写少年故事，实际则是把个人命运和共同体前途放在一起来探讨个体身份，显示出作品的道德深意和作家的矛盾心态。作为一个希伯来孩子，普罗菲也和当时的多数犹太人一样，把英国人当成敌人，其人生致力于驱逐外国压迫者，但其灵魂又受压迫者困扰，因为这个压迫者也来自拥有河流与森林的土地，那里钟楼骄傲地耸立，风标平静地在屋顶上旋转。在和英国警察交往时，他"很快便被他吸引了"，甚至"具有一种冲动，要跑过去给他拿杯水"。在某种程度上，审判他的伙伴对他的背叛指控并非子虚乌有："你普罗菲爱敌人。爱敌人嘛，普罗菲，比泄密还要糟糕。比出卖战斗者还要糟糕。比告发还要糟糕。比卖给他们武器还要糟糕。甚至比站到他们那一边、替他们打仗还要糟糕。爱敌人乃背叛之最，普罗菲。"从某种意义上，他已背叛了 20 世纪 40 年代晚期巴勒斯坦地区犹太人心目中约定俗成的价值标准。在他看来，世上有非自私、非精心策划的背叛，也有不卑鄙的叛徒。背叛者爱他正在背叛着的人，因为没有爱就没有背叛。

理智与情感、理想与现实、使命与道义、民族情感与人道主义准则等诸多充满悖论色彩的问题不但令小主人公费解，而且让已经成人的作家无法释怀。"直至今天，我无法向自己解释那是怎么回事。"当然，当作家开始创作《地下室里的黑豹》的 1994 年，英国人已经不再是犹太人的敌人，传说中与犹太人具有血亲关系的以实马利的后裔成为他们的新敌。作品中写道：人们会为旧日生活在那里的迦南人，指阿拉伯人，感到难过。"犹太人会崛起，打败他们的敌人，石造村庄会毁于一旦，田野和花园将会成为胡狼与狐狸出没的地方，水井将会干枯，农夫、村民、拾橄榄的、修剪桑树的、牧羊人、放驴的都将会被赶进荒野。"英国警察这样说。犹太女孩雅德娜也这样说："即便真的是别无选择，你必须去战斗，地下工作者也是极有害的。那些英国人也许很快就会卷铺盖回家。我只希望他们走了以后，我们别后悔，痛悔。"雅德娜是小主人公偷偷暗恋的一个姑娘，比他大八岁，他曾经无意间在屋顶看到雅德娜换衣服，事后一直伺机想请对方原谅，但又羞于启齿，经常为此懊悔不已。由此引发出另一个层面的精神探索，即一个男孩在成长过程中的心理期待问题，这里不再赘言。雅德娜的话与英国警察的说法具有某种关联，就像作家所说，"这些话酷似邓洛普军士所说的阿拉伯人是弱方，很快他们就会变成新的犹太人（指受难者）"。这些讨论触及了英国人走后巴勒斯坦向何处去的问题，预见到未来的潜在危险。普罗菲生雅德娜的气，认为雅德娜说出了最好秘而不宣的东西。也生自己的气，因为他没有看出这种关联。在某种程度上，雅德娜有点像他的精神导师，他把自己所有的问题与困惑对她倾囊而出，而她则告诉他从父母和老师那里均无法得到的答案。"你跟我说的那个军士，似乎真的很好，他竟然连孩子都喜欢，但是我认为你不会有什么危险。"喜欢孩子的人懂得爱，会爱的人不会背叛。也许，这种幼年时期的心灵触动是日后形成作家的人道主义情怀的一个诱因吧。

　　理想主义者希望犹太人与阿拉伯人和平相处，但两个世界中的极端主义人士对此竭力反对。1993 年，以色列总理拉宾和巴解主席阿拉法特在挪威达成了奥斯陆协议，天真的人们曾一度以为巴以和平在即，但两年后拉宾便倒在犹太极端主义者的枪下，巴以双方冲突再起，和平再度遥遥无期。一向主张巴以和平的奥兹因在 1994 年攻击犹太定居点的极端主义分子，也被右翼人士称作叛徒，这在某种程度上与小说的开头互相呼应。浮现在普罗菲脑海里的那幅画面：爸爸妈妈和邓洛普军士在安息日清茶一盏，共话双方感兴趣的话题，雅德娜在吹竖笛，而"我"躺在她脚边地毯上，地下室中一只幸福的黑豹，迄今依然可以说是作家心目中的一个美好梦想，只是里面的人物发生了变化。从这个意义上，《地下室里的黑豹》用形象的笔法表达了作家的人生理想，在历史与现实之间建构了一种象征性的联系，对本民族信仰深处某种极端性因素发出了危险信号。

三　塞法尔迪作家约书亚

亚伯拉罕·巴·约书亚是与阿摩司·奥兹齐名的当代以色列优秀作家，生于耶路撒冷。约书亚的父亲是第四代居住在耶路撒冷的西班牙裔犹太人，即塞法尔迪犹太人（Sephardic Jews），多年致力于东方学研究，是 20 世纪初年巴勒斯坦出版界的一位权威人士。在逝世前的 17 年间有 12 本书问世，反映旧耶路撒冷问题、塞法尔迪犹太人的世界，及其与阿拉伯世界的关系。约书亚的父亲还通晓阿拉伯语，有许多阿拉伯朋友，在"六日战争"前一直同阿拉伯人保持密切的往来。约书亚的母亲 1932 年从摩洛哥移居巴勒斯坦，这是一位向往西方犹太人生活的东方犹太人。在日常生活中，她有意识地让自己的孩子去仿效西方犹太人的生存方式与高雅的举止，在某种程度上，可以说约书亚是被同化了的塞法尔迪犹太人。

塞法尔迪和阿什肯纳兹（Ashkenazi Jews）是犹太人中两个最为基本的族群。塞法尔迪（字面意思为"西班牙人"）犹太人指 1492 年之前居住在西班牙或葡萄牙的犹太人的后裔。犹太人于 1492 年在西班牙、1497 年在葡萄牙相继遭到驱逐后，散居到北非、东欧和南欧（从今天的意大利到土耳其）、黎凡特，[①] 或地中海东岸。塞法尔迪这一术语经常被大量用于非阿什肯纳兹血统的犹太人，包括在伊拉克、叙利亚和也门居住了数百年，乃至千年的东方犹太人。

阿什肯纳兹犹太人说的是从 14 世纪开始居住在德国，与塞法尔迪具有不同生活习俗的犹太人。今专指居住在西欧、北欧和东欧（如法国、德国、波兰、立陶宛、俄国等地）的犹太人及其后裔。[②] 从犹太历史上看，犹太复国主义，或者说在巴勒斯坦地区建立犹太人家园的理念主要是阿什肯纳兹犹太人所倡导的事业。早期的犹太复国主义理论家西奥

---

① 黎凡特：指地中海东部诸国及岛屿，即包括叙利亚、黎巴嫩等在内的自希腊至埃及的地区。

② *World Literature and Its Times*, vol. 6.

多·赫茨尔、阿哈德·哈阿姆以及以色列领袖大卫·本－古里安、海姆·魏茨曼都是阿什肯纳兹犹太人。以色列建国后，阿什肯纳兹犹太人这一群体成了国家领袖和文化精英。相形之下，生活在北非和地中海东岸的塞法尔迪犹太人随着阿拉伯民族主义的兴起和以色列国家的建立，被迫离开这些穆斯林国家，移居到新建立的以色列国家，甚至占据了这个国家的人口比例中的多数。但是这些长期生活在穆斯林国家的人，对犹太历史与犹太复国主义理念非常陌生。何况，以色列国家的创建者们在教育、经济、选举等政策方面都体现出阿什肯纳兹犹太人的优越之处，而从东到伊朗、西到摩洛哥等地移居到巴勒斯坦的塞法尔迪犹太人却形成了一个游离于阿什肯纳兹犹太人之外的独特群体。他们尽管就读于犹太复国主义学校，不用阿拉伯语读书或者写字，但是仍然喜欢用阿拉伯语进行日常生活交流，在议会、内阁、政府阶层、工会、经济和军事机构中得不到应有的表现，在经济、教育领域缺乏话语权，在对国家的文化归属上感到压抑。[1] 尽管约书亚本人声称从来不为自己的塞法尔迪犹太人身份自卑，自己拥有很多阿什肯纳兹犹太人朋友，但是在一个阿什肯纳兹犹太人占据主导地位的国家里，约书亚身份中的两个重要特征尤为值得关注。其一是他的塞法尔迪犹太人，或者说东方犹太人身份。其二是他对以色列的阿拉伯人所具有的特殊感情。

约书亚曾于 1954 年到 1957 年服兵役。继之就学于希伯来大学，攻读文学与哲学，1961 年获学士学位，后就学于师范学院并在中学任教。1963 年至 1967 年随到法国攻读博士学位的妻子一起住在巴黎，接受全面的西方文化的熏陶和影响。后回国在海法大学任教，现为比较文学教授。早在服兵役末期，约书亚便开始发表短篇小说。20 世纪 60 年代以来，相继发表了《老人之死》（1962）、《面对森林》（1968）、《1970 年初夏》（1972）、《三天和一个孩子》（1975）等短篇小说集。

《老人之死》（"Mot Ha－Zaken"）讲述的是一位老犹太人的故事，他活在这个世界上已成为邻里们的一个负担，于是邻居们便接受了一个老太

---

[1] Gideon N. Giladi, *Discord in Zion: Conflict between Ashkenazi & Sephardi Jews in Israel*, Essex: Scorpion Publishing House, 1990, pp. 7 – 8.

太的建议，宣称他已经死去，并将其活埋。该小说开创了贯穿约书亚全部
创作的两大主题先河：一是新老代际之间的冲突，新老两代人不能沟通并
理解，新一代人对老一代人没有耐性，对他们的许多行动不能忍受。二是
当代以色列人，要想在当代社会求生存，必须同过去切断联系，认为在犹
太史上有着至关重要地位的《圣经》和犹太复国主义已经成为一种沉重的
负担。约书亚在这篇小说中，已开始使用象征与荒诞等现代主义表现技
巧，老人象征着犹太人的过去，尽管它很辉煌，但现代以色列人体会到的
只有它给当代世界造成的危险。将老人活埋这一事件本身极具荒诞色彩，
显示出人性本身所具有的毁灭性冲动。

　　从 70 年代后半期起，约书亚致力于长篇小说创作。《情人》（1977）、
《迟到的离婚》（1982）、《五季》（1987）、《曼尼先生》（1990）、《从印
度归来》（1994）、《通向世纪之末的漫长旅行》（1997）、《自由新娘》
（2001）等以及剧本和随笔。作为工党中一名活跃成员，约书亚还发表许
多政治随笔，论及犹太复国主义和犹太教，其中一些收入反映阿以冲突的
随笔集《在权利与权利之间》（1981）。

（一）约书亚笔下的边缘主人公

　　约书亚也是新浪潮作家中较早变革前人文学主张和集体主义意识的作
家。他执著地描写某些生活在社会边缘的个人，如对犹太复国主义理念进行
叛逆的本土以色列青年、以色列的阿拉伯人、塞法尔迪犹太人，等等。在创
作手法上，约书亚认为自己主要得益于希伯来语作家阿格农，犹太作家卡夫
卡和美国作家福克纳的影响，而其中影响最大的当属福克纳。美国文学批评
家哈罗德·布鲁姆将约书亚比作福克纳。约书亚的象征主义小说，给现代希
伯来文学创造了一种新声音和一种新的叙事方式，使之赢得了广泛的赞
誉。[①] 而这种象征与寓意，又植根于以色列社会现实的土壤之中，通过文本
阅读，生发对以色列国家内部某些政治问题与社会问题的思考。

　　1. 以色列国家背景下的阿拉伯人

　　约书亚在接受《华盛顿邮报》的采访中说，"我对于一直属于这个国

---

① Robert Alter, *Modern Hebrew Literature*, p. 353.

家的阿拉伯人所持的态度比其他作家要更为亲密。我的父亲是一个东方犹太人，他讲阿拉伯语，我们家里总有阿拉伯人。我觉得他们和我们是平等的，这种平等在某种程度上允许我对他们发怒，叫喊，像要求自己那样要求他们。"① 也许，其他作家最初是出于某种道义与责任对以色列阿拉伯人的命运表示关注，那么约书亚则更多地出于情感对他们加以关怀。尽管约书亚与奥兹和后来的格罗斯曼一样强调要把文学创作与政治见解区别开来，但是出于对阿拉伯人的某种特殊感情，他把阿拉伯人引进自己的早期小说中，呈现出当时人们尚未思考的一些观点，实现了非虚构类政治随笔所无法企及的目的。就像他自己所说："在我的第一部长篇小说《情人》中，有个在汽车修理厂干活的阿拉伯男孩。许多人后来告诉我，'看完你的小说后，我去机修厂再见到阿拉伯男孩，便产生了不同的看法'。"对此，约书亚感到十分骄傲，尽管这些阿拉伯人错综复杂，有时会带来一些问题，但却真实可信。②

发表于 1962 年的中篇小说《面对森林》③ 在以色列国内外的文学批评界一向被奉为经典之作。小说虽然以一个带有叛逆色彩的本土以色列青年的护林经历为主线，展开情节，但是令读者最为关注的则是与主人公朝夕相处的阿拉伯人。

小说背景置于 20 世纪 60 年代的以色列，主人公是一位不知姓名的本土以色列青年，但他根本不是犹太复国主义先驱者们所期冀的新希伯来人或者说本土以色列英雄，充其量只是犹太国家内一个孤独的边缘人，或者说是反英雄。这位主人公年届三十，尚未成家，是希伯来大学的一位博士候选人，他虽然已经修完全部课程，正在撰写有关十字军东征问题的博士论文，但没有任何进展，终日百无聊赖。昔日的同学早已毕业并谋到了职位，而他既无工作，又居无定所。朋友认为解决他问题的最好方式就是将他送去隐居，于是帮他谋到了去往处在偏远之地的一座森林当防火护林员的工作。希望在这种彻底的隐居中，"能把他崩溃

---

① "Looking at Israel Through Many Eyes," in *The Washington Post*, December 13, 2006.

② Ibid.

③ 约书亚:《面对森林》，王义国译，《世界文学》2002 年第 4 期。

了的存在聚拢起来"。

被派往一片大森林令他产生一种被亲朋遗弃的孤独感。但他在森林里不是孤独一人，与他一起护林的还有一位阿拉伯工人。可以说，遭到生活边缘化与政治边缘化的犹太青年和阿拉伯人只有在社会之外才能找到他们仅有的栖身之处。不过，两个同样处于社会边缘地位的人之间却未能产生所谓的同命相怜之感，甚至未能进行起码的交流与沟通。交流失败的原因既来自个人，又来自民族。

根据作品描述，阿拉伯人是个上年纪的哑巴。他的舌头在战争期间被割掉。尽管是被阿拉伯一方还是以色列人一方割掉的无从得知，但就其结果看他已经失去了与人交流的正常能力，只与自己年幼的女儿相依为命。其次，阿拉伯人不懂希伯来语，也无法听懂主人公说的话。即使在这个并不操纵国家话语权利的微不足道的犹太人面前，阿拉伯人和他的小女儿也流露出一种莫名的恐惧和不信任。他们先是"被这个和蔼的、学者样的人物给吓了一跳"。即使对他表示的"爱抚"，阿拉伯孩子也"缩了一下身子，吓坏了"。他们时而从森林里冒出来，时而又消失不见，与主人公无法进行语言交流，每当看到主人公出现，他们便默不作声。同样，代表着以色列一代先驱者的主人公父亲在造访森林时试图用自己年轻时期学过的磕磕碰碰的阿拉伯语与阿拉伯人及其孩子成为朋友，也以失败告终。不同的是，父亲在和阿拉伯人交往时产生了一连串的问题："这个人是谁？他是从哪儿来的？是谁割掉了他的舌头？为什么割掉他的舌头？瞧，他在这个人的目光中看到了仇恨。像这样的一个人，总有一天是会在森林里放火的。"从某种意义上，哑阿拉伯人堪称当代以色列阿拉伯人的具体化表现形式，象征着1948年"独立战争"以来阿拉伯人的声音在以色列趋于沉默的状况。作家在描写阿拉伯人的神态时，习惯使用"心酸的失望"、"无精打采"等词语，通过主人公父子与阿拉伯父女之间在森林中同居一座房屋又无法沟通的现实，形象地创造出阿拉伯人和犹太人之间交流失败的比喻。

主人公奉命看守的森林也带有政治色彩。对于深受西方现代主义文学影响的约书亚来说，森林的设置不仅是为了情节演进的需要，而且也为的是体现作者的某种观念，成为意义的载体。在许多西方作家的心目中，森林往往被视作看不见的权力住所、上帝的家园、逃避混沌的理想王国、国家集团的象征。① 而对于犹太复国主义者来说，种植树木具有重新使以色列民族同本土自然结合起来的意义。② 约书亚笔下的森林，在地图上原本是一个阿拉伯村庄，换句话说，森林建立于废弃了的阿拉伯村庄之上，象征着犹太国家在 1948 年"独立战争"的炮火中慢慢成长起来，但同时只能将另一个民族曾经存在过的历史埋藏在记忆之中。就像作品所说："我们的森林正在成长，成长得覆盖了一个阿拉伯村庄的废墟。"曾经见证自己民族家园沦陷的"上了年纪的阿拉伯人"对森林则满怀仇视。这是因为，在他的心目中，森林下埋葬的是自己过去的住房。当主人公在阿拉伯人耳边一遍遍低声说出昔日阿拉伯村庄的名字时，阿拉伯人反应剧烈："惊讶、诧异和渴望的表情布满了他的所有皱纹。他跳了起来，赤裸着身子，浑身毛茸茸的，站在那儿，把一只沉重的胳膊向窗子的方向，热切地，却又是无望地指着森林。"站在而今已经为树木所覆盖了的房子前，阿拉伯人会"用匆忙而又混乱的姿势解释什么事情，扭动着他的被切断的舌头，扬起头。他想说，这是他的房子，而且这以前是一个村庄，他们只不过是把村庄全部隐藏起来了，把它埋葬在森林里了"。

森林从废弃的阿拉伯村庄上拔地而起，对这一具有历史感事件的认同拉近了阿拉伯人和犹太护林员之间的距离。而彻底改变其失败交流模式的契机则是"火"。自从护林员在阿拉伯人耳边说出那个消失了的村庄的名字以来，阿拉伯人就变得可疑了，甚至把许多马口铁小罐子里填满煤油。护林员借助煤油点燃篝火，令阿拉伯人的眼睛里燃起古怪的希望。这希望又随着火舌的熄灭而转化为失望。这些细节描写透视出阿拉伯人对火灾的秘密期待，甚至"越来越依附他（指主人公）了"。护林员给阿拉伯人讲述与自己论文有关的十字军东征史。按照美国学者吉拉的说法，阿拉伯世

---

① 笔者在多年前撰写硕士论文时，曾对森林的象征意蕴进行探讨，参见拙作《论索因卡戏剧的主体意象》，《北京师范大学学报》增刊 1992 年。而在 2012 年索因卡先生访问中国社会科学院时，笔者有幸蒙受他的启发，试图思考森林意象的多重含义。

② Yael Zerubavel, "The Forest as a National Icon: Literature, Politics, and the Archaeology of Memory," in *Israel Studies*, 1, 1 (1996), p. 62.

界曾有人把以色列人当成现代十字军骑士，当成西方世界闯入东方的侵略者。① 狂热、残酷与杀戮，以及主人公自己本人杜撰出的那些虚幻理论，煽动起阿拉伯人的愤怒意识与颠覆倾向，或者说是把阿拉伯人潜意识中的仇视予以加剧并凸显。"阿拉伯人越听越紧张，充满了仇恨。"就在主人公完成护林使命的前夜，阿拉伯人切断电话线，割断森林防护者和外界的联系，从四面八方纵火烧毁了他们一起防护的森林。主人公面对熊熊燃烧的火焰，似乎产生了某种心理满足。第二天早晨，警方及有关部门赶来，对主人公严加盘问，直到他得出阿拉伯人可能就是纵火嫌疑犯的结论，阿拉伯人被逮捕，主人公自己也被带回耶路撒冷，昔日的友人不再同他往来。

作为一个本土出生的以色列犹太人，护林员背弃自己的使命、利用"他者"的仇视把森林焚毁的做法似乎显得令人费解。也可以这样表述，《面对森林》描写的不单纯是以色列阿拉伯人对以色列国家的颠覆活动，实则具有更为深邃的意蕴，那就是喻示出年轻一代以色列犹太人应该如何面对自己的国家，面对民族的历史与未来，年轻一代的以色列犹太人和阿拉伯人应该如何交往等问题。毋庸置疑，"火"在客观上具有阻止主人公完成保卫森林使命和将森林毁灭的双重作用。烈火之后的新废墟不只是对曾经毁弃了的阿拉伯村庄遗址的重现，而且是对在犹太复国主义思想感召下建立的新犹太家园的记忆。更富有悲剧意义的是，年轻的护林员在一片焦土上发现犹太复国主义乃诞生在烈火与战争之中。尽管身为先驱者们的后裔，尽管出生并成长在以色列，但年轻的护林员已经无法理解父辈们从大流散时期便开始执著追求的理想。父亲也无法理解致力于十字军东征研究的儿子为何不从犹太人的视角出发，探讨民族历史上耸人听闻的事件？

森林既承担着对过去的记忆，又与未来的民族出路密切相关。杰鲁鲍威尔在《森林作为民族偶像》一文中指出，从巴勒斯坦人的角度来说，火则起到充当民族解放运动载体的作用。② 防护员之所以煽动阿拉伯人纵火，

---

① Gila Ramras–Rauch, *The Arab in Israeli Literature*, 1989, p. 131.

② Yael Zerubavel, "The Forest as a National Icon: Literature, Politics, and the Archaeology of Memory," p. 75.

目的是要在支持阿拉伯村庄的事业中寻找到个人的救赎方式。如果这种说法可以成立的话，就可以得出这样的结论：约书亚创造了显示个体与集体冲突的反犹太复国主义叙事话语。但需要指出的是，约书亚并非要把这种想法强加给读者，而是早在护林员得知森林种植在阿拉伯废墟之上这一信息之前，便写出他在内心深处对火灾的秘密期待。从这个意义上说，煽动纵火还表现出年轻以色列人对不承认阿拉伯人声音的犹太复国主义思想的抵触。约书亚本人也认为，主人公拥有自我憎恨的毁灭力量，准备向业已形成的理想主义模式进行反叛，但对阿拉伯人没有帮助。森林的燃烧则预示着以色列犹太人无力保护自己国家的安全，[①] 象征性地表现出他们的精神困惑和生存危机。就像谢克德所说，小说提出了一系列富有挑战性的问题：谁有权拥有这片土地，是种植了人工森林的一方，还是村庄被掩埋在森林下面的一方？是被动地"看守"森林，或者说用游移不定的心态保护它的一方，还是一心将其烧毁的一方？这些涉猎到犹太复国主义合法性的问题实际上是那些"占统治地位"的精英们不敢问津的，约书亚所做的是迫使这些被压抑的问题进入到人们的意识之中，通过其作品，描绘出潜藏在人们体验中的关于生存的"反模式"（anti - model）。[②]

70 年代，约书亚的第一部长篇小说《情人》（*Hame' ahev*）[③] 问世。这部长篇小说受到福克纳《我弥留之际》的影响，采用六个人物的内心独白构成作品内容、推进情节演绎的结构方式。小说第一个出现的人物是人到中年的机修厂厂长亚当，他的第一句独白是"就在上次战争中，我们失去了一个情人"。"战争"指的是 1973 年爆发的，对形成当代以色列人创伤记忆产生重要影响的"赎罪日战争"，"情人"则指的是亚当妻子的年轻情人加布里埃尔。此人在战前几个月从巴黎来到以色列，参加外祖母的葬礼，并继承遗产。但是处于昏迷中的外祖母却迟迟不死。加布里埃尔盗用了她那辆 1947 年生产的莫里斯，请亚当帮忙使之运转。亚当不但被车深深吸引，而且试图通过让加布里埃尔同自己的妻子阿西娅交往给自己僵死

---

① Gila Ramras – Rauch, *The Arab in Israeli Literature*, p. 140.

② Gershon Shaked, "Challenges and Question Marks: on the Political Meaning of Hebrew Fiction in the Seventies and Eighties," in *Modern Hebrew Literature*, Spring/Summer, 1985, vol. 10, p. 20.

③ 约书亚：《情人》，向洪全、奉霞译，上海译文出版社 2009 年版。

的婚姻注入新的活力。阿西娅终日埋头自己的中学老师的教务工作中，她与亚当的婚姻在多年前痛失爱子之际即已崩溃。他们的女儿达菲在没有爱的环境中长大，性格叛逆。未得到遗产的加布里埃尔反而被强行应征入伍，在战争中杳无音讯。寻找情人成为推进情节、揭示人物关系的一种途径。

抛开作品厚重的历史表述与具有创新色彩的艺术探索不论，仅从阿以关系的视角切入，则不难看出，在这篇作品中，阿拉伯人和年轻犹太人之间的交往可以说比《面对森林》更进了一步。在这部作品中，阿拉伯人尽管仍然处于边缘地位，但试图融入以色列社会，阿拉伯青年和犹太青年正试图冲破民族的鸿沟，渴望交流与相互间的了解。

亚当的女儿达菲爱上了在父亲机修厂里做工的 15 岁的阿拉伯少年纳伊姆。纳伊姆成长在一个阿拉伯村庄，自幼聪颖好学，但因为家境贫困，为了供两个哥哥读书，他不得不提前辍学做工，他痛感自己的民族具有某种劣根性，意识到阿拉伯年轻一代在心灵深处比较空虚，反而愿意了解犹太文化，并且能将犹太民族诗人比阿里克富有民族倾向的诗歌倒背如流，向往都市文明和犹太人的生存世界，甚至在睡梦里说出"我也是犹太人"的梦话。在作品中，他试图融入犹太世界的第一步就是成为汽修厂的一位修理工。汽修厂则就像一个微缩的以色列社会。那里有差不多 30 个阿拉伯人工人，也有一些犹太人机修工。纳伊姆想成为汽修厂的技师，但汽修厂厂长却让他照顾一个年逾九旬濒临死亡的犹太老人。

如果说加布里埃尔是亚当为妻子阿西娅寻找的情人，以填补她在爱情世界里的缺失，那么纳伊姆则依次承担了亚当因失聪而死的儿子伊戈尔的替代品、亚当女儿达菲的情人、老妇维杜卡外孙加比里埃尔的替代品等多重角色。亚当第一次看见纳伊姆，就想起了自己死去的儿子伊戈尔。纳伊姆第一次看见达菲，就感觉自己"再也不会忘记她"。在某种程度上，达菲是纳伊姆融入以色列世界的一座桥梁。对达菲的情感在某种程度上体现着纳伊姆对以色列犹太人的复杂情感：

　　　　"您非常恨我们吗？"
　　　　"恨谁？"他问。

"我们，以色列人，"他回答说。

"我们也是以色列人。"

"现在不太恨了。"

……

"自打那次战争后，自他们稍微打败你们后，我们就不像以前那样恨了……"①

在《情人》中，阿拉伯人的声音显然不像在《面对森林》里遭到遏制，这是因为随着 1967 年"六日战争"的结束，以色列占领了耶路撒冷老城和戈兰高地，扩大了版图和疆土，逐渐产生了安全感。以色列犹太人乃国家主人的意识更加强化，以色列犹太人不再像建国初年那样一味强调自己的本土人身份，而是开始认同"大流散"时期的犹太人和犹太历史。1973 年"赎罪日战争"打破了以色列是不可战胜的这一神话，以色列犹太人往往将"赎罪日战争"和历史上的大屠杀建立联系，开始正视阿拉伯世界的存在，阿拉伯国家也意识到用武力消灭以色列的不可能性。② 阿以对话的氛围逐渐被创造出来。以色列内部的阿拉伯人在名义上是这个国家的少数民族，应该拥有《独立宣言》中所规定的平等的社会权利，阿拉伯语也被规定为以色列的官方语言，以色列外交部也曾经宣布"以色列阿拉伯人是拥有平等权利的以色列公民"，称"以色列阿拉伯人和以色列犹太人的唯一区别不在于权利，而在于公民义务"。这是指除德鲁兹人和切尔卡西亚人外，所有的以色列阿拉伯人都不具有服兵役的义务，但可以自愿服兵役。③ 他们实际上并没有享有和犹太人平等的权利，在宗教、婚姻、教育、文化等内部事务方面保持自制，他们被隔离于以色列主流社会之外，④ 历史、文化、种族上的隔阂并非能够按照理想主义者的意愿消除、化解，许多阿拉伯人在这个国家里感到自己是"二等公民"。⑤

① 约书亚：《情人》，第 207 页。

② 潘光：《犹太民族复兴之路》，上海社会科学出版社 1998 年版，第 210 页。

③ 参见 http://en.wikipedia.org/wiki/Arab_citizens_of_Israel。

④ 参见张倩红《以色列史》，人民出版社 2008 年版，第 157 页。

⑤ 参见 http://en.wikipedia.org/wiki/Arab_citizens_of_Israel。

在某种程度上，纳伊姆代表着以色列阿拉伯人渴望融入主流社会的倾向。他对犹太人的世界了如指掌。可以在犹太商人面前冒充犹太人。他对犹太人的观察颇为独特并一针见血；既看到了犹太人易受影响的脆弱，也看到他们的不堪一击。"那一张张阴郁的面孔。他们总在为自己作为犹太人的命运而忧心忡忡"，"这些犹太人把孩子娇惯得像啥样，然后把他们送上了战场"。他可以毫无眷顾地抛弃乡村生活，住到城市犹太人家中："睡在这柔软的床上，堆满着书的房间是如此的可爱，与犹太人这么亲密地相处，让我感到那样的惬意。"纳伊姆可以称得上阿拉伯世界的温和派，他并不讨厌自己拥有以色列身份，他讲希伯来语，朗诵希伯来诗歌，但"我们是英雄"等具有犹太民族主义色彩的诗句一经他的口说出还是比较具有讽刺意味的。更有甚者，当听到犹太人"如何地混乱和愚蠢，他们面临着怎样艰难的问题，让你特别痛快"。他还主动地给占领区的巴勒斯坦人帮忙，为他们指路。这说明，在纳伊姆的内心深处，国家与民族的界限还是较为分明的。他虽然并不反对以色列国家，愿意接触犹太民族，但从内心深处还是对自己的民族充满深情，进而排斥另一个民族。在与犹太人，甚至包括达菲的父亲的交往过程中，纳伊姆不免发出"他们真的一点也不了解我们"的慨叹。与犹太人在"大流散"时期渴望和欧洲人同化的结局类似，纳伊姆争取融入以色列社会的结果是：他既不能再属于阿拉伯世界，也仍旧徘徊在以色列精神文化生活之外。他不禁发问："难道我真的变了吗？难道我已经不再是我自己了吗？"纳伊姆的经历折射出以色列的部分阿拉伯年轻人在夹缝中求生存、进退两难的两难境地。这些年轻人接受过教育，受到现代文明的熏陶，但是不再保持民族生活习惯，在思想上背离自己的民族传统，因而失去了根基。

尽管达菲与纳伊姆之间有一条看不见的界限，但他们还是不断接近、交流，包括交换自己的政治观点。小说以二人疯狂的做爱作结。批评家们把达菲和纳伊姆的交往视为作家对未来阿以关系所持有的乐观态度。就约书亚本人来说，他曾经多次申明，"在以色列写作本身是一种理想，一种职业，一种社会责任，一种生活目的"。① 从这个意义上，他写阿拉伯少年

---

① Esther Fuchs, *Encounters with Israeli Authors*, Marblehead: Micah Publications, 1982, p. 42.

和犹太少女之间的恋情多多少少会带有诠释社会问题的动机。同时，约书亚在谈到纳伊姆这一人物在作品中的作用时指出，纳伊姆首先是个十几岁的少年，有思想，希望，情感和问题，和达菲没有什么区别。只是因为他碰巧是个阿拉伯人，所以就带上了其他一些属性。[①] 这个属性显然与纳伊姆的民族身份相关。

从这个意义上，我们并不排除约书亚用自己作品中的人物命运对未来民族命运进行隐喻式解说的可能性。加之，阿拉伯少男和犹太少女之间的关系缺少罗曼蒂克式的爱情，温柔和关心。[②] 小说的结尾，尽管纳伊姆没有遭到亚当的惩罚，但却在对达菲的无尽思念中被亚当送回他原来的阿拉伯村庄。又在相当程度上表明约书亚对未来阿以关系所持的不确定态度，也可想见在以色列实现阿拉伯人和犹太人长久和平共存的道路之艰辛。

这种艰难通过一个以色列阿拉伯村庄里阿拉伯人的生存境遇清晰地折射出来。从某种意义上，以色列的阿拉伯村庄可以被视为一个微缩的阿拉伯世界。纳伊姆的哥哥代表着另一类阿拉伯人。由于在以色列受到不公正的待遇，对这个国家心生恨意。这种不公正主要体现在获取受教育的资格上：

> 他申请去特拉维夫念医科被拒绝，他申请去海法念医科没有被接受，他去尝试了耶路撒冷被拒之门外，他去了理工大学却入学考试没过，他写信给巴伊兰大学却得到否定的答复。他本来有机会进贝尔谢巴，但又申请太迟。[③]

由于父亲过去 25 年间一直为以色列国防部提供情报，因此他们帮助他谋到学习阿拉伯语言和文学、《圣经》或希伯来文学的机会，对后两者，他表现出明显的不屑与厌倦。表明他不像弟弟纳伊姆那样天真地想融入以色列社会。一次次的被拒绝，令其怨恨程度与日俱增。"他恨所有的人，尤其是犹太人。他肯定是他们故意不让他过的。"他开始咒骂整个以色列

---

① Esther Fuchs, *Encounters with Israeli Authors*, p. 42.

② Glenda Abramson, "The Absence of Reality: Islam and the Arabs in Contemporary Hebrew Literature," in *Studies in Muslim – Jewish Relations* (1993), p. 12.

③ 约书亚：《情人》，第 166—167 页。

国家。后来他参与了袭击大学招生办的枪击事件。父亲听到这个消息,看上去老了一百岁,他边哭边咒骂,谈到田野、雨露以及《古兰经》关于友爱与和平的教谕。这个意味深长的描述勾勒出老一代以色列阿拉伯人逆来顺受的性格特征。在很大程度上,父亲、纳伊姆和纳伊姆的哥哥代表着三种类型的以色列阿拉伯人。前二者趋于温和派,而纳伊姆的哥哥代表着阿拉伯人中的极端派人士,与众多中国读者心目中以色列阿拉伯人的性格特征相吻合。但是从人物塑造角度来看,这类人物性格显得扁平,不像他的弟弟纳伊姆那样丰满。

2. 塞法尔迪犹太人

《情人》中另一个带有原型和象征色彩的人物便是加布里埃尔的祖母、昏迷约一年之久、年逾九旬的维杜卡。小说前三部中的几个章节便是由维杜卡的下意识构成。这些无声的病中絮语,为我们勾勒出一位高龄老妪不规则的心路历程。从耶路撒冷老城的声、光、气味,到病榻前医护人员的种种活动、外孙加布里埃尔返回巴勒斯坦,以及她的莫里斯轿车、阿拉伯形象等,一股脑儿地展现在读者面前。但是到了小说的第四部,她苏醒了过来。亚当安排阿拉伯男孩纳伊姆前去陪伴她。小说曾经表现在维杜卡和纳伊姆之间形成了一种近似亲情的关系。在她眼中,纳伊姆虽然长着一张典型的阿拉伯人的脸,但英俊聪明,就像维杜卡多年前的那个外孙,令她感到房间又亮了起来,令她产生一种掩饰不住的喜悦之情,但并不排除,她在接触这个阿拉伯男孩时,心中曾经涌起一阵难以遏制的悲哀:

> 结局竟是会如此,让人有些伤心。在世纪之交,走在老城街上的每两个塞法尔迪犹太人中,就有一个与这个伟大的耶路撒冷家族的第二代人有着某种亲戚关系。可如今,在我生命最后的时日,我家里除了一个阿拉伯人,竟没有其他任何的人……上帝在拿我的生活负担开玩笑,九十三岁这把年纪了,还得照顾一个阿拉伯小孩。打发他去浴室洗澡,给他饭吃,我知道,他长大后同样是个蠢驴,像他所有的其他同类那样,对他们你不能有丝毫的信任……①

---

① 约书亚:《情人》,第 233 页。

　　这里我们抛开维杜卡对阿拉伯男孩某种带有本能色彩的蔑视与鄙夷不论，设想一下维杜卡悲从中来的缘由。

　　从前文中不难看出，维杜卡与塞法尔迪犹太人，进一步说，与犹太人在巴勒斯坦的历史有着某种渊源关系。她出生于 1881 年的奥斯曼土耳其，1881 年正是俄国发生集体屠犹事件、犹太历史即将揭开新的一页，或者说第一次犹太移民浪潮（1882）开始的前夕，从这个意义上说，维杜卡几乎见证了整个犹太复国主义运动的全部历程，可谓是"一个历史老太太"。①从东欧地区抵达巴勒斯坦的拓荒者多是理想主义者和革命者，他们出生于阿什肯纳兹犹太人社区，并不看重具有延续性的犹太传统，也不熟悉植根于犹太传统的塞法尔迪犹太社区。

　　维杜卡自幼经历了阿拉伯人和犹太人在巴勒斯坦地区和睦相处的时代，但是这一切随着 1948 年以色列国家的建立已然消逝。而犹太复国主义者们，主要是阿什肯纳兹犹太人在建立犹太民族国家的过程中，不但建立了由自己操纵政治、经济、文化命脉的犹太社区，影响了原来生活在巴勒斯坦地区的犹太人（多为塞法尔迪犹太人）的生计来源。而且，由于犹太复国主义者们讨厌阿拉伯劳动力，因此采取一些政策试图把塞法尔迪犹太人变为廉价的劳动力。② 始于 1904 年的第二次移民浪潮虽然对充当"希伯来劳动者"的信仰深信不疑，但那些来自苏联和东欧国家的年轻人在劳动技能上几乎无法与土生土长的阿拉伯人相比，于是便把也门犹太人当成廉价的劳动力，以之来替代阿拉伯人，可那些人却得不到应有的回报。从某种意义上说，塞法尔迪犹太人的境遇随着阿什肯纳兹犹太复国主义者们来到巴勒斯坦并主宰那里的犹太人生活变得不如从前。维杜卡的潜意识活动轨迹实际上也在某种程度上形象化地反映出塞法尔迪犹太人今不如昔的命运。她在高龄中离世，似乎在某种程度上象征着一个具有文化传统和根基的民族支派逐渐在现实生活中失去了生命力，而维杜卡在临终之前与阿拉伯男孩纳伊姆之间建立的相互尊重但不乏怀疑的关系，或许意味着约书亚本人对塞法尔迪犹太人，或者说居住在巴勒斯坦地区的本土犹太人与阿

①　约书亚：《情人》，第 156 页。
②　Gideon N. Giladi, *Discord in Zion: Conflict between Ashkenazi & Sephardi Jews in Israel*, pp. 39 – 41.

拉伯人和睦相处岁月的怀恋。

　　塞法尔迪犹太人在约书亚的许多长篇小说中占据了至关重要的地位。约书亚的第二部长篇小说《迟到的离婚》（*Geirushim me'uharim*，1982）也是以一个破裂的阿什肯纳兹犹太人家庭为描写对象，这个家庭中的同性恋儿子便是一个塞法尔迪银行经理的情人。《五季》（*Molko*，1987）的希伯来文原名为"摩尔克"，所表现的也是塞法尔迪犹太人主题。摩尔克本是 16 世纪犹太教神秘哲学家，假救世主，他的布道令人充满了对救赎的渴望，塞法尔迪后来喜欢用摩尔克做名字，主人公摩尔克就是这样一个塞法尔迪人，或者说东方犹太人。他出生在耶路撒冷，是这个塞法尔迪犹太人之家唯一延续家庭血脉的人。51 岁、出生德国的妻子忍受了七年的癌症痛苦后刚刚离开人间，留下三个孩子。小说共分五章，随季节的变化更替而展开故事情节。在每一季节中，都要描写摩尔克和女性之间一个注定要失败的关系。秋季，与摩尔克妻子和她的死有关；冬季，与海法办公室的法律顾问有关；春季，与来自远方加利利定居点的一个 11 岁女孩有关；夏季，与耶路撒冷的一个旧日同学有关；第二个秋季与逃回俄罗斯的新移民有关。第二季和第五季的背景置于国外，其他的背景置于以色列，当时正值 80 年代第四次中东战争之后。

　　约书亚在这部作品中，探讨了欧洲犹太人对东方犹太文化的影响。欧洲犹太人接受过文明的熏陶，举止优雅，怀着傲慢与偏见，将自己的文化灌输到整个社会，这种高雅文化给东方犹太人带来了莫大压力与失败感。摩尔克的生活本身便形象地体现出这种挫败。摩尔克的妻子出生于一个欧洲犹太人之家，在岳母家里，摩尔克的行为总是让人感到可笑。摩尔克对岳母的知书达理和温文尔雅的风度佩服得五体投地，直到岳母去世，他才摒弃了自卑心理，从心底里把她当成"妻子的母亲"。

　　而摩尔克的母亲则同这位欧洲老太太形成鲜明反差。她外表粗笨，不谙世事，谈论的话题比较粗俗。她尽管有许多亲朋好友，但总是在儿媳和亲家母面前感到自卑，她希望儿子最终能够找到一个门当户对的人，这样就不至于委曲求全，过于改变自己。摩尔克为妻子牺牲了自己的生存尊严，甚至影响到工作与前程，即使在妻子离开人世前，他还在努力适应她的生存方式与生活习惯。在以色列，许多东方犹太人像摩尔克一样，期盼着获取欧洲文化，但却忽略了争取人格平等的重要性。摩尔克试图通过婚姻实现归依欧洲文化的心愿，但失去了自我，失去了最起码的人格尊严。他逐渐体味到东方犹太人想融入欧洲文化的艰难，不得不承认，"我是以色列第五代西班牙裔犹太人，欧洲对我来说依旧很陌生"。直到妻子去世，他才从沉重的责任感中摆脱出来，获得新的自由。

（二）《曼尼先生》的对话体结构

与其他许多以色列作家不同，约书亚并不掩饰对自己作品的臧否态度。在约书亚的全部创作中，他最推崇问世于 1990 年的第四部长篇小说《曼尼先生》（*Mar. Manni*）。① 这是一部极具历史感的家族史诗，不仅是约书亚迄今为止所完成的最为重要的一部作品，而且也是希伯来小说创作中最为重要的一部作品。② 小说描写了从 1982 年到 1848 年这 134 年间塞法尔迪犹太人曼尼家族中的几个主要人物的命运，中间夹杂着犹太历史上的一系列重大事件：黎巴嫩战争、德国纳粹对克里特岛的征服、1917 年的《贝尔福宣言》、第三次犹太复国主义大会、1848 年革命、阿拉伯人同犹太人的关系、巴勒斯坦的老犹太人居民点同现代犹太复国主义的关系，等等。

小说的杰出之处在于其结构上的独创性，全书共五章，每章有一个叙述人，他们分别是以色列内盖夫的基布兹姑娘、二战期间占领克里特岛的德国士兵、1918 年耶路撒冷的犹太裔英国外交官、世纪之交的波兰犹太医生，以及 1848 年生活在雅典的一位曼尼先生。不同历史时期下的曼尼先生就这样一个个栩栩如生地从叙述人的口中脱颖而出。从读者反应批评角度来看，由于叙述人只重个人表述，没有交流，这样便赋予读者更大的空间去填充文本，创造文本。

正像吉拉·拉姆拉斯－劳赫所说，在创作《曼尼先生》之前，约书亚笔下所有的塞法尔迪人物只在阿什肯纳兹背景中起到作用。而在《曼尼先

---

① A. B. Yehoshua, *Mr. Mani*, trans. Hillel Halkin, New York: Doubleday, 1992.

② Gershon Shaked, Hasiporet ha 'ivrit 1880 – 1980, vol. 5, Tel Aviv: Ha – kibbutz ha – meuhad, 1998, p. 172.

生》中，塞法尔迪体验占据了中心舞台。① 从结构上看，《曼尼先生》这部小说由五部分对话组成，每位对话中的叙述人叙述自己同曼尼家族中不同成员的交往。但需要指出的是。对话本身并非一问一答的双向式谈话，而是由叙述人自己在那里娓娓道来，不过读者可以由此推断出另外一个人在说些什么。

第一场对话在来自基布兹玛什阿贝萨代的姑娘夏嘉（与古代"圣经"中的夏甲是同一个词）和她的母亲雅埃拉之间进行，时间背景为 1982 年黎巴嫩战争期间。夏嘉是特拉维夫大学的一个学生，与老师埃弗拉伊姆·曼尼交往并发生了性关系，埃弗拉伊姆·曼尼奉命驻扎到了黎巴嫩，他打电话给夏嘉，要她给住在耶路撒冷、却联系不上的父亲捎话儿，说自己不能到耶路撒冷参加刚刚去世的奶奶的墓碑落成仪式。夏嘉虽然努力再三，但也给埃弗拉伊姆的父亲加布里埃尔·曼尼先生打不通电话，因此决定亲自前往耶路撒冷。夏嘉在埃弗拉伊姆·曼尼的家中发现了一个用绳索打成的套儿，因此推论男友的父亲加布里埃尔有可能自杀。夏嘉毅然决定留在耶路撒冷解救男友的父亲。直至认为他不再会自杀，才离开耶路撒冷，去往母亲居住的基布兹。在那里与寡居多年的母亲进行了听不到对方回复的对话，这也是本书的第一场对话，读者便由此得知了上述细节。

夏嘉回到了特拉维夫后，与从黎巴嫩贝鲁特回来的埃弗拉伊姆重新聚首，并怀上了他的孩子。但埃弗拉伊姆却不肯承担做父亲的责任，因此他们没有结婚。孩子生下来后，夏嘉被迫带着孩子回到基布兹。年轻的父亲虽然偶尔前去基布兹看望自己的儿子，但与他们不亲。相反，加布里埃尔却同孙子感情深笃，并由此与夏嘉的母亲关系日近。不幸的是，五年后，加布里埃尔在驱车去往基布兹途经希伯伦时被一块巨石击中。

小说的第二场对话在德国士兵埃贡和他的祖母安德烈娅之间进行。从小说的叙述中可以得知，埃贡是安德烈娅和她高级别军官的丈夫在知天命之际收养的一个孩子，来替代他们曾经失去的爱子埃贡。由于年龄相差五十多岁，安德烈娅情愿这个孩子叫自己"祖母"。1941 年，长大成人的埃

---

① Gila Ramras – Rauch, "A. B. Yehoshua and Sephardic Experience," in *World Literature Today*, vol. 65, no. 1 (Winter, 1991), pp. 8 – 13.

贡参加了德国占领克里特岛的战役，但是却没有随伞兵部队返回德国，而是留在了克里特岛。1944 年诺曼底登陆后，安德烈娅费尽周折假借观光之名来到了克里特岛，目的在于寻找滞留在那里、三年未曾谋面的名义上的孙子，实际上的养子。

埃贡向祖母讲述自己在克里特岛遇到了一对父子，他们是约瑟夫·曼尼和他的儿子埃弗拉伊姆。埃贡认出曼尼父子是一对犹太人。但是，埃弗拉伊姆却对此回应说，我是犹太人，但是却把它（应该是指身份）取消了。① 当然这种自行取消身份只不过是一种隐喻。对此埃贡却反问道："你把耶路撒冷也取消了吗？"在接下来的两年中，埃贡一直在监控曼尼父子，看他们是否把取消身份的自行决定给取消了。随着战事的转变，德国人在克里特岛不断遭到袭击，当克里特岛的犹太人遭到遣送时，埃贡将自行取消了身份的犹太人小曼尼先生放走，但是却在他试图帮助妻儿逃往山中时将其抓捕，曼尼先生在被运往死亡营的途中遭遇沉船事件身亡。"祖孙二人"在伤感中依依惜别，安德烈娅乘坐的飞机坠入了大海。埃贡后来被苏军逮捕，1946 年得到释放，回到了祖母昔日的庄园。

小说的第三场对话在 1918 年英国占领巴勒斯坦不久后的英国犹太人埃佛·霍洛维茨和首席军事法官迈克·伍德豪斯之间进行。霍洛维茨向伍德豪斯汇报了对约瑟夫·曼尼的叛国罪所进行的审判。约瑟夫·曼尼在第二场对话中便已经出现。但是，只有在第三次对话中我们才得知约瑟夫·曼尼出生在耶路撒冷的一个东方犹太人之家，他的父母都是英国臣民，即使约瑟夫·曼尼从来没有去过英国，也应算是英国人。在耶路撒冷这座拥有多种文化和语言的城市里，约瑟夫·曼尼可以使用多种语言，当英国人知道他的这一奇特才能后，便让他到英国军队中担任翻译，很快，他便发现了英国的《贝尔福宣言》，支持犹太民族主义者在巴勒斯坦地区的活动。出于对他曾经一度认同的阿拉伯社区的关心，他经常窃取英国人的行动计划，传送给敌方，以赢得当地的阿拉伯听众，劝说他们要像犹太人那样去争取获得自己的身份，故而犯下叛国罪。最后，伍德豪斯建议把曼尼先生遣送到克里特岛，霍洛维茨表示完全同意。

———————————————

① A. B. Yehoshua , *Mr. Mani*, p. 123.

第四场对话发生在埃弗拉伊姆·沙皮罗博士和父亲肖洛姆·夏皮罗之间，时间为 1899 年 10 月 20 日星期五夜晚和 21 日星期六凌晨，地点为波兰克拉科夫附近的一个庄园，几英里之外便是日后的奥斯维辛集中营。埃弗拉伊姆和妹妹琳卡刚刚参加完第三次犹太复国主义大会，从瑞士的巴塞尔归来。他们的父亲肖洛姆从 1897 年开始，就对政治犹太复国主义运动十分感兴趣，并亲自出席了在巴塞尔举行的第二次犹太复国主义大会。肖洛姆原本打算前去参加 1899 年的犹太复国主义大会，但是因为妻子的健康状况恶化，便委托儿子替代自己，并希望逃避犹太人社交圈的儿子能在那里遇到一个好女孩。他的女儿琳卡虽然年方二十，但却是一个热情的犹太复国主义者，执意与哥哥同行，父母只好应允。在犹太复国主义大会上，他们遇到了塞法尔迪犹太人摩西·曼尼医生，那是一位富有魅力的人物，对琳卡一见倾心，劝说这对兄妹与他一起回耶路撒冷。在耶路撒冷，曼尼与琳卡的感情日渐深笃，后来埃弗拉伊姆决定带妹妹回波兰。曼尼主动提议送这对兄妹一程，一直将他们送到贝鲁特火车站。依依惜别之后，摩西·曼尼竟然冲向了驶来的火车。埃弗拉伊姆在与父亲的谈话中，试图寻找曼尼博士自杀的原因。可是父亲却似听非听，似乎在打瞌睡，但满眼含泪。

兄妹二人在母亲去世后，离开了庄园，到克拉科夫自食其力。琳卡爱上了一位天主教医生，皈依了天主教，与他结婚并一起去了华沙，埃弗拉伊姆在父亲死后重新回到庄园，终身未娶。大屠杀期间，埃弗拉伊姆、琳卡和她的孩子全部丧生。肖洛姆在世时，曾经跟随克拉科夫犹太复国主义俱乐部的成员前往巴勒斯坦观光，他在耶路撒冷试图寻找曼尼家族的成员，但未果而终。

小说的第五场对话发生在 1848 年 12 月 12 日星期二下午雅典的一个小酒店里。说话人是曼尼家族的一个成员亚伯拉罕·曼尼，他出生于 1799 年的土耳其，父亲也叫约瑟夫·曼尼。亚伯拉罕婚后生有一子一女，儿子又叫约瑟夫·曼尼（即在小说的第二场、第三场对话中出现的人物约瑟夫·曼尼先生的祖父）。与前四章的叙事方式不同，在这一次对话中，曼尼先生向两个听众讲话。一位是上了年纪的老师、拉比哈达亚，另一位是拉比那位比他年轻三十岁的夫人。拉比由于最近中风，不能说话，需要妻子帮助自己。曼尼先生讲述自己前往耶路撒冷的旅程。1846 年，亚伯拉罕·曼尼先生的儿子约瑟夫成为曼尼家族中第一位前往耶路撒冷旅行的人，以便护送自己的新娘去君士坦丁堡，但是这对夫妇留在了耶路撒冷。亚伯拉罕于是也随儿子去了耶路撒冷，发现儿子约瑟夫花费大部分时间与当地阿拉伯人相处，不愿意舍弃与以实玛利后代的兄弟情谊，约瑟夫确信，这些阿拉伯人乃"不知自己是犹太人的犹太人"。[①] 不幸的是，他竟然在圣殿山的圆顶清真寺前遭到谋杀。约瑟夫夫妇从来没有同房，更谈不上子嗣，亚伯拉罕在儿子死后与儿媳同床，以便延续家族的链条。也正是因为这些原因，亚伯拉罕认为自己是个罪人，他来到雅典，向他过去的老师、拉比哈达亚坦白这一切，并寻求判决，但是却无法从拉比那里得到任何答复。亚伯拉罕对着病卧在床的拉比说话，最后拉比死去，他年轻的妻子重新回到故乡耶路撒冷。

约书亚在《〈曼尼先生〉与"以撒受缚"与牺牲》[②] 一文中指出："我的长篇小说《曼尼先生》在主人公亚伯拉罕的自我坦白中结束。"但是亚伯拉罕向他的拉比讲什么，他详细叙述了注定要发生在摩押山的"以撒受缚"与牺牲这个故事。"以撒受缚"这一原型在约书亚的小说中多次出现，而此次约书亚似乎对它进行了最后的总结，在他看来，并非是他个人得到了自由：他想通过这部作品，从如此不同寻常地盘旋在犹太人历史和文化上空的这一重要的、有力而可怕的神话中，将带有集体色彩的自我解放出来。这是一个决定性的事实——犹太人建立了圣殿，即同"以撒受缚"这个可怕的故事联在一起的最神圣所在……他想让这个神话不再只作为比喻，或者作为富有联想的圣经修辞而存在。他想剥下其伪装，将其在真实可信的现实情境中，在合理的心理语境中，在真实的《圣经》旧址上展示出来。

"以撒受缚"这一典故出自《圣经·创世记》，说的是亚伯拉罕和妻子撒拉在年迈之际得子以撒。上帝要对亚伯拉罕进行考验，便命令亚伯拉

---

① A. B. Yehoshua, *Mr. Mani*, p. 323.

② A. B. Yehoshua , "Mr. Mani and the Akedah," in *Judaism: A Quarterly Journal of Jewish Life and Thought*, 50, 1 (2001), p. 61.

罕将以撒献为燔祭。希伯来语《圣经》只是叙述了亚伯拉罕听从上帝之命带以撒到神所指示的地方，筑坛摆柴：

> 捆绑了他的儿子以撒，放在坛的柴上。亚伯拉罕就伸手拿刀，要杀他的儿子。耶和华的使者从天上呼叫他说："亚伯拉罕，亚伯拉罕！"他说："我在这里。"天使说："你不可在这童子身上下手，一点不可害他！现在我知道你是敬畏神的了，因为你没有将你的儿子，你的独生儿子，留下不给我。"（《创》：22：11 – 13）

亚伯拉罕于是遵天使之命用羊代替儿子作为燔祭。

犹太信仰者们倾向于将"以撒受缚"与犹太人对人与上帝关系的理解联系起来。上帝曾经与亚伯拉罕立约，许诺亚伯拉罕要做多国的父，亚伯拉罕及其子孙要受割礼，亚伯拉罕要做"无暇的人"，或者说"完人"（希伯来文原文是"塔米姆"，英文译本或将其译作"完美的"，或译作"无可指责的"）。将以撒作为燔祭也是亚伯拉罕在履行与神的契约关系中所应该尽到的一种义务，而上帝最后命令用羊代替以撒则体现出上帝的慈悲情怀，表现出上帝对与其有着契约关系的"选民"的一种关爱。后世的犹太人除在晨祷或节期唱诵"以撒的牺牲"外，还要在新年的第二天唱诵它。而此时人们所吹的羊角则与顶替以撒的献祭羔羊建立了某种象征性的联系，在某种程度上，令人联想到自由的可贵。在传统犹太思想中，以撒走向祭坛往往被视作犹太人朝着殉难目标行进的朝觐过程。古往今来，"以撒受缚"神话变成了犹太文化中的一个原型，用约书亚的话说，是盘旋在犹太历史上空的黑羊。不管亚伯拉罕的儿子以撒是否情愿，他都欠父亲的上帝一条性命。[①] 而约书亚创作《曼尼先生》一书的目的，正是要使以色列犹太人免遭"以撒受缚"的命运并被从险些成为牺牲品的这一带有威胁性的神话中解救出来。其具体的解救方式便是通过文学作品的再创造把神话转化为现实，将其所有的危险赤裸裸地展现出来。

---

① A. B. Yehoshua, "Mr. Mani and the Akedah," in *Judaism: A Quarterly Journal of Jewish Life and Thought*, 50, 1 (2001), pp. 61 – 62.

约书亚的文章为我们提供了正确理解《曼尼先生》的一把钥匙。正如前文所示，小说的五段对话，分别置于1982年黎巴嫩战争时期、1944年第二次世界大战时期、1918年第一次世界大战结束之际、英国刚刚发表《贝尔福宣言》表示支持在巴勒斯坦地区建立犹太国家的主张、1899年第三次犹太复国主义大会召开以及1848年欧洲爆发民族主义运动之际。如果将作品所采用的倒叙手法考虑进去，那么则可以看出本书的几场对话暗合了19世纪犹太民族主义运动兴起以来的犹太历史，与献辞中致父亲，一位热爱耶路撒冷过去的耶路撒冷人相吻合，所展现的是犹太人的历史与过去。① 而这些过去，几乎均与牺牲和献祭建立了关联。换句话说，在每一场对话中，均会有一位曼尼家族的人为处于变革中的现实世界丧生。与古老神话的迥然区别是，这些曼尼先生们在现实生活中找不到顶替自己殉难的羔羊。

现在我们按照时间顺序从作品的最后一场对话向前回溯。在第五场对话中，亚伯拉罕之子约瑟夫从雅典来到耶路撒冷，留在那里，自如地用阿拉伯语和村民们交流，仿佛那些人是他的朋友。② 在他眼里，这些当地的村民就是犹太人，只是他们并不知道这一点（身份），有朝一日他们一定会想起（身份）。有时他会像穆斯林那样下跪鞠躬，于是以实玛利的后裔便可以明白他的意思，与他一起鞠躬。而约瑟夫与亚伯拉罕走在巴勒斯坦，尤其是走在耶路撒冷的土地上令人想起远古时代的亚伯拉罕和以撒走向摩押山。只是前者为执行上帝的命令欲将儿子作为献祭，而后者则是儿子为了在巴勒斯坦寻找犹太人身份这一带有世俗色彩的理念而献身。从地理位置上看，耶路撒冷与以撒受缚之间有着直接的联系。从犹太传统上看，《圣经》中"以撒受缚"场景摩押山就在耶路撒冷老城的中心，在而今坐落着圣殿山圆顶清真寺的那个地方。③但截然不同的是，在古代，遭到

---

① 对此，*Middle Eastern Literatures and Their Times* 和 Bernard Horn（"The Shoah, the Akeda, and the Conversation in A. B. Yehoshua's *Mr. Mani*," Symposium, vol. 53, no. 3, 1999, pp. 136 – 150）的文章均予以不同程度的提及和表述。不过，*Middle Eastern Literatures and Their Times* 条目不知何故，只是强调了1897年第一次犹太复国主义大会的社会背景，对1899年第三次犹太复国主义大会只字未提，甚至将第四场谈话的时间从1899年改作1897年。

② A. B. Yehoshua, *Mr. Mani*, p. 319.

③ "The Shoah, the Akeda, and the Conversation in A. B. Yehoshua's *Mr. Mani*," p. 137.

绑缚的以撒并没有真正作为牺牲，而是被羔羊代替。而在现实生活里，约瑟夫则在圣殿山的圆顶清真寺前"犹如纤弱的羔羊"被他的阿拉伯兄弟们切断咽喉，成为真正的祭品。在作品中，约瑟夫被杀出自叙述人亚伯拉罕之口。实际上，亚伯拉罕不仅目睹了约瑟夫的被杀，而且可能就是执行者。更有甚者，他为了使自己的家族得以繁衍，竟然与自己的儿媳发生了不伦事件，后者怀孕，这也许就是本书中充满矛盾的地方。① 也是第五场对话的高潮。不难看出，后来曼尼后代们的不幸可以视为其先人罪愆的某种因果报应。

如果我们寻觅进行对话时的历史轨迹，则不难发现 1848 年正是现代民族主义在欧洲兴起之际，这场民族主义运动对犹太民族主义形成无疑产生了重要影响，也为 19 世纪末期的犹太复国主义运动鸣响了前奏，约书亚把 1848 年当作小说的起点，势必在"追溯现代民族主义的出现，尤其是犹太复国主义的出现对中东和耶路撒冷塞法尔迪犹太世界的影响"。② 曼尼先生们回归耶路撒冷的过程也是回归犹太历史和家园的过程。

小说的第四场对话背景置于第三次犹太复国主义大会之后，但是在附录中却说明叙述人波兰医生在大屠杀期间的命运。在这部分内容中，一共描写了两次殉难，一次是摩西·曼尼冲向了火车，自杀身亡。另一次则是叙述人与皈依天主教的妹妹和妹妹的孩子在大屠杀期间被害。从小说情节上判断，摩西·曼尼与叙述人和他的妹妹在第三次犹太复国主义者大会上相识，应该说是一个犹太复国主义者。如果说 1897 年的第一次犹太复国主义大会宣称犹太复国主义的目的是为了给犹太人在巴勒斯坦的土地上建立一个家园，一年后的第二次犹太复国主义大会主张通过殖民化与工业化手段改善伊舒夫，即巴勒斯坦犹太社区的居住环境，那么在第三次犹太复国主义大会上，赫茨尔仍然坚持在奥斯曼统治下的巴勒斯坦建立犹太社区的主张。③ 但是与读者的推测相反，叙述人埃弗拉伊姆·沙皮罗博士与妹妹琳卡随摩西·曼尼医生来到耶路撒冷，目的是想让妹妹投身于犹太复国

---

① *Middle Eastern Literatures and Their Times*，p. 311.

② Ibid. , p. 309.

③ Ibid.

主义的黑暗中心（因为他对该理念尚存怀疑）之中。他们没有移民到耶路撒冷，并非单纯是由于曼尼先生在耶路撒冷有了家室，琳卡与曼尼的感情终将无果而终；而是因为埃弗拉伊姆·沙皮罗博士已经向父母做出承诺，要把妹妹完璧归赵。也许，这里面还蕴涵着埃弗拉伊姆·沙皮罗博士本人对犹太复国主义信仰的犹疑不定，对欧洲故乡的单恋。在他看来，他虽然踏上了耶路撒冷的土地，却尚未进入这座城市，看到的只是孤零零的奇妙诊所，以及满天的繁星。[①] 但与此同时，他又与这座城市心有灵犀。"那是一座我从一开始就全然了解的一座城市。"[②] 回归耶路撒冷，在某种程度上唤起了他对哭墙，或者说对犹太历史的记忆。琳卡本人身为一个热情的犹太复国主义者，虽然为来到耶路撒冷而感到快乐，在心上人并非自由身这一残酷的现实面前被动地听任哥哥来安排自己的命运，而摩西·曼尼在送他们返回欧洲的途中自杀身亡，是对爱情的绝望使然，还是对信仰的迷茫使然，约书亚并没有作明确的交代，只写了当得知埃弗拉伊姆·沙皮罗博士坚持要把妹妹带回欧洲后，曼尼神情异样。"'你不把她给我留下吗？'他最后一次问我，脸上露出古怪无法识别的表情。'你是说，'他痛苦地指责我，'你还是要把她从我身边带走。那好，我们再见吧。车夫会带你们上船，我坐火车回大马士革。'"实际上，摩西·曼尼并非真正要回大马士革，而是抱定必死的决心，自杀身亡。这种自杀行为，可以解释为对犹太复国主义事业，或者说对未来的怀疑，也可以解释为对爱情的绝望。但不管怎么说，曼尼先生本人成为货真价实的牺牲品。在某种程度上，影射了犹太复国主义者把信仰变为现实的努力非常艰难，甚至会给信仰的倡导者乃至追随者招致自我毁灭的灾难，这种阻力不仅来自人本身内在的心灵挣扎，也来自外部的历史环境。摩西·曼尼在同埃弗拉伊姆兄妹分手时自杀，这一表述显得有些意味深长，象征着早期犹太复国主义者们在最初的奋斗中形单影只的艰辛历程。

　　人物成为所处社会环境的牺牲品这一现象在第四场对话的叙述人埃弗拉伊姆身上体现得更为突出。埃弗拉伊姆在叙述摩西·曼尼的自杀时，似乎带

---

① A. B. Yehoshua, *Mr. Mani*, p. 264.

② Ibid., p. 265.

有某种病态的成分和试图逃避责任的倾向。① 应该说，他执意要带妹妹离开耶路撒冷固然是出于亲情的需要，但实际上离开耶路撒冷基本上等同于背离，至少是怀疑犹太复国主义信仰。正像许多希伯来小说所表现的那样，犹太人对欧洲和欧洲文化的渴慕实际上是一种单恋，纳粹执政以来欧洲反犹主义势力的高涨让犹太人在欧洲的命运遭到了威胁，因此埃弗拉伊姆选择回到欧洲实际上等于选择了又一种形式的自我毁灭。这一点在兄妹二人与摩西·曼尼分别之际就已经暗示出来，曼尼先生在自杀之前，对兄妹二人说，"天晓得，也许几年后你可以从耶路撒冷乘火车到你的那个 Oswieeim，用不着勇敢地面对大海"。而 Oswieeim 这个波兰小镇的德文名字便是奥斯维辛，埃弗拉伊姆便是在其附近的庄园与父亲进行谈话。"火车"在某种程度上与死亡建构了一种联系，摩西·曼尼在火车下身首异处，而在大屠杀期间，火车载着东欧各地的犹太人踏上死亡之旅。当大屠杀发生之际，埃弗拉伊姆便是被押上火车，运往集中营，死于奥斯维辛死亡营的门前。约书亚曾经把大屠杀当成犹太人就宗教和民族集体身份而做出的一系列集体选择的产物。② 表面看来，埃弗拉伊姆选择回到欧洲是个人的选择，实际上在现代犹太民族流亡过程中带有普遍性。就像阿摩司·奥兹在富有历史感的长篇小说《爱与黑暗的故事》中所多次表述的，欧洲犹太人在时间尚允许之际没有选择移民巴勒斯坦，而是选择继续留在欧洲，结果遭到了毁灭。

　　第三场对话的背景置于英国托管时期的巴勒斯坦，主人公约瑟夫·曼尼再次从巴勒斯坦遭到被放逐的命运，去往希腊的克里特岛。霍恩在解读《曼尼先生》一书时，曾经提及，如果第四场对话中的摩西·曼尼能够成功劝说埃弗拉伊姆留在耶路撒冷的话，那么也许就不会有波兰的夏皮洛家族被遣往奥斯维辛集中营……如果（第三场对话中的）约瑟夫·曼尼劝说阿拉伯人在 1918 年选择了民族政治身份，或者说，更为微妙的是，如果他立刻使霍洛维茨确信他是一个英国犹太人，而不是犹太英国人，也许是他，而不是他的孙子会成为家族中第一位定居巴勒斯坦的人，时间是在

---

① Adam Katz, "The Originary Scene, Sacrifice, and the Politics of Normalization in A. B. Yehoshua's *Mr. Mani*," in *Anthropoetics* 7, no. 2 (Fall 2001/2002).

② "The Shoah, the Akeda, and the Conversation in A. B. Yehoshua's *Mr. Mani*," p. 138.

1920年，而不是在1960年或者1970年，也许以色列国家就会成立得更早一些，尤其当把英国在犹太人建国这件事上所扮演的角色考虑进去时情况更是这样。① 霍恩先生在这里进行了一系列的假设，回顾犹太历史，犹太民族在巴勒斯坦建立国家这件事实际上蕴含着某种偶然，赫茨尔等最早的一批犹太复国主义者确实可以说是孤胆英雄，得不到欧洲犹太世界强有力的支持，如果不是发生了后来的大屠杀，犹太人的民族身份得以强化，那么犹太民族的历史可能会被改写。英国托管巴勒斯坦时期，精通多种语言、可以称得上文化精英人士的约瑟夫·曼尼凭借为英国人做翻译的职务之便窃取英国人情报，被英国人安上叛国罪的罪名。但从犹太人的角度看，他实际上与当时的一些犹太精英一样从事的是抗英活动。他遭到审判之际，表达英国支持巴勒斯坦建国主张的《贝尔福宣言》已经发表，但在实际操作中，情况则十分复杂，犹太人要实现在巴勒斯坦建立民族家园的愿望绝非轻而易举。而约瑟夫·曼尼则成为犹太人建立民族国家进程中为信仰殉难的一个牺牲品。

在几场对话中，叙述人虽然不是曼尼家族的人（第五场谈话例外），但是在文本中都起到了不同程度的作用。换句话说，叙述人用自己的叙述作为"重新制作他或她身份的一个机会，至少用一种特殊的光环对它予以表现"。② 在第二场对话中，德国士兵埃贡的叙述人身份更为意味深长。埃贡成长于一个德高望重的德国军事首领之家，具有书生气质，既是人文主义者，又是理想主义者。他虽然从军，但由于眼睛近视，便做了卫生兵，如果长此以往，他既可以履行德国公民的义务，又可以保持自己的人文主义理想。但事与愿违，他的养母（即他平时叫的奶奶）、强悍而富有干涉力的安德烈娅夫人却动用特权让自己的宝贝孙子加入精英部队。埃贡尽管从内心深处蔑视具有排他主义色彩的民族侵略行为，但同时又是那种文化的产物，他非常想取悦自己的奶奶，而他的奶奶安德烈娅夫人又强有力地代表着二战期间带有极权主义色彩的德国意志。③ 因此，作为一个纳粹士

---

① "The Shoah, the Akeda, and the Conversation in A. B. Yehoshua's *Mr. Mani*," p. 143.

② *World Literature and Its Times*, vol. 6, p. 312.

③ Gilead Morahg, "Borderline Cases: National Identity and Territorial Affinity in A. B. Yehoshua's *Mr. Mani*," in *AJS Review: The Journal of the Association for Jewish Studies*, 2006, p. 168.

兵，埃贡显然是犹太人曼尼父子的迫害者，他之所以在追捕中放过小曼尼，是因为后者曾经声称自行取消了犹太人的身份。而一旦发现小曼尼在帮助自己依旧保持犹太人身份的妻儿逃离时，他则毫不手软。埃贡与小曼尼的对立并非个体之间的对立，而是民族之间的对立。在二战背景下，这种对立显然不是等量集团之间的较量，而是一个弱者向强者的屈从。无疑，欧洲的曼尼家族则是这种对立中的牺牲品。抛开《曼尼先生》记载着家族历史这一特征不论，作为民族叙事，如果将其放到犹太复国主义的语境下审视，则会像美国犹太学者莫拉格那样看到约书亚正在思考以色列对占领地的占领。在莫拉格看来，《曼尼先生》的第二部分在延伸探讨以色列用进化了的军事占领把自己变为一个征服者的民族这一后果。① 而在犹太主义信仰已经转化为现实的今天，我们不难发现，在犹太复国主义神话中就蕴含着类似德国人埃贡在克里特岛上所拥有的自我愤恨或者自我仇恨的情结，以及道德与良知上的自省了。如果说小说在第五场、第四场、第三场对话中，均以不同方式表现出曼尼家族的成员对巴勒斯坦土地上阿拉伯人身份的关注，甚至为支撑自己的某种信仰而献出了生命，那么在第二场谈话中则以隐喻的方式揭示出在某一特定历史情境下阿拉伯人与犹太人一样拥有着类似的受难命运。

　　而在小说的第一场对话中，犹太人这种自我仇恨的情结凸显得愈加明显，甚至表现为一种病症。在文本中，一个代表性的实例就是加布里埃尔具有一种不可遏制的冲动，试图用自杀的方式来结束自己的生命。而夏嘉发现他试图结束自己生命的时候，正是 1982 年以色列入侵黎巴嫩、加布里埃尔的儿子开赴前线之际。这一自杀的社会语境难免有些意味深长。加布里埃尔在自己的孙子出世之后经常驱车途经希伯伦前往以色列南部的一个基布兹，希伯伦作为以色列在西岸的占领地，显然充满了动荡与不安，但是加布里埃尔却执著地认为希伯伦是安全的，那里的阿拉伯居民是平和的，直至有一天他的轿车遭到一块巨石的袭击。希伯伦对于犹太人和阿拉伯人都具有特殊的意义。犹太人和阿拉伯人的先人墓都坐落在希伯伦。古

---

① Gilead Morahg, "Borderline Cases: National Identity and Territorial Affinity in A. B. Yehoshua's *Mr. Mani*," p. 170.

老的两个民族究竟会和睦相处，还是兄弟阋墙，这恐怕是当今任何政治家和理想主义者都难以言说的问题。由加布里埃尔从耶路撒冷到比尔谢巴南部的旅行衍生出另外一个问题，加布里埃尔前往基布兹并非完全出于对孙子的爱，在某种程度上是为了拜访孙子的外婆亚埃拉。亚埃拉是个寡妇，她的丈夫罗尼，那位只在小说开头介绍叙述人夏嘉身世时寥寥数语予以交代但从来没有正面出现在读者前的人物实际上却隐匿在小说的潜文本之中，小说开头曾经描述说：

> 夏嘉·施罗赫 1962 年出生在一个建立于 1949 年、位于比尔谢巴南部三十公里的一个基布兹。她的父母，罗尼和亚埃拉·施罗赫在 1956 年服兵役时去到那个地方。夏嘉的父亲罗尼身为后备役军人于"六日战争"的最后一天在戈兰高地被杀。当时夏嘉只有五岁，她说自己清楚地记得父亲，也许是对的。

我们从中不难看出，围绕着夏嘉出生这一头绪，牵引出以色列的几次重要的历史事件：1948 年"独立战争"之后的国家建设，1956 年的"西奈战争"，1967 年的"六日战争"。而夏嘉的个人叙述置于 1982 年黎巴嫩战争的背景之下。尽管历史学家和知识分子们对前面几场战争各持己见，但一般认为 1948 年的"独立战争"是一场生死存亡的战争，非打不可；而相当一部分左翼作家反对 1982 年以色列发动入侵黎巴嫩的战争。以奥兹、约书亚、伊兹哈尔为代表的左翼作家对以色列政府入侵黎巴嫩的举措予以攻击，措词严厉，试图像阿拉伯世界舆论那样描写战争恐怖。奥兹得知以色列总理贝京下令轰炸贝鲁特后，在致贝京的公开信中写下"总理先生，希特勒已经死了"的名句，[1] 警醒贝京勿在念及自己民族苦难之际伤害另一个民族。黎巴嫩战争堪称几次中东战争历史上的一个特例，它虽然只出现在小说文本的第一章，但是却反映了伴随着犹太复国主义信仰的实现，有些东西已然逝去。[2] 夏嘉的父亲虽然在"六日战争"中丧生，但是

---

[1] *Yediot Aharonot*, June 21, 1982.

[2] Arnold Band, "Mar Mani: The Archeology of Self-deception," in *Prooftexts* 12, 3 (1992), pp. 231–244.

夏嘉却违背母亲意愿，让自己的儿子继承父名，实际上与大屠杀幸存者用亲人的名字命名下一代有着同样的含义，孩子承载的不仅是对先人的记忆，还会为先人的行为承担后果，而这种后果多与不幸和灾难建构了关联。加布里埃尔与亚埃拉之间虽然相互吸引，但是就像亚埃拉所感觉到的他们之间不可能出现快速的"富有浪漫色彩"的进展，原因可能主要因为加布里埃尔来自文化与信仰截然不同的塞法尔迪犹太人的世界，显然会受到那个世界的困扰。

尽管约书亚曾经在接受访谈时声明，自己有许多阿什肯纳兹犹太人朋友，从不介意自己身为塞法尔迪犹太人的身份，但是透过他的作品，我们确实感受到塞法尔迪出身的约书亚在一个由阿什肯纳兹决定国家话语霸权的以色列社会中所无法摆脱的身份困扰。

四　阿佩费尔德笔下旧式犹太人的世界

新浪潮"三杰"中的另一位作家阿哈龙·阿佩费尔德是以色列最有成就，最富有国际影响的大屠杀幸存者作家。阿佩费尔德在 1932 年出生于罗马尼亚切尔诺维茨一般实富足的犹太人之家。他也同普通孩子一样，拥有无忧无虑、幸福快乐的童年，享受着父母的无尽关爱，但东欧反犹排犹的黑暗现实很快便粉碎了他金色的梦。父亲曾经试图为全家申请前去美国的护照，但未能如愿。在那个年代，"生离死别只是一种幻觉。由生到死远比人们的设想容易得多。不过是一种地点的转变，上升到另一个层次而已"。① 阿佩费尔德八岁那年，母亲被前来进犯的纳粹分子杀害，他和父亲被分别送进集中营。小阿佩费尔德同妇女、孩子关在一起，终日面对着恐惧与死亡。就在一个漆黑的夜晚，强烈的求生意识促使他铤而走险，溜出哨卡林立的集中营，爬过带刺铁丝网，在暗夜中徘徊，风餐露宿，饥渴难耐。先是给经常同莫名其妙男人往来的单身女子做帮工，后那位女子变得歇斯底里，甚至毒打他，他被迫逃走，被犯罪团伙搭救，他便跟随着这群

---

① Aharon Appelfeld, *The Story of a Life*, trans. Aloma Halter, New York: Schocken Books, 2004, p. 32.

人到处流浪。三年后，阿佩费尔德加入红军，四处辗转，足迹遍及大半个欧洲。14 岁那年，阿佩费尔德抵达巴勒斯坦，并与父亲在巴勒斯坦重逢。他先是到基布兹劳动，学习希伯来语，继之服兵役，进大学攻读哲学和文学，而后到国外深造，并开始了漫长而艰辛的创作生涯，迄今已经发表了三十余部作品，包括长篇小说，中、短篇小说，随笔，文论等，其作品在整个犹太世界反响很大，曾获以色列奖。自 70 年代起，阿佩费尔德便在以色列本－古里安大学任教，并经常到美国讲学。

作为大屠杀幸存者，阿佩费尔德的第一母语是德语，而不是犹太复国主义先驱者们所倡导的希伯来语。他没有像其他许多出生在欧洲的希伯来语作家那样具有丰富的希伯来古典文学积淀，他的希伯来语和犹太文化知识基本上都是在战后获取的。这既是一个挑战，也是一个优势。用谢克德的话说，阿佩费尔德通过把他有限的希伯来语知识转化为一种优势，在革新希伯来小说文体方面取得了非凡的成就。他的希伯来语词汇有限，又不熟悉希伯来语出处，囿于这方面的局限，他在以色列作家中，也许是第一批试图使希伯来语适应西文句子结构和表达方式，创造了希伯来语中所没有的形容词和副词的人。他把各种意象联系在一起，创造出卓越的比喻组合。①

阿佩费尔德在成长的历程中，首先接受的是德国文明的熏陶。德国文学，尤其是卡夫卡的作品对阿佩费尔德影响很大。他从 50 年代便开始阅读卡夫卡的作品，卡夫卡笔下的荒诞世界、卡夫卡高超的艺术表现力及其优美的希伯来语书法，在阿佩费尔德的心灵深处产生了强烈的共鸣。阿佩费尔德在同好友、美国作家菲利普·罗思的一次谈话中曾经指出，卡夫卡出自一个内在世界，并且欲抓住现实生活中的东西；而阿佩费尔德则出自一个带有经验色彩的精细的现实世界，那就是集中营与森林。不过这个现实世界是难以想象的。② 但他们同系犹太人，所以卡夫卡的创作让阿佩费尔德产生了一种奇妙的亲近感，卡夫卡不仅向他展示了荒诞的世界，也展

① 谢克德：《现代希伯来小说史》，第 258—259 页。
② Aharon Appelfeld, *Beyond Despair*: *Three Lectures and A Conversation with Philip Roth*, New York: Fromm International Publishing Corporation, 1994, p. 64.

示了其艺术的魅力。同时,同样在大屠杀中蒙难的波兰犹太作家布鲁诺·舒尔茨(Bruno Shultz)的作品也让阿佩费尔德感到具有亲和力。①

作为大屠杀幸存者,阿佩费尔德因为没有同自己多灾多难的同胞同生共死而产生一种强烈的负疚感,这种负疚感促使他无法像普通人那样去生活。对他来说,战时发生的一切并非铭记在他的脑海里,而是镌刻在他的身体上。他身体中的细胞显然比具有记忆功能的大脑记住得还要多。战争结束多年后,他既不在人行道的中央行走,也不在道路的中央行走。总是贴着墙,总是待在阴影里,总是快步行走,仿佛是在滑行。他说"我不记得",然而记得数以千计的细节。有时,某种菜肴中飘出的气味,或者鞋子的潮气,或者突如其来的噪音均足以将其带到战争之中……②战争时期经历的恐惧与绝望,使孩提时代对人和物体满怀狐疑的性格愈加凸显。书写,在某种程度上成为他进行自我探索与自我求证的良方,在书写中寻找家园和自我:"我是谁?我是什么?我冒着酷热在陌生人当中正做些什么。"③在书写中重建自己新的生活。

他并非像有些思想家那样做一个道德评判者,而是学会如何尊重人类的弱点,并报之以爱,因为弱点是人性中的基本要素。④正是这样,他才能无视犹太复国主义领导人在以色列建国前后根据国家需要而倡导的新人和新家园模式,执著地描写具有性格弱点、充满争议的旧式犹太人。60 年代,阿佩费尔德相继出版了《烟》(1962)、《在富饶的谷地》(1963)、《大地严霜》(1965)、《在地上》(1968)等短篇小说集。在这些短篇作品中,他主要描写出欧洲难民在战后漂泊不定的生存状态以及到以色列后的痛苦体验。继之又去写父辈,写已经在欧洲被欧洲文明同化了的犹太人,这些人否认自身,憎恨自身,原因在于他们具有犹太人身份,他们体内流着犹太人的血;而后又向纵深发展,写祖母一代人,他们一方面恪守古老的犹太文化传统,同时在漫长的流亡生涯中接

---

① Aharon Appelfeld, *Beyond Despair: Three Lectures and A Conversation with Philip Roth*, pp. 64 – 65.

② Aharon Appelfeld, *The Story of a Life*, p. 90.

③ Yigal Schwartz, *Aharon Appelfeld: From Individual Lament to Tribal Eternity*, trans. Jeffrey M. Green, Hanover and London: Brandeis University Press, 2001, p. 4.

④ Aharon Appelfeld, *The Story of a Life*, p. 106.

受他者文明的熏陶与同化。文学是深层次了解自身的一种尝试，阿佩费尔德的作品实际上是在不同层面暴露着自己，同时也展示出犹太人的思想感情、犹太精神与犹太特性，以及这种精神与特性在物换星移、岁月荏苒中的变异与发展。

与其他大屠杀幸存者作家不同的是，阿佩费尔德一直回避直接展现集中营生活和大屠杀事件本身，他善于运用象征手法，将大屠杀体验渗透在以大屠杀历史事件之前或其后为背景的文本中，或暗示出欧洲犹太人在二战期间无处藏身的命运，或表现犹太人在二战结束后在欧洲或者以色列争取生存的艰辛历程。在他的笔下，大屠杀主题并非体现在故事情节中，而是体现在故事书写与观察视角中。尽管他也像 20 世纪 50 年代的许多作家那样试图表达新移民体验，但是他削弱了新希伯来人具有效力与精神优越感的主张，把旧式犹太人形象再度引入了希伯来文学。展现他笔下的是难民、年迈者、女人、孩子、无归属者以及那些遭到迫害、恐吓和损害的人。[①] 而这些人的活动场所主要是东欧和战后的以色列。

（一）东欧犹太人的生存世界

《奇迹年代》（*Tor hapla' ot*）[②] 是阿佩费尔德发表于 70 年代的一部作品，仅从题目我们便可以看出小说同过去建构了一种无法割舍的联系。从结构上看，小说分为两部分，分别描写大屠杀之前和大屠杀结束后的犹太人的生活。在第一部分中，小说的叙述人布鲁诺是一个 13 岁的少年，与家人生活在奥地利；而在第二部分中，布鲁诺已经长大成人，定居在耶路撒冷，他重新踏上返回奥地利故乡的旅程。从奥地利到耶路撒冷之间的二十年几乎是一片空白，作者未作交待，而细心的读者不难推断出那段岁月正是发生大屠杀和安置欧洲难民的年代，也许这一空白正是象征着大屠杀乃为犹太历史中的断裂；而从耶路撒冷重返奥地利，则是一次寻找旧日记忆之旅。需要读者通过想象，去填充作品中的某些空白。就像埃米利·布迪克（Emily Miller Budick）所说，如何阅读犹太历史上的这些空白纸页，

---

① 谢克德：《现代希伯来小说史》，第 270—271 页。
② 阿佩费尔德：《奇迹年代》，杨阳译，上海译文出版社 2009 年版。

我们选择什么写在上面，是文本本身留给我们的任务。①

《奇迹年代》首先书写的是大屠杀前夕生活在奥地利的一家被同化了的犹太人及其生存世界，它通过 13 岁少年布鲁诺的眼睛来观察二战爆发之前欧洲人的生存世界，包括父母不相称的婚姻，以及欧洲犹太人在反犹主义日甚的社会背景下的艰难生计、生活习俗与文化传统，到布鲁诺即将举行 13 岁成人仪式之前，第一部分内容戛然而止。13 岁是犹太文化传统中一个至关重要的数字，犹太男孩要在 13 岁这一年举行隆重的成人仪式，表明其人生进入一个新的里程，从此他要为个人，为家庭，为社会承担责任。按照伊戈尔·施瓦茨的观点，阿佩费尔德之所以选择一个 13 岁的男孩作为主人公皆因他（男孩）已经拥有了真正的记忆力量。其次，《奇迹年代》反映的是犹太人的身份问题，这个问题在一个犹太男孩加盟宗族、正式与犹太传统建立联系的年龄段得以最为行之有效的表达。第三——此乃小说中心地带的雷区——通过并进入大屠杀恐怖的一个入门仪式，并将其呈现为一种空白。阿佩费尔德反映了本书中最为重要的事件，这些事件超出文本范围，使得布鲁诺的性格得以最后定型。②

小说以回忆的口吻展开叙述，描述多年前叙述人和母亲在度假归来后乘坐一列夜班火车回家，从而揭开了家庭生活的不幸面纱："妈妈厌倦了那些度假胜地和豪华奢侈的酒店，爸爸从头到脚完全沉浸在他文学事业的成功之中，醉心于从维也纳到布拉格的巡游，一次又一次。他的成功并没有给我们带来快乐。某种令人痛苦的压迫感统治着这个家，似乎我们只是一颗微尘，他的成功如同一台压路机一般碾压着我们。或许爸爸也并不快乐。因为当时爸爸离家去了布拉格，妈妈决定我们也离开家，远离人群，前往某个荒凉之地。"③ 在这样的家庭环境中，人的快乐被剥夺，尤其是母亲，经常以泪洗面。

压抑不仅仅来自家庭，还来自社会。保安当局要对火车上"所有外国公民以及那些并非出生时即为基督教徒的奥地利公民"进行登记，将

① Emily Miller Budick, *Aharon Appelfeld's Fiction: Acknowledging the Holocaust*, Bloomington : Indiana University Press, 2005, p. 80.

② Yigal Schwartz, *Aharon Appelfeld: From Individual Lament to Tribal Eternity*, p. 25.

③ 阿佩费尔德：《奇迹年代》，第 5 页。

读者带入某种特殊的社会历史情境之中，显然犹太人便是需要登记的"劣等种族"之一，尽管他们当中有人已经皈依了基督教，但是未生为基督徒的命运依然让他们在这个国家被归于另类。布鲁诺和母亲无疑也属于被登记的人群，被高贵的雅利安人种视为"吵吵嚷嚷的犹太人"。"吵吵嚷嚷的犹太人"这一意象在现代文学巨匠门德勒的小说中既已出现，也是在东欧某个火车站上，那是一幅十足的犹太人自我讽喻的景象，用于自我剖析犹太民族的劣根性。而在阿佩费尔德笔下，"吵吵嚷嚷"这一带有典型描述犹太人特征的说法则更多地带有某种轻蔑、侮慢之意。它在文本中数次出现，唤起的不再是一种戏剧效果，而是犹太人心中的某种深层恐惧。

接下来，小说把这种令人恐惧的背景与现象加以深化，细化：反犹主义又在抬头，国家大剧院的女演员夏洛特因为身为犹太人而遭到解雇，身份问题于是成为基督教国家内困扰犹太人的大问题，甚至给孩子的心灵深处留下不愉快的种子，令他魂牵梦绕。"家里一直在讨论犹太人，不过总是压低了声音，外加不屑一顾的神情。有的时候也会有一阵突然的情感爆发：不可否认，我们也是犹太人。"[1]身为犹太人，甚至与耻辱画上了等号。与西方犹太人相比，东方犹太人的境遇则更加不幸，他们矮小，瘦弱，在售货亭前狼吞虎咽，暗示出社会地位的卑微。

布鲁诺的父亲可以被视为欧洲犹太知识分子的一个代表。父亲成了一位大名鼎鼎的作家，如同对待真理的先知一般崇敬卡夫卡，与茨威格过从甚密，甚至像许多被同化的犹太人一样，以德语作为母语，憎恨与生俱来的犹太人身份，对犹太小资产阶级进行猛烈的抨击，"说他们的世界里只有金钱、度假村和松松垮垮的宗教信仰"。[2] 甚至把犹太复国主义者在巴勒斯坦建立家园的理念视为另一种形式上的反犹主义。但事业的光环与试图摆脱耻辱身份的努力并未能减轻他的屈辱。在一片反犹声浪中，他的犹太人身份先是为作品招来骂名："失去了偶像的犹太人，如今他们是一群没用的废物，腐败堕落，误入歧途；他们是一群寄生虫，全靠健康的奥地利

---

① 阿佩费尔德：《奇迹年代》，第57页。
② 同上书，第76页。

传统才得以苟延残喘；那不是他们的精髓而是别人的精髓。"① 尔后，连作家本人也成为被诋毁的对象。诋毁之声响彻了整个奥地利，而爸爸的朋友竟然没有一个人出来为之辩护。

尽管父亲因犹太人身份而招致骂名，但并没有试图维系他的犹太传统。因此，他在两个世界当中都找不到自己的归属。表面看来，他在儿子即将举行成人礼之前离家出走，向年轻时代的一位朋友，而今维也纳的一位男爵夫人投怀送抱是试图摆脱忧郁与烦恼，实际上是在逃避对家庭和家族需要承担的责任。更为可悲的是，像布鲁诺这样的不遵守宗教戒律，并且不为男孩子施行割礼的家庭也不能被叫做犹太家庭，因而布鲁诺无法像其他犹太孩子那样举行自己的成人礼。割礼也是犹太传统中一个古老的仪式，源于犹太人先祖亚伯拉罕与上帝之间所立的约。不遵守这个约定，则得不到上帝的眷顾。布鲁诺的成人礼虽然得到了庆祝，但没有仪式，没有拉比的祝福，从这个意义上说，布鲁诺已经从宗教角度失去了其犹太人的身份，成为犹太传统的弃儿。

小说在叙写欧洲老一代犹太人和年轻一代犹太人的冲突时，涉及年轻一代犹太人试图通过改宗而改变自己的身份问题。布鲁诺父亲的继母、常年居住在疗养院、眼睛已经失明的艾米莉亚在前几次婚姻中生过几个女儿，最初女儿们还惦记着她，后来她们嫁给了非犹太人，就不再来看她了。在阿佩费尔德笔下，艾米莉亚拒绝抛弃犹太传统，对于几个嫁给非犹太人后来又改宗的女儿耿耿于怀。认为她们的所作所为得不到上帝的宽恕。② 而她之所以不肯离世的动因，按照大卫·苏可夫（David Suchoff）的说法，则来自这种文化之间的交融："因为我不能死，我怎能在我的女儿们都成了背教者的时候离开这个世界呢？"③ 在某种程度上，艾米莉亚成为维系犹太传统的一个象征，而她在现代世界面前的无能为力，她对现代世界的视而不见，则透视出犹太传统在现代社会中面临着保持还是消亡的巨

---

① 阿佩费尔德：《奇迹年代》，第 67 页。

② 同上书，第 44 页。

③ David Suchoff, "Kafka and the Postmodern Divide: Hebrew and German in Aharon Appelfeld's *The Age of Wonders* (*Tor Ha - pela' ot*)," in *The Germanic Review: Literature, Culture, Theory*, vol. 75, no. 2, 2000.

大挑战。

改宗本身并非是犹太人在日渐敌意的欧洲世界中谋求生存的良好手段。《奇迹年代》中尽管未直接交待艾米莉亚几个女儿的下落和命运，但是我们却可以从阿佩费尔德的另一部长篇小说《改宗》（*Timyon*，1993）中窥见一些改宗者的遭际。在《改宗》中，市政府秘书卡尔和他的许多同窗好友改信了基督教。他们有的征得了父母的同意，有的则是出于自己的意愿。在他们看来，恪守传统的犹太教意识令人厌倦。他们喜欢美妙的音乐，而拥挤不堪的犹太会堂却总是令人大汗淋漓。卡尔的母亲在病榻上不住地对他说："如果你的事业需要你改宗，你就改吧。我不会生气的。人得上进。不上进，人生就没有意义和目的可言了。"这些话无疑对他的改宗起到推波助澜的作用。对卡尔本人来说，他在年幼上学时期，经常遭受基督教徒孩子们的欺凌，他一方面感到恐惧，另一方面也在试图表现出犹太人不甘忍受、会用拳头回击的一面，但从内心深处则难以想象犹太人是忠于信仰的。他的朋友马丁也非常支持卡尔的选择，认为他做得对，值得庆贺。但他们的共同朋友维多利亚则主张：犹太人应该做犹太人。因为犹太人是犹太人。他不应该改变。倘若改变则会非常丑陋。会损害大家。

阿佩费尔德通过不同主人公的不同命运着力表现出犹太文化与基督教文化的冲突。《奇迹年代》中的另一个传统犹太文化的捍卫者是弗兰克姑妈，这是一位非常漂亮的女性，做过演员、歌手，她结婚、离婚并卷入种种丑闻。但由于种种原因，她从来没有改变自己的宗教信仰。她利用各种机会表明自己的犹太人身份。甚至自编一曲富有挑逗性的小调在酒吧中歌唱：我是个犹太人，不怎么可爱。吻我之前，你应该知道，我从地狱的火焰中来，生活在撒旦的光芒中。尽管她不是什么宗教人士，对犹太历史不甚了解，可对犹太民族怀有无限的深情。每当提起犹太朋友，她便眼睛发亮，那种爱强烈、怪异但持久。尽管她像更换衣服似的更换情人，但对族人的热爱却牢不可破，不允许任何人诽谤犹太人。她的情人中有王子、银行家、手艺人，但没有基督教徒。她蔑视基督教徒，喜欢说："我就当基督教徒们死了。我生来是个犹太人，死去时也是个犹太人。"因而成为某些人眼中的顽固不化分子。

同时，阿佩费尔德表现出主人公在两种文化间进行抉择的矛盾心理。

《改宗》中的马丁尽管在形式上接受了基督教神父为他主持的改宗仪式，承认自己是个教徒，但不肯承认自己是异族人，公开表示对"异族人"一词的憎恶。马丁死去后虽然为他举行了基督教葬礼，但那里没有哭泣。此情此景，令友人卡尔不禁思恋起犹太教葬礼，尽管它匆忙而混乱，但起码是人道的。而卡尔本人，在改宗后的最初几个月感觉非常轻松，认为自己终于找到了真正的出路，只需要义无反顾地走下去；可是后来他才知道倘若不相信圣父、圣子、圣灵三位一体在教堂里有多么压抑。在卡尔母亲的守丧期期间，致哀者似乎有着一个心声：我们是犹太人，没有什么可耻辱的。在守丧期结束前夕，他们甚至哭喊：犹太人活下去。作品最后，卡尔和他自己所爱的女性为逃避各种流言蜚语和伤害来到乡间，他们的住房被当地农民点燃。意味着这对相依为命的伴侣要被活活烧死，借此预示犹太人想通过改变信仰而改善生存境况的努力是徒劳的。故事发生在大屠杀历史事件的前夕，所以主人公的被害便融入了带有象征色彩的、新的历史内涵，同整个犹太民族遭受迫害的命运联系在了一起。

更为意味深长的是，即使犹太人为了实现与欧洲人同化的目的，抛弃了自己固有的民族传统，甚至改宗，但是他们仍然无法摆脱在二战时期作为犹太族裔所不可避免的厄运。《奇迹年代》第一部分的最后一幕场景置于犹太会堂，尽管许多人很少去过那里，但还是被从那里带上货车，被送往死亡营。犹太会堂作为犹太人的聚居地，作为犹太传统的象征，象征性地同死亡联系在了一起。

小说的第二部分写的是成年后已经定居耶路撒冷的布鲁诺踏上回返故乡奥地利的旅程。在大屠杀小说中，回归故乡往往伴随着痛苦记忆的困扰。尽管从时间上看，自布鲁诺和母亲被从犹太会堂带上南下的货车到布鲁诺重新返回故乡已经过去多年，而奥地利与耶路撒冷之间的那段岁月是希伯来文学史家眼中的一片空白，但是在作品的潜文本中却隐含着奥地利与耶路撒冷两个世界之间的关联，而连接两个世界的桥梁便是记忆本身。记忆来自对过去痛苦岁月的难以释怀，来自因父亲出走而带来的耻辱与创伤，也来自对父亲在离家之后经历的一种虚构与想象："人们告诉他，父亲在精神错乱中死于特莱西恩施塔特集中营。还说，在这之前他还曾试图改宗。另一种传言是说他并没有被流放到特莱西恩施塔特，而是被送到了明斯克附近。那里有人在屠宰场看到过他几次。关于父亲的谣传一直不断。几乎每年都会有这些只言片语传入他的耳中，揭开他隐秘的伤口。这种耻辱又包含着很多方面。羞耻、愤恨和有意的忘却。"①

现实中在父与子之间建立联系纽带的契机源自欧洲读者对父亲作品的重新认知与接受。但是远方的消息并没有让主人公感到高兴。其中部分原因在于，他与父亲一样经历了不美满的婚姻，经历着与妻子分居的痛苦。他们的不幸带有婚姻家庭悲剧的普遍特征，也带有作为犹太人的特殊性。我们从作品的叙述中得知，布鲁诺的妻子也具有大屠杀体验，她的父母是奥斯维辛集中营的幸存者，他们将太多的苦难传承给了自己的女儿，使之负载着父母的痛苦体验，成为大屠杀第二代。这几乎是一种集体病症，是以色列国家依靠政治手段与意识形态操纵而无法治愈的病症。关于这个问题，我们在后面的相关论述中再做进一步的讨论。

布鲁诺回返故乡的旅程并未给他带来心灵的慰藉，缓解记忆和试图填充记忆空白而带来的苦痛，从而找到救赎的途径；相反，他在故乡没有找到归属感，亲近感，甚至找不到可以推心置腹的对象。物是人非，那个世界依然冷漠难耐，即使旧日可以交流的熟人也行同陌路，等待他的依然是无尽的孤独与压抑。

布鲁诺既是一个具有个性色彩的活生生个人，又带有某种集体共性，即从遭到遣送到以色列定居的犹太人，尤其是犹太孩童的某些集体特征，尽管这一特征在《奇迹年代》中是以空白的方式出现，但是却可以借阿佩费尔德的传记以及其他作品得以填充和弥补。

（二）以色列大屠杀幸存者及其体验

我们在前文中曾扼要勾勒过本土作家笔下的新移民形象，这里则主要探讨大屠杀幸存者作家如何以别样的视角将移居以色列的旧式犹太人引入希伯来文学的世界。1946 年，阿佩费尔德和许多犹太难民一起从意大利乘船抵达巴勒斯坦，他没有父母，没有亲人，不懂当时人们用来交流的语言。而没有语言，人会感到孤独，会越来越退缩到自己的个人封闭世界

---

① 阿佩费尔德：《奇迹年代》，第 199 页。

里，与世隔离。他们被要求忘记大流散过去，要扎根于现实的土壤中。①
这就需要一边在田间劳动，一边学习希伯来语、《圣经》和比阿里克的诗
歌。尽管在这种带有强迫色彩的教育下，少年幸存者付出了惨痛的代价，
对于欧洲故乡及其语言的记忆日渐消退，但是能够掌握一门新语言绝非轻
而易举之事，他们所谓的大屠杀心态也不可能顷刻间得到改变，于是这些
孩子对于学习希伯来语和在土地上劳作形成了一种逆反心理。在他们眼
中，倘若说世界是一个难民营的话，那么以色列则像一个位移了的儿童难
民营。就这一点，我们在阿佩费尔德的另一部带有自转色彩的小说《灼热
之光》（Mikhvat Ha - Or）② 中可以看到深切的表述。

《灼热之光》以第一人称形式，讲述一群失去双亲的少年幸存者到以
色列后的故事。小说一开始，写这些少年幸存者从意大利乘船去往以色列
地，在某种程度上，象征着与过去割断联系，走向新生。但是，这些少年
由于在战争期间经历了肉体与心灵磨难，他们狡猾，焦虑，丧失了乐观的
人生态度与信仰。他们到以色列不是个人选择，而是迫不得已。他们同当
时的幸存者主人公一样，需要重新装扮自己，但这个过程是痛苦的。③ 首
先，他们不懂希伯来语，进而造成交流的障碍："我们很少说话，好像我
们生来就不会说话；我们从家里带来的少数温暖的词语也被灭了。那个怪
里怪气的希伯来语激起了食盐一样的感觉。"④ 而且，与犹太复国主义先驱
者相反，少年幸存者没有与以色列土地以及那里的百姓融为一体的愿望。
他们拒绝接受犹太复国主义理想。对他们来说，在农场劳动这一象征着与
土地建立联系的行动本身成了某种负担。巴勒斯坦，这片先驱者们所梦幻
的土地，被他们想象为"某种集中营"。既然已经在七个集中营待过，那
么也能待在第八个。集中营情结成为他们融入以色列社会的障碍。他们酗
酒，打架，互相伤害。

与此同时，阿佩费尔德作为幸存者作家，表现出本土以色列人和以色

---

① Aharon Appelfeld, *The Story of a Life*, p. 114.

② Aharon Appelfeld, *Mikhvat Ha - Or*, Tel Aviv: Hakibbutz Hameuchard, 1980.

③ Gila Ramras - Rauch, *Aharon Appelfeld*: *The Holocaust and Beyond*, Bloomington: Indiana University Press, 1994, p. 112.

④ Aharon Appelfeld, *Mikhvat Ha - Or*, p. 107.

列社会对少年幸存者的鄙视、厌恶与排斥。当本土以色列人最初见到这些少年幸存者时，便显示出二者之间在价值观念上的冲突，"我们在这里是劳动者。我们从土地上生产面包。不劳动的人都要被赶走"。随着情节的发展，这种冲突进一步激化。这一点我们通过少年幸存者与其监护人、一个按照犹太复国主义理想模式塑造起来的新型犹太人之间的对话可以清晰地看到：

> "卡车把我们从艾麦克带到此地。他们是答应我们坐轿车的。我们不是去干农活的。"
>
> "干农活怎么了？"监护人问。"是谁使沙漠生长鲜花？又是谁从土地里出产面包？是谁？我们又要做寄生虫了。"
>
> "我们不是农民。"
>
> "一个人要是愿意做什么，就可以学会。我也不是生在这块土地上。但我学会了热爱它。要是你愿意，要是你坚持，即使沙漠也会结出果实。你们懂吗？"
>
> "我们讨厌植物。"①

以色列的犹太复国主义者和政治领袖提倡通过肢体的简单劳作，而不是通过研修祈祷等精神活动与土地建立肌肤相亲的联系。少年幸存者拒绝与土地建立密切联系在很大程度上拉大了他们同以色列社会的距离。用幸存者后裔施瓦茨教授的话说，这是阿佩费尔德唯一提到以色列社会与意识形态背景的小说，在这种社会与意识形态背景下，大屠杀幸存者的道德水准和社会地位比本土以色列人低劣，被称作"人类尘埃"。② 年少的幸存者从无处栖身的欧洲来到巴勒斯坦的土地上，为的是接受改造，塑造新的身份，并为建造日后的犹太国家效力，拒绝接受劳动无异于拒绝接受建立新的身份。那么则意味着他们在新建的国家中找不到归属感。这种没有归属感也延伸到《奇迹年代》中布鲁诺及其夫人的身上。

---

① Aharon Appelfeld, *Mikhvat Ha - Or*, p. 96.

② "人类尘埃"一词，取自 Oz Almog, *The Sabra：The Creation of the New Jew*, p. 88。

　　诚然，无论是《奇迹年代》还是《灼热之光》，虽然带有阿佩费尔德的人生体验，但是并不等同于按照生活的本来面目在描绘生活，在那种情形之下，人等于是记忆的奴隶，而记忆在创作过程中只是一个微乎其微的因素。正如阿佩费尔德在与菲利浦·罗斯（Philip Roth）的一次谈话中说："我从未按照生活的原样来描绘生活。我所有的作品确实是我最富个人体验的篇章，然而它们不是'我的人生故事'。"① 他的作品并非忠实地复述过去的经历，而是以艺术化的形式再现某一特定历史时期的个人体验和集体创伤。他描写大屠杀幸存者们的命运，不仅体现在对大屠杀幸存者体验的描写中，而且体现在幸存者们在战后为自己为他人作出的答案中：究竟发生了什么，怎样发生的，真的是那么回事吗？为什么会像"待宰羔羊一样走向屠场"？②

　　而在阿佩费尔德迄至今日的全部创作中，最为淋漓尽致展现大屠杀幸存者体验的则是中长篇小说《不朽的巴特弗斯》。③ 记得麦克·伯克维茨（Michael Berkowitz）教授曾经说过，大屠杀幸存者所有的性格特征都在巴特弗斯身上有所体现。他就像一个符号，一个象征，代表着某种集体体验。④ 在这部作品中，阿佩费尔德几乎全然忽略了大屠杀幸存者们到达以色列后所面对的社会和意识形态语境。⑤ 他们几乎不和以色列人接触，钻进了自己固有的小圈子里。⑥ 这样的人物有些像谢克德所界定的"行走着的死人"，他们无法从大屠杀的恐惧中摆脱出来。⑦

　　学者们善于从辞源学角度对主人公的名字进行考察，巴特弗斯，由 bart 和 fuss 两个单字词构成，意思为"毛茸茸的脚"。18 世纪，德国人有将荒诞的名字强加于犹太人的习惯。在这一文化语境下，巴特弗斯这一名

　　① Aharon Appelfeld, *Beyond Despair: Three Lectures and A Conversation with Philip Roth*, New York: Fromm International Publishing Corporation, p. 68.

　　② Ibid., pp. 13, 43.

　　③ Aharon Appelfeld, *The Immortal Bartfuss*, tran. Jeffrey M. Green, New York: Weidenfeld & Nicolson, 1989.

　　④ 2008 年 9 月 16 日与伯克维茨教授的谈话，地点：英国伦敦大学学院。

　　⑤ Yigal Schwartz, *Aharon Appelfeld: From Individual Lament to Tribal Eternity*, pp. 52 – 53.

　　⑥ Gila Ramras – Rauch, *Aharon Appelfeld: The Holocaust and Beyond*, p. 115.

　　⑦ 谢克德：《现代希伯来小说史》，第 281 页。

字则带有反犹主义的意义。①

作品开始，就向读者说明，"巴特弗斯是不朽的"。但是其不朽的原因却在后来才得到解释：巴特弗斯是一个幸存者，二战期间他在集中营中是个小不点儿，现在已经50岁了，和一个名叫罗萨的女人结了婚，并生有两个女儿。目前和妻子以及小女儿住在雅法一间蹩脚的公寓里，大女儿已经出嫁。每天他都要在4点50分起床，喝咖啡，随即点燃一支香烟。第一支烟让他倍觉精神。他长时间地坐在窗前观察晨间带有动感的东西……除了咖啡馆的主人和男女招待，除了公共汽车司机，他几乎不和任何人讲话，就这样生存在他自己所创造的沉寂之中，远离社会，也远离他具有强烈拜物癖的妻子和女儿。他蔑视物质至上的信条，尤其痛恨唯利是图的妻子和已经结婚的大女儿。

巴特弗斯虽然经历了战争中的种种不幸，但与许多大屠杀幸存者不同的是，他并非把争取生存当成一种终极价值，而是深受传统犹太价值观念的困扰，并试图维系那个业已逝去的传统，即使在战争期间也经常冒险救助别人。而在他的妻子身上则体现出另外一种全然不同的价值观念：为求得生存而不择手段。妻子在战争期间为了生存，到农民家里避难，与50多岁的老头和他的儿子们媾和，这一点让巴特弗斯永远不能原谅。他对妻子说："生命固然可贵，但不能无限度地蒙受耻辱。"显然，在巴特弗斯的心目中，仍然有比争取生存更为可贵的东西，尽管经历了大屠杀之类的苦难，许多人的信仰已经沦落，但品德与良知依旧应该是犹太人在漫长的艰难生涯中得以延续自己民族传统的支柱之一。从这个意义上说，巴特弗斯应该属于传统犹太文化的维系者，这也许是他之所以不朽的原因之一。

在去以色列之前，他试图甩掉妻子，但她设法找到了她。夫妻之间缺乏信任，巴特弗斯认为妻子一直在骗他，他宁肯找别的女人过夫妻生活，而妻子则挑唆女儿们与巴特弗斯离心离德，甚至控制与巴特弗斯比较亲近的小女儿，禁止她与父亲接近。在女儿们眼里，他是一个"怪人"。女儿们与母亲结成一个阵营，她们同吃同住，拥有自己特有的品位和语言。巴特弗斯与妻

---

① 参见 Leon Yudkin, ed., *Hebrew Literature in the Wake of the Holocaust*, London: Associated University Presses, 1993, pp. 85–86。

子和女儿之间的疏离关系可以说是大屠杀幸存者家庭生活的一个缩影，造成家庭成员隔膜的原因当然来自苦难对受难者心理的损耗，由于经历了过多的欺骗、被出卖与死亡，他们总是在怀疑一切，甚至怀疑自己的至亲。

在小说中，巴特弗斯之所以被同伴称为不朽的直接原因是他身体内存留着 50 颗子弹。

> "50 颗子弹。一个人身体里有五十颗子弹怎么能活下去？"
> "他活着。这是事实。"
> "因为他是不朽的。"
> "我不会那么离谱儿。"
> "我希望得知更充分的东西。"
> "什么，比如说。"
> "我不知道。"
> "别这么烦恼了。"
> "我不是烦恼。我是感佩。"①

人们之所以对巴特弗斯的身世与经历满怀好奇，之所以不抵制他，是因为巴特弗斯"是一个传说"，是因为当代社会中的人们也需要传奇、英雄和光辉业绩。尽管有些人也曾经有过集中营体验，但与巴特弗斯没有待在同一个集中营，他们之间只有微弱的共鸣，大家对巴特弗斯的过去一无所知，即使他很突出，即使他身体内的特殊标识证明着他有独特之处，但是，人们称他不朽，终究反映出对英雄人物的某种需要。至于巴特弗斯身体内是否残存着"50 颗子弹"，谁也没有确认，但这一传说至少形成一个隐喻，一个符号，"既是暴力施加于身体的见证，也是暴力的'文本'表征"。② 它既记载着过去所遭受的伤害，又预示着历尽劫毁终不死的生命力之顽强。美国华裔学者王德威（David Wang）在阐释中国 50 年代的伤痕书写时提出的"伤痕类型学"之说可以给我们以启发。王德威说："只要

---

① Aharon Appelfeld, *The Immortal Bartfuss*, p. 62.
② 王德威：《1949：伤痕书写与国家文学》，三联书店（香港）有限公司 2008 年版，第 1 页。

伤痕存在，人们就会记起暴力的曾经发生。隐含在伤痕里的是一项肉体证据，指向身体曾经遭受的伤害，指向时间的流程，也指向一个矛盾的欲望——一方面想要抹清，一方面却又一再重访暴力的现场。在检视个体伤痕的同时，记忆被唤醒，一个隐喻的叙事于焉成形。"[①]

在某种程度上，巴特弗斯是个在现代社会里不懈进行精神探索的主人公，他伤痕累累的身体集中代表着某种集体体验。象征着犹太人虽然多次受到致命的伤害，但仍然生存下来。巴特弗斯同其他人一起非法移民到巴勒斯坦，后来为了生存的需要，参与走私。他的所谓"不朽"带有双重含义，一是不朽的犹太人，另一则是不朽的记忆。无论从哪个层面上说，都带有一种普遍和永恒。

从前文的几个文本分析中可以看到，作为大屠杀幸存者作家，阿佩费尔德一直回避直接展现集中营生活和大屠杀事件本身。他善于运用象征手法，将大屠杀体验渗透在以大屠杀历史事件之前或其后为背景的文本中，或者暗示出欧洲犹太人在二战期间无处藏身的命运，或表现犹太人在二战结束后在欧洲或者以色列争取生存的艰辛历程。在他的笔下，大屠杀主题并非体现在故事情节中，而是体现在故事书写与观察视角中。尽管他也像 20 世纪 50 年代的许多作家那样试图表达新移民体验，但是他削弱了新希伯来人具有效力与精神优越感的主张。他把旧式犹太人形象再度引入希伯来文学，展现在他笔下的是难民、年迈者、女人、孩子、无归属者以及那些遭到迫害、恐吓和损害的人。[②] 而这些人的活动场所主要是战时东欧和战后的以色列。欧洲乃犹太人的流亡之所，旧式犹太人在那里始终徘徊于两种文化甚至两种以上文化的矛盾之中；以色列乃旧式犹太人在欧洲面临灭顶之灾后试图寻觅的避难所，但是由于负载着沉痛的痛苦体验，他们寻求再生与幸福的道路仍然十分艰辛。

五　希伯来语诗歌的革新

60 年代以来的希伯来语诗坛上，涌现出许多著名诗人，笔者拟从中遴

---

① 王德威：《1949：伤痕书写与国家文学》，第 2 页。
② 谢克德：《现代希伯来小说史》，第 270—271 页。

选最富有代表性的阿米亥和瓦莱赫稍加详解。阿米亥不仅在以色列享有最广泛的读者，而且也是能够与奥登和爱略特比肩的 20 世纪最为伟大的世界级诗人，同时又是一位优秀的作家和戏剧家。阿米亥出生于德国一个正统派犹太教家庭，祖辈是农民，居住在德国南部一个犹太社区，在正统派犹太学校接受教育并学习希伯来语。1934 年随家人移居巴勒斯坦，先住在佩塔提克瓦，后迁至耶路撒冷，直至去世。第二次世界大战期间，阿米亥参加英国犹太军团到埃及服役，后来加入"帕尔马赫"先锋队，走私武器，将移民非法运入巴勒斯坦。与此同时，他开始阅读现代英语诗歌，尤其是深受奥登和爱略特诗歌的启发，开始用希伯来语进行诗歌创作，描写爱情、战争、人与上帝、人与人之间的关系。阿米亥自 50 年代登上诗坛，仅在 50 年代，便发表了《现在和其他日子》（1955）、《两个希望之遥》（1958）、《在公共花园》（1959）等诗集。

　　抛开阿米亥的诗歌成就不论，仅就诗人的群体归属而言，阿米亥应该作为现代希伯来文学中的个案加以研究。这是因为，阿米亥出生在 20 世纪 20 年代，是第一代希伯来语本土作家的同龄人，与第一代本土作家拥有共同的经历：在第二次世界大战末期加入犹太军团，是犹太地下抗英组织哈加纳中的一员，在 1948 年战争中浴血奋战。但是在精神特质上，阿米亥则与第一代本土作家有着本质的区别。首先，他出生在德国一个正统派犹太教徒之家，自幼接受的是一种规范式的宗教教育，与自幼接受犹太复国主义思想教育的土生土长的以色列青年截然不同，甚至"对东欧犹太复国主义文化传统和现代希伯来文学也不熟悉"。他与新象征主义学派的唯一联系便是阅读利亚·格尔德伯格的诗作，故而间接受到里尔克十四行诗的影响。因此，他的希伯来语在严谨的希伯来文学批评家看来则显得有些"滑稽可笑"。① 因为阿米亥的希伯来语将传统的宗教祈祷语言、现代希伯来语口语与惯用法和自幼所讲的德文句法结构混杂在了一起。② 不过，正是由于这诸多的与众不同，使之能够突破禁忌，敢于创新。

---

　　① Dan Miron, *The Prophetic Mode in Modern Hebrew Poetry and Other Essays on Modern Hebrew Literature*, p. 469.

　　② Ibid. , p. 470.

　　阿米亥曾经在1997年接受笔者访谈时有过一句名言，"倘若没有人生的艰辛，则没有诗人"。这句话恰好用来形容他自己成为一个伟大诗人的艰辛历程。阿米亥不像格林伯格那么幸运，在出道之际便有机会得到名家的举荐。阿米亥在20世纪50年代就开始向杂志投稿，但那些素有修养的文学编辑们，比如说史龙斯基便把他视为"新移民"（Oleh chadash）。在当时的文化语境下，新移民意味着"文化新手"，言外之意，他的诗歌创作尚未达到在当时文坛占统治地位的新象征主义学派的诗歌标准，其希伯来语被视为将古今词语蹩脚地拼凑在一起，缺乏深度与回声，其诗缺乏韵律与乐感，就连其采用的比喻与象征也被视为缺乏色彩，引不起联想。因此，阿米亥的诗歌不可能发在一些德高望重的杂志上，只能散见于一些报纸。摆在他面前的唯一出路便是要适应当下的诗歌标准，但阿米亥拒绝这样做，继续沿袭自己的路数。后来一些朋友帮助他出版了诗集《现在和别的日子》（*Achshav U – Va – Iamim Ha – Aherim*, 1955），引起了新一代诗人的共鸣，后者认为从中找到了自己的声音。

　　总体上看，耶胡达·阿米亥所遵循的诗歌传统大体有两个：其一是来自以拉比·施木埃尔·哈纳吉德、耶胡达·哈列维和伊本·加比罗尔为代表的中世纪希伯来诗人的创作；其二是来自他所崇拜的奥登与爱略特等英美诗人的创作。受中世纪希伯来诗人的影响，耶胡达·阿米亥把许多诗歌限定在神圣的文本语境与话语之中，通过借喻与明喻，表明作为一个犹太人的个体和集体生存情境，以及与此相关的主题、历史、文化和传统，探索人神关系以及具有广袤意义的人生真谛。英美现代主义诗歌以及意象主义、未来主义、超现实主义的创作表现手法的启迪，又使得耶胡达·阿米亥有意在诗歌创作中注重意象锤炼。他诗歌中占主导地位的意象，如山、树、石、风、沙、鲜花、果园、树木、海洋、沙漠，等等，构成了一幅幅不确定的、流动的风光图，既能唤起读者的直感，又具有批评倾向性的张力。

　　在语言上，耶胡达·阿米亥也给希伯来语诗歌带来了变化，经常将方言土语入诗，将日常用语与军事用语、箴言、习语乃至抒情诗片段、讽刺剧中的语言结合起来，创造出同以色列社会生活与犹太文化传统息息相关的许多意义宽泛的隐喻。耶胡达·阿米亥的诗歌不仅充满了历史意义、传统价值与民族问题，同时具有强烈的自传色彩，他诗歌中的主人公 植根于他自己的国家、文化传统与象征模式，接近当代以色列神话之谜。

耶胡达·阿米亥堪称一位希伯来经典诗人。他的诗歌不仅表现出战后一代诗人对史龙斯基、阿尔特曼等现代希伯来诗歌祖师爷的反叛，而且也是对多数参加过"独立战争"的"帕尔马赫"作家集体主义意识的一种反驳，改变了 20 世纪下半叶以色列诗坛的面貌。他所创造的艺术信仰、陈述方式、反讽手段，自 20 世纪 50 年代以来一直被几代希伯来诗人所模仿，"差不多成了文学传统"。

从创作主题上看，阿米亥的作品可以划分为宗教诗和世俗诗两大部分。其宗教诗歌中的一个重要特征便是展示上帝形象，探讨上帝与人的关系。这一点也在同代诗人和作家中卓尔不凡。阿米亥对上帝满怀敬畏，认为上帝的威严与恩典无所不在。上帝对人的感情因人而异，有远近亲疏之分，中国读者都非常熟悉《上帝怜悯幼儿园的孩童》（"Elohim Merakhem al Yaldey Ha – Gan,"）这首短诗：

> 上帝怜悯幼儿园的孩童，
> 对上学的要略为逊色
> 而成年人，他则丝毫不加怜悯
>
> 他将成年人弃置不顾，
> 有时他们必须四肢着地匍匐
> 在滚烫的沙子上
> 向救护站爬去
> 他们身上流着鲜血。[①]

诗歌的第一节主要从三个层面表现上帝对人的怜悯带有选择性，上帝的怜悯与人类是否纯化密切相关，因为只有幼儿园的孩童才有权得到怜

---

① 该诗在我国有高秋福、傅浩、王伟庆等几个译本，无疑令本人获益。引文根据笔者在本 – 古里安大学选修"文学希伯来语"课程时的课本译出。

悯，学校的孩子所得的怜悯次之，而成人则得不到怜悯，需要对他们进行单独判决。幼儿园的孩子、学校学生与成人之间的最大区别在于幼儿园的孩子最为单纯、无邪。格兰达·阿布拉姆森在对耶胡达·阿米亥的诗歌创作进行分析时，进行了一种有趣的推断与假设，称这首诗是"对拉希释解《创世记》的一种模仿"。① 拉希主要认为上帝首先是怜悯众生，而后有所选择。暗示着人类始祖遭到蛇的诱惑偷吃了智慧树的禁果，被逐出伊甸园。在诗中，遭到上帝摒弃、得不到任何保护的成人则需要忍受孤独和痛苦，甚至要以付出鲜血为代价。

但是，耶胡达·阿米亥也提到成年人若想获得救赎的途径就要通过爱，因为上帝怜悯真正的恋人：

> 但也许
> 他会怜悯真正相爱的人
> 关心
> 庇护他们，
> 仿佛一棵树
> 护卫着公园里睡在长凳上的人
>
> 也许我们应该送给他们
> 母亲留给我们的
> 最后几枚正义的钱币，
>
> 用他们的幸福来保护我们
> 在现在和其他的日子。②

正如前文所述，爱是耶胡达·阿米亥诗歌创作中所强调的一种主体精神。这里强调"真正相爱"的人能够得到上帝的呵护，并且使用比喻，表

---

① Glenda Abramson, "Amichai's God," in *Prooftexts* 4, 1984, pp. 111 – 126.
② 阿米亥：《上帝怜悯幼儿园的孩童》。

示上帝保护他们不受外来世界的侵扰。最后两节没有直接提到过去、现在与未来，但是用"母亲留给我们"的"钱币"象征着过去的遗产，又用"现在和其他的日子"同未来建构一种联系。这并非只是在宗教层面上用爱换取上帝的怜悯，而且具有人本意识，呼唤人与人的平等与无私的救助，具有历时性。

阿米亥的世俗诗创作中的两大主题便是爱情与战争。他将爱情置于战争、忆旧、宗教等不同的语境中，表现带有强烈感官色彩、焦虑与痛苦的男女之爱。而他的战争诗歌并非从国家命运与民族兴趣出发来歌颂战争，并非从民族主义和犹太复国主义角度来描写战争的胜利者和失败者，而是着重剖析战争的无情以及被战争损坏的个人，尤其是普普通通的死者和伤者。

20 世纪 60 年代是希伯来诗歌发展过程中一个十分引人注目的阶段，甚至可以说是一个"新的开端"。① 这是因为，以色列社会和以色列的艺术家越来越认同西方标准，对于民族身份和父辈一代浪漫主义世界观的认同越来越弱化。50 年代便开始革新希伯来诗歌传统的耶胡达·阿米亥和纳坦·扎赫以自己的方式反映日常生活，巧妙地运用日常希伯来语，偏离了19 世纪末期以来以比阿里克、车尔尼霍夫斯基和史龙斯基、阿尔特曼为代表的两代诗歌传统。在 20 世纪 60 年代的希伯来诗坛上，女诗人约娜·瓦莱赫带来的文化冲击十分引人注目。

瓦莱赫在 1944 年生于特拉维夫附近的一个小村庄，父母是 30 年代便移居巴勒斯坦的犹太复国主义者。瓦莱赫四岁那年，父亲便死于以色列的"独立战争"，可以说她是以色列历史的牺牲者，② 她的成长几乎与以色列国家的痛苦与欢乐体验同步。

瓦莱赫性格中的一个显著特征便是其叛逆性。瓦莱赫在自己出生的小村庄里接受基础教育，积极参加公共生活。瓦莱赫从十几岁起便显示出与众不同的桀骜不驯的性格特征，但是这种叛逆造成她无法适应学校教育的

---

① Natan Zach 语，见 1966 年 7 月 29 日《国土报》。

② Zafrira Lidovsky Cohen, *Loosen the Fetters of Thy Tongue Woman: The Poetry and Poetics of Yona Wallach*, Cincinnati: Hebrew Union College Press, 2003, p. 6.

后果，在读中学时被迫中途辍学，也没有机会进入大学读书。17 岁那年，瓦莱赫进入特拉维夫的一所美术学校，虽然无缘成为一名艺术家，但是开始接触一些同样具有反叛色彩的文化和艺术精英，并阅读了大量具有变革色彩的希伯来语诗歌。这样的人生经历使之对来自底层的人们，以及敢于挑战传统的人们情有独钟，甚至经常与罪犯、妓女、吸毒者、同性恋者以及其他"不适合社会的人"交往。[①] 瓦莱赫从来没有离开过以色列，她一生中的大部分时光均在自己的小村庄度过。41 岁时，这位天才的女诗人被癌症夺去了生命。

瓦莱赫从 60 年代开始发表诗歌，在 60 年代共发表《事物》（*Devarim*，1966）、《两座花园》（*Shnei Ganim*，1969）两个诗集，但没在文坛上引起重大反响，直到 70 年代中期才与其他反传统的诗人一道得到评论界的关注。诗人的作品开始见于各种杂志，诗人本人也开始接受各类报刊的访谈。瓦莱赫在 60 年代的作品遵从的是扎赫主张的关于"得体的诗"的诗歌准则。多数诗作短小流畅，展示一幅具体的"现实"场景，采用冷静而有节制的声音说话。[②] 这些诗歌与神秘主义、宗教、预言、激情、性与疯癫具有密不可分的关联。

《约拿单》是瓦莱赫早期创作的一首名诗：

> 我在桥上奔跑
> 孩子们在后边追
> 约拿单
> 约拿单他们叫喊
> 一点点血
> 就一点点血用来抹蜜
> 我同意只扎一个针眼
> 但是孩子们却要
> 他们是孩子

---

① Zafrira Lidovsky Cohen, *Loosen the Fetters of Thy Tongue Woman*, p. 8.
② Ibid., p. 45.

> 我是约拿单
>
> 他们用一根唐菖蒲枝砍下我的头，用两根
>
> 唐菖蒲枝把我的头捡起来，用沙沙作响的纸
>
> 把我的头包起来
>
> 约拿单
>
> 约拿单他们说
>
> 真的原谅我们
>
> 我们没想到你会这样。①

　　总体上看，这首诗描绘出一幅可怕的场景。叙述人约拿单在桥上奔跑，后面被一群至少没有怜悯之心的孩子追赶，向他索要鲜血。约拿单要献出一点鲜血的妥协却引来了自我毁灭，被对方砍掉了头颅。诗歌中的人物形象除叙述人外，还有一群孩子，与孩子在希伯来传统文化中乃纯化的象征相对，诗歌中的孩子是施暴者，犹如嗜血的动物，不惜为了小小的愿望去伤害他人，只有约拿单的死才换回了他们应该具有的纯真，使之为自己的行动后悔。

　　熟悉希伯来文化背景的读者不可能排除叙述人约拿单的文化内涵。在希伯来经典《圣经》中，有一个约拿单吃蜜的典故。大意是，扫罗王叫百姓起誓，凡是不等到晚上打败敌人便吃东西的人必受诅咒。因此当百姓来到树林看到蜂蜜时却无人敢动，扫罗之子约拿单没有听到父亲叫百姓起誓，就用手杖蘸了那蜜放到嘴里品尝，眼睛一下子就亮了。约拿单险些为此付出生命的代价，但最后却因众百姓为之求情而得到宽恕。富有反讽意味的是，瓦莱赫笔下的约拿单却毫无缘由地成为一群孩童的牺牲品，他们即使为自己的行为幡然悔悟，但毕竟犯下了不可饶恕的罪愆。我们从阅读瓦莱赫的诗歌中可以看到，瓦莱赫尽管厌倦学校教育，但却熟悉犹太经典。并把《圣经》中的典故和古老的神话和传说当成自己作品中的原型，显示出一定的希伯来文化积淀。她的许多诗歌直接援引《圣经》中的人名

---

① 中文翻译参见高秋福译《乔纳森》，见《百年心声》，人民文学出版社 2006 年版；又参见高兴译《约娜坦》，《世界文学》1994 年第 6 期。

作为题目，如《约拿单》、《押沙龙》等。

瓦莱赫素有 20 世纪 60 年代最伟大的希伯来女性诗人之称。20 世纪 20 年代以来的希伯来女性诗歌形成一个明显的诗歌传统，诗风婉转、低回、压抑、优美，浪漫而感伤，抒发女性对爱情求之不得、备受压抑的苦痛，直至瓦莱赫才给希伯来诗歌实施了一场女性革命，她大胆地揭示出女子在两性关系中所处的受难者地位："不出/也不入/在每座帘幕后/小心翼翼地将双唇相依/他会平静地回到你的床上/谁/信：/你知道/我的爱纵情奔涌/你的血恬淡甜美/风中有一叶纸片/风中有一片礼貌的大树叶/特里萨给她的冰鞋上油/躺在烛光前眨动双眼。"[1] 而在另一些诗作中则表现出女性强烈的性意识及灵魂深处的苦痛与呐喊："我是童贞女/我是童贞女/你是否了解我/你没有痛苦/你不会痛苦/通话完毕。"[2] 这首诗描写了一个女子被自己心仪的男子辜负，因而思恨交织，心生怨艾，但她没有顾影自怜，这种复杂而又直白的情感体验在瓦莱赫的全部诗歌中占据着重要位置，也成为后代女诗人仿效的摹本。

当然，瓦莱赫并非第一位在作品中描写情欲需要的希伯来女性诗人，也不是第一位描写妇女反对男性压迫与性别利用的女性作家。但是在她之前，几乎没有女作家颠倒性别角色，把男人视为受体，直截了当地描写女子的性幻想。用科恩的话说，她给希伯来诗歌引进了一种全新的女权主义。[3] 也可以说，冲破了最为基本的身份与性别概念。[4]

例如，瓦莱赫在著名的《两座花园》中以一位女子的口吻写道："如果葡萄干从你的脚趾长到头顶/我将用牙齿一个个地将其摘掉/留下你光滑白皙的身体赤裸着/你将赤身裸体/感到赤身裸体是多么艰难/但这情景中有些东西令人生厌/因此说/这里的植物并不可怕/这里的植物波浪起伏非常甜美/伊甸园中的植物。"[5] 引用这段诗文是想向读者说明这里的女子已

---

[1]　Yona Wallach, "Theresa", in *The Tel Aviv Review*, vol. 3, 1990, p. 73.

[2]　Yona Wallach, "Holy Virgin", in *The Tel Aviv Reviw*, vol. 3, 1990, p. 73.

[3]　Zafrira Lidovsky Cohen, *Loosen the Fetters of Thy Tongue Woman*, p. 133.

[4]　Zvi Mark, "The Dybbuk as and Imagery as Psychological State in the Work and Life of Yona Wallach," in *Hebrew Studies* 50, 2009.

[5]　瓦莱赫:《两座花园》，高兴译，《世界文学》1994 年第 6 期。

经不是受害者的形象，而是一位具有进攻性的怨妇。她似乎并不想用这位男子来满足她的感官需要，而是像一个复仇的女子，让男人同样感受到在赤身裸体状态下遭受性虐待时的某种屈辱，从而得到某种快感。[1]

六　大卫·格罗斯曼及其传承

大卫·格罗斯曼是 20 世纪 80 年代登上文坛的一位举足轻重的作家，可与奥兹、约书亚比肩，并称为当代希伯来文学三巨头。大卫·格罗斯曼 1954 年生于耶路撒冷，父亲在 1936 年从波兰移居巴勒斯坦，母亲是本土以色列人。格罗斯曼从八岁起，便开始阅读犹太作家肖洛姆·阿来海姆的《莫吐尔历险记》和其他作品，开始了解迷人的东欧犹太世界，那里有领唱人，犹太学校，媒婆，小贩和非犹太人。格罗斯曼是个早慧型的孩子，从九岁起就为以色列广播电台做少年记者，多年为以色列电台做编辑和新闻评论员，1988 年辞职。他曾在耶路撒冷希伯来大学攻读哲学和戏剧，2008 年获意大利佛罗伦萨大学荣誉博士学位。

格罗斯曼从 80 年代开始文学创作。在他看来，约有四千年历史的希伯来语是他唯一可以自由表达自我感受的语言。格罗斯曼主要作有长篇小说《羔羊的微笑》（1983）、《证之于：爱》（1986）、《内在语法书》（1991）、《一起奔跑的人》（2000）、《我的身体明白》（2002）、《躲避消息的女人》（2008）等。随笔集《黄风》（1987）、《在火线上沉睡》（1992）、《死亡作为生活的一种方式》（2003）、《狮子蜜》（2005）、《在黑暗中写作》（2008），以及短篇小说、木偶剧和儿童文学作品。其作品被翻译成 25 种文字，拥有广泛的国际影响，曾在以、意、奥、英、德、法、美等国家获多种文学奖，同时获有国际新闻奖，并被诺贝尔文学奖提名。

大卫·格罗斯曼是 20 世纪 60 年代文学的合法继承人。其早期的短篇小说与长篇小说体现出与奥兹、约书亚一样的社会参与意识。[2] 他十分关

---

① Zafrira Lidovsky Cohen, *Loosen the Fetters of Thy Tongue Woman*, p. 135.
② 谢克德：《现代希伯来小说史》，第 231 页。

心以色列社会和政治，将笔触探及当代以色列社会中的某些敏感话题，比如占领地问题、巴以关系的问题等。

《羔羊的微笑》是格罗斯曼的第一部长篇小说，首版于 1983 年问世，这是以色列文学史上率先涉猎约旦河西岸问题并将巴勒斯坦阿拉伯人作为主人公的长篇小说，其中心内容是由内心独白构成的三个故事：一是心理医生绍什、绍什的丈夫尤里和尤里最好的朋友卡特兹曼之间的三角恋；二是尤里与巴勒斯坦阿拉伯人希尔米二人之间互为依傍的关系；三是绍什和一位年轻病人之间的暧昧关系。每个故事中都有一种悬念。绍什同丈夫分手，投入卡特兹曼的怀抱。通过绍什对死去病人的述说，我们逐渐发现她曾用自己的身体引诱过一个 15 岁的少年。小说的中心冲突并非巴以冲突，而是人物性格冲突，只是人物的个人命运与政治现实密切相关。

1987 年，格罗斯曼到约旦河西岸巴勒斯坦难民营采风，深受震撼，完成随笔集《黄风》，如实描绘出难民营贫困破败的生存状况。该书发表后，舆论界哗然，以色列读者受到强烈震撼。美国《洛杉矶图书评论》称之为"一个以色列作家所做的最诚实的灵魂探索"。以色列右翼势力攻击格罗斯曼忽视了以色列人所面临的生存危险，格罗斯曼回应说，他是作家，不是政治家，作家的职责是把手指放在伤口上，提醒人们勿忘人性与道义等至关重要的问题。他的另一部随笔集《在火线上沉睡》将视角投向以色列境内的巴勒斯坦居民区，提出巴勒斯坦人的生存状况在犹太国家内遭到忽略的问题。在巴以关系问题上，大卫·格罗斯曼始终是个理想主义者。即使在约旦河西岸、加沙地带，包括以色列境内冲突流血不断事件频繁的今天，他也希望和邻居们和平共处，认为以色列人需要给巴勒斯坦人和平与平等的权利，而巴勒斯坦人也要认清以色列人的存在，他希望巴以两个民族求同存异，有国界，而没有战争。

在《羔羊的微笑》发表后的相当一段时期里，格罗斯曼与手握两支笔的奥兹相似，试图通过政论、文章和访谈来理解以色列充满冲突的现实。他参加了许多抗议活动和国际和平倡议。然而，他在文学作品中几乎从不涉及这些灾难地带。这样做的原因在于，战争与暴力冲突只能是生活中的一部分，而不是全部，生活中许多美好的东西值得作家去观察捕捉，就像他自己所说："这是因为我想写其他的东西，也很重要的东西，难以花费时间、情感和悉心关注的东西。我写丈夫过于猜忌妻子，写耶路撒冷大街上无家可归的孩子，写沉浸在爱情白日梦中的男男女女，写圣经人物参孙的孤独，写母女之间微妙而混乱的关系，孩子和父母之间的关系。"①

但是 2006 年在其次子乌锐要服兵役时，格罗斯曼再也不能维持原状。他从那时起便开始直接描写身边的现实，描述外部局势的残酷如何干扰一个家庭，最后将其毁灭。乌锐在第二次黎巴嫩战争中死去后萌生的灾难意识影响着格罗斯曼的人生。记忆的力量确实巨大而沉重。然而，写作为他创造了某种空间，一种他以前从未了解的情感空间。在这个空间里，死亡不再是与生命截然对立的同义语。在写作时，他感到自己不再处在"受难者"与"侵略者"之间、没有更为人道的第三种选择的二元对立中。在写作时，他是一个完整的人，在他的各个器官之间具有自然的通道，有些器官在不放弃自己身份的情况下更为亲近苦难，亲近以色列敌对方所持有的正义主张。②

《证之于：爱》③ 是格罗斯曼的第二部长篇小说，他采用密集而充满张力的语言，精湛地运用后现代主义文学技巧，满怀同情地再现了大屠杀幸存者及其子女的生活遭际，为现代希伯来文学奉献了一部经典之作。在这部作品中，格罗斯曼已经表明自己是一位独立的作家。该书用典丰富，互文性强，将不同的叙事方式和文学风格组合起来，打乱了常见的文学界限，形成极富独立性的艺术作品。④

格罗斯曼对大屠杀的理解与认知代表着 50 年代出生的一代以色列人的集体记忆。在格罗斯曼童年居住的地方，有许多大屠杀的幸存者，人们在提到大屠杀时，不说大屠杀，而是说那边发生的事；人们在提到纳粹时总是使用"纳粹野兽"一个词，但是却不告诉孩子们"纳粹野兽"的含义；人们在夜里尖叫，在谈论战争时总是窃窃私语。

儿童时代经历的国家在塑造民族苦难历史时所采取的集体沉默，在格罗斯曼的脑海里打下了深深的烙印，也是形成他日后从事大屠杀文学创作

---

① 2010 年 3 月 10 日笔者对大卫·格罗斯曼的访谈。
② David Grossman, *Writing in the Dark*, New York：Farrar, Straus and Giroux, 2008.
③ 格罗斯曼：《证之于：爱》，张冲、张琼译，上海译文出版社 2006 年版。
④ 谢克德：《现代希伯来小说史》，第 285 页。

的一个至关重要的原因。他在追忆自己这段经历时说："我越来越意识到，直到我描写自己未曾经历过的在'那边'，在大屠杀中的生活，我才会真正理解自己身为以色列人、犹太人、男人、父亲和作家在以色列的生活。我问自己两个问题。如果我身为纳粹统治下的犹太人，一个身在集中营或死亡营中的犹太人，那么在一种人们不仅被剥光了衣服而且被剥夺了名字，变成他人眼中胳膊上符号的现实中，我会以何种方式来挽救我本人，挽救我的人格？在注定要遭到毁灭的现实中，我怎样保存自己人性的火花？其次，如果我身为德国人，像多数纳粹及其支持者那样，变成了集体屠杀的工具，我必须在自己心中保留什么，我该怎样的麻木，压抑，才可以最终和杀人者同流合污？我必须在心中扼杀什么，才可以屠杀他人或其他民族，才想毁灭其他民族？"[①] 这样的富有伦理道德色彩的追问涉猎了大屠杀，以及在人与人之间相残过程中的一个最为基本的人性底线的问题。这一追问不仅贯穿于格罗斯曼的大屠杀小说中，也贯穿于他在审视阿以关系问题中的作品里。

小说的创新之处主要来自以下几个方面：

首先，《证之于：爱》打破了以色列社会政治话语中形成的只有大屠杀幸存者才能描写大屠杀，尤其是描写集中营生活的禁区。大卫·格罗斯曼的家人在 20 世纪 30 年代大屠杀之前就已经移居巴勒斯坦，因此他既不属于大屠杀幸存者，也不是幸存者的子女。他是否可以借助艺术手段，把握住自己未曾经历过的题材，确实是一个重大挑战。

在大卫·格罗斯曼之前，约拉姆·康尼由克已经作为没有大屠杀体验的作家去描写集中营生活而进行了大胆尝试。康尼由克的长篇小说《亚当，犬之子》（*Adam Ben Kelev*，英文版译作《亚当复活》）描写的是一位名叫亚当·斯泰因的马戏小丑的遭际，亚当·斯泰因曾经在欧洲名噪一时，他具有特异功能，疯疯癫癫，在战时被关进死亡营。死亡营头目让他为那些将被送进焚尸炉的受难者表演逗乐，使他在大屠杀那场浩劫中存活下来。1958 年，斯泰因来到以色列，精神失常，被送到南部沙漠地区一个

---

① 钟志清：《大卫·格罗斯曼：写作是了解人生的一种方式》，《中华读书报》2010 年 3 月 17 日。

精神病院接受治疗，后来慢慢像普通人那样直立行走，具备了普通人的喜怒哀乐。在《亚当，犬之子》中，康尼由克使用荒诞的手法，祛除人类富有尊严的外表与装裹自己的衣装，含着眼泪像动物一样在自己的同胞面前强颜欢笑，苟延残喘，从而痛悼自己可怜民族的悲剧命运。小说的希伯来文题目"亚当，犬之子"蕴含着一种寓意，"亚当"在希伯来文中原本是人类始祖的名字，同时具有"人"的意思，而在整个犹太民族沦为囚房与牺牲品的二战期间，人物化为"犬之子"，用人的物化来象征一个民族的遭际则显得意味深长。英文版把书名易为"亚当复活了"并非指《创世记》中的人类始祖亚当灵魂转世。亚当·斯泰因的名字在希伯来文中具有象征意义，亚当本意为人，说明主人公像人一样生活在世界上，但同时他又是斯泰因，意思是石头，这在某种程度上说明他已经丧失了爱的能力。从这个意义上，"亚当的复活"喻指主人公人性的复苏，表明他在疗治了身体和心灵的创伤后回归社会，重新开始自己的情感生活。①

　　《亚当，犬之子》一书在欧美很多国家非常轰动，苏珊·桑塔格将其称作过去数十年间最重要的作品，但在以色列这本书的反响甚小，究竟能否将其放在大屠杀小说之列，究竟是将其当作荒诞主义作品还是现实主义作品，评论界显得颇为审慎与保守。如果说，康尼由克真实地反映出幸存者带着破损的灵魂来到以色列，通过失去意识而形成忘记过去的假象，那么相比之下，格罗斯曼的《证之于：爱》则从多个向度来观察思索大屠杀对以色列社会政治生活和以色列人集体意识的影响。

　　其次，正如前文所述，1961 年的"艾赫曼审判"对形成以色列人的大屠杀记忆产生了里程碑式的影响，审判不仅使大屠杀幸存者打破沉默，诉说在"另一个星球"上经历的苦难，而且使本土以色列人开始以一种包容的心态来试图理解大屠杀幸存者种种令人费解的行动，试图要与幸存者一起去激活在 20 世纪 50 年代以色列塑造英雄主义神话的社会背景下逐渐尘封起来的痛苦记忆。作为"艾赫曼审判"这一历史事件的直接呼应，作家耶胡达·阿米亥创作了《并非此时，并非此地》（*Lo Me - Achshav, Lo Mi - Kan*；1963）、哈诺赫·巴托夫创作了《特种部队》（*Pitz 'ei Bagrut*，或者

---

　　①　参见钟志清《当代以色列作家研究》，第 198 页。

译作《犹太旅》，1965)、海姆·古里创作了《巧克力交易》（*Iskat Ha -*
Shokolad，1956)，这三部长篇小说反映的都是大屠杀历史事件的余响。[①]
《特种部队》与《巧克力交易》表明本土以色列人试图与大屠杀幸存者进
行心灵沟通的失败。[②] 以《特种部队》为例，小说中的艾力沙·克鲁克是
一个 18 岁的本土以色列人，加入了英军中的巴勒斯坦军团，但是正当他满
怀激情地要投身于抗敌斗争时，纳粹就宣布投降了。他们来到欧洲营救大
屠杀幸存者。在同各式幸存者难民的接触中，以色列希伯来人与欧洲犹太
人之间的关联获得了意义。在小说的结尾，克鲁克在难民中找到一个远亲。
当这位亲戚喋喋不休地讲述他因在焚尸房中干活而心存下来的、"令人骄傲
的"故事时，他的热情，他试图分担他痛苦的愿望立即化为乌有。据作者
自述，近二十年间，"我一直无法从我听到那位亲戚的讲述时的恐惧、困惑
和耻辱中解脱出来"。不敢直面幸存者的状况，暗示着作家本人的内心冲
突。[③]《并非此时，并非此地》开创了大屠杀小说中回归过去的模式，但是
这几部作品总体上说都没有找到以色列人与大屠杀建立联系的有效途径。

大卫·格罗斯曼在建构《证之于：爱》这部作品的框架时，采取将现
实、想象、奇幻等手法相结合的方式，触及大屠杀给人类道德维度带来的
巨大挑战，即身为刽子手或身为受难者时，你该怎么办。这种发问实际上
与作者一贯呼吁的超越民族界限，从更为人性化的角度来理解大屠杀的主
张相一致。更为具体地说，他创作了多种叙事方式，来施行自己的创作
主张。

《证之于：爱》这部作品共分"莫米克"、"布鲁诺"、"沃瑟曼"和
"卡兹克生平之百科全书"四个部分，每一部分代表着一种不同的叙事方
式。小说的第一部分"莫米克"采取的是现实主义的叙事方式，其背景置
于 50 年代的以色列。其他几个部分显然出自对大屠杀及其历史事件的虚
构与想象，背景分别置于 80 年代早期的以色列、纳粹死亡营、第二次世

---

① Gilead Morahg, "Israeli's New Literature of the Holocaust: The Case of David Grossman's *See Under: Love*," in *Modern Fiction Studies*, vol. 45 - 1, 1999, pp. 457 - 479.

② Ibid.

③ Robert Alter, "Confronting the Holocaust," in *After the Tradition*, New York: E. P. Dutton & Co, INC, 1969, p. 172.

界大战期间的但泽港口城市，等等。

小说中的主人公施罗莫·纽曼，即莫米克是一个大屠杀幸存者的后代，最初出现在读者面前时仅有九岁。在他身上，镌刻着大卫·格罗斯曼一代人对大屠杀的集体记忆。

莫米克生长在大屠杀幸存者居住区，他从人们的窃窃私语和传言中了解了大屠杀，因为大屠杀幸存者不愿意提到屈辱的过去，另一些人甚至为自己失去了亲人而独自活下来感到耻辱。当时的以色列社会也成问题，以色列试图从废墟中再创造自己，试图变得强大，拥有一个光明的未来，而这些不幸的幸存者令他们想起耻辱、痛苦的过去。许多以色列人不禁发问，为什么会发生这种事？以色列的军队呢？为什么不去营救？我们的武器呢？莫米克那时就像作家自己小时候一样，把欧洲犹太人的生活当成以色列人生活的一部分。

莫米克这个孩子试图用以色列人的想法、术语和概念来理解犹太人的流亡生活。这是当时以色列儿童生存的组成部分。这些以色列儿童，在学校里接受的是犹太复国主义思想的教育，热爱并崇拜英雄。他希望成为新兴以色列的一名英勇的犹太人，一名战士，发奋学习希伯来语，把以色列总理大卫·本－古里安的画像挂在自己的房间。英雄崇拜与犹太复国主义理想赋予莫米克与土生土长的以色列人相类似的性格特征，甚至比别的孩子对自己的要求更为严格。甚至在想象中构筑英雄主义的神话，甚至想让以色列英雄到欧洲把希特勒给杀了。看到大屠杀纪念馆林立的烟囱，他假设那是一艘轮船，满载着从"那边"过来的无人接纳的非法移民，像在英国托管时期那样，他不知怎样去营救那艘轮船。当他逐渐理解了犹太人在大屠杀中是多么无助，犹太人是多么脆弱时，先是感到吃惊，无法忍受这种耻辱，而后感到了恐惧。更有甚者，莫米克运用犹太复国主义的理想模式来想象他的舅公，后者乃为大屠杀幸存者，在精神病患者疗养院呆了整整十年。即使舅公是从"那边"来的，大概他拒绝停止战斗，大概他是"那边"唯一一个不投降的人。小说正是从外祖母葬进坟墓后几个月、舅公突如其来被一辆蓝色的大卫之星救护车送到莫米克家开始，展开叙述，揭开了一个九岁男孩对犹太身份和记忆等问题的寻找。

莫米克成长的世界为许多大屠杀幸存者包围着，进而产生了破解家人、新到来的舅公和他的邻居那无法表达的过去：

> 爸爸老在睡梦里叫喊，左、右、左、右，他用德语喊着，贝拉坚决不肯为莫米克翻译出来，直到他真的朝她嚷起来，贝拉也真的生气了，就告诉他那就是左、右、向左转、向右转的意思。莫米克暗想，真是这样吗，那她为什么不愿意把它翻出来？妈妈晚上老给爸爸的喊叫吵醒，她捅他，摇他，高声说道，咳，安静，安静点，让孩子都听见了，那边早过去了，现在是半夜，你把孩子都吵醒了，安静！于是爸爸醒了，一脸的恐惧，开始发出很响的叹息声，就像砂锅在水龙头下滋拉滋拉直响，这时候，莫米克早把笔记本塞进封套，但还是听见爸爸手捂着嘴在叹息……①

父亲的痛苦原因来自其集中营经历。他在集中营里被迫将尸体从毒气室运进焚尸炉，他从来不碰自己的儿子，因为他认为自己手上沾满了鲜血。父母深受集中营经历的困扰，并且为自己的生存内疚，他们不能像普通人那样享受生活，不能同别人沟通，总是在自我封闭，和别人保持着距离。他们不仅承担着记忆的痛苦，而且承受着环境的压力，为使子女免遭不幸，他们不得不对过去所发生的一切保持沉默。每逢大屠杀纪念日来临，他们都要躲避，离开家，离开城市。与此同时，这些大屠杀幸存者所使用的语词也与当代社会脱节，他们使用的是一种把希伯来语和意第绪语混杂在一起的混合语，这种混合用语既标志着谢克德教授所说的作家所做的成功的艺术尝试，② 同时反映出大屠杀幸存者难以摆脱对过去苦难的回忆。

心理学家的研究表明，在大屠杀幸存者及其子女这两代人之间，几乎无法开设沟通的平台。③ 试图破解过去密码的莫米克从家人，尤其是从奇怪的舅公那里得到的支离破碎的讯息，因之得出一个结论，那边的世界让

---

① 格罗斯曼：《证之于：爱》，第 25 页。

② Gershon Shaked, "The Children of the Heart and the Monster: David Grossman: *See Under: Love*," in *Modern Judaism* 9, 3 (1989), p. 316.

③ Efraim Sicher, ed. , *Breaking Crystal: Writing and Memory after Auschwitz*, Urbana and Chicago: University of Illinois Press, 1998, pp. 19 – 90.

一个名叫"纳粹野兽"的恶魔统治着，正是这个恶魔躲在莫米克家的地下室里令他的父母无比痛苦。"从某种意义上看，也就是从那天开始，莫米克下定决心要找到那头野兽，驯服他，让它变好，说服他改变自己的举止，不再折磨人们，让它告诉他'那边'都发生过什么，它到底对那些人都干了些什么。"①

　　　　他气喘吁吁地跑到那儿（贝拉的杂货店），把她拉到一个角落（要是碰巧店里有别的顾客的话），连珠炮似的向她发问，说是在低声说话但像是在吼：贝拉，死亡列车是怎么回事？他们干吗杀死小孩子？人们在给自己挖坟墓时是什么感觉？希特勒有妈妈吗？他们真的拿人做肥皂吗？他们现在在哪儿杀人？"犹太佬"是怎回事？用活人做实验是怎么回事？什么，怎么样，为什么，为什么，怎么样，什么？②

　　莫米克对舅公身份的寻找实际上就是对犹太人过去记忆的寻找，因为舅公代表着没人告诉他的过去的秘密。而只有他自己，才能破解舅公口中喋喋不休念叨出来的支离破碎的语词密码。因此寻找身份也就是寻找破解语词的方式。③"莫米克"一章的人物堪称以色列现实生活中人物的翻版。小说中有这样的描述，许多孩子和莫米克一样，多年做着内省。这一说法意味着，莫米克同"纳粹野兽"争斗来解释记忆并非个人现象，而是一代人的体验。

　　同时，莫米克还要承担家庭"记忆蜡烛"的角色，他的全名叫做施洛莫·埃弗拉姆·纽曼，以纪念某某和某某。按照大屠杀研究者迪娜·瓦迪（Dina Wardi）的观点，大屠杀幸存者的孩子拥有双重身份，一是他们本人的身份，二是与他们同名的亲属。④ 双重身份使得他们成了历史创伤和现

---

① 格罗斯曼：《证之于：爱》，第 26 页。

② 同上书，第 60 页。

③ Efraim Sicher, "The Return of the Past: The Intergenerational Transmission of Holocaust Memory in Israeli Fiction," in *Shofer*, vol. 19, no. 2, 2001.

④ Dina Wardi, *Nosei Hakhotem: Dialog yimbnei hador hasheni lashoah* (*Memorial Candles: Children of the Holocaust*), London: Routledge, 1992, pp. 63 – 65.

实生存世界的双重受难者。他既需要想象无法想象的事情，来填充民族和家庭历史；同时在成长过程中又要承受幸存者子女所特有的恐惧、耻辱与心理压力。尽管莫米克是一个模范学生，他的希伯来语在班上同学中出类拔萃，但是他想与同龄人交友的努力总是以失败结束。交友的失败在很大程度上起源于大屠杀的语义学含义。就像作品中所描述的，莫米克在同学阿里克斯、一个土生土长的以色列后代来家里玩之前，几乎兴奋得睡不着觉。他采取各种方式，来取悦阿里克斯。

> 什么，难道朋友之间得像一对木瓜似的闷声不响？他不停地向阿里克斯打听，问关于他的情况，问他从哪里来，阿里克斯一一作了简单回答，莫米克担心对方被问烦了会因此告辞，赶紧跑进厨房，爬上一张椅子，把手伸进妈妈的秘密藏物处，掏了一根巧克力，巧克力不是为客人准备的，但现在按说情况紧急，他把巧克力递给阿里克斯的时候，他告诉他亨妮外祖母不久前死了，阿里克斯掰了一小块巧克力，接着又掰一块，说自己的父亲也死了，莫米克有点激动，因为他明白这样的事情，便问他父亲是不是被"他们"杀害的，阿里克斯不懂他说的"他们"是谁，只告诉他父亲死于意外事故，他是位拳击手，被人打晕过去了，现在阿里克斯成了全家"唯一"的男子汉。莫米克一声不响地想着，阿里克斯的生活多有意思，阿里克斯说，在"那边"，我是班上跑得最快的。[①]

这一段话，主要体现出以语言张力为基础的一种交流的错位。在围绕莫米克的外祖母和阿里克斯父亲之死而展开的对话上体现出一种交流的错位，反映出大屠杀幸存者的孩子难以跨越横亘在他们和普通孩子之间在交流上的鸿沟。莫米克所说的"他们"，显然是大屠杀幸存者圈子中人尽皆知的指纳粹，但是本土以色列少年阿里克斯却搞不清楚"他们"指的究竟是谁。而在大屠杀幸存者及其后代，乃至受过大屠杀教育的本土以色列人的话语中，"那边"显然指的是大屠杀发生地。但是，阿里克斯在提到

---

① 格罗斯曼：《证之于：爱》，第 47 页。

"那边"时却无动于衷，把"那边"仅仅当作一个地理位置。两个孩子虽然是同龄人，但属于不同的世界。小说通过两个孩子的对话，成功地展示了大屠杀幸存者的后裔与本土以色列孩子之间具有本质区别的心理特征。

小说的第二部分"布鲁诺"写的是波兰作家、画家布鲁诺·舒尔茨，布鲁诺生于 1892 年，代表作《鳄鱼街》反映了让人留恋并充满梦幻与神奇色彩的童年世界，影响很大。舒尔茨相信并希望我们的日常生活只是一连串富有传奇式的事件、古老的雕刻形象碎片、破碎神话的碎屑。他把人类语言比作原始的蛇，很久以前就被切割成上千碎段，这些碎段就是明显失去其原始生命力、而今作为交流工具的语词，然而，它们继续"在黑暗中相互寻找"。在舒尔茨书中的每一页，大家都可以感受到这种不安的寻找，对不同的原始整体的渴望。他的故事中充满了当语词在黑暗中相互寻找时突然初次接触的瞬间。这是当读者脑海里出现某种电火花，意识到他或她已经听过并读过上千次的语词而今瞬间展示其名称的时候。①

大卫·格罗斯曼早年对布鲁诺一无所知，只是在小说《羔羊的微笑》发表后，他才从一位热情的读者那里知道了这位作家的名字，在阅读《鳄鱼街》时，才了解了布鲁诺在二战期间被害的原因。在"隔都"里，舒尔茨有一个雇主和保护人，这个人是纳粹军官兰道，舒尔茨为兰道的家和马厩画壁画。军官有一个对手，一个叫君特的纳粹军官，他和兰道打牌时输了。君特在街角看到舒尔茨，开枪把他打死，以此伤害他的主人。后来两个军官见面时，杀人者说，"我杀了你的犹太人。"另一个人则回答说："很好。现在我要杀你的犹太人。"看到这一叙述后，格罗斯曼感到"人被贬低到生存的最底层，除了血和肉以外什么都不是"，这种想法令他发疯。② 他想写一本书向读者讲述布鲁诺。这就是他写《证之于：爱》的原因。③

在"布鲁诺"这一部分中，已经长大成人的莫米克在妻子和情人之间徘徊不定。他决定写布鲁诺的故事，甚至暗示要去观看布鲁诺的出生地。

---

① 钟志清：《大卫·格罗斯曼：写作是了解人生的一种方式》。
② 格罗斯曼：《证之于：爱》，第 139 页。
③ 钟志清：《大卫·格罗斯曼：写作是了解人生的一种方式》。

在小说中，布鲁诺变成一条鱼，置身于大洋中的鲑鱼群里，进而找到了逃避邪恶现实世界的一个所在。在格罗斯曼的笔下，大海变成了一个有声有色的世界，它就像一个"伟大的母亲"，保护自己的孩子免遭自然界和人类社会中邪恶势力的侵袭。也可以说，作家在这部分描写中已经开始借助比喻与奇幻等创作技巧，想象中的海洋世界在某种程度上等同于逃离现实世界的避难所。

在小说的第三部分"沃瑟曼"中，格罗斯曼运用奇幻手法让大屠杀中的受难者与他的以色列后人在想象中的集中营见面：

> 这时，安舍尔·沃瑟曼转过身，看见了我。他只是从侧面瞥了我一眼，但是我感到自己重生了；在最近几个月的阴沉和迷雾中，他的眼神就像背后的一声霹雳，使镶嵌图案上所有看似无关的碎片都依次排列起来。安舍尔祖父认出了我，我也感受到他了。他显得很惊惧。①

莫米克与舅公在纳粹的眼皮底下相遇，此乃大卫·格罗斯曼所做的充满奇幻色彩的大胆想象。正如批评家托多洛夫（Tzvetan Todorov）所说，"奇幻允许我们跨越某种无法跨越的界限"。② 成功地运用奇幻手法，代表着以色列小说中的一种新倾向。具体到这部作品中，运用奇幻手法可以打破只有幸存者本人具备述说那个世界资格的秘密，打破了只有幸存者子女才有权利为受难者说话的禁忌。这一部分的描写既是第一部分内容的延伸，又为最后一部分内容留下引线。沃瑟曼既是莫米克的舅公、曾经的希伯来语作家，又象征性地代表着"永远的犹太人"，在生与死之间徘徊，大屠杀、痛苦与死亡均无法将其挫败。③ 纳粹军官尼格尔试图找到杀害沃瑟曼的企图屡屡泡汤的原因，最后得出瓦瑟曼是不朽的这一结论，这在某种程度上暗合了犹太人乖蹇多艰，但顽强繁衍的命运。

---

① 格罗斯曼：《证之于：爱》，第 169—170 页。

② Tzvetan Todorov, *The Fantastic: A Structure Approach to a Literary Genre*, Ithaca: Cornell University Press, 1975, pp. 158 – 159.

③ Gershon Shaked, "The Children of the Heart and the Monster: David Grossman: *See Under: Love*," in *Modern Judaism* 9, 3 (1989), p. 318.

小说的第四部分，即最后一种叙事方式是百科全书。小说中的主人公莫米克就是百科全书的作者。莫米克是一个大屠杀幸存者的后代。他在大屠杀之后经历着痛苦，就像我们这代人一样。他们时刻准备着会发生另一场大屠杀，他们的生活于是就被降到了最低点。一旦你遭受了创伤，你总是预想创伤会不断重现。莫米克似乎没有真的活过，就像一个握紧的拳头。对于他来说，充满生命与爱的生活降低到了原始的基本的本能冲动，就像多数大屠杀幸存者一样，爱就是性，性就是爱，别的什么都不相信。但作家在写这本书时，想晓谕读者，当他读过百科全书后，知道生活是如此丰富、充实，充满了激情，充满了爱。

大屠杀已经过去了数十年，但如何用更为人性，更为理性的方式来对待大屠杀记忆与民族历史，应该是格罗斯曼在《证之于：爱》中留给我们的深沉思考。

七　从边缘走向主流：新一代女性文学创作

新生代作家中的许多人系女性作家，女性文学从边缘走向核心，堪称现代希伯来文学创作领域的一场革命。1992 年，以色列希伯来文学翻译学院首次出版的《以色列女作家目录》中只有 12 位作家榜上有名；1994 年增至 14 位；而到了 1998 年，上目录的女作家竟有 36 位之多。

从题材上说，许多女作家描写个人世界、浪漫故事、婚姻生活和单亲家庭；还有的致力于描写知识女性在个人意志与权利义务之间的苦苦挣扎。在表现手法上，同前代作家多层面反映现实的手法相比，女作家的作品显得比较单薄。同富有社会参与意识的男性作家相比，这一时期女作家的创作远离政治，偏重自我内省，缘情而发。她们不再专注于希伯来文学传统中父子冲突这一模式，第一次将笔触伸向母子关系、母女关系、母性、女人对为人母的态度等女性所关注的问题。她们打破了传统的叙事方式，大胆进行语言实践与革新。较之男作家所乐于采用的那充满圣经修辞与民族隐喻的整齐典雅的希伯来语，女作家的语言则显得不那么精雕细刻，而是富于强烈的个人色彩与创新意识。即使同以卡蒙为代表的前辈相比，这批女作家也表现出不同寻常的独到之处。在这批女作家中，比较突出的有萨维扬·利比莱赫特

（Savyon Liebrecht，1948 - ）、奥莉·卡斯特尔 - 布鲁姆（Orly Castel - Bloom，1960 - ）、利亚·艾尼（Leah Aini，1962 - ）、耶胡迪特·卡茨尔（Yehudit Katzil，1963 - ）、利亚·阿亚隆（Leah Ayalon）、茨鲁娅·沙莱夫（Zeruya Shalav，1959 - ）、娜娃·塞梅尔（Nava Semel，1954 - ）、埃莉奥诺拉·莱夫（Eleonora Lev）、莉莉·佩里（Lily Perry，1953 - ）、米拉·玛根（Mira Magen）、努里特·扎黑（Nurit Zachi，1942 - ）、加布里来拉·阿维古尔 - 罗泰姆（Gabriela Avigur - Rotem，1946 - ）、米哈尔·高夫林（Michal Govrin，1950 - ），等等。其中，利比莱赫特等人受卡蒙等老一代作家创作的影响，比较接近以文载道的文学传统，而以布鲁姆为代表的一批作家则表现出大胆的创新意识，改变了希伯来文学的风貌。[①]

布鲁姆是希伯来后现代主义小说的先驱者之一，她的作品比较接近希伯来文学中的荒诞主义文学传统，而不是她的前辈女作家的创作。奥莉·卡斯特尔 - 布鲁姆生于特拉维夫，曾在特拉维夫大学攻读电影学。自 1987 年以来，她相继发表了《我在哪儿》（*Heichan Ani Nimtzet*，1990）、《米娜·利萨》（*Ha - Mina Lisa*，1995）等长篇小说，几乎每部作品都在文坛上引起反响与争论，评论界称她的创作表现出一种不容忽视的挑战，把布鲁姆当成最激动人心的希伯来文作家之一。卡斯特尔 - 布鲁姆曾获得"阿尔特曼奖"、"纽曼奖"，并两度获"总理奖"。

布鲁姆的第一部长篇小说《我在哪儿》是 20 世纪 90 年代出现在希伯来语文坛上的十分独特之作。作家从以色列的现代化城市特拉维夫的现实生活，从当地的报纸和大学校园里撷取素材，创造出一个充满荒诞与虚空的文本世界，那里面有电脑、报纸、政治、想象中的丈夫，以及想象中的缺乏激情体验的爱。小说主人公乃一位 40 岁左右的离婚女子，生活富有，既缺乏一技之长，又没有进取目标，终日生活在虚空之中。用她自己的话说："我既讨厌别人又让别人讨厌。"由于一个偶然事件的发生，她决定不再伤害自己的第二任丈夫，开始以打字谋生，人也变得充满了活力。小说中的许多事件缺乏内在的连续性，荒诞色彩很浓，具有强烈的反讽意味。

---

① 关于新浪潮作家与部分新生代作家的创作，可参考笔者《当代以色列作家研究》，人民文学出版社 2006 年版。此处限于篇幅，不再赘述。

女主人公生存的虚妄，恰恰正是现代以色列人，尤其是现代都市特拉维夫人的生存写照。

大屠杀一向是以色列社会政治中比较沉重的一个话题，20 世纪 80 年代以来，许多女作家也在不同程度上涉猎了这一主题，但是她们比较倾向于从个人经历与感受出发来描写大屠杀记忆给以色列人，尤其是给大屠杀幸存者的子女们的心灵深处所蒙上的阴影。这些女作家，如娜娃·塞梅尔、萨维扬·利比莱赫特、米哈尔·高夫林、莉莉·佩里等都是大屠杀幸存者的后裔，或者说大屠杀"第二代"。她们擅长写自己怎样在弥漫着大屠杀阴影的家庭中成长起来，感觉细腻，表现出幸存者及其子女之间的冲突。

萨维扬·利比莱赫特 1948 年生于德国慕尼黑，父母均是大屠杀幸存者。1950 年随父母移民以色列，曾在特拉维夫大学攻读哲学与文学。迄今为止，已经发表《沙漠苹果》（*Tapuhim Min ha – Midbar*，1986）、《高速公路上的马》（*Susim Al Kvish Geah*，1992）、《他对她说，对我来说像天书》（*Sinit Ani Medaberet Elecha*，1992）等六个短篇小说集，《一个男人和一个女人和一个男人》（*Ish，Isha Ve Ish*，1998）、《我父亲认识的女人》（*Ha Nashim Shel Aba*，2005）两部长篇小说，三个剧本。曾在 1987 年获"阿尔特曼奖"，在 2005 年获得"年度最佳戏剧家奖"。

利比莱赫特的短篇小说在以色列享有盛名，被誉为"现代希伯来散文的标志"，素有希伯来短篇小说经典之称。短篇小说集《沙漠苹果》①是萨维扬·利比莱赫特的处女作，大部分作品描写同大屠杀梦魇有关的创伤记忆，还有一部分集中描写家庭生活，读者可以从中窥见到当代以色列生活的全景以及日常生活中充满激情的层面。《沙漠苹果》问世后，被称做当代希伯来文小说创作中某种具有开拓意义的作品，确如一股清风，为当代以色列吹来一股新鲜气息。利比莱赫特也因此名噪一时。

作为幸存者的后裔，利比莱赫特认为，大屠杀幸存者的家庭大致可分两类。在一类家庭里，人们着魔似的谈论大屠杀，任何话题，不管是一根鞋带还是一块面包，都可以直接导致对犹太居住区和集中营的回忆；而另

---

① 沙维扬·里布列奇：《沙漠苹果》，杨炜、任培红等译，花城出版社 1994 年版。

一类家庭则对大屠杀体验讳莫如深，采取完全沉默的方式。利比莱赫特的家庭属于后一种类型。[①] 利比莱赫特的父母出生在波兰，每个人都是一个大家庭中的唯一幸存者。二战爆发时，父亲已经结婚，并且有了孩子，但是在战争中失去了家人。战后父母二人在德国相遇并结婚，这也就是利比莱赫特本人出生在德国的原因。他们对大屠杀完全采取沉默的方式，从来不向子女讲述自己的过去。在这样的家庭里成长起来的孩子们被迫采取另外一些表达方式。与试图通过缓慢的精神追问而在受难者母亲与她的以色列女儿之间建立脆弱联系的一些同龄作家不同，萨维扬·利比莱赫特则另辟蹊径，在短篇小说《剪发》和《哈由塔的订婚宴》里，描绘出以色列年轻一代无法接受老一辈喋喋不休地讲述大屠杀的恐惧。结果，利比莱赫特把刚刚打破沉默的生还者送回到他们自我封闭的沉默圆周内。

收于《沙漠苹果》集中的《剪发》和《哈由塔的订婚宴》均把背景置于即将举行欢快的家庭聚会之前，家庭聚会在某种程度上成了公众社会的象征。《剪发》描述的是以色列幼儿园里有些孩子的头上长了虱子，幼儿园于是发通知给家长提醒大家注意。大屠杀幸存者汉娅接到幼儿园通知后，回忆起集中营的不幸遭遇，于是将心爱孙女的一头漂亮的金发剪光，"残梗似的短发犹如割过的麦茬，从苍白的头皮中冒出来，娇嫩的白皮肤裸露着"。此时汉娅的儿子和儿媳正准备第二天给孩子办生日晚会，所以剪发这一事件便将大屠杀幸存者和后代之间的潜在矛盾明显化了。

作为大屠杀幸存者的后代和一个年轻的以色列人，汉娅的儿子茨维已经对幼儿园孩子头上长虱子的现象司空见惯，"我每星期五到幼儿园接米莉时，总有这样一张条子别在她衣领上，而且内容千篇一律"。他不住地埋怨母亲，认为母亲的冲动做法简直是疯了。但与此同时，他又能够理解母亲身为大屠杀幸存者与别人看问题的方式不同，于是在母亲和媳妇之间扮演了调停者的角色，儿媳则毫不留情地断言：在那场大屠杀中，她的脑子就出了毛病。瞧她给我们带来的灾难。就为这灾难，我永远不让她再靠近我的孩子，也不想让她再到这里来。如果你想见她，就去她的家里。她疯了，你该把她关进精神病院，医生会立即同意接收她。年仅四岁的小姑

---

① 利比莱赫特：《大屠杀对我的作品的影响》，王义国译，《世界文学》2003 年第 6 期。

娘尽管为失去一头漂亮的头发伤心不已，但她早已从奶奶口中听说过虱子对集中营里的死人做了些什么。这无疑更令她的母亲火冒三丈。她想要自己的孩子听灰姑娘的故事，而不是奥斯维辛的故事。而汉娅则孤零零地坐在书房里，沉浸在对集中营里一幕幕可怕景象的回忆之中。

利比莱赫特通过围绕剪发一事而掀起的家庭内部风波，展示出以色列社会对大屠杀幸存者的嫌弃。小说中的儿媳身上尤其体现出年轻以色列人对过去民族创伤叙事话语的本能性的反驳。对他们来说，在大屠杀期间所发生的一切已经成为历史。结果，大屠杀幸存者被重新抛进沉默的世界里，而造成这种现象的驱动力则是她个人的生存环境，即当代以色列的一个缩影。

由不同代人之间的冲突而导致的向沉默世界回归，在《哈由塔的订婚宴》中则以一个大屠杀幸存者的死亡告结。在这个短篇小说中，82 岁的大屠杀幸存者门德勒·格林伯格战后沉默了 40 年之后，记忆之门忽然打开。于是每逢安息日、节假日、喜庆宴会，当家人围坐在摆好食物的桌子旁，他便开始讲述那些最为恐怖的故事。但对年轻一代来说，家宴桌只具备喜庆意义。他的儿子莫代海曾在战时跟随一个波兰农民生活四年——其身份既是幸存者，又是第二代，试图以温和的方式劝父亲别再开口，这是因为家人、亲友或是听众并不具备倾听接受幸存者讲述死亡、饥饿和腐烂的能力。

最具反叛色彩的听众依旧是儿媳妇希弗拉。如果说《剪发》中的儿媳妇抗议婆婆仅仅出于婆婆对家庭幸福存在着潜在威胁，那么希弗拉不仅抱怨公公"毁了我们的夜晚"，而且攻击以色列自建国以来建立的具有法定意义的记忆方式：

> 我们受够了，也听够了。我们不是有死难者纪念日、大屠杀纪念日和各种各样的纪念集会，这还不够吗？他们一刻也不让你忘却。所以我们干吗需要每顿饭上都要记起呢？我不明白，当他唠唠叨叨说化脓的伤口、污血和呕吐时，你们怎能心安理得地吃饭——但那是你们的事，我管不着。至于我，他一张口，节日就完了。①

---

① 参见《沙漠苹果》，第 4 页。

　　但是哈由塔的母亲，大屠杀幸存者的女儿，虽然无法破解父亲的记忆闸门为何在多年后打开这一心理秘密，但对父亲却有一种情感上的关注。幸存者第二代与本土以色列人的心理差异折射出以色列在对待大屠杀这一历史事件与大屠杀幸存者问题上的多样化特征。在谈及大屠杀对自己创作所产生的影响时，利比莱赫特坚持说塑造儿媳妇这一角色为的是表达出她个人与众不同的情感，因为"大屠杀幸存者的子女是不会说上面那些话的"。[①] "做大屠杀幸存者的孩子乃是个沉重的负担。的确，在某种程度上，做大屠杀幸存者们的孩子比幸存者本人还要艰难。"[②]

　　两个短篇小说中的第三代，理论上说，应该按照他们祖辈的意愿被塑造成"记忆蜡烛"。年仅四岁的小姑娘米莉的幼小心灵被镌刻了祖母对奥斯维辛的记忆，而哈由塔继承了祖母的名字，起的是保留祖母记忆的作用。按照迪娜·瓦迪的观点，像哈由塔这样的孩子生活须同时拥有双重身份，一是其本身，二是与之同名的亲属。[③] 与老一辈的期冀相反，以色列文化本身将哈由塔塑造成了典型以色列人的孙女。由于惧怕外公讲述集中营恐惧会毁坏她的订婚宴，甚至她的婚姻生活，哈由塔让外公保证不在姻亲面前开口，并在宴会上不断用犀利的眼神向外公示意。小说在外公的死亡中结束。这一悲剧性的结局象征性地表现出，对幸存者的个人压抑实际上危害着民族集体记忆方式的形成，因为沉默本身意味着死亡，意味着民族记忆链环的断裂。

　　米哈尔·高夫林的长篇小说《名字》（ *Ha - shem* ）发表于 1995 年，主人公阿玛利亚是大屠杀幸存者的后代，父亲给她取这个名字为的是纪念父亲的前妻——一位死于纳粹集中营里的钢琴师。阿玛利亚的整个童年均为父亲前妻的集中营遭遇所困扰。有评论家认为，高夫林含蓄隽永的语言与带有象征性的思考有些接近奥兹和约书亚等作家的敏感性，而不是当代女作家的叙事话语。也许，这也正是世纪之交的希伯来语女作家在叙事中

---

　　① Savyon Liebrecht, "The Influence of the Holocaust on My Work," in Leon Yudkin, ed. , *Hebrew Literature in the Wake of the Holocaust*, Rutherford, London: Associated University Presses , 1993, p. 128.

　　② Savyon Liebrecht, "The Influence of the Holocaust on My Work," in Leon Yudkin, ed. , *Hebrew Literature in the Wake of the Holocaust* , pp. 126 – 128.

　　③ Dina Wardi, *Nosei Hakhotem: Dialog yimbnei hador hasheni lashoah* (*Memorial Candles: Children of the Holocaust*) , pp. 63 – 65.

开始关注社会重大话题的先兆。

以色列一向重视文化传播与褒扬，文学奖种类很多。其中，"伯恩施坦奖"宗旨独特，要奖给当年最富独创性的希伯来文小说，许多杰出作家摘取了此奖桂冠。埃莉奥诺拉·莱夫以 1996 年的长篇小说《天堂里的第一个早晨》（*Boker Rishon Be－Gan Eden*）一举成为荣膺此奖的唯一女性，小说也被评委誉为"出自杰出天才作家之手的非凡之作"。小说用女性特有的优美生动、睿智活泼、幽默嘲讽的笔触，写一孕妇同腹中即将出生的胎儿说话，讲述自己的生活秘密：不幸的童年，专横的父母，失落的爱，展示出一幅丰富多彩的以色列生活画面，尤其是兵营女兵同男友在享有一夕之欢后信誓旦旦，而对方竟在空难中丧生的经历，令人欷歔不已。女作家之所以选择女人在妊娠期间这一特殊过程中的特殊活动与感受进行创作，是想冲破以男性为中心的"战争"、"爱情"等主题窠臼。在希伯来文中，"伊甸园"与"天堂"是同一个词。犹太人重返巴勒斯坦，去寻找"伊甸园"式的宁和、静谧、风景如画的人间"天堂"，乃犹太复国主义的崇高理想，作品中的许多地方都流露出明显的犹太复国主义倾向。小说曾在数月内再版六次，长时间荣膺畅销书榜。

在以色列作家的畅销书排行榜上，许多作品出于女性之手。茨鲁娅·沙莱夫 1959 年生于基布兹，出身于文学世家。曾在希伯来大学攻读圣经学，并获得硕士学位，现住在耶路撒冷，是著名出版社凯塔尔的文学编辑。1989 年出版第一部诗集，1993 年出版第一部长篇小说《跳舞，站立》（*Rakadeti Amadeti*），但没有在文坛上引起什么反响。1997 年，茨鲁娅·沙莱夫的第二部长篇小说《爱情生活》（*Hayei Ahavah*）经著名希伯来文学评论家施瓦茨教授力荐在凯塔尔出版，它不仅占据了 16 周畅销书榜榜首的位置，而且在评论界也引起轰动，茨鲁娅·沙莱夫一举成名。此后她又出版了长篇小说《夫妻》（*Ba' al Ve Isha*，2000）、《逝去的家庭》（*Tera*，2005），均反响很大。总体上看，这三部长篇小说可以被概括为"爱情、婚姻、家庭"生活三部曲。如果说，给茨鲁娅带来世界声誉的《爱情生活》集中描写的是爱情生活，或者说是情爱生活；那么《夫妻》则侧重描写的是婚姻生活，《逝去的家庭》则以家庭生活为中心。

《爱情生活》是茨鲁娅·沙莱夫迄今最为成功的一部作品，已经翻译成20多种文字，畅销以色列、德国、意大利、法国等许多国家，并且获得各种文学奖。作品描写了年轻的希伯来大学研究生兼助教、已婚女子伊埃拉与父亲旧友、比她年长一辈的阿耶厄之间的情爱故事。小说开篇，伊埃拉与阿耶厄在伊埃拉的父母家不期而遇。这位父亲30多年前的同窗好友刚刚从法国归来，到以色列给奄奄一息的妻子治病。他那低沉撩人的声音、修长的深褐色手指、忧郁而黯淡的目光、傲慢的欧式举止，令伊埃拉似乎有些难以自持，一段病态的情爱关系就这样拉开了帷幕。

阿耶厄的名字在希伯来文中的意思是"狮子"，他的姓氏阿文意为"石头"。他之所以吸引伊埃拉并非他具有什么人格魅力，而是因为他身上带有某种独特的动物本能，他作恶多端，非常自私、冷酷。伊埃拉和阿耶厄在追求感官快乐的瞬间往往产生屈辱与自轻自贱的感觉。他们第一次性接触缺乏任何真情与温存，与伊埃拉最初和丈夫约尼在一起时的感觉迥然不同。这种体验令伊埃拉感到屈辱，于是想用新的性体验，甚至三人交媾来抹去这种不快和屈辱。但往往事与愿违，直到在她的脑海里经常重现"圣殿被毁"的意象。在某种程度上，"圣殿被毁"意象预示着伊埃拉试图与阿耶厄建立真正恋情的失败，并在失败中毁灭自身。对这桩病态恋情产生影响的潜在原因之一是伊埃拉的母亲过去曾与阿耶厄有染，这段旧日恋情显然影响到了而今的感情关系。

作品打破了所有禁区，毫不掩饰地进行赤裸裸的性描写，并且加进了许多《圣经》典故，剖析人物的心灵深处，可谓是成功借用《圣经》笔法的现代小说。茨鲁娅·沙莱夫因而赢得了"90年代新女性文学浪潮中最富有天才的小说女作家之一"的声誉。需要特别指出的是，作品虽然充满大量的性描写，但不能把它看作一部性爱小说，就像小说推荐人施瓦茨教授所说，茨鲁娅是在"用一种截然不同的方式阐释希伯来文化"。[1] 女主人公在与父母、丈夫、情人的关系中完成自我形象的塑造，这一模式在希伯来文学中并非首创，但是伊埃拉的新奇之处在于她没有去反驳男性霸权和男性社会政治话语，而是在描写两性关系中展现出女性意识的觉醒。

---

[1] 笔者在以色列本－古里安大学攻读博士学位期间曾经跟随施瓦茨教授学"现代希伯来文学里程碑"课程，听他讲授过《爱情生活》。

结　语

　　当我们即将结束 20 世纪的希伯来文学之旅时，不免再次感叹，20 世纪希伯来文学的确是全球化语境下世界文学之林中的一个独特现象。它从欧洲一种没有固定栖居地、缺乏现代书写语言的流散文学，发展到亚洲巴勒斯坦地区的一种拥有固定的活动场域与成熟的现代语言表达方式的文学，从无法脱离以《圣经》为代表的犹太经典文献桎梏的文学，发展到极富有现代意识的文学，在语言、人物、生活场景、文学理念等方面实现了全方位的革新，负载着犹太民族的近代体验，折射出自犹太启蒙运动以来犹太人的心路历程与历史变革，演绎出犹太民族共同体的共性与个性特征，同时也在某种程度上讲述着与犹太民族命运休戚相关的他者的故事。

　　概而言之，18 世纪下半叶，现代希伯来文学应犹太启蒙运动之需在德国、意大利等地产生，而后东渐波兰和俄国。伴随着 19 世纪末期以来犹太人移居巴勒斯坦的运动，现代希伯来文学中心于 20 世纪 20 年代在巴勒斯坦地区固定下来。而现代希伯来语在巴勒斯坦地区的复兴对新希伯来文学的发展推波助澜，现代希伯来文学思想开始萌芽并发展，现代希伯来诗歌与小说创作在 20 世纪 30 年代在巴勒斯坦地区形成第一个创作高峰，最杰出的希伯来语作家阿格农便是在 30 年代完成了他一生中最重要的几部长篇巨著。到了 30 年代末，第一代以希伯来语为母语的本土作家登上舞台，成为 1948 年以色列建国前后的 40 年代和 50 年代的文坛主力军，实现了现代希伯来文学创作中的革命性变革。其笔下的主人公，不再是大流散中软弱无力、消极被动的犹太人，而是英俊潇洒、积极进取的新希伯来人；其作品的关注点不再是反映东欧犹太社区内犹太人的生活习俗，而是战争、家园、国族建设等重大主题，显示出浓郁的中东特色。50 年代末期到 70 年代末期，第二代本土以色列作家，即新浪潮作家在文坛占据统治地位。较之前代，这批作家更注重探索人物的内在心灵世界和内在生活空间，既展现以色列现实世界，又思考犹太历史上的诸多问题乃至悖论，并借助于高超的艺术表现手法，将以色列文学推向世界，证明其有资格在世界文坛上占据一席之地。八九十年代崛起的新一代作家，又展现出前所未有的新貌。女作家从边缘走向中心，实现了希伯来文学史乃至犹太文化史上的又一场革命。

　　上述问题与变革轨迹，笔者在引言和正文中均有所详解与论述，这里无须赘言。我只想说，对于一门正在变革、发展着的文学，评论者恐怕只能力求带着变革、发展的眼光，审视它，接近它。也许就像现代希伯来文学批评大家谢克德教授所说，今天所做的结论，明天就有可能过时，甚至被推翻。也许，这也是从事现当代文学研究的学者和文学批评家面临的重要挑战。

主要参考文献

一　中文部分

阿巴·埃班:《犹太史》,阎瑞松译,中国社会科学出版社 1986 年版。

阿巴·库夫纳:《我的小妹妹》,陈子慕译,《世界文学》2003 年第 6 期。

阿哈龙·阿佩费尔德:《奇迹年代》,杨阳译,上海译文出版社 2009 年版。

阿摩司·奥兹:《胡狼嗥叫的地方》,汪义群译,《世界文学》1994 年第 6 期。

阿摩司·奥兹:《游牧人与蝰蛇》,王守仁译,见徐新主编《现代希伯来小说选》,漓江出版社 1992 年版。

阿摩司·奥兹:《何去何从》,姚永彩译,译林出版社 1998 年版。

阿摩司·奥兹:《我的米海尔》,钟志清译,译林出版社 1998 年版。

阿摩司·奥兹:《沙海无澜》,姚乃强等译,译林出版社 1999 年版。

阿摩司·奥兹:《风之路》,钟志清译,见《爱的讲述》,译林出版社 2004 年版。

阿摩司·奥兹:《爱与黑暗的故事》,钟志清译,译林出版社 2007 年版。

阿摩司·奥兹:《地下室里的黑豹》,钟志清译,译林出版社 2012 年版。

埃里·凯杜里:《民族主义》,张明明译,中央编译出版社 2002 年版。

爱德华·萨伊德:《最后的天空之后:巴勒斯坦人的生活》,金玥珏译,新星出版社 2006 年版。

奥托·魏宁格：《性与性格》，肖聿译，中国社会科学出版社 2006 年版。

鲍晓兰主编：《西方女性主义研究评介》，三联书店 1995 年版。

本尼迪克特·安德森：《想象的共同体：民族主义的起源与散布》，吴睿人译，上海世纪出版集团 2005 年版。

大卫·格罗斯曼：《证之于：爱》，张冲、张琼译，上海译文出版社 2006 年版。

大卫·鲁达夫斯基：《近现代犹太宗教运动：解放与调整的历史》，傅有德等译，山东大学出版社 1996 年版。

厄内斯特·盖尔纳：《民族与民族主义》，韩红译，中央编译出版社 2002 年版。

费希特：《费希特著作选集》，梁志学主编，商务印书馆 2006 年版。

高秋福译：《百年心声》，人民文学出版社 1998 年版。

高山杉译：《焦灼的土地》，人民文学出版社 1998 年版。

格尔绍恩·谢克德：《现代希伯来小说史》，钟志清译，商务印书馆 2009 年版。

卡尔通·海斯：《现代民族主义演进史》，帕米尔等译，华东师大出版社 2005 年版。

拉亥尔：《似花还似非花：拉亥尔诗歌选》，车兆和译，大众文艺出版社 1999 年版。

潘光：《犹太民族复兴之路》，上海社会科学院出版社 1998 年版。

塞西尔·罗斯：《简明犹太民族史》，黄福武等译，山东大学出版社 1997 年版。

施穆埃尔·约瑟夫·阿格农：《婚礼华盖》，徐新等译，漓江出版社 1995 年版。

施穆埃尔·约瑟夫·阿格农：《一个简单的故事》，徐崇亮等译，上海译文出版社 2004 年版。

王德威：《1949：伤痕书写与国家文学》，三联书店（香港）有限公司 2008 年版。

沃尔特·拉克：《犹太复国主义史》，徐方、阎瑞松译，上海三联书店

1992 年版。

西奥多·赫茨尔：《犹太国》，肖宪译，商务印书馆，1993 年版。

徐新主编：《现代希伯来小说选》，漓江出版社 1992 年版。

徐新、凌继尧主编：《犹太百科全书》，上海人民出版社 1992 年版。

亚伯拉罕·柯恩：《大众塔木德》，盖逊、傅有德等译，山东大学出版社 1998 年版。

亚伯拉罕·约书亚：《面对森林》，王义国译，《世界文学》2002 年第 4 期。

亚伯拉罕·约书亚：《情人》，向洪全、奉霞译，上海译文出版社 2009 年版。

耶胡达·阿米亥：《耶路撒冷之歌》，傅浩译，中国社会出版社 2004 年版。

约瑟夫·海姆·布伦纳：《生死两茫茫》，林骧华主编，安徽文艺出版社 1998 年版。

约瑟夫·克劳斯纳：《近代希伯来文学简史》，陆培勇译，上海三联书店 1991 年版。

张倩红：《以色列史》，人民出版社 2008 年版。

钟志清：《当代以色列作家研究》，人民文学出版社 2006 年版。

钟志清：《“把手指放在伤口上”：阅读希伯来文学与文化》，中央编译出版社 2010 年版。

二 英文和希伯来文部分

Aberbach, David, *Bialik*, London：Peter Halban Publishers LTD, 1988.

Abramson, Glenda, "Amchai's God," in *Prooftexts*, vol. 4, no. 2, 1984.

——. eds., with Todor Parfitt, *The Great Transition：The Recovery of the Lost Centers of Modern Hebrew Literature*, Totowa：Rowwman & Allanheld, 1985.

——. "The Absence of Reality：Islam and the Arabs in Contemporary Hebrew Literature," in *Studies in Muslim – Jewish Relations*, vol. 1, 1993.

——. *Hebrew Writing of the First World War*, Portland：Vallentine Mitchell, 2008.

Adorno, Theodor W. , *Notes to Literature*, trans. Shierry Weber Nocholsen, New York: Columbia University Press, vol. 2, 1991.

Agnon, Shmuel Yosef, *A Guest for the Night*, trans. Misha Louvish, New York: Schocken Books, 1968.

——. *Only Yesterday*, trans. Benjamin Harshav, Princeton: Princeton University Press, 2000.

Almog, Oz, *The Sabra: The Creation of the New Jew*, Berkeley: University of California Press, 2000.

Alter, Robert, ed. , *Modern Hebrew Literature*, New York: Behrman House, 1975.

——. "Confronting the Holocaust," in *After the Tradition*, New York: E. P. Dutton & Co, INC, 1969.

——. "Magic Realism in the Israeli Novel," in *The Boom in Contemporary Israeli Fiction*, ed. , Alan Mintz, Hanover and London: Brandeis University Press, 1997.

Appelfeld, Aharon, *Mikhvat Ha – Or*, Tel Aviv: Hakibbutz Hameuchad, 1980.

——. *The Immortal Bartfuss*, trans. Jeffrey M. Green, New York: Weidenfeld & Nicolson, 1988.

——. *Timyon*, Jerusalem: Keter, Tzad Hatefer, 1993.

——. *Beyond Despair: Three Lectures and A Conversation with Philip Roth*, New York: Fromm International Publishing Corporation, 1994.

——. *The Story of a Life*, trans. Aloma Halter, New York: Schocken Books, 2004.

Arad, Yithak, "Dedication of the Pillar of the Heroism on Harzikaron," in *Yad Vashem News* 5, 1974.

Attia, Ali Mohamed Abd El – Rahman, *The Hebrew Periodical ha – Shiloah* (*1896 – 1919*): *Its Role in the Development of Modern Hebrew Literature*, *Jerusalem: Magnes Press, the Hebrew University*, 1991.

Bacon, *Yitzhak*, Brenner Ha – tsa' ir (The Young Brenner), *Tel Aviv: Hakibbutz Hameuchad*, 1975.

Balaban, Avraham, Between God and Beast: An Examination of Amos Oz' s Prose, *University Park, PA: The Pennsylvania State University Press*, 1993.

Band, Arnold, Nostalgia and Nightmare: A Study in the Fiction of S. Y. Agnon, *Berkeley: University of California Press*, 1968.

——. "*Mar. Mani: The Archeology of Self - deception,*" *in* Prooftexts, *vol.* 12, *no.* 3, 1992.

——. Studies in Modern Jewish Literature, *Philadelphia: The Jewish Publication Society*, 2003.

——. "*Two Travelogues: Bialik' s 'In the City of Slaughter' and Levi' s 'If This Is a Man',*" *in* Prooftexts, *vol.* 25, *no.* 1&2, 2005.

Barnard, F. M., Herder on Nationality, Humanity, and History, *Montreal & Kinston · London · Ithaca: McGill – Queen' s University Press*, 2004.

Baron, Dvorah, The First Day and Other Stories, *Berkely: University of California Press*, 2001.

Bartov, Omer, "*Kitsch and Sadism in Ka – Tzetnik' s Other Planet: Israeli Youth Imagine the Holocaust,*" *in* Jewish Social Studies, *vol.* 3, *no.* 2, 1997.

Baskin, Judith R., Jewish Women in Historical Perspective, *ed.*, *Detroit: Wayne State University Press*, 1991.

——. Midrashic Women: Formations of the Feminine in Rabbinic Literature, *Hanover and London: Brandeis University Press*, 2002.

Ben – Dov, Nitza, "*Lambs in Their Mother' s Pasture: Latent Content in Agnon' s In the Prime of Her Life,*" *in* Hebrew Studies, *vol.* 29, 1988.

Ben – Ezer, Ehud, ed., Sleepwalkers and Other Stories: the Arab in Hebrew Fiction, *Boulder: Lynne Rienner Publishers*, 1999.

Ben – Yehuda, Eliezer, A Dream Come True, *trans. T. Muraoka, Boulder, Oxford: Westview Press, Inc.*, 1993.

Berdichevsky, M. Y., Miriam and Other Stories, *London: The Toby Press*, 2004.

Berdichevsky, Norman, Nations, Languages and Citizenship, *North Corolina: Mcfarland & Company, Inc, Publishers*, 2004.

Berkovits, Eliezer, With God in Hell: Judaism in the Ghettos and Death-

camps, *New York*, *London*: *Sanhedrin Press*, 1979.

Berkovitz, *Michael*, *ed.*, Nationalism, Zionism and Ethnic Mobilization of the Jews in 1900 and Beyond, *Leiden and New York*: *Brill*, 2004.

Bernstein, *Mare. S.*, " Midrash and Marginality: The ' Agunot' of S. Y. *Agnon and Devorah Baron*," *in* Hebrew Studies, *vol.* 42, 2001.

Bernstein, *Deborah S.*, The Struggle for Equality: Urban Women Workers in Prestate Israeli Society, *New York and London*: *Praeger*, 1987.

——. Pioneers and Homemakers: Jewish Women in Pre – State Israel, *ed.*, *Albany*: *State University of New York Press*, 1992.

Bialik, *Hayim Nahman*, Devarim she – Be' al Peh (Speeches), *Tel Aviv*: *Dvir*, 1935.

——. Aftergrowth and Other Stories, *Trans. I. M. Lask*, *Philadelphia*: *Jewish Publication Society of America*, 1939.

——. Bialik Speaks: Words from the Poet' s Lips Glues to the Man, *Ramat Gan*: *Massada Press LTD.*, 1969.

——. Revealment and Concealment, *Jerusalem*: *Ibis Editions*, 2000.

Brenner, *Yosef Haim*, Breakdown and Bereavement, *trans. Hillel Halkin*, *Ithaca and London*: *Cornell University Press*, 1971.

——. Out of the Depth & Other Stories, *London*: *The Toby Press*, 2008.

Breslauer, *S. Daniel*, The Hebrew Poetry of Hayyim Nahman Bialik (1873 – 1934) and a Modern Jewish Theology, *New York*: *The Edwin Mellen Press*, 1992.

Budick, *Emily Miller*, Aharon Appelfeld' s Fiction: Acknowledging the Holocaust, *Bloomington*: *Indiana University Press*, 2005.

Cohen, *Joseph*, Voices of Israel, *Albany*: *State University of New York Press*, 1990.

Cohen, *Zafrira Lidovsky*, Loosen the Fetters of Thy Tongue Woman, *Cincinnati*: *Hebrew Union College Press*, 2003.

Diments, *Carol & Lily Ratok*, *eds.*, Ribcage: Israeli Women' s Fiction, *The Women' s Zionist Organization of America*, 1994.

Direcknoff, *Alain*, The Invention of A Nation: Zionist Thought and the Making of Modern State, *trans. Jonathan Derick*, London: Hurst & Company, 2003.

Domb, Risa, *The Arab in Hebrew Prose 1911 – 1948*, London: Vallentine, Mitchell , 1982.

Feinstein, Sara, *Sunshine, Blossoms and Blood: H. N. Bialik In His Time*, Lanham: University of America, 2005.

Fellman, Jack, *The Revival of a Classical Tongue: Eliezer Ben – Yehuda and the Modern Language*, The Hague: Moton, 1973.

Fisch, Harold, *S. Y. Agnon*, New York: Frederick Ungar Publishing Co. , Inc. , 1975.

Fuchs , Esther, *Encounters with Israeli Authors*, Marblehead: Micah Publications, 1982.

——. *Israeli Mythogynies*, Albany: State University of New York Press, 1987.

Gelber, Yoav, "The Israeli – Arab War of 1948; History versus Narratives," in *A Never – Ending Conflict: A Guide to Israeli Military History*, ed. , Mordechai Bar – On, New York and London: Praeger, 2004.

Gertz, Nurit , *Amos Oz: A Monograph*, Tel Aviv: Sifriat Poalim, 1980.

——. "The Book and the Film: A Case Study of *He Walked through the Fields*," in *Modern Hebrew Literature*, FALL/WINTER, 1995.

——. *Myths in Israeli Culture: Captives of a Dream*, London: Vallentine Mitchell, 2000.

Giladi, Gideon N. , *Discord in Zion: Conflict between Ashkenazi & Sephardi Jews in Israel*, Essex: Scorpion Publishing House, 1990.

Glinert, Lewis, *Modern Hebrew: An Essential Grammar*, New York: Routledge, 2005.

Gluzman, Michael, "Pogrom and Gender: on Bialik' s Unheimlich," in *Prooftexts*, vol. 25, no. 1 – 2 , 2005.

Goodblatt, David, *Elements of Ancient Jewish Nationalism*, Cambridge: Cambridge University Press, 2006.

Govrin, Nurit, *Alienation and Regeneration*, Tel Aviv: MOD Books, 1989.

Grossman, David, *Writing in the Dark*, New York: Farrar, Straus and Giroux, 2008.

Halkin, Simon, *Mavo lasiporet ha' ivrit*, ed. , Jerusalem: Bet Hotsa' ah shel Histadrut ha Studentim shel ha' Universitah ha' Ivrit, 1958.

——. *Modern Hebrew Literature: Trends and Values*, New York: Schocken Books, 1970.

Harshav, Benjamin, *Language in Time of Revolution*, Berkeley, Los Angeles, London: University of California Press, 1993.

Hassak – Lowy, Todd, *Here and Now: History, Nationalism, and Realism in Modern Hebrew Fiction*, Syracuse: Syracuse University Press, 2008.

Hever, Hannan, *Producing the Modern Hebrew Canon*, New York & London: New York University Press, 2002.

Herder, J. G. , *Against Pure Reason: Writings on Religion, Language and History*, Minneapolis: Fortress Press, 1993.

Hoffman, Joel M. , *In the Beginning: A Short Story of the Hebrew Language*, New York and London: New York University Press, 2004.

Hollander, Philip, "Beyond Martyrdom: Rereading Moshe Shamir' s *With His Own Hands*," in *Hebrew Studies*, vol. 49, 2008.

Holtzman, Avner, "They Are Different People," in *Yad vashem Studies*, xxx, ed. , David Silberklang, Jerusalem: Yad vashem, The Holocaust Martyrs' and Heroes' Remembrance Authority, 2002.

——. "M. Y. Berdichevsky' s Literary World," in *Miriam and Other Stories*, London: The Toby Press, 2004.

Horowitz, Sara R. , "The Rhetoric of Embodied Memory in 'In the City of Slaughter'," in *Prooftexts*, vol. 25. , no. 1 – 2, 2005.

Hyman, Paola E. , "Two Models of Modernization: Jewish Women in the German and the Russian Empires," in *Jews and Gender: The Challenge to Hierarchy*, ed. , Jonathan Frankel, New York: Oxford University Press, 2000.

Jacobson, David C. , "Creative Restoration of Legends in Bialik' s 'Megillat ha – Esh'," in *Prooftexts*, vol. 5, no. 2, 1985.

Ka – Tzetnik 135633, *Beit Ha – Bubot (House of Dolls)*, Tel Aviv: Dvir, 1953.

Kartun – Blum, Ruth, *Profane Scriptures: Reflections on the Dialogue with the Bible in Modern Hebrew Poetry*, Cincinnati (Ohio): Hebrew Union College, 1999.

Katz, Steven T. , *Post – Holocaust Dialogue: Critical Studies in Modern Jewish Thought*, New York & London: New York University Press, 1985.

Kaufman, Shirley & Galit Hasan – Rokem, eds. , with Tamar S. Hess, *The Defiant Muse: Hebrew Feminist Poems from Antiquity to the Present: A Bilingual Anthology*, New York: The Feminist Press at the City University of New York, 1999.

Kravitz, Nathaniel, *3000 Years of Hebrew Literature from the Earliest Time through the 20th Century*, Chicago: Swallow Press , 1972.

Kutscher, Yehezkel Kutscher, *A History of the Hebrew Language*, ed. , Raphael Kutscher, Jerusalem: The Magness Press, 1982.

Kuzar, Ron, *Hebrew and Zionism: A Discourse Analytic Cultural Study*, Berlin, New York: Mouton de Gruyte, 2001.

Laor, Dan, "Theatrical Interpretation of the Shoah: Image and Counter – image," in *Staging the Holocaust: Shoah in Drama and Performance*, eds. , Claude Schumacher, Cambridge: Cambridge University Press, 1998.

——. "Agnon and Buber: The Story of a Friendship, or: the Rise and Fall of the ' Corpus Hasidicum' ," in *Martin Buber: A Contemporary Perspective*, ed. , Paul Mendes – Flohr, Syracuse : Syracuse University Press, 2002.

——. "Kishinev Revisited: A Place in Jewish Historical Memory," in *Prooftexts*, vol. 25, no. 1 – 2, 2005.

Lewis, Pericles, *Modernism, Nationalism, and the Novel*, Cambridge: Cambridge University Press, 2000.

Lomsky – Feder, Edna, "The Canonical Generation: Trapped between Personal and National Memories," *Sociology*, vol. 43, no. 6, 2009.

Mark, Zvi, "The Dybbuk as Imagery and as Psychological State in the Work and Life of Yona Wallach," in *Hebrew Studies*, vol. 50, 2009.

Megged, Aharon, *Hanna Senesh*, trans. Michael Taub, *Israeli Holocaust Drama*, ed. , Syracuse: Syracuse University Press, 1996.

Mintz, Alan , *Hurban: Response to Catastrophe in Hebrew Literature*, New York: Columbia University Press, 1984.

——. *Banished from Their Father's Table*, Bloomington & Indianapolis: Indiana University Press, 1989.

—— eds. , with Anne Golomb Hoffman, *A Book That Was Lost*, New York: Schocken Books, 1995.

——. *Reading Hebrew Literature*, Hanover and London: Brandeis University Press, 2003.

——. ed. , *The Boom in Contemporary Israeli Fiction*, Hanover and London: Brandeis University Press, 1997.

Miron, Dan , *H. N. Bialik and the Prophetic Mode in Modern Hebrew Poetry*, New York: Syracuse University Press, 2000.

——. *The Prophetic Mode in Modern Hebrew Poetry and Other Essays on Modern Hebrew Literature*, London: The Toby Press, 2010.

Morahg, Gilead , "Borderline Cases: National Identity and Territorial Affinity in A. B. Yehoshua's *Mr. Mani*, " in *AJS Review*, 30: 1, 2006.

——. "Israeli' s New Literature of the Holocaust: The Case of David Grossman' s *See Under: Love*," in *Modern Fiction Studies*, vol. 45 – 1, 1999.

Moore, Devorah Dash, eds. , with S. Ilan Troen, *Divergent Jewish Cultures: Israel and America*, New Haven: Yale University Press, 2001.

Moss, Joyce, ed. , *World Literature and Its Times*, Detroit: Thomson * Gale, 2004.

Morris, N Benny, *The Birth of the Palestine Refugee Problem Revisited*, Cambridge: Cambridge University Press, 2004.

Mozor, Yair , *Somber Lust: the Art of Amos Oz*, trans. Marganit Weinberger – Rotem, Albany: State University of New York Press, 2002.

Myhill, John, *Language in Jewish Society: Towards a New Reading*, Clevedon, Buffalo, Toronto: MULTICULTURAL MATTERS LTD, 2004.

Oz, Amos, "Hirbet Hizah ve sakanat nefashot", in *Davar*, Feb 17, 1978.

——. *Under this Blazing Light*, trans. Nicholas de Lange, Cambridge: Cambridge University Press, 1995.

——. *The Silence of Heaven*: *Agnon's Fear of God*, Princeton: Princeton University Press, 2000.

Pappe, Ilan, *A History of Modern Palestine*: *One Land*, *Two Peoples*, Cambridge: Cambridge University Press, 2004.

Parush, Iris, *Reading Jewish Women*: *Marginality and Modernization in Nineteenth – Century Eastern European Jewish Society*, Hanover and London: Brandeis University Press, 2004.

Patterson, David, *A Phoenix in Fetters*: *Studies in Nineteenth and Early Twentieth Century Hebrew Fiction*, Maryland: Rowman & Littlefield Publishers, INC., 1990.

Pelli, Moshe, *In Search of Genre*: *Hebrew Enlightenment and Modernity*, Lanham: University Press of America, 2005.

Raider, Mark A., eds., with Miriam B. Raider – Roth, *The Plough Woman*: *Records of the Pioneer Women of Palestine*, Hanover and London: Brandeis University Press, 2002.

Ramras – Rauch, Gila, *The Arab in Israeli Literature*, Bloomington: Indiana University Press, I. B. Tauris & Co LTD, 1989.

——. "A. B. Yehoshua and Sephardic Experience," in *World Literature Today*, vol. 65, no. 1, 1991.

——. *Aharon Appelfeld*: *The Holocaust and Beyond*, Bloomington: Indiana University Press, 1994.

Rosen, Tova, *Unveiling Eve*: *Reading Gender in Medieval Hebrew Literature*, Philadelphia: University of Pennsylvania Press, 2003.

Roskies, David, *Against the Apocalypse*: *Responses to Catastrophe in Modern Jewish Culture*, Cambridge, Massachusetts, and London: Harvard University Press, 1984.

——. ed., *The Literature of Destruction*: *Jewish Response to Catastrophe*, Philadelphia: The Jewish Publication Society, 1989.

Ratoch, Yonatan, *Shirey Yonatan Ratosh*, Tel Aviv: Hadar, 1984.

Scholem, Gershom, *From Berlin to Jerusalem*: *Memories of My Youth*, New York: Schocken Books, 1980.

Schwartz, Yigal, *Aharon Appelfeld: From Individual Lament to Tribal Eternity*, trans. Jeffrey M. Green, Hanover and London: Brandeis University Press, 2001.

——. *Hayida' at et ha' aretz sham halimon purach*, Knneret, Zmra – Bitan, Dvir – Publishing House Ltd. , 2007.

Segev, Tom, *The Seventh Million: The Israelis and the Holocaust*, trans. Haim Watzman, New York: Hanry Holt and Company, 1991.

Shaked, Gershon, *Lelo' motsa'*, Tel Aviv: Hakibbutz Hameuhad, 1973.

——. *Sifrot Yivrit* (1880 – 1980), Tel Aviv and Jerusalem: Hakibbutz Hameuhad/Keter, 1977 – 1998.

——. "Challenges and Question Marks: on the Political Meaning of Hebrew Fiction in the Seventies and Eighties," in *Modern Hebrew Literature*, Spring/Summer, 1985.

——. "Midrash and Narrative: Agnon' s 'Agunot'," in *Midrash and Literature*, eds. , Geoffrey H. Hartman and Sanford Budick, New Haven and London: Yale University Press, 1986.

——. *The Shadows Within: Essays on the Modern Jewish Writers*, Philadelphia: Jewish Publication Society, 1987.

——. "The Children of the Heart and the Monster: David Grossman: *See Under: Love*," in *Modern Judaism*, vol. 9, no. 3, 1989.

——. *Shmuel Yosef Agnon: A Revolutionary Traditionalist*, New York and London: New York University Press, 1989.

——. *New Tradition*, Cincinnati: Hebrew Union College Press, 2006.

Shamir, Moshe, *With His Own Hands*, trans. Joseph Schachter, Jerusalem: Institute for the Translation of Hebrew Literature, 1970.

Shapira, Anita, ed. , *Israeli Identity in Transition*, Westport, Connecticut, London and New York: Praeger, 2004.

——. "Hirbet Hizah: Between Remembrance and Forgetting," in *Jewish Social Studies*, vol. 7, no. 1, 2000.

Shavit, Zohar, "The Rise of the Literary Center in Palestine", *in The Great Transition: The Recovery of the Lost Centers of Modern Hebrew Literature*, eds. ,

Glenda Abramson and Tudor Parfitt, Totowa: Rowman & Allanheld Publishers, 1985.

Shavit, Uzi, "The New Poetry of the Twenties: Palestine and America," *Prooftexts*, vol. 12. , no. 3, 1992.

Shimon, Joseph, *Reading Hebrew: The Language and the Psychology of Reading It*, Mahwah: Lawrence Erlbaum Associates, 2006.

Shoham, Reuven , "Intertextuality and Its Meaning in Natan Zach's 'Enosh Kehazir Yamay' (As for Man, His Days Are as Grass) ," in *AJS Review* 30: 1, 2006.

——. *Poetry and Prophecy: The Image of the Poet as a "Prophet", a Hero and an Artist in Modern Hebrew Poetry*, Leiden & Boston: Brill Academy Publishers, 2003.

Sicher, Efraim , "The Return of the Past: The Intergenerational Transmission of Holocaust Memory in Israeli Fiction," in *Shofer*, vol. 19, no. 2, 2001.

——. ed. , *Breaking Crystal: Writing and Memory after Auschwitz*, Urbana and Chicago: University of Illinois Press, 1998.

Silberschlag, Eisig, *From Renaissance to Renaissance*, vol. 2, New York: Ktav Publishing House, 1977.

——. *Saul Tschernichowsky: Poet of Revolt*, Ithaca: Cornell University Press, 1968.

Slouschz, Nahum, *The Renascence of Hebrew Literature (1743 – 1885)*, Philadelphia: The Jewish Publication Society of America, 1909.

Sokoloff, Naomi B. , eds. , Anne Lapidus Lerner and Anita Noric, *Gender and Text in Modern Hebrew and Yiddish Literature*, New York and Jerusalem: The Jewish Theological Seminary of America, 1992.

——. "Expressing and Repressing the Female Voice in S. Y. Agnon's *In the Prime of Her Life*," in *Women of the Word: Jewish Women and Jewish Writing*, ed. , Judith R. Baskin, Detroit: Wayne University Press, 1994.

Stern, David, "Agnon from A Medieval Perspective, " in *History and Literature, New Readings of Jewish Texts in Honor of Arnold Band*, eds. , David Jacobson and William Cutter, Providence, RI: Brown Judaic Studies, 2002.

Suchoff, David, "Kafka and the Postmodern Divide: Hebrew and German in Aharon Appelfeld's *The Age of Wonders* (*Tor Ha – pela' ot*)," in *The Germanic Review: Literature, Culture, Theory*, vol. 75, no. 2, 2000.

Teveth, Shabtai, *Ben – Gurion and the Holocaust*, New York: Harcourt, Brace and Company, 1996.

Troen, S. Ilan, eds. , with Noah Lucas, *Israel: The First Decade of Independence*, Albany: State University of New York Press, 1995.

Tzvetan Todorov, *The Fantastic: A Structure Approach to a Literary Genre*, Ithaca: Cornell University Press, 1975.

Verel, Shoshana , "*Beveitah shel Devorah Baron,*" in *Ha' aretz*, August 6, 1954.

Wardi, Dina, *Nosei Hakhotem: Dialog yimbnei hador hasheni lashoah* (*Memorial Candles: Children of the Holocaust*), London: Routledge, 1992.

Wiesel, Elie, "Does the Holocaust Lie Beyond the Reach of Art? " *Against Silence: The Voice and Vision of Elie Wiesel*, ed. , Irving Abrahamson, New York: Holocaust Library, 1985, vol. 2.

Wisse, Ruth R. , *The Schlemiel as Modern Hero*, Chicago: University of Chicago Press, 1971.

——. *Jews and Power*, New York: Schocken Books, 2007.

Wolf – Monzon, Tamar, "Uri Zvi Greenberg and the Pioneers of the Third Aliya: A Case of Reception," in *Prooftexts*, vol. 29, no. 1, 2009.

Yablonka, Hanna, *Survivors of the Holocaust: Israel after the War*, Basingstoke: Macmillan Press, 1999.

Yerushalmi, Yosef Hayim, *Zokhor: Jewish History and Jewish Memory*, Seattle and London: University of Washington Press, 1982.

Yehoshua, A. B. , *Mr. Mani*, trans. Hillel Halkin, New York: Doubleday, 1992.

——. "Mr. Mani and the Akedah," in *Judaism*, vol. 50. , no. 1, Winter, 2001.

Yizhar, S. ,"About Uncles and Arabs," in *Hebrew Studies*, vol. 47, 2006.

——. *Midnight Convoy & Other Stories*, London: The Toby Press, 2007.

——. "Khirbet Khizeh", trans. Nicholas de Lange, Jerusalem: Ibis Editions, 2008.

Young, James, *Texture of Memory*, New Haven and London: Yale University Press, 1993.

——. *Writing and Rewriting the Holocaust: Narrative and the Consequences of Interpretation*, Bloomington: Indiana University Press, 1984.

Yudkin, Leon, *1948 and After: Aspects of Israeli Fiction*, Manchester: University of Manchester, 1984.

——. ed. , *Modern Hebrew Literature in English Translation*, New York: Markus Wiener Publishers, 1987.

——. *Hebrew Literature in the Wake of the Holocaust*, London: Associated University Presses, 1993.

Yerushalmi, Yosef Hayim, *Zokhor: Jewish History and Jewish Memory*, Seattle & London: University of Washington Press, 1982.

Zerubavel, Yael, *Recovered Roots: Collective Memory and the Making of Israeli National Tradition*, Chicago: University of Chicago Press, 1994.

——. "The Forest as a National Icon: Literature, Politics, and the Archaeology of Memory," *Israel Studies*, vol. 1, no. 1, 1996.

Zierler, Wendy I. , *And Rachel Stole the Idols*, Detroit: Wayne State University Press, 2004.

Zipperstein, Steven J. , *Elusive Prophet: Ahad Ha' am and the Origins of Zionism*, Berkeley/Los Angels: University of California Press, 1993.

http: //en. wikipedia. org/wiki/Arab_ citizens_ of_ Israel.

http: //benyehuda. org/brenner/baxoref. html（希伯来文文本）。

索 引

A

阿尔莫格（Almog, Ruth） 207，247，270，271，274，275，280－281，362，364，381，382

阿尔特（Alter, Robert） 7

阿尔特曼（Alterman, Nathan） 125，126，207，269

阿格农（Agnon, Shmuel Yosef） 7，11，12，15，16，61，80，113，141，157－161，163－176，178－185，187－194，196－198，200，203，282，293，301，318，388

《阿古诺特》（"Agunot", "Forsaken Wives", 一译《弃妇》） 11，61，157，158，160－161，162－166，171，175

阿哈龙诺维茨（Aharonowitz, Joseph） 116，140

阿莱海姆（Sholem Aleichem） 18，188，247

阿里亚（或"移民浪潮"，Aliya） 194－196，198，199

阿米亥（Amichai, Yehuda） 14，119，151，275，279，360－364，372

阿佩费尔德（Appelfeld, Aharon） 7，14，256，279，344－351，353－356，359

阿什肯纳兹（Ashkenazi Jews） 316，317，329－331，344

阿维古尔－罗泰姆（Avigur－Rotem, Gabriela） 381

阿胥（Asch, Sholem） 63

阿亚隆（Ayalon, Leah） 381

《哀歌》（Lamentation） 47，274

艾赫曼审判（The Eichmann Trial） 13，257，269，272，274，279，372

艾略特（Eliot, George） 18，93

艾尼（Leah, Aini） 381

《爱弗雷姆回归苜蓿》（Efhraim hozer La－Aspeset, Efhraim Returns to Alfalfa） 12，206，218，220，221

爱略特（Eliot, T. S.） 360，361

《爱情生活》（Hayei Ahavah, Love Life） 54，386，387

《爱与黑暗的故事》（Sipur Al Ahavah Ve－Hoshech, A Tale of Love and Darkness） 70，159，174，200，250，285，295，309，310，312，340

《爱之歌》（"Manginah le－Ahavah", "Melody to Love"） 39

安徒生（Andersen, H. C.） 73

《奥德赛》（Odyssey） 65，66

奥登（Auden, W. H.） 360，361

奥帕斯（Orpaz, Itzhak） 279，280

奥兹（Oz, Amos） 9，12，14，70，71，
80，96，159，174，198，218，232，
234，239，250，279，281，283 - 291，
293 - 295，298，299，301 - 306，308 -
312，315，316，319，340，343，368，
369，385

B

巴比伦之囚（The Babylonian Captives）
47，83

巴尔 - 科赫巴（Bar - Kokhba） 84，
129，211

巴勒斯坦起义（The Palestinian Uprising）
281

巴伦（Baron, Devorah） 10，116，131，
138 - 144，146 - 149，154，155，305

巴特 - 米丽亚姆等（Bat - Miriam, Yokhev-
ed） 150

巴托夫（Bartov, Hanoch） 213，214，
216，253，267，372

巴托夫（Bartov, Omer） 267

《百姓诚然是草》（"Akhen hatzir ha - am"，
"Surely the People Is Grass"） 36

拜伦（Byron, George Gordon） 19，65，
73

班德（Band, Arnold） 1，67，68，167 -
170，175，181，185，190，191，202

贝督因人（Beduin） 208，209，226，
227，243，286，287，289，290

《贝尔福宣言》（Balfour Declaration） 82，
117，122，331，333，337，341

本 - 多夫（Ben - Dov, Nitza） 176，177

本 - 古里安（Ben - Gurion, David） 13，
16，61，62，81，133，159，195，219，
223，224，256，259，271，272，279，
285，301，317，345，362，374，387

本 - 奈尔（Yitzhak, Ben - Ner） 279

本土以色列人（the Sabras） 12 - 13，
100，206，209 - 210，215 - 216，220，
222，224，240 - 241，244 - 246，251 -
256，258，261，266 - 267，269，271，
291 - 293，296，305，354 - 355，368，
372 - 373，377，385

本土作家（the Native Generation Writers）
12，205 - 208，210，212，213，217，
221，240，243，252，258，262，279，
282，353，360，388

本雅明（Benjamin, Walter） 139，170，
181，213，216

本 - 耶胡达（Ben - Yehuda, Eliezer）
63，82，89，91 - 97，134 - 136，154

本 - 耶胡达（Ben - Yehuda, Hemdah）
135

比阿里克（Bialik, Hayim Nahman） 7，
8，10，15 - 17，20，21，31 - 39，41 -
56，58 - 66，70 - 73，80，99，105，
109 - 111，119，120，124，149，150，
173，241，274，324，354，364

比克豪夫斯基（Zirkova - Bikhovsky, Elishe-
va） 149，154

《便雅悯三世的旅行》（Masa' ot Binyamin
Hashilishi, Travels of Benjamin Three） 20

别尔季切夫斯基（Berdyczewski, Micha Yo-
seph） 9，11，18，29，32，66，70 -

80, 113, 158, 293

《别离》（"Peridah"，"Parting"）　63

《并非此时，并非此地》（*Lo Me - Achshav, Lo Mi - Kan*；*Not of This Time, Not of This Place*）　372, 373

伯格曼（Bergermann, Hugo）　170

伯克维茨（Berkowitz, Yitzhak Dov）　19

伯克维茨（Berkowitz, Michael）　356

《柏林月刊》（*Die Berlinische Monatsschrift*）　86

《不是这条路》（"Ze Ha - Derech"，"This Is Not the Way"）　26

《不同的诗》（*Shirim Shonim, Different Poems*）　275

《不朽的巴特弗斯》（*Bartfuss Ben Almavet, The Immortal Bartfuss*）　356

布伯（Buber, Martin）　11, 15, 16, 109, 170 - 172

布道者（*Kohelet Musar, Preacher of Morals*）　3, 25

布迪克（Budick, Emily Miller）　347

《布就筵席》（*Shulchan Aruch*）　193, 264

布鲁卡（Blucker, Joseph）　92

布鲁姆（Castel - Bloom, Orly）　26, 35, 38, 261, 318, 381

布伦纳（Brenner, Joseph Haim）　10, 11, 13, 16, 70, 72, 80, 105 - 120, 123, 140, 157 - 159, 168, 207, 220, 228, 240, 241, 284, 293

C

《采集者》（*Hame' asef, The Gatherer*）　3 - 5, 25

蔡特林（Zeitlin, Hillel）　107

《参孙的故事》（*Ma' aseh Shimshon, The Story of Samson*）　2

《倡导》（*Hamelitz, The Advocate*）　25 - 27, 30, 35, 65, 108

车尔尼霍夫斯基（Tchernichowsky, Shaul）　8, 15, 16, 31, 64 - 70, 99, 111, 119, 124, 364

车尔尼雪夫斯基（Chernyshevsky, N.）　93

《迟到的离婚》（*Geirushim me' uharim, A Late Divorce*）　318, 330

《出埃及记》（*Exodus*）　22

《传道书》（*Ecclesiastes*）　87

《创世记》（*Genesis*）　45, 46, 145, 175, 363, 372

《纯红的母牛》（"Para Aduma"，"The Red Heifer"）　75

《从这儿到那儿》（*Mikan umikan, From Here and There*）　115, 116

D

《达瓦尔》（*Davar, Word*）　126

大流散（Diaspora）　7, 9, 38, 51, 52, 75, 76, 91, 95, 99, 107, 115, 133, 137, 155, 157, 164, 167, 197, 198, 206, 208, 209, 212, 214 - 216, 226, 235, 245, 249, 253, 256, 262, 266, 267, 269, 273, 322, 325, 326, 353, 388

大屠杀（the Holocaust）　1, 8, 12 - 14, 46, 49, 52, 53, 56, 122, 192, 203, 206, 209, 212, 214, 215, 245, 253 -

260，262 - 269，271 - 273，275，276，
279，281，288，325，334，338，340，
341，344 - 348，352 - 359，370 - 380，
382 - 385

狄更斯（Dickens, Charles）　23

迪伦马特（Dürrenmatt, F.）　280

《地下室里的黑豹》（Panter Ba - Martef,
Panther in the Basement）　295，311，
312，314，315

"独立战争"（"War of Independence"）
12，155，206，210，219，220，222 -
225，227，229，231，236 - 241，244，
249，252 - 254，257，260，266，267，
269 - 271，274 - 276，278，305，307，
320，321，343，362，364

杜伯诺（Dubnow, Simon）　26，43

F

法朗士（France, Anatole）　19，73

《翻越》（"Mineged"，"Across From"）　151

费尔伯格（Feierberg, Mordechai Ze'ev）
19，31，111，113，293

费赫曼（Fichman, Yaakov）　17，53，64

费希（Fisch, Harold）　169

费希特（Fichte, J. G.）　89

《愤怒之诗》（Mi - Shirei Ha - Za'am,
Songs of Wrath）　41，57

《风之路》（"Derech Ha - Ru'ach"，"The
Way of Wind"）　290，291

弗格尔（Vogel, David）　19，20

《弗莱德尔》（"Fradel"）　146，147

弗里希曼（Frischmann, David）　17 -
19，31

《俘虏》（"Hashavui"，"The Prisoner"）
12，225 - 228，230，237

福克纳（Faulkner, W.）　219，280，
282，284，318，323

福克斯（Fuchs, Ester）　147，183

福楼拜（Flaubert, Gustave）　11，148，
173，308

福纳（Foner, Sarah Feige Meinkin）　131，
132

G

《改宗》（Timyon, Conversion）　351

高尔基（Gorky, M.）　37，52

高夫林（Govrin, Michal）　381，382，385

高夫林（Govrin, Nurit）　74，115

《羔羊的微笑》（Hiyukh Ha - Gdi, The Smile
of the Lamb）　282，368，369，378

戈登（Gordon, Aaron David）　150，153，
159，222

戈登（Gordon, Juda Leib）　26，131，138

戈尔茨（Gertz, Nurit）　211，307

戈尔登布鲁姆（Goldenblum, Aaron）　26

歌德（Goethe, J. W.）　19，36，285

格尔德伯格（Goldberg, Lea）　154 -
156，360

格拉斯（Grass, G.）　280

格拉维（Gallaway, Mary）　145

格林伯格（Greenberg, Uri Zvi）　7，10，
16，120 - 126，272 - 274，361，384

格林兄弟（Grimm Brothers）　19

格罗斯曼（Grossman, David）　14，268，
282，308，319，368 - 380

格尼辛（Gnessin, Uri Nissan）　13，19，

106～108，110，219，221，240，293

隔都（Ghetto） 2，4，5，86，90，255，257，258，262－264，378

《孤儿时代》（"Yatmut"，"Orphanhood"）63

古里（Gouri，Haim） 213，274，275

古里维奇（Gurevitch，Z.） 59

瓜里尼（Guarini，Battista） 2

《关于屠杀》（"Al Ha－Shehitah"，"Upon the Slaughter"） 41，42，48，53，57

《观察者》（Ha－Sofeh） 17

《光辉之书》（Zohar） 34，131

《国土报》（Ha'aretz） 126，172，179，191，216，272，364

果戈理（Gogol，Nikolai） 23，35，111

《果园》（Hapardes，The Orchard） 38

H

哈阿姆（Ahad Ha'am） 9，15，22－33，35，36，38，39，42，52，58，59，62，70，72，79，80，107，108，173，317

哈尔金（Halkin，Simon） 112，117，185

哈加纳（Haganna） 206，248－250，271，360

哈科恩（Hacohen，M.） 107

哈拉里（Harari，Yehudit） 135

哈列维（Judah e－Hasid Ha－Levi） 67

哈列维（Yehuda Halevi） 81，84，361

《哈欧麦尔》（Ha'Omer） 160

《哈施洛阿赫》（Hashiloah） 9，23－26，28－33，37，38，41，65，108，112，149

哈斯卡拉（Haskala） 85

《哈瓦加·纳扎尔》（"Hawaja Nazar"）105

哈西德（Hasid） 24，34，71，106，107，120，125，158，163，168，171，180－184，201

哈扎兹（Hazaz，Haim） 16

《汉娜·塞耐士》（Hanna Senesh） 258－260，262－263，266－267，305

海明威（Hemingway，Ernest） 284

海涅（Heine，H.） 36

《何去何从》（Makom Aher，Elsewhere Perhaps） 285，286，293－295，298

《河道》（"Rechovot Ha－Nahar"，"Streets of the River"） 272－274

《赫伯特黑扎》（"Khirbet Khizeh"） 12，225，229，230，232－234，236－239

赫茨尔（Herzl，Theodor） 9，23－25，30，36，58，75，88，90，91，97，107，208，256，316，338，341

赫尔德（Herder，Johann Gottfried von）86，89，94

赫什贝恩（Hirschbein，Peretz） 63

赫斯（Hess，Moses） 88

亨德尔（Hendel，Yehudit） 254

《胡狼嗥叫的地方》（"Artzot Ha－Tan"，"Where the Jackals Howl"） 285，287－289，291

《划时代》（Hatkufa，The Epoch） 19

《黄风》（Hazman Hatsahov，The Yellow Wind）282，368，369

《黄昏时分》（"Dimdumei Ha－Hamah"，"At Twilight"） 39

《婚礼华盖》（*Kakhnasat Kalah*，*The Bridal Canopy*） 179，180，183，184，186，187，19

《火之古卷》（"Megilat Ha – Esh"，"The Scroll of Fire"） 53 – 55，57

霍夫曼（Hoffmann, Yoel） 194，203，283

J

基布兹（Kibbutz） 16，81，122，132，137，150 – 152，195，205，206，210，213，214，219，221，222，240，242，243，246，249，252，253，258 – 261，276，284 – 301，331，332，342，343，345，386

基什尼奥夫（Kishinev） 41 – 43，47 – 53，58，61，274

吉辛（Gissin, Miriavy） 135

《极大的恐惧与月亮》（*Eymah Gedolah Ve – Iareah*，*Great Terror and A Moon*） 122，123

加比罗尔（Solomon ibn Gabirol） 29，84，361

加利西亚（Galicia） 3，6，92，120，158，159，167，170，171，180，181，184，185，191，196，201，202

加缪（Camus, Albert） 280，284

《家》（"Mishpahah," "Family"） 142 – 144

贾维茨（Jawitz, Ze'ev） 82

"教化"（Bildung） 86

杰德鲍姆（Zederbaum, Alexander） 26，27

金斯伯格（Ginsberg, Asher Zvi［see above：Ahad Ha'am – his pen name］） 23，107

《距离》（"Me – Rahok"，"From Afar"） 155

《觉醒者》（*Hameorer*，*The Awakener*） 155

K

卡 – 蔡特尼克（Ka – Tzetnik） 262 – 265，267 – 269

卡茨尔（Katzir, Yehudit） 381

卡茨尼尔森（Katznelson, Berl） 16，121，122，159

卡尔尼（Karni, Yehuda） 15

卡夫卡（Kafka, Franz） 204，280，282，284，318，345，349

卡哈娜 – 卡蒙（Kahana – Carmon, Amalia） 279，281

《卡梅尔》（*Ha – karmel*） 25

卡纳兹（Kenaz, Yehoshua） 279，294

凯里特（Keret, Etgar） 283

康尼尤克（Kaniuk, Yoram） 279

克拉斯金（Klatzkin, Yaacov） 15

克劳斯纳（Klausner, Joseph） 2，4，22，30 – 33，37，41，64，65，98，109，149，283 – 284

库茨维尔（Kutzwil, Baruch） 168

库夫纳（Kovner, Abba） 275 – 277

《昆特里斯》（*Kuntres*） 121

L

拉阿夫（Raab, Esther） 149，154

拉奥（Laor, Dan） 7，125

拉宾诺维茨（Rabinowitz, Yaacov） 15，198 – 201

拉夫尼斯基（Rawnitzky, Yehoshua Hana） 39，58，61 – 63

拉海尔（Bluwstein, Rachel） 71，130，149 – 154，215

拉豪威尔（Lachover, F.） 2

拉托克（Rattok, Lily） 131，141

拉维考维茨（Ravikowich, Dalia） 281

拉翁事件（The Lavon Affair） 13，279

拉希（Rashi） 20，83，84，98，112，128，139，192，274，305，363

《莱蒂珐》（"Latifa"） 101

莱夫（Lev, Eleonora） 193，381，386

莱辛（Lessing, G. E.） 36

《蓝山》（Roman Russia, The Blue Mountain） 283

浪漫主义（Romanticism） 5，9，18 – 19，29，35，66，70. 73，99，116，126，159，222，364

《老人之死》（"Mot Ha – Zaken"，"Death of the Old Man"） 317

《泪谷》（"Be – Emek Ha – Bakha"，"In the Valley of Tears"） 29

《黎巴嫩斜坡》（Mi – Mordot Ha – Levanon, The Slopes of Lebanon） 281

黎巴嫩战争（The Lebanon War） 13，331，332，337，343，370

《黎明》（Hashahar, The Dawn） 17，25，90，92，93

李尔重（Li Erzhong） 49

理性主义（Rationalism） 5，38

利比莱赫特（Liebrecht, Savyon） 380 – 385

利连布鲁姆（Lilienblum） 35

《两个营地》（Mahanayim, Two Camps） 74

《两座花园》（Shnei Ganim, Two Gardens） 365，367

列维（Levi, Primo） 258

六日战争（The Six Days War） 13，239，240，269，279，316，325，343

卢梭（Rousseau, Jean – Jacques） 74

卢扎托（Luzzatto, Moses Hayyim） 2 – 4，67，131

《律法与传说》（"Halakhah ve – Aggadah"，"Law and Legend"） 59，60

伦茨（Luncz, Hannh） 135

伦敦（London, Jack） 11，24，30，42，58，109 – 111，113，148，214，248，356

罗斯（Roth, Cecil） 87

罗斯（Roth, Philip） 356

罗斯基斯（Roskies, David） 46，52

M

马尔克斯（Marquez, G.） 280

马加比（Maccabees） 51，53，224

马加比书（Book of the Maccabees） 55

马萨达（Massada） 12，211，212，224，264

马斯基里姆（Maskilim） 85

玛根（Magen, Mira） 381

玛普（Mapu, Abraham） 20，21，92

迈蒙尼德（Maimonides, Moses） 158

麦吉德（Megged, Aharon） 213 - 216，
258 -261，266，279，280，305

《曼尼先生》（*Mar Manni, Mr. Mani*）]
318，331，332，335 - 337，340，342

梅特林克（Maeterlinck, M.） 73

门德尔松（Mendelssohn, Moses） 3，25，
26，85 - 87，90，93

门德勒（Mendele Mokher Seforim） 8，
10，11，15，18，20 - 23，26，29，31，
35，36，70，73，80，105，158，181，
188，215，349，384

门德斯（Mendes, David Franco） 2

《迷途知返》（"Vehaya He' akov Lem-
ishor"，"And the Crooked Shall Become
Straight"） 11，158，166 - 170

米兰（Miron, Dan） 6，9，10，16，37，
100，101，104，105，114，121，122，
124，148，149，203，218，220，222，
272，276

《米丽亚姆》（*Miriam*） 72，75

《米娜·利萨》（*Ha - Mina Lisa*） 381

密德拉希（Midrash） 83 - 84，98，112，
139，274

《密西拿》（*Mishna*） 34，83，92，128，
160

《面对森林》（"Mul Hayearot"，"Facing the
Forests"） 223，317，319，322，
324，325

民茨（Mintz, Alan） 45，51，173，175，
272，274

《名字》（*Ha - shem, The Name*） 385

《摩西五经》（The Five Books of Moses）
5，34，83，87，90，128，129，

158，176

莫泊格（Morpurgo, Rachel Luzzatto） 131

《莫莱德》（*Molad*） 225

莫辛松（Mossinsohn, Yigal） 212 -
214，284

莫言（Mo Yan） 80，308

《沐浴在晨光和欢歌中》（*Im Or Boker Be -
kol Rinah, With Morning Light and a Joyful
Song*） 154

N

尼采（Nietzsche, Friedrich） 19，66，
72，73，79

P

帕尔马赫（Palmach） 206，219，240，
243，248 - 252，279，280，360，362

帕鲁什（Parush, Iris） 129

佩雷茨（Peretz., Isaac Leib） 17，18，
38，90

佩里（Perry, Lily） 381，382

品纳斯（Pines, Yehiel Michael） 82

平斯克（Pinsker, Leon） 24，38，208

普克哈切夫斯基（Pukhachewsky, Nehama）
134，137

普希金（Pushkin, A.） 18，35，73

Q

《七人当中》（"Shiv' a Me - Hem"，"The
Seven"） 213

《奇迹年代》（*Tor hapla' ot, The Age of
Wonders*） 347 - 349，351 - 353，
355，356

《乞丐书》（*Sefer Ha - Kabtzanim*, *The Book of Beggars*）　20，22

启蒙思想家（Maskilim）［see：马斯基里姆 above］　4，20，22，24，26，87，89 - 93，95，106，107，129，130，132，138，158

启蒙文学（Literature of Enlightenment）　5，60，139

契诃夫（Chekhov, A.）　11，148，156，284

《谴责与信仰书》（*Sefer Ha - Kitrug Ve - Ha - Emunah*, *The Book of Indictment and Faith*）　124

乔伊斯（Joyce, James）　19，280

《巧克力交易》（*Iskat Ha - Shokolad*, *The Chocolate Deal*）　274，373

青年工作者（*Hapo' el Hatza' ir*, *The Young Worker*）　116，140

《情人》（*Hame' ahev*, *The Lover*）　318，319，323，325，327 - 329

《秋日》（"Be - Yom Stav", "On an Autumn Day"）　39

《取名》（"Yad Va - shem", "The Name"）　214

《去往何方》（*Le' an*, *Whither*）　19，111

《瘸子非什卡》（*Fishke der Krumer*, *Fishke the Lame*）　20，35

R

热爱锡安者（Hovevei Zion, Lovers of Zion）　24，26

《人人有六只翅膀》（*Shesh Knafaim Le - Ehad*, *Everyone Had Six Wings*）　253

S

《撒拉·扎黑》（"Sarah Zachi"）　137

《撒母耳记》（*Samuel*）　211

塞法尔迪犹太人（The Sephardic Jews）　316 - 318，328 - 331，334，344

塞梅尔（Semel, Nava）　381，382

塞万提斯（Cervantes）　23，180

沙伯泰（Shabtai, Yaakov）　279

沙哈姆（Shaham, Nathan）　213，214，216

《沙海无澜》（*Menuhah nekhonah*, *A Perfect Peace*，一译《完美的和平》）　286，293，298

沙莱夫（*Shalev, Meir*）　283，381，386，387

沙莱夫（*Shalev, Zeruya*）　54，237

沙米尔（*Shamir, Moshe*）　13，207，212 - 214，224，239 - 246，250 - 253，284，291

《沙漠苹果》（Tapuhim Min ha - Midbar, Apples from the Desert)）　382 - 384

沙培拉（*Shapira, Anita*）　236

沙培拉（*Shapira, H. N.*）　3

沙维特（*Shavit, Zohar*）　1

《伤心柱上的阿那克里翁》（Anacreon Al Kotev Ha - Itzavon, The Anacreon at the Pole of Sorrow）　123

《上帝怜悯幼儿园的孩童》（"*Elohim Mera-khem al Yaldey Ha - gan*", "*God Has Pity on Kindergarten Children*"）　362

《上升的阳刚之气》（Ha - Gavrut Ha - Olah, Moonhood on the Rise）　123

绍尔肯（*Schocken, Salman*）　11，171 - 173，178，191

申哈尔（*Shenhar, Yitzhak*） 16

《生死两茫茫》（Shkhol vekishalon, Breakdown and Bereavement） 111, 113, 116, 117

《圣经》（*Tanach*） 3 – 5, 14, 20, 27, 37, 39, 44 – 46, 48, 62, 63, 78, 83, 84, 87, 105, 119, 124, 128, 139, 144 – 148, 150, 151, 156, 164, 165, 175, 178, 193, 199, 202, 209, 210, 215, 219, 242, 246, 260, 275, 281 – 283, 289, 291, 301, 302, 314, 318, 327, 335 – 337, 354, 366, 387, 388

《诗篇》（*Psalms*） 5, 46, 56, 87, 192

施瓦茨（*Schwartz, Yigal*） 7, 242, 348, 355, 386, 387

十字军东征（*Crusade*） 100, 232, 285, 319, 321, 322

《什姆和亚法特在火车上》（ "*Shem va – Yefet Ba' agalah*", "*Shem and Japheth in the Train*"） 20, 22, 23

《时代》（Hazman, The Time） 32, 43, 155

史龙斯基（*Shlonsky, Avraham*） 10, 64, 120, 125, 207, 219, 275, 361, 362, 364

《世界》（Die Welt） 171

《事物》（Devarim, Things） 365

《守丧》（ "*Shiv' ah*", "*Mourning*"） 63

舒尔茨（*Schultz, Bruno*） 346, 378

舒马赫（*Schumacher, F.*） 19

赎罪日战争（*The Yom Kippur War*） 13, 239, 257, 269, 279, 323, 325

《孀居》（ "*Almenut*", "*Widowhood*"） 63

斯宾塞（*Spencer, H.*） 27

斯米兰斯基（*Smilansky, Moshe*） 9 – 10, 16, 100 – 101, 104 – 105, 114, 122, 218

斯摩伦斯金（*Smolenskin, Peretz*） 90 – 93

斯派思汉德勒（*Spicehandler, Ezra*） 109

斯坦伯格（*Steinberg, Yaakov*） 17

《死海古卷》（Dead Sea Scrolls） 83

苏可夫（*Suchoff, David*） 350

《宿夜的客人》（ '*Oreah Natah, A Guest for the Night*） 173, 179, 191, 192, 194

索阔罗夫（*Sokoloff, Naomi*） 174

T

《他就是光》（*Ve – Hu Ha – or, And He Is the Light*） 156

《他们是另类人》（ "Anashim Acherim Hem", "They Are Different People"） 254

《他走在田野中》（*Hu Halach Ba – Sadot, He Walks in the Fields*） 241 – 244, 253

《她给我写了一封短信》（ "Michtav Katan Li Katava", "She Wrote Me a Short Letter"） 39

《她在盛年之际》（*Bidmi Yameyah, In the Prime of Her Life*） 12, 170, 174 – 176, 187, 301

《塔木德》（Talmud） 2, 24, 34, 43, 71, 83, 84, 86, 87, 92, 99, 101, 106, 128, 131, 139, 158, 161, 187, 246, 281, 282

塔木兹（Tammuz, Benjamin） 213, 214, 216, 217

泰戈尔（Tagore, Rabindranath） 19

《谈和平与真理》（*Divrei Shalom ve - Emet,*
　　Words of Peace and Truth）　3，4

特里海（Tel Hai）　212

特洛佩尔多（Trumpeldor, Joseph）　212

《特种部队》（*Pitz' ei Bagrut, The Brigade*）
　　372，373

《天堂里的第一个早晨》（*Boker Rishon Be -*
　　Gan Eden, First Morning in Paradise）
　　386

同盟会（Bund）　107－109

屠格涅夫（Turgenev, Ivan）　35，111，284

托多洛夫（Todorov, Tzvetan）　379

托尔斯泰（Tolstoy, Lev）　35，111，156，
　　284，295，308

《托　拉》（Torah）　55，90，92，158，
　　160，180－185，193，194，202

《托塞夫塔》（Tosefta）　83

拓荒者（He - halutz, The Pioneer）　13，
　　16，61，99，114，117，122，125，
　　132－136，140，141，150，151，154，
　　159，165，171，184，196－199，202，
　　204，209，212，221，240，246，
　　247，260，270，284，286，288，
　　293，295，296，299，305，329

W

瓦迪（Wardi, Dina）　376，385

瓦莱赫（Wallach, Yona）　14，281，360，
　　364－367

瓦兰洛德（Wallenrod, Reuven）　19

《外面的星》（*Kochavim Ba - hutz, Stars*
　　Outside）　126

《玩偶屋》（*Beit Ha - Bubot, House of Dolls*）

258，262－267，269

王德威（David, Wang）　358，359

王尔德（Wilde, Oscar）　19

王秀楚（Wang, Xiuchu）　49

韦斯（Wisse, Ruth）　196

维尔坎斯基（Wilkansky, Meir）　105，114

维吉尔（Virgil）　46

维塞尔（Wiesel, Elie）　258，268

维塞利（Wessely, Naphtali Herz）　2－4

维索斯基（Wissosky）　26，27

卫士（Ha - Shomer）　61，123

魏茨曼（Weitzmann, Chaim）　122，
　　124，317

《我的父亲》（"Avi", "My Father"）　63

《我的米海尔》（*Mikha' el Sheli, My Mi-*
　　chael）　285，301－306，308－312

《我的小妹》（"Ahoti Ha - Ketanah", "My
　　Little Sister"）　276

《我在哪儿》（*Heichan Ani Nimtzet, Where*
　　Am I）　381

《我知道在一个雾蒙蒙的夜晚》（"Yadati,
　　Be - Leil Arafel", "I Know on a Foggy
　　Night"）　41，57

《五季》（*Molko, Five Seasons*）　318，330

伍尔夫（Woolf, Virginia）　19，219，280，
　　281

X

"西奈战争"（"The Sinai War"）　13，
　　278，307，343

《锡安之恋》（*Ahavot Tzion, The Love of Zi-*
　　on）　21，92

席勒（Schiller, F.）　36

现实主义（Realism） 5，10，20，22，
82，114 – 116，136，167 – 168，173，
185，190，206 – 207，213，216，219，
220，227，243，280，282，361，372 –
373

《现在和别的日子》 （Achshav U – Va –
Iamim Ha – Aherim，Now and In Other
Days） 361

肖夫曼（Shofman，Gershon） 120

肖勒姆（Scholem，Gershom） 11，16，
170 – 172

小茶杯（Kos Ketanah，Little Cup） 154

小仲马（Dumas，Fils） 73

《想念基辛格》（Ga'aguai Le – Kissinger，
Missing Kissinger） 283

谢克德（Shaked，Gershon） 6，7，10，
11，18 – 20，22，25，51，72，73，82，
105，111 – 113，115，116，118，146，
148，158，159，162，163，166，173，
183，189，191，193，202，206，216，
219，221，240，242，244，251，278，
281，305，323，345，347，356，359，
368，370，375，389

新浪潮作家（New Wave Writers） 13，
243，278 – 280，282，285，318，381，
389

新生代作家（New Generation Writers）
13 – 14，278，281 – 282，380

《新衣》（"Simila Hadasha"，"New Cloth"）
136

《信使》（Ha – Maggid，The Declarer） 25

《休书》（"Kritut"，"Bill of Divorcement"）
142，144

Y

雅伯廷斯基（Jabtinsky，Ze'ev） 16，
52，53，110，122，124

《雅歌》（Songs of Songs） 87，163，164

《亚当，犬之子》（Adam Ben Kelev，Adam
Resurrected，一译《亚当复活》）
371，372

《烟圈》 （Taba'ot Ashan，Smoke Rings）
155，156

耶林（Yellin，David） 82

耶林（Yellin，Ita） 135

《一代》 （Ha – Dor，The Generation）
17，19

《一个简单的故事》（Sipur Pashut，A Simple
Story） 179，180，185 – 188，190 –
192，196

《一个举足轻重的问题》（"She'ela Nikh-
bada"，"A Weighty Question"） 93

《伊利亚特》（Iliad） 65，66

伊兹哈尔（Smilansky，Yizhar） 12，13，
206，212 – 214，217 – 222，225 – 228，
230，231，236 – 239，244，246，251，
271，276，282，343

以撒受缚 （"Aqedah"，"The Binding of I-
saac"） 210，252，260，261，335 –
337

《以赛亚书》（Book of Isaiah） 25，36，
45，145

《以西结书》（Book of Ezekiel） 44

以兹瑞利（Izraeli，Dafna） 133

异邦人（Gentile） 23

意第绪语（Yiddish） 16，18，20，21，

26，31，35，36，38，63，64，85，86，91，96 - 98，107 - 110，120，121，125，129，130，139，154，158，159，165，188，190，208，209，240，375

意识流（Stream of Consciousness）　19，219 - 221，280，282

英雄主义（Heroism）　12，13，51，115，210，212，220，224，225，228，252，255 - 267，269，272，292，293，312，372，374

《用你的羽翼遮护我》（"Hakhnisini tahat kenafekh"，"Shelter Me Beneath Your Wing"）　41

《用自己的双手》（Be - Mo Yadav，With His Own Hands）　241，242，244，246，250，251

《犹太传说书》（Sefer ha - agada，Book of Legends）　39，59，62

犹太复国主义（Zionism）　1，2，8，9，12，15 - 17，21 - 25，27，30 - 32，35 - 39，51，52，58，59，64，65，69，70，75，81，82，87，88，90，91，95 - 97，99 - 101，103，105，107 - 110，114 - 116，120 - 126，130，132，133，138 - 141，148，150，153，155，157，159，170，172，173，185，186，188，196 - 202，205，207 - 214，216，217，219 - 222，224 - 227，229，234，238 - 243，245 - 254，256，258 - 262，270 - 273，275，276，281 - 283，301，307，316 - 319，321 - 323，329，331，334，337 - 343，345，346，349，354，355，360，364，374，386

《犹太教与人文主义》（Yahadut ve - enoshiut，Judaism and Humanity）　31

犹太启蒙运动（Haskala）　3 - 5，9，10，14，20，21，23，25，34，38，64，67，70，71，74，82，85，86，90，92，106，127，129 - 132，138，139，158，170，171，176，181，193，209，388

《游牧人与蝰蛇》（"Navadim vatsefa"，"Nomad and Viper"）　289

《游泳比赛》（"Taharut Shiya"，"The Swimming Race"）　216

《雨滴》（Revivim，Showers）　111

《语言中的曝露与隐藏》（"Giluy Ve - Kisuy Ba - Lashon"，"Revealment and Concealment in Language"）　59

《原点周围》（Misaviv La - Nekudah，Around the Point）　110，111，113

约拿斯（Yonas，Shlomo）　92，136

《约瑟书》（Sefer Yosef，Book of Joseph）　283

约书亚（Yehoshua，A. B.）　14，22，106，220，223，279，282，294，316 - 321，323，325 - 331，335 - 340，342 - 344，368，385

Z

载迈赫（Zemach，Shlomo）　15，114，116

《在阿波罗神像前》（"Lenokhah Pesel Apollo"，"Before the Statue of Apollo"）　67

《在冬季》（Bahoref，In Winter）　109，111 - 113

《在河那边》（"Me'ever Lanahar"，"Beyond the River") 71, 74

《在屠城》("Be – Ir ha – Haregah", "In the City of Slaughter") 33, 41, 43 – 46, 48 – 53, 57, 61, 274

《在洗革拉的日子》(*Yemei Tziklag*, *Days of Ziklag*) 220, 282

《在阳光下》(*Tahat Ha – shemesh*, *Under the Sun*) 241

《在以色列土地上》(*Po ve – sham Be' Eretz Yisra' el*, *In The Land of Israel*) 281

《再生》("Safiah", "Aftergrowth") 150

赞美诗(Piyyutim) 63, 84, 98, 246

《赞正义》("La – Yesharim Tehilla", "Praise Be to the Upright") 2, 3

扎赫(Zach, Nathan) 7, 119, 274, 275, 364, 365

扎黑(Zarchi, Nurit) 16

扎黑(Zarchi, Israel) 381

《箴言》(Proverbs) 5, 46

《证之于：爱》(*Ayen Erekh*：*Ahavah*, *See Under*：*Love*) 268, 368, 370 – 373, 375 – 380

《直至死亡》("Ad Mavet", "Unto Death") 232

《直至现在》('*Ad Henah*, *To This Day*) 173

《只是昨天》(*Tmol Shilshom*, *Only Yester-day*) 194 – 196, 198, 203

《致飞鸟》("El Ha – Tzipor", "To the Bird") 36, 38, 61

《致太阳》("La – Shemesh", "To the Sun") 66, 67

周而复(Zhou Erfu) 49

《灼热之光》(*Mikhvat Ha – Or*, *The Searing Light*) 354, 356

《最初的诗》(*Shirim Rishonim*, *First Poems*) 275

《作品》(*Ketuvim*, *Texts*) 64

后　记

　　从 2006 年 6 月至 2010 年 12 月，花费四年半时间完成了国家社科基金项目"变革中的 20 世纪希伯来文学"，跨过了学术生涯中的又一座界碑。本项目应该是 2006 年问世的《当代以色列作家研究》的延伸、拓展和深入，从 1948 年建国以来的以色列文学上溯到 19 世纪末期以来的希伯来文学，并在绪论中触及始于 18 世纪末期的现代希伯来文学的产生与流变。

　　感谢在立项中扶持过我的学术前辈，促使我集中四五年的时间就某一时期的希伯来文学进行专门阅读、思考与探讨，也促成了眼前这部书稿的面世。感谢国内的外国文学研究界五位资深评审专家在审读书稿过程中对我工作的评定、认可与中肯建议，他们对一门新兴起学科所倾注的关爱、鼓励与鞭策之情委实令人感动。

　　感谢在搜集资料过程中给我提供过各种帮助的师长、同窗与友人：以色列本 - 古里安大学的伊戈尔·施瓦茨教授（Prof. Yigal Schwartz）、英国牛津大学的戈兰达·阿布拉姆森教授（Prof. Glender Abramson）、伦敦大学学院的迈克·伯克维茨教授（Prof. Michael Berkowitz）、剑桥大学的尼古拉斯·德朗士教授（Prof. Nicholas de Langer）不仅为我推荐书目，而且馈赠其著述；上海社会科学院的潘光教授、山东大学的傅有德教授、南京大学的徐新教授、河南大学的张倩红教授和梁工教授、北京大学的陈贻绎教授等也曾将其的宝贵专著送给我，令我受益匪浅。以色列希伯来文学翻译研究所的文学顾问海娅·霍夫曼（Haya Hoffman）、米丽·戈兰（Miri Goran），曾在以色列就读的本 - 古里安大学的董光宇、施臻春，希伯来大学的曹坚、杨巧，南京大学犹太所的宋立宏，北京大学国际关系学院的王锁劳，我的第一位希伯来文学硕士生、现在中国国际广播电台供职的杨扬等，在百忙中帮我复印了宝贵的图书资料。

在承担项目的四年半时间里，我平均每月去一次国家图书馆，借阅并复印各种相关资料；同时，也受益于北京大学和南京大学图书馆。尤其应该指出的是，我曾在 2008 年 5 月、2009 年 5 月、2010 年 10 月应邀到以色列参加学术会议和学术活动，有机会到以色列国家图书馆、希伯来大学图书馆、特拉维夫大学图书馆、本 – 古里安大学图书馆、大屠杀纪念馆图书馆、希伯来文学翻译研究所等机构搜集资料；2008 年 9 月，作为英国学术院访问学者，我得以拜访伦敦大学亚非学院、伦敦大学学院犹太中心、牛津大学、剑桥大学等单位从事犹太学与希伯来文学研究的学者，就一些具体问题与他们进行深入的讨论，并使用上述单位的图书馆。可以说没有那些以色列之行，尤其是那次英国之行，此项目不仅会流失许多东西，甚至难以如期完成。

值得一提的是，在项目结项之余，我有幸被遴选为 2011—2012 年度美国哈佛燕京学社访问学者，于 2011 年秋季抵达美国，跟随哈佛大学东亚语言与文明系王德威教授（Prof. David Der – Wei Wang）和近东语言与文明系露丝·韦斯教授（Prof. Ruth Wisse）从事 20 世纪希伯来文学与中国文学比较研究。20 世纪希伯来文学与中国文学虽然隶属不同的国族与地域，拥有不同的精神特质，但是在对这两种文学进行解读与阐释过程中，不免让人发现，在某一特定的历史时期，文学与历史互为作用，在国族建设进程中承担着无法替代的角色，进而允许文学研究工作者在考察自己的文学主体时参照乃至借鉴从事另一种民族文学研究的学者所采用的方法。他山之石，可以攻玉。从这个意义上说，跟随两位教授听课，做研究，让我领略到在两种以上文化语境中徜徉、由此及彼、互为关照的妙处。寻求跨语际、跨文化现象中的某种通感，虽然不是本课题所思考的主要内容，但也许会成为我今后执著以求的学术目标。与此同时，我能够充分享用哈佛大学图书馆的国际一流的图书资源，得以对项目中的某些章节进行修复与补充。王德威教授在百忙中阅读了本项目的部分书稿，提出了宝贵建议；露丝·韦斯教授就某些具体问题与我进行了深入讨论；海娅·霍夫曼女士认真审读了索引条目中希伯来语的拉丁字母拼写。在项目即将付梓之际，请允许我在此向提供上述诸多机会的单位和个人致以由衷的谢意。他们帮衬的不只是我个人，也在帮衬着中国方兴未艾的希伯来文学事业。

　　感谢国内犹太学界和东方文学研究界诸多前辈和同仁对我的信任。几年来，我先后应南京大学、山东大学、河南大学、云南大学、上海社会科学院、北京大学、黑龙江社会科学院等单位的犹太研究中心、北京大学东方文学研究中心、东方文学研究会、南开大学等单位的邀请参加学术会议，与中外学者交流，并结识了一些学友和文友。在中国从事现代希伯来文学研究，同行甚少，时时令我倍感"寂寞沙洲冷"。但他们，与中国社会科学院外国文学研究所的一些师友、同仁对我学术领域的兴趣与关注，与我的切磋与讨论、建议与点拨、争论乃至批评，令我在从事现代希伯来文学这项"孤独的事业"时感到温暖和激励。

　　最后，感谢有关评审专家推荐本项目入选 2012 年《国家哲学社会科学成果文库》，并提出富有启迪的建设性意见；感谢全国哲学社会科学规划办有关领导和工作人员从项目审批到入选文库一系列环节中的支持与协助。更要感谢中国社会科学出版社和责任编辑罗莉老师的诸多付出。

　　由于时间和篇幅限制，不能将 20 世纪希伯来文学界的所有大家均列为重点讨论对象，只有忍痛割爱，遴选其中最有代表性的人选。而且，对于一门正在发展着的文学，总有言不尽意之感。由衷地希望各位同仁提出宝贵意见，促使我在今后进一步完善学术研究。

图书在版编目(CIP)数据

变革中的 20 世纪希伯来文学／钟志清著．—北京：中国社会科学
出版社，2013.3

(国家哲学社会科学成果文库)

ISBN 978 - 7 - 5161 - 2142 - 9

Ⅰ.①变…　Ⅱ.①钟…　Ⅲ.①犹太文学—文学研究—20 世纪
Ⅳ.①I106.9

中国版本图书馆 CIP 数据核字(2013)第 035085 号

出　版　人	赵剑英
责任编辑	罗　莉
责任校对	韩天炜
封面设计	肖　辉　郭蕾蕾
责任印制	戴　宽

出　　　版	中国社会科学出版社
社　　　址	北京鼓楼西大街甲 158 号（邮编 100720）
网　　　址	http://www.csspw.cn
	中文域名:中国社科网　　010 - 64070619
发 行 部	010 - 84083685
门 市 部	010 - 84029450
经　　　销	新华书店及其他书店

印刷装订	环球印刷(北京)有限公司
版　　　次	2013 年 3 月第 1 版
印　　　次	2013 年 3 月第 1 次印刷

开　　　本	710×1000　1/16
印　　　张	27.25
字　　　数	442 千字
定　　　价	68.00 元